智慧林业丛书

SMARTER FORESTRY

智慧林业丛书
SMARTER FORESTRY

CHINA FORESTRY MOBILE INTERNET
REPORT ON DEVELOPMENT STRATEGY RESEARCH

中国林业移动互联网

发展战略研究报告

李世东 顾红波 梁宇 等著

中国林业出版社

图书在版编目(CIP)数据

中国林业移动互联网发展战略研究报告 / 李世东等著. —北京：中国林业出版社，2017.12

(智慧林业丛书)

ISBN 978-7-5038-9415-2

Ⅰ. ①中… Ⅱ. ①李… Ⅲ. ①互联网络－应用－林业经济－经济发展战略－研究报告－中国 Ⅳ. ①F326.23－39

中国版本图书馆 CIP 数据核字(2018)第 016220 号

中国林业出版社·生态保护出版中心

责任编辑：刘家玲

出　版：中国林业出版社(100009 北京西城刘海胡同 7 号)

E-mail：wildlife_cfph@163.com　　电话：83143519

发　行：新华书店北京发行所

印　刷：北京中科印刷有限公司

版　次：2018 年 1 月第 1 版

印　次：2018 年 1 月第 1 次

开　本：787mm×1092mm　1/16

字　数：500 千字

印　张：21.75

定　价：80.00 元

《中国林业移动互联网发展战略研究报告》

李世东　顾红波　梁　宇　等著

参与编写人员

曹三省　白　莹　唐百慧　梁恩光
吕星星　齐云童　徐　伟　符　昕
谷晓希　姚颖琪　张　斌　方　博
刘晓晓　黄金燕　胡雪智

前言

信息化是当今世界发展的大趋势，是推动经济社会变革的重要力量。尤其是移动互联网技术的引入和兴起，不仅改变了人们传统的生产方式和生活方式，而且改变了人们的思想观念和行为习惯。为深入贯彻落实《国务院关于积极推进“互联网+”行动的指导意见》和中共中央办公厅、国务院办公厅《关于促进移动互联网健康有序发展的意见》等系列决策部署，国家林业局信息化领导小组办公室组织开展了中国林业移动互联网发展战略研究。

该研究以支撑引领林业现代化建设，提升林业治理水平和治理能力，加快推进智慧林业建设为出发点，以移动互联网为核心，基于移动互联网应用开发及服务，以跨业务融合为主线，坚持应用导向、创新驱动、聚焦突破、融合发展，推动移动互联网技术在林业资源监管、营造林管理、森林灾害预防、林农服务、林业电子商务等领域的应用。《中国林业移动互联网发展战略研究报告》在深入分析国内外移动互联网发展情况的基础上，根据移动互联网发展趋势，从时代背景、行业背景和专业背景出发，提出了中国林业移动互联网的发展思路和政务战略、业务战略、商务战略、社区战略、文化战略，制定了林业移动互联网的安全机制和保障措施。旨在通过实施中国林业移动互联网发展战略，实现移动互联技术与林业主体业务高度融合，在转变工作模式、提升工作效率、提高业务质量等方面取得突破，推进林业智能化水平显著提升，全面提高林业的生态、经济、社会服务功能，为林业现代化建设做出新贡献。

如何适应社会的发展趋势，在林业建设和管理的过程中有效发挥移动互联网技术的作用，本书做了系统的分析和详细的战略设计。移动互联网技术的应用，必将推动林业在政务管理、业务管理、电子商务管理及社区建设、文化建设方面取得新进展，不断推动林业治理能力和治理水平再上新台阶、取得新突破，全面引领林业现代化建设。

在研究过程中，得到了国家林业局相关司局的大力支持，得到了有关专家的精心指导，得到了有关高校的精诚合作，在此一并表示感谢！

书中不妥之处，敬请批评指正。

课题组

2017 年 7 月

CONTENTS

目 录

战略设计

战略保障

战略背景

ZHANLUE BEIJING

林业信息化
Forestry Informatization

第一章
移动互联网概述

移动互联网是“互联网 +”的核心，移动互联网的发展已经开始渗透到各个行业，颠覆传统，创造新模式，形成移动互联生态系统，并逐步走向全球化、走向智能化。各行业加快发展移动互联网正当其时。

一、移动互联网发展背景

互联网最早起源于美国国防部高级研究计划署设计的早期网络雏形阿帕网（ARPA-net），该网于1969 年投入使用并发展至今。因此，阿帕网也被看作现代计算机网络诞生的标志。最初，阿帕网主要用于军事研究目的，它的指导思想是：网络必须经受得住故障的考验而维持正常的工作，一旦发生战争，当网络的某一部分因遭受攻击而失去工作能力时，网络的其他部分应能维持正常的通信工作。阿帕网在技术上的另一个重大贡献是TCP/IP 协议族的开发和使用。作为 Internet 的早期骨干网，阿帕网奠定了 Internet 存在和发展的基础，较好地解决了不同网络间互联的一系列理论和技术问题。

1983 年，阿帕网分裂为两部分，即用于商业应用的 ARPAnet 和纯军事应用的 MIL-NET。同时，局域网和广域网的产生与蓬勃发展对互联网的进一步发展起到了重要作用。其中最引人注目的是美国国家科学基金会（National Science Foundation）建立的 NSFnet。NS-Fnet 在全美国建立了按地区划分的计算机广域网并将这些地区网络和超级计算机中心互联起来。NSFnet 于 1990 年 6 月彻底取代了 ARPAnet 而成为 Internet 的主干网。

到了 20 世纪末，互联网产业蓬勃发展，与此同时，移动通信产业也获得了突飞猛进的进步，二者都是信息时代最具代表的科技产业，在其发展过程中相互促进、相互融合，逐渐孕育了一个新的富有生命力的产业，也就是移动互联网产业。

从全球范围来看，整个移动互联网产业一直保持着持续高速的发展，其发展对人们的生活带来的影响也使之成为各国网络运营商、内容提供商和终端企业等相关参与者关注的焦点。国际电信联盟的公开数据显示，截至 2015 年 1 月，全球接入互联网的移动设备总数超过 70 亿台。用户对网络社交、微博、视频、娱乐、资讯、办公等内容服务市场的需求越来越强烈，也推动着移动互联网的迅猛发展。

同时，大量数据证明移动通信和互联网已成为当今世界发展最快、市场潜力最大、前景最诱人的两大业务，随着 4G 时代的渐入佳境和智能手机终端的迅猛发展，移动通信与互联网的融合与变迁趋势进一步深化，“移动互联网”这个概念已经彻底走进了人们的生活。2013 年《中国移动互联网蓝皮书》指出，移动互联网在短短几年时间里，已渗透到社会生活的方方面面，产生了巨大影响，移动互联网也逐渐步入“大数据”时代。

移动互联网兼顾移动通信网和互联网的特点，是建立在移动网基础上的互联网，它的发展传承了互联网技术的特点，同时又推动着传统互联网的发展。在互联网领域中，IPv6 的技术标准已经制定多年，但是它的发展一直非常缓慢，而移动互联网的出现为互联网产业带来了庞大的用户群体。根据 2017 年第 39 次中国互联网络发展状况统计报告，截至 2016 年 12 月，我国网民规模达 7.31 亿，普及率达到 53.2%，超过全球平均水平 3.1 个百分点，超过亚洲平均水平 7.6 个百分点 。全年共计新增网民 4299 万人，增长率为 6.2%。中国网民规模已经相当于欧洲人口总量。

移动互联网的飞速发展是以移动互联网技术为支撑的。移动互联网发展技术主要体现在四个方面：

第一，移动终端设备技术改进。移动终端设备主要包括智能手机和平板电脑，截至 2016 年 6 月，中国网民手机上网使用率为 92.5%，较 2015 年年底提高 2.4 个百分点；通过笔记本电脑接入互联网的比例为 38.5%；平板电脑上网使用率为 30.6%。移动终端设备的技术进步主要表现在更强的处理能力、更加友好的用户界面、更小的体积、更大的屏幕和分辨率、更多更好的用户体验（如多点触摸、语音、多传感器、数据网络、地理位置定位等）。近年来，移动可穿戴设备也开始走进了人们的视线，虽然目前的移动可穿戴设备功能还比较单一，但移动可穿戴设备的出现和发展也体现了移动终端设备的发展与进步。

第二，云计算助推 HTML 5 技术推广和普及。HTML 5 技术得到更好的应用，各种各样的浏览器都逐渐完成对 HTML 5 的支持。云计算也将会给整个移动互联网，尤其是 WEB APP 带来革命性的提升。面对着移动互联网大数据时代的到来，仅依靠未来 WEB APP 在移动终端的运算能力将显得力不从心，而云计算的发展将给移动互联网的发展带来可靠的技术支持，使得不同档次的手机能够享受到同样的运算能力。

第三，传统互联网服务商布局和推进 4G 业务。传统互联网服务商纷纷开始涉足移动互联网领域，并随着 4G 网络的逐渐完善而得到发展。截至 2016 年 6 月，我国手机网民中通过3G/4G上网的比例为91.7%，较2015年年底增长了2.9个百分点。流量共享、流量当月不清零、降低漫游资费等“提速降费”举措的落实，为我国3G/4G用户的进一步增长提供保障。截至2016年6月，92.7%的网民最近半年曾通过WiFi无线网络接入互联网，较2015年年底增长了0.9个百分点。家庭、工作场所、城市公共无线网络部署进程加快，以及手机、平板电脑、智能电视等无线终端使用率的不断增长，推动WiFi无线网络的发展。

第四，大量网站专门开发了针对手机使用的WAP网站。目前来看，大部分WAP网站投放了更多人力物力来提升网站的使用体验，部分Web网站还专门针对智能手机平台进行了优化以适配手机屏幕。而且，越来越多的互联网平台对外开放，如新浪微博平台、腾讯平台、App Store等应用商店的高速发展不仅最大程度地简化了网民下载安装手机应用的方式，更是开创了一种新的商业模式，吸引大量个人和团队开发者投入其中，形成一个双赢的、良性发展的业态循环。

二、移动互联网的定义和特点

(一)定义

移动互联网(Mobile Internet，简称MI)是一种通过智能移动终端，采用移动无线通信方式获取业务和服务的新兴业态，包含终端、软件和应用三个层面。终端层包括智能手机、平板电脑、电子书、MID等；软件层包括操作系统、中间件、数据库和安全软件等；应用层包括休闲娱乐类、工具媒体类、商务财经类等不同应用与服务。随着技术和产业的发展，LTE(4G通信技术标准之一)和NFC(近场通信，移动支付的支撑技术)等网络传输层关键技术也将被纳入移动互联网的范畴之内。

移动互联网的优势决定其用户数量庞大，据统计，2013年的移动互联网用户达22亿，约占全球人口的30%。GSMA移动智库预测，在接下来的6年里，全球将有16亿民众成为移动互联网用户，使移动互联网用户总数达到38亿，预计占2020年约一半的全球人口。移动互联网作为一个新兴的产业，诞生时间较短，但发展速度非常快。移动互联网的概念现在仍比较新颖，来自产业链节点企业、专家学者以及政府监管机构等社会各界的定义多种多样，说法不尽相同。关于移动互联网，国内外各领域从不同角度，给出了多个不同版本的定义：

从字面意义看，“移动互联网”是移动通信网和互联网的结合体。社会各界也普遍认同这样的观点：移动互联网是桌面互联网与移动通信网各自独立发展后互相融合的新兴产物。桌面互联网与移动通信网各有特点，相互融合后的移动互联网集合了来自两者的部分特点，并形成一个新兴的产业，如图1-1所示。

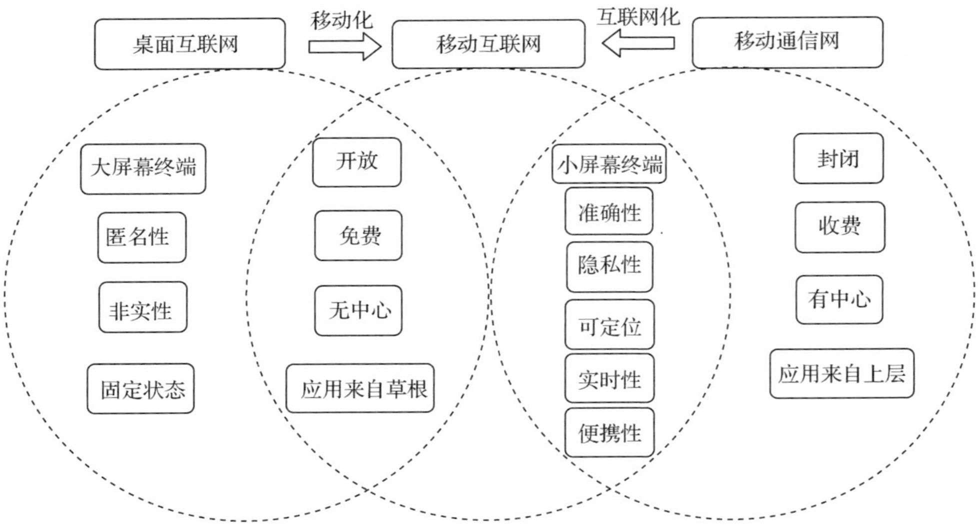

图 1-1　移动互联网的内涵

从移动通信网的角度看，具有应用来自上层、网络有中心、相对封闭、收费为主、终端小屏幕的特点，可满足用户隐私性、便携性、可定位、准确性和实时性等需求。移动通信网是个性化、随时随地信息服务的体现。移动语音对固定语音的需求替代印证了人们对这种无处不在和个性化服务的渴望。但是可管可控的网络和“围墙花园”的模式导致移动通信网的内容应用相对匮乏，收费较多，无法满足用户的需求。通过互联网化，移动通信网基于自身便携性、隐私性、实时性等优点，引入互联网丰富的内容和多元化的模式，解决了内容匮乏、盈利模式单一的问题。

从桌面互联网的角度看，其具有模式开放、免费为主、网络无中心、应用来自草根和大屏幕终端的优点，可满足用户匿名性、经济性和对丰富内容的需求。互联网彻底变革了传统的信息交互方式，极大地丰富了人们获取资讯、信息沟通和交流互动的方式。用户使用习惯的改变创造了一个全新的业态，带来了商业、市场和技术发展巨大的基础。但是低便携性以及由此导致的非实时性缺点，极大限制了桌面互联网的应用和发展。与移动通信网的融合，进一步延伸了桌面互联网的服务范围，从固定不动的桌面互联网到随时随地的移动互联网体验。融合后的移动互联网既具有桌面互联网的内容优势，又结合了移动通信网的便携性。从另一个角度来看，移动通信网为移动互联网提供无处不在的无线网络接入，而移动互联网的内容将主要来源于现有的桌面互联网，以及基于移动互联网的位置、时间和场景等信息而开发的新型应用和内容。移动互联网不是移动通信网和桌面互联网的简单相加，二者优势的融合互补将带来乘数甚至是几何倍数的产业潜力。在用户信息业务使用行为时间碎片化、地点移动化的趋势下，移动互联网较好地迎合了用户需求，未来发展潜力巨大。

从功能的角度看，移动互联网是移动网和互联网融合的产物，继承了移动网的随时、随地、随身和互联网的分享、开放、互动的优势，是整合二者优势的"升级版本"，即是运营商提供无线接入，互联网企业提供各种成熟的应用，通过如智能手机或平板电脑之类的移动设备连接到无线网络，再通过网络应用程序或浏览器入口访问的互联网技术。

从发展的角度看，移动互联网的本质是移动通信网和有线互联网两种网络的融合。移动互联网与有线互联网的区别主要体现在使用终端和接入方式上；与移动通信网的主要区别在于业务IP化和传输宽带化。

从业务方面来说，移动互联网被称为下一代互联网，即Web 3.0。移动互联网业务和应用包括移动环境下的网页浏览、文件下载、位置服务、在线游戏、视频浏览和下载等业务。随着宽带无线移动通信技术的进一步发展，移动互联网业务的发展将成为继宽带技术后互联网发展的又一个推动力，为互联网的发展提供一个新的平台，使得互联网更加普及，并以移动应用固有的随身性、可鉴权、可身份识别等独特优势，为传统的互联网类业务提供新的发展空间和可持续发展的新商业模式，移动互联网业务正在成长为移动运营商业务发展的战略重点。

中兴通讯从通信设备制造商的角度给出了定义：狭义的移动互联网是指用户能够通过手机、PDA或其他手持终端通过无线通信网络接入互联网；广义的定义是指用户能够通过手机、PDA或其他手持终端以无线的方式通过各种网络（WLAN、BWLL、GSM、CDMA等），来接入互联网。可以看到，对于通信设备制造商来说，网络是其看待移动互联网的主要切入点。

北京邮电大学的宋俊德教授更加全面和客观地阐述了移动互联网的定义：移动互联网主要指由蜂窝移动通信系统通过终端（如手机、GPRS卡、CDMAIX卡等）来接入互联网，它和3G、B3G、4G等可以构成一个统一的无线、移动、互联网系统，使用户在任何地点、任何时间都能方便地接入，以获得互联网上丰富的信息资源和成千上万种服务。

认可度比较高的定义是中国工业和信息化部电信研究院在2011年的《移动互联网白皮书》中给出的定义："移动互联网是以移动网络作为接入网络的互联网及服务，包括3个要素：移动终端、移动网络和应用服务。"该定义将移动互联网涉及的内容分为三个层面，分别是：①移动终端，包括手机、专用移动互联网终端和数据卡方式的便携电脑；②移动通信网络接入，包括3G、4G等；③公众互联网服务，包括WEB、WAP方式。移动终端是移动互联网的载体，接入网络是移动互联网的基础，而应用服务则成为移动互联网的核心。

综合来自社会各界已有的定义，可从终端、网络、内容来阐述移动互联网的定义，即用户使用各种可移动的便携式终端，通过各种无线通信网络，随时随地地获取丰富的内容和服务。该定义包含以下三个要点：

第一，从终端的角度来看，移动互联网的终端与移动通信网的终端比较类似，区别于桌面互联网终端，它们都具有较强的可移动性。目前的移动互联网终端主要包括以下五种：

手机终端：手持便携式移动电话终端，移动通话是主要功能诉求，如普通手机、智能手机、儿童手机、老人手机等。

平板终端：介于手机与笔记本之间，无键盘、通过触控操作的小型便携个人电脑，如 iPad、Android Pad、平板电脑等。

电子设备：供消费者日常使用，满足娱乐、生活等需求的电子产品，如游戏终端、数码相框、数码相机、电子书等。

专用终端：专业满足用户车载、医疗和 M2M 等功能的设备，如车载终端、医疗设备、M2M 终端等。

融合终端：融合通信、娱乐、信息处理等多种功能于一身的电子设备，如家庭融合终端。

第二，从网络的角度来看，狭义的移动互联网仅指支持自动漫游切换的移动通信网络，如 2G/2.5G(GSM/CDMA)、3G(WCDMA/TDSCDMA/CDMA2000)、4G(LTE)等网络。而广义的移动互联网则包括基于固网的 WiFi、WAPI 等网络。从目前全球的移动互联网应用来看，各国电信运营商、学校、酒店以及其他网络接入服务提供商都开始纷纷大规模建设公共 WiFi 网络，而使用手机、PAD 等终端通过 WiFi 网络享受移动互联网服务也越来越为人们所接受。因此，广义的移动互联网网络较为公众所接受。

第三，从内容的角度来看，狭义的移动互联网只包括与现有桌面互联网同源的能够实现跨屏互通的内容和服务，如 HTTP、WAP 以及基于客户端的服务。广义的移动互联网包括基于终端和网络能力衍生出来的各种信息服务，业界和学术界普遍将其列入移动互联网的范畴中。

(二)特点

移动互联网是移动通信技术和互联网技术互相融合形成的，其具有的移动性消除了时间和地域的限制，使用户借助移动网络随时随地进行信息传输和商业交易成为可能。移动互联网根植于传统互联网，但有着不同的特点：

终端移动性。通过移动终端接入移动互联网的用户一般都处于移动之中。

业务及时性。用户使用移动互联网能够随时随地获取自身或其他终端的信息，及时获取所需的服务和数据。

服务便利性。由于移动终端的限制，移动互联网服务要求操作简便，响应时间短。

业务/终端/网络的强关联性。实现移动互联网服务需要同时具备移动终端、接入网络和运营商提供的业务三项基本条件。

终端的集成性/融合性。由于通信技术与计算机技术和消费电子技术的融合，移动终端既是一个通信终端，也成为一个功能越来越强的计算平台、媒体摄录和播放平台，甚至是便携式金融终端。随着集成电路和软件技术的进一步发展，移动终端还将集成越来越多的功能。

移动终端个性化。由于移动终端的个性化特点，加之移动通信网络和互联网所具备的一系列个性化能力，如定位、个性化门户、业务个性化定制、个性化内容和 Web 2.0 技术等，移动互联网成为个性化越来越强的个人互联网。移动互联网可以结合移动通信和互联网的许多优势，从而呈现出与固定互联网的不同特点，如移动通信的短信/多媒体短信、WAP PUSH、PoC、视频流媒体等通信能力，定位和精确测量信息，基于 SIM 卡的管理控制和安全接入能力等；互联网应用技术，特别是 Web 2.0 技术、互联网的开放性平台和应用环境、海量的互联网内容与应用等。

三、移动互联网的体系分析

（一）业务体系

从目前来看，移动互联网的业务体系主要包括三大类，如图 1-2 所示：一是固定互联网的业务向移动终端的复制，从而实现移动互联网与固定互联网相似的业务体验，这是移动互联网业务的基础。二是移动通信业务的互联网化（即 IP 化的移动通信业务），如移动 VoIP 业务、中国移动的飞信业务等。三是结合移动通信与互联网功能而进行的有别于固定互联网的新业务。

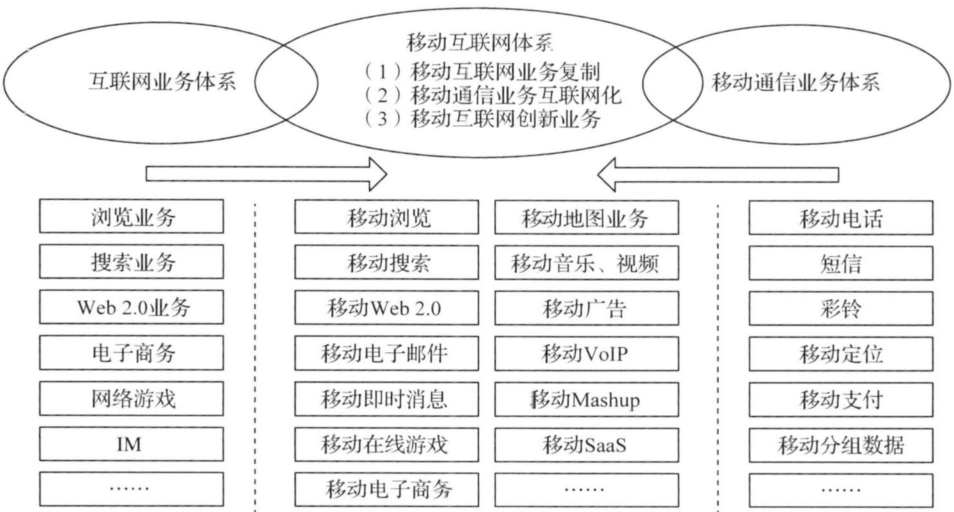

图 1-2　移动互联网的业务体系

（来源：工业和信息化部电信研究院.《移动互联网白皮书（2011 年）》，2011.05）

（二）技术体系

移动互联网作为空前广阔的融合发展领域，与广泛的技术和产业相关联，纵览当前移动互联网业务和技术的发展，其主要涵盖六大技术产业领域：移动互联网应用服务平台技术、面向移动互联网的网络平台技术、移动智能终端软件平台技术、移动智能终端硬件平台技术、移动智能终端原材料元器件技术、移动互联网安全控制技术。

由于当前移动互联网的特点集中于终端，各方巨头竞争焦点也在终端，因此智能终端软、硬件技术是移动互联网技术产业中最为关键的技术。移动互联网的技术体系如图 1-3 所示。

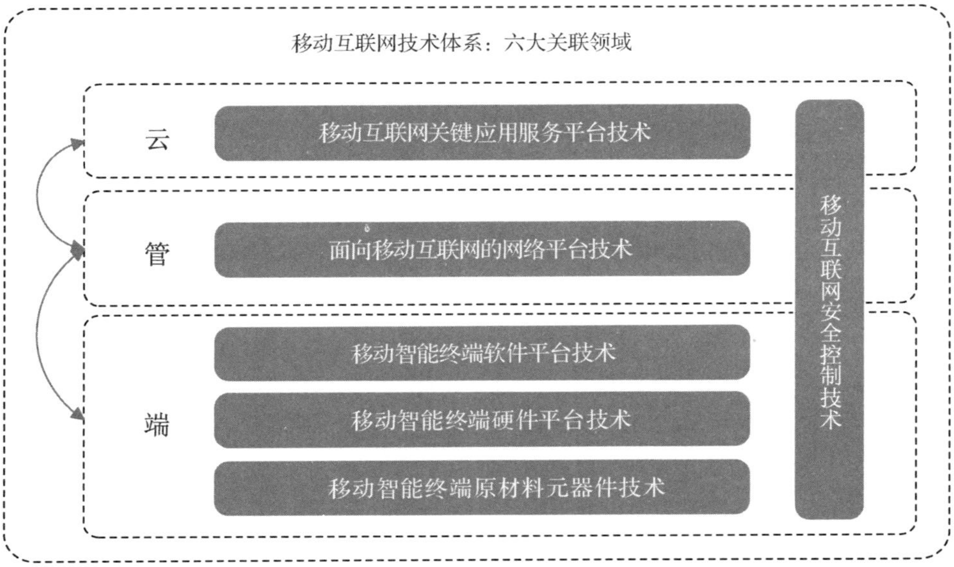

图 1-3　移动互联网的技术体系

（来源：工业和信息化部电信研究院，《移动互联网白皮书(2011 年)》，2011. 05）

在移动互联网的整体架构中，终端占了举足轻重的地位，这不仅是由于当前移动互联网处于初期发展阶段，体系林立、平台多样化的原因，更重要的是移动终端的个性化、移动性、融合性的诸多特点本身就是移动互联网发展创新的根本驱动力，对移动互联网的研究不可能绕开终端而仅关注移动互联网的业务和服务，不仅如此，终端的软、硬件还是移动互联网研究的最重要部分之一。

四、移动互联网方法

（一）原生应用分析

1. 概述。原生应用英文名为 Native App，是一种基于智能手机操作系统诸如 iOS、Android、WP 并使用原生程序编写运行的第三方应用程序，也叫本地 App。操作系统不同开发 App 的语言也不同，iOS 使用 Objective-C 语言开发，Android 使用 Java 开发，WP 使用 C + + 开发，并且要使用各自的软件开发包，开发工具及各种控件。

原生应用是一种基于本地（操作系统）运行的 App，因为位于平台层上方，向下访问和兼容的能力会比较好一些，可以支持在线或离线，消息推送或本地资源访问，摄像拨号功能的调取。但是由于设备碎片化，App 的开发成本比较高，维持多个版本的更新升级比较麻烦，用户的安装门槛也比较高。但是比较乐观的是，App Store 培养了一种比较好的用户付费模式，所以在 Apple 的生态圈里，开发者的盈利模式处于一种明朗状态。而在 Android 市场也有 Google Play，用户可以登陆并下载相应的安卓应用，相对应的 WP 系统也有 Windows Store 可供 WP 用户下载应用。

2. 原生应用的优缺点。Native App 的优势：

（1）提供最佳的用户体验。原生应用可以直接调用诸如手机摄像头、定位等手机的 API，这些能够给用户带来流畅的体验，并且在图片加载方面胜过 Web App。

（2）节省带宽成本。原生应用可以离线运行，比如一直很火的斗地主游戏可以联网玩也可以单机玩，相比之下 Web App 只有联网才能运行。

（3）被 Apple 公司认可。Native App 被 Apple 认可为一款可信任的独立软件，可以放在 Apple Store 出售，但是 Web App 却不行。

（4）盈利模式明朗。在应用上架之前就已经对盈利分成有了协定，非常利于后期的稳定发展。

Native App 的劣势：

（1）开发成本非常大。因为不同操作系统需要不同版本的 App，相同一款 App 要经过三次不同语言的编译开发才能在 App Store、Google Play 和 Windows Store 上应用，这就要求有三套不同的开发团队，无形中增加开发成本。

（2）更新比较麻烦。每一次发布新的版本，都需要做版本打包，且需要用户手动下载安装包更新（有些应用程序即使不需要用户手动更新，但是也需要有一个提示）。

（3）需要通过 Store 或 market 的确认。应用在 Apple Store 等平台上架时需要通过官方认证，而且每次编译更新都要进行审查，有时审查时间较长会影响到应用的市场拓展。

（4）盈利需要与第三方分成。因为在平台发布，盈利要给第三方（平台）分成，这样多少会影响到开发者的积极性。

3. 原生应用的发展。根据百度 2013 年 Q1 发布的《移动互联网发展趋势报告》显示，在全行业的移动浪潮中，Native App 开发者遇到前所未有的挑战。Native App 遇到的三大困境：①虽然用户手机里的 Native App 数量在增多，但日均启动个数却在减少；②用户的使用时长不断向高频 Native App 集中，加剧了头部效应；③对于低频和不知名的 Native App，则面临着更严峻的"分发"和"使用"长尾困境。这三大困境对开发者形成了较大的挑战。其中，大部分低频和不知名 Native App 在应用商店少人问津，无法到达用户手机。数据显示，应用商店下载量最大的前 1000 个(数量占比不足 0.1%)App，占据了总下载次数的一半以上。这说明用户在下载应用时"马太效应"明显。困境同样也体现在应用使用率上，用户下载之后极少使用，要用时却想不起或找不到它，甚至是六成的 Native App 被下载安装后的一周内并未被使用，其中又有约 1/3 在一个月内都未被使用，逐渐成为"僵尸应用"。

(二) Web 应用分析

1. 概述。Web App 是指基于 Web 的系统和应用，其作用是向广大的最终用户发布一组复杂的内容和功能，是一个针对 iPhone、Android、Windows Phone 优化后的 Web 站点，其前端使用 HTML、CSS3、Java Script 等技术，后台服务器则多以 Java 和 PHP 为主。Web App 的最大特点就是一套代码可以应用于多个平台，不需要像原生应用那样 iOS 对应一套代码而 Android 对应另外一套代码，相比较而言 Web App 开发成本低。

2. Web 应用优缺点。Web App 的优势：

(1)开发成本较低。使用 W3C 标准的 HTML(标准通用标记语言下的一个应用)语言开发，能够轻松实现跨平台，移动应用开发者不再需要考虑复杂的底层适配和跨平台开发语言的问题。与此同时，使用 HTML 开发的 Web App 在投入上会大大地低于传统的 Native App。

(2)用户体验提升较快。基于当下开始普及流行的 HTML5，Web App 可以实现很多原本 Native App 才可以实现的功能，比如 LBS 的功能、本地数据存储、音视频播放的功能，甚至还有调用照相机和结合 GPU 的硬件加速功能，得益于 HTML5 的完善 Web 应用已经在流畅度上接近原生 App 了。

(3)更新维护比较轻松。移动应用的迭代周期平均不到 1 个月，用户需要频繁地重新下载与升级。而 Web App 则无需用户下载，并且和传统网站一样可以动态升级。每一个 Native App 在当前的用户使用场景下是相对孤立的，而 Web App 则可以像传统互联网网页那样相互链接，从一个 Web App 直接跳转到另外一个 Web App。这无论是从用户的使用体验层面还是从应用之间的数据传输来看都是非常不错的选择。

Web App 的劣势：

（1）用户体验差。因为无法直接调用手机摄像头等 API，这导致其与原生应用相比流畅度落下风。而且因为是基于 Web 所以一定要在网络接入的情况下才能访问，这导致 Web 应用有局限性，在没有网的情况下没法进行浏览。

（2）兼容性差。Web App 通过 HTML5 调用硬件 API，在兼容性上目前做得还不够好，例如调用摄像头的问题上会出现在 iOS 上可以使用但是在 Android 上却无法拍摄的情况。

（3）不支持离线模式。由于是 Web App，实质上还是浏览器浏览网页，前提是必须在联网的情况下才能访问，如果在没有连接互联网的情况下则无法访问。而有些 Native App 可以在离线情况下使用，诸如单机游戏斗地主。

3. 应用的发展。Web 应用优缺点明显，在内容发布类的 App 中 Web 具有得天独厚的优势，因为不涉及摄像头之类的 API 调用所以不需要考虑 Web 的卡顿。而随着 HTML5 的最终定稿越来越多的 Web App 开发框架被开发出来，使用框架做功能简单的 App 更受开发者欢迎。Web App 更新不需要下载新的安装包，而且编译更新不需要通过审核，这些特点都决定 Web 应用在后面的发展中会占有更多的市场份额。不过其面对 API 调用和面对大量数据访问传输时的表现还是不如原生应用，致使现在主流的 App 比如支付宝、微信还都是原生应用。

（三）混合应用分析

1. 概述。Hybrid App 是指介于 Web App、Native-App 这两者之间的 App，它虽然看上去是一个 Native App，但只有一个 UI Web View，里面访问的是一个 Web App，比如街旁网最开始的应用就是包了个客户端的壳，其实里面是 HTML5 的网页，后来才推出真正的原生应用。再比如掌上百度和淘宝客户端 Android 版，走的也是 Hybrid App 的路线，不过掌上百度里面封装的不是 Web View，而是自己的浏览内核，所以体验上更像客户端，更高效。综合一下就是："Hybrid App 同时使用网页语言与程序语言开发，通过应用商店区分移动操作系统分发，用户需要安装使用的移动应用。"总体特性更接近 Native App 但是和 Web App 区别较大。只是因为同时使用了网页语言编码，所以开发成本和难度比 Native App 要小很多。因此说，Hybrid App 兼具了 Native App 的所有优势，也兼具了 Web App 使用 HTML5 跨平台开发低成本的优势。

2. 兴起原因。Hybrid App 的兴起是现阶段移动互联网产业的一种偶然。移动互联网的热潮兴起后，众多公司前赴后继地进入，但是很快发现移动应用的开发人员太少，所以导致疯狂的人才争夺。市场机制下移动应用开发人才的待遇扶摇直上，最终变成众多企业无法负担一个具备跨平台开发能力的专业移动应用开发团队。而 HTML5 的出现让 Web App 露出曙光，HTML5 开发移动应用的跨平台和廉价优势让众多想进入移动互联网领域的公司开始心动。可是当下基于 HTML5 的 Web App 更是雾里看花，在用户入口习惯、分发渠道和应用体验这三个核心问题没解决之前，Web App 也很难得以爆发。正是在这样的机缘巧合下，基于 HTML5 低成本跨平台开发优势又兼具 Native App 特质的 Hybrid App 技术杀入混战，并且很快吸引了众人的目光。大幅地降低了移动应用的开发成本，可以通过现有应用商店模式发行，在用户桌面形成独立入口等，让 Hybrid App 成为解决移动应用开发困境不错的选择，也成为现阶段 Web App 的代言人。

3. 分类。Hybrid App 按网页语言与程序语言的混合，通常分为三种类型：多 View 混合型，单 View 混合型，Web 主体型。

多 View 混合型。即 Native View 和 Web View 独立展示，交替出现。2012 年常见的 Hybrid App 是以 Native View 与 Web View 交替的场景出现。这种应用混合逻辑相对简单。即在需要的时候，将 Web View 当成一个独立的 View(Activity)运行起来，在 Web View 内完成相关的展示操作。这种移动应用主体通常是 Native App，Web 技术只是起到补充作用。开发难度和 Native App 基本相当。

单 View 混合型。即在同一个 View 内，同时包括 Native View 和 Web View。互相之间是覆盖(层叠)的关系。这种 Hybrid App 的开发成本较高，开发难度较大，但是体验较好。如百度搜索为代表的单 View 混合型移动应用，既可以实现充分的灵活性，又能实现较好的用户体验。

Web 主体型。即移动应用的主体是 Web View，主要以网页语言编写，穿插 Native 功能的 Hybrid App 开发类型。这种类型开发的移动应用体验相对而言存在缺陷，但整体开发难度大幅降低，并且基本可以实现跨平台。Web 主体型的移动应用用户体验的好坏，主要取决于底层中间件的交互与跨平台的能力。国外的 AppMobi、PhoneGap 和国内的 WeX5、AppCan 和 Rexsee 都属于 Web 主体型移动应用中间件。其中 Rexsee 不支持跨平台开发。AppMobi 和 PhoneGap 除基础的底层能力更多是通过插件(Plugins)扩展的机制实现 Hybrid。AppCan 除了插件机制，还提供了大量的单 View 混合型的接口来完善和弥补 Web 主体型 Hybrid App 体验差的问题，接近 Native App 的体验。而 WeX5 则在揉合 PhoneGap 和 Bootstrap 等主流技术的基础上，对性能进一步做了深度优化，不但完全具备 Native App 对本地资源的调用能力，性能体验也不输原生；WeX5 所开发出来的 App 具备跨端运行能力，可以无需任何修改直接运行在各种前端环境上。

从分析可见，Hybrid App 中的 Web 主体型只要能够解决用户体验差的问题，就可以变成最佳 Hybrid App 解决方案类型。

4. 未来发展。国内外 Hybrid App 的开发框架众多，如何选择又成为一个难题。下面对开发者比较关心的集中知名跨平台开发移动应用中间件进行列表和对比，以便选择最适合您的移动应用中间件(表 1-1)。

表 1-1 Web App、Hybrid App、Native App 对比

	Web App（网页应用）	Hybrid App（混合应用）	Native App（原生应用）
开发成本	低	中	高
维护更新	简单	简单	复杂
体验	差	中	优
Store 或 market 认可	不认可	认可	认可
安装	不需要	需要	需要
跨平台	优	优	差

（来源：《Android 原生开发、H5、Hybird App 使用利弊和场景技术分享》，2017.07）

Hybrid App 这个领域虽然还处于比较初期的阶段，但是已经有很多优秀的公司和技术团队在致力于跨平台开发移动应用中间件技术的研究，给了开发者众多选择。开发者可以根据实际的项目需求来选择中间件。Web App 虽被浏览器厂商和搜索引擎公司所推崇，但存在用户体验差、盈利模式不明确等现阶段无法解决的问题，或最终夭折。Hybrid App 正在被越来越多的公司和开发者所认同，势必会成为新世界的王。

（四）场景应用分析

1. 概述。场景应用，英文名字"Live App"，Live 指活着的、生动的、现场的、有生命力的，可以把它理解为与生活场景的即时连接。而 App 则是英文 Application（应用程序）的简称。场景应用（Live App），顾名思义，则是"现场的、互动的、有生命力的场景移动应用"。据悉，场景应用（Live App）由云来团队于 2012 年初自主创新研发而成，它基于移动互联网的连接引擎技术，是移动互联网一种全新基于用户场景的信息连接方式。鉴于移动互联网用户思维的产品设计理念，场景应用迎合了手机用户的使用习惯，为用户提供极致简单的连接和体验方式。未来，随着时间的越来越碎片化，企业如果不能在短时间内融入用户场景，创造直击痛点用户需求的消费体验，就失去了与用户的极速连接的最佳机会。在移动互联网真实用户体验的场景下，用户更需要一个个小而美、体验极致、鲜活的、及时的、可以互动的、可以打动你的、能够促使你毫不犹豫地去微信朋友圈分享给好友的场景应用。场景应用正是通过艺术和技术结合的手法，将小而美的用户场景与产品功能价值相融合，触发用户的交互和参与。

2. 技术分析。场景应用（Live App）从技术角度来看，它基于云端，无需下载，可以实现随时随地极速连接企业与用户、用户与产品。它优于 HTML5，可全面支持图文、视频、音频、LBS、电话、3D、重力感应、商业智能数据分析识别等交互体验，令用户体验更加极致。场景应用（Live App）从传播属性来说，它以社交网络为传播路径，极速连接用户，重构企业与用户之间的商业关系，可以连接微信、微博、来往、易信、百度、浏览器、

UC、Line、whatsapp、Facebook、Google Mobile，同时通过二维码、声波识别无缝连接用户和商品。目前正在积极与 Google Glass、Tesla、智能穿戴设备进行应用连接。

从场景应用的制作上来看主要用到的还是 HTML5、CSS、Javascript。场景应用主要是起宣传作用，比较简单的场景应用不涉及与用户的交互，用户仅仅翻页操作。而现在更高级的场景应用具有交互功能，会根据用户的反馈展示不同的内容。

3. 场景应用的发展。因为场景应用主要依附于微信朋友圈传播，这导致好的场景应用可以迅速病毒式传播，腾讯官方推出的吴亦凡征兵广告就是一种场景应用，凭着新颖的创意和腾讯的宣传渠道立刻在朋友圈迅速传播。现在一般没有新颖想法而仅仅是起展示作用不存在交互的场景应用已经很难再吸引用户的眼球，而具有创新性的场景应用则更容易被用户接受，吴亦凡的场景应用就是把图片和视频相结合让用户产生人物从屏幕中跳出来的错觉而火爆朋友圈。

五、移动互联网国外发展情况分析

（一）行业总体发展情况

2011—2016 年间，全球移动数据流量增长 18 倍。在此期间，移动数据流量以 78% 的复合年增长率(CAGR)在增长，到 2016 年达到每月 10.8EB，移动网络速度增长 9 倍，移动网络的平均速度(2011 年为 189 kbps)将超 2.9 Mbps。StatCounter 的数据显示，2016 年 10 月，移动设备为全球贡献了 51.3% 的互联网使用量(图 1-4)。该公司共评估了 250 万家网站的 150 亿次页面浏览量，最终发现手机和平板电脑首次占据全球互联网使用量的多数份额。

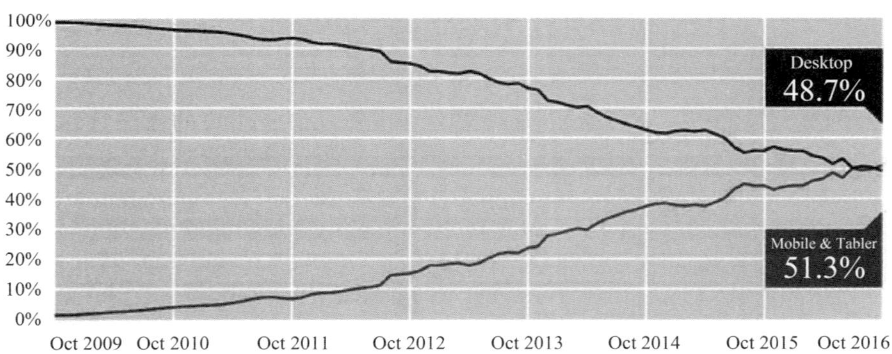

图 1-4　StatCounter 移动端与 PC 端使用趋势图

（数据来源：StatCounter，199IT 整理，2016. 11）

（二）移动智能终端软件发展现状

移动互联网凭借着其社交化、本地化和移动化的特性，已经渗透到人们生活、工作的每个角落，苹果公司 App Store 的应用程序已经超过 700000 个，而 Google Play 的应用程序也超过了 675000 个。人们利用这些应用程序可以进行社交（如 Facebook），可以进行导航（如 Google 地图），可以进行影视娱乐（如 YouToBe），可以玩游戏，可以进行网购（如 Amazon），可以指导健康运动（如 NIKE 跑步），它们已经遍及吃穿住行玩各个方面。

在过去三年中，全美在数字媒体方面花费的时间猛增了 53%（图 1-5）。近年来，移动设备使用率正快速增长，但在 2015 年经历了增速放缓的过程，2016 年度增速仅为 11%。这不包括台式电脑的使用率，后者增速仅为 3%。移动应用使用率强势增长令其占据用户花费在数字媒体上的时间更多。人们在移动媒体上总的活动近来增加到了 67%，包括使用移动浏览器，而台式电脑依然占据剩余的 33%（图 1-6）。应用成为移动设备上大部分媒体消费活动的主要驱动力，人们在数字媒体上的消费时间中，每 4 分钟里约 3 分钟受应用驱动。与平板电脑相比，智能手机上的应用活动也更活跃（图 1-7、图 1-8）。

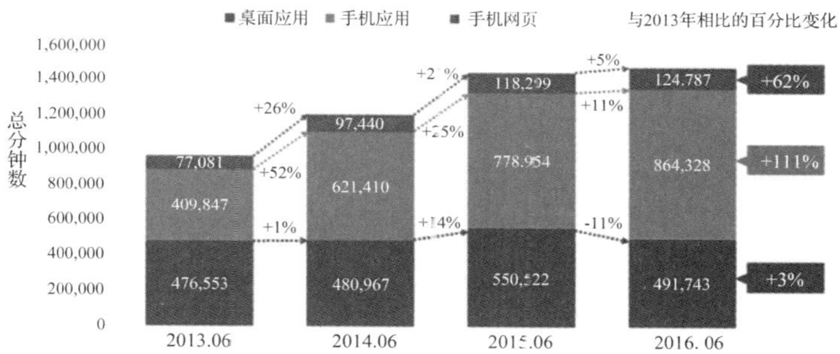

图 1-5　人们花费在数字媒体上的时间受应用驱动增长趋势

（资料来源：comScoreMedia Metrix Multi-Platform & Mobile Metrix，U. S.，Total Audience）

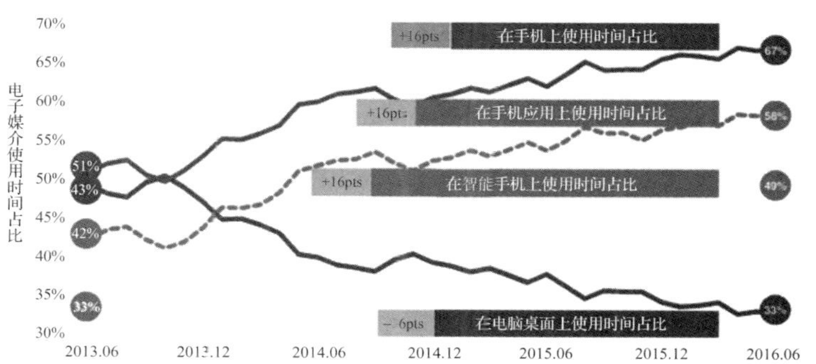

图 1-6　台式电脑和移动设备使用时间比例

（资料来源：comScoreMedia Metrix Multi-Platform & Mobile Metrix，U. S.，Total Audience）

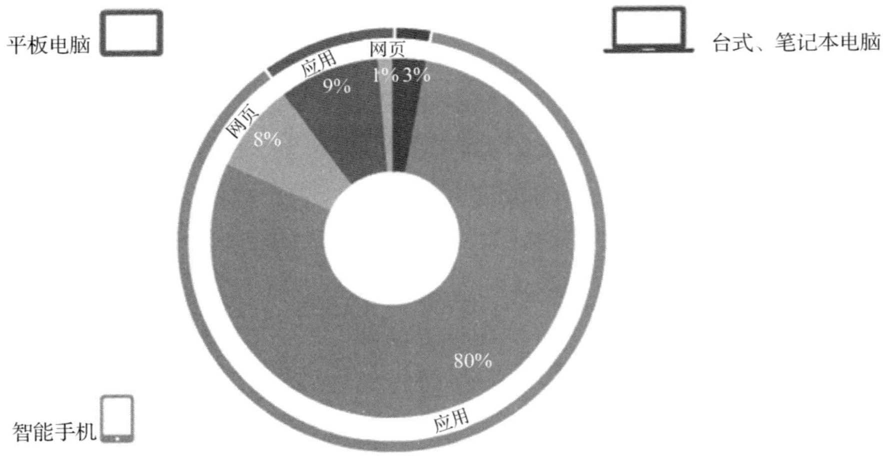

图 1-7 移动应用在智能手机使用总增长率和台式电脑、平板电脑对比

（资料来源：comScoreMedia Metrix Multi-Platform & Mobile Metrix, U. S. , Total Audience）

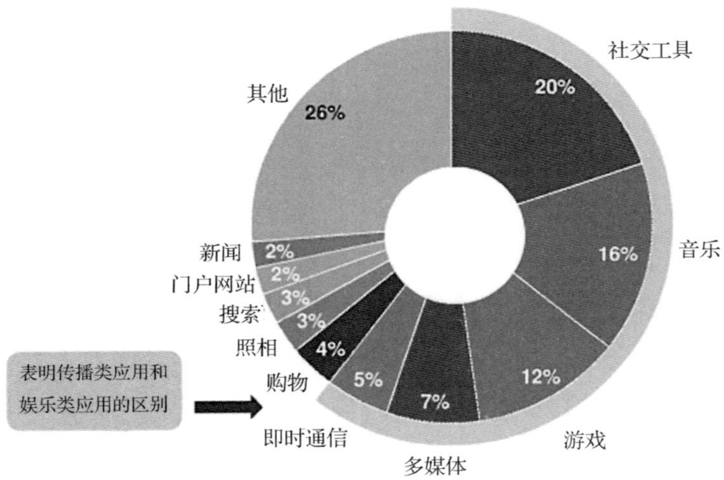

图 1-8 用户使用不同类别移动应用的时间分配图

（资料来源：comScore Mobile Metrix, U. S. , Age 18 + , June 2016）

iPhone 手机用户在消费媒体方面占用的应用时间比较多，比如综合新闻、广播、照片、社交网络、天气等，在苹果 iOS 智能手机平台上，这些应用的检索比例最高。相反，Android 手机用户在搜索和电邮方面花费时间更多，因为这个平台上谷歌搜索与 Gmail 都是强项。

消费者使用何种设备取决于他们试图完成的数字任务、他们寻找的媒体内容种类以及他们消费时间时所处的现实位置。比如广播、地图、即时通讯等类应用，在移动设备上使用更多。而搜索和浏览新闻等活动，则通常以台式电脑为主。

（三）移动智能终端硬件发展现状

思科曾在一份报告中预测，到2016年，全球投入使用的手机设备或“个人移动设备”数量将超过80亿。另外，投入使用的M2M（机器对机器）连接将达到近20亿，其中包括GPS系统和医疗应用。报告指出，所有这些设备将推动2016年移动数据流量增长18倍，达到每月10.8艾字节或每年130艾字节。130艾字节相当于330亿张DVD光盘的容量。部分全球最大的移动运营商无法满足移动数据流量需求，Verizon Wireless和AT&T等公司已经采用按流量计费的模式，限制用户使用移动数据流量。根据思科的预测，未来数年运营商需要投入巨额资金，对网络进行改造。

（四）移动网络平台发展现状

目前，全球范围内，3G移动通信在很多市场都已经具有泛在的网络覆盖，而4G移动通信网络正以更快的速度得到部署。3G移动通信网络用了十年的时间获得50%的全球人口覆盖率；而按照目前的发展速度，预计4G移动通信网络将只用八年的时间即可获得50%的全球人口覆盖率。全球移动通信协会新近发布的相关预测数据显示：3G移动通信网络的人口覆盖率将从目前的70%上升至2020年的80%强；4G移动通信网络的人口覆盖率将从目前的25%上升至2020年的60%（图1-9）。全球范围内，自从2001年第一张3G/WCDMA网络得到商用部署、2009年第一张4G/LTE网络得到商用部署，越来越多的消费者开始使用移动宽带网络，而且所能获得的下行无线接入速率也越来越大。全球范围之内，移动通信网络向4G的迁移部署正在快速地进行，但相关进程依赖于移动通信基础网络运营商及时地获得优质无线频谱资源。

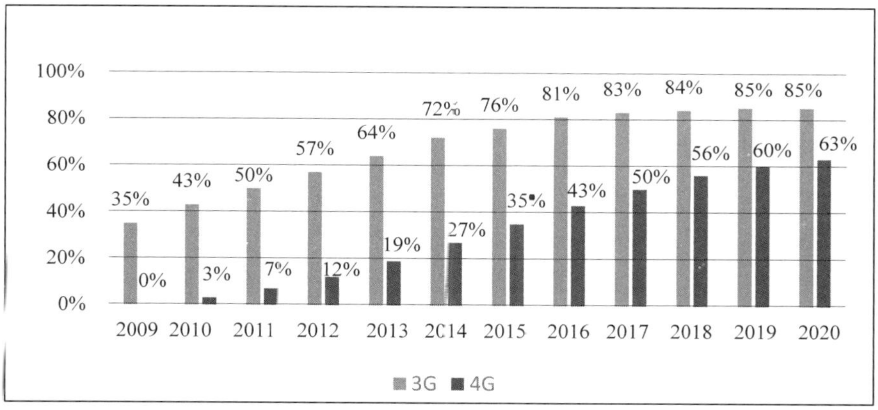

图1-9　2009—2020年3G与4G移动通信网络的全球人口覆盖率

［来源：全球移动通信协会《MWC 2015（2015年世界移动通信大会）第二天日报》］

截至2015年1月末，全球正式实现规模商用的4G移动通信网络达到了352个（与

2014 年同期相比，新增了 88 个），至此，全球超过一半的国家或地区（一共为 124 个）实现了每个国家或地区都有一个 4G 移动通信基础网络运营商。其中欧洲的 4G 移动通信网络数量最多，达到 108 个，超过全球已商用 4G 移动通信网络总数的 30%；其次是亚太地区 66 个；接下来分别是拉美地区 55 个、北美地区 47 个。此外，2014 年年末，全球 4G 移动通信连接数总量相比 2013 年年末翻了一番，前者的数值大约为 5 亿，占到了全球移动连接总数的 7%，而在 2013 年年末，相关的比例数值仅为 3%。依此发展速度，全球移动通信协会预计：到 2020 年，相关的比例数值将会超过 30%。

值得一提的是，作为移动互联网发展最为充分的地区，亚太和北美表现得很好。首先，虽然亚太地区的 4G 移动通信网络数量仅占全球已商用 4G 移动通信网络总数的六分之一，但是其 4G 移动通信连接数却几乎占到了全球 4G 移动通信连接总数的一半，主要是由于亚太地区的中国、韩国与日本有着很大的 4G 移动通信市场体量，而且预计未来的 4G 移动通信市场发展潜力仍然巨大。其次，在北美地区，4G 移动通信连接数占全球 4G 移动通信连接总数的比例大约为三分之一，但由于人口总量有限，北美地区的移动通信市场已趋于饱和，再难有大的增长。经济危机、移动通信虚拟运营很成熟等原因造成欧洲市场对各类新型移动通信应用需求低迷，2G 移动通信发展最好的欧洲在 3G/4G 移动通信时代出人意料地衰落为“后进地区”。截至 2014 年年底，发达经济体的 4G 移动通信网络人口覆盖率已经超过了 80%，而发展中国家的 4G 移动通信网络人口覆盖率仅刚好超过 10%。全球移动通信协会预计，在接下来的五年时间里，拉美地区以及亚太地区的移动通信基础网络运营商将会成为推动全球 4G 移动通信网络发展最为强大的力量。

作为衡量 4G 移动通信网络部署程度的最相关、最重要的指标，4G 移动通信连接数占移动通信连接总数的比例方面，截至 2014 年年底，韩国是领先于全球的。在韩国，4G 移动通信连接数占该国移动通信连接总数的比例大约为三分之二。接下来分别是美国（相关的比例数值为 45%）、日本（相关的比例数值为 42%）以及澳大利亚（相关的比例数值为 38%）。相比于其他国家/地区，这些国家的移动通信基础网络运营商很早就获得了政府通信监管部门的 4G 移动通信频谱指配。在 4G 移动通信发展进程最快的全球前十大移动通信基础网络运营商之中，韩国就占到了三家，分别为：LG Uplus（截至 2014 年年底，其 4G 移动通信用户数量占其移动通信用户总数的比例数值为 79%）、韩国电信 KT（截至 2014 年年底，其 4G 移动通信用户数量占其移动通信用户总数的比例数值为 60%）以及 SK 电讯（截至 2014 年年底，其 4G 移动通信用户数量占其移动通信用户总数的比例数值为 59%），由于韩国国土面积小，这三家移动通信基础网络运营商很快就实现了其 4G 移动通信网络的全国性覆盖。

（五）移动应用服务平台发展现状

基础软件和应用生态环境构成了移动智能终端的软件环境。终端基础软件需要具备良好的体系架构、应用框架，并能够为开发者提供完善的应用开发环境；同时，终端应用的丰富性决定了手机基础软件的生存空间。目前，81%的市场份额被Android所占据，iOS为13%，Windows Phone则仅占4%。Android和iOS两个系统所培养的用户体验习惯、应用产业链已经非常成熟，App数量都接近百万级；而Windows Phone阵营App数量则为10万级别，Windows Phone想要进一步扩大份额，形成三足鼎立的局面，还有很长的路要走。

全球应用程序的下载数量、应用创新的数量都在加速增长，并呈现苹果与谷歌两家独大的格局。截至2013年年底，苹果应用商店App Store应用数达80万个，下载次数累计超过500亿次；谷歌应用商店Google Play应用数已超过100万个，下载量超过500亿次；而2011年全球应用程序商店总下载规模累计仅为360亿次。Getjar、Facebook、Amazon等第三方应用商店均呈现加速增长态势。另一方面，Opera、Mozilla等软件企业积极布局跨平台Web应用商店，此外苹果、谷歌、微软等巨头均大力提升其终端或浏览器产品对Web应用的支持程度，但Web领域整体应用数量与下载规模仍与苹果、谷歌应用商店相距较远。

目前来看，从用户体验到商业模式，应用商店并不是一个短期现象，其本身是满足移动（无线）环境下用户体验的最佳表现，未来极可能是常态化的形式。相比Web应用商店，现有应用商店的缺点并不明显，而受终端、网络以及标准制定等条件制约，Web应用商店在未来至少2~3年内仍无法超越现有应用商店成为主导。但Web应用商店的快速发展推动平台竞争加剧并使开发者获益，在当前应用商店领域，开发者和应用商店提供商之间的分成通常是3∶7。而在Web应用商店如Google Chrome Web Store中，开发者的分成比例高达95%，这种分成比例将极大地激励开发者的兴趣。目前Web应用商店平台中大量免费应用是通过网络链接方式提供的，用户甚至可以直接跳过平台通过其他方式访问应用，这种松散的集中方式不具有长期垄断市场的能力，未来产业价值将从应用商店向产业下游的内容和广告方面转移，产业门槛将降低，竞争将更加激烈。

六、移动互联网国内发展情况分析

（一）行业总体发展情况

1. 移动互联网市场规模突破千亿元。截至2015年12月，我国手机网民规模达6.20亿，网民中使用手机上网的人群占比由2014年的85.8%提升至90.1%。在前几年强势增长态势的基础上，2015年中国移动互联网市场规模同比增长76.9%，达到3981.5亿元。2016年，我国移动互联网市场继续蓬勃发展，规模达4000亿元，同比增长80%。一方面，智能手机和其他移动智能终端的普及和应用，奠定了移动互联网的硬件基础；另一方面，移动互联网所衍生出的互联网金融、交通旅行、在线教育的应用服务愈发完善，并加速推向市场，成为市场规模快速增长的主要原因(图 1-10)。

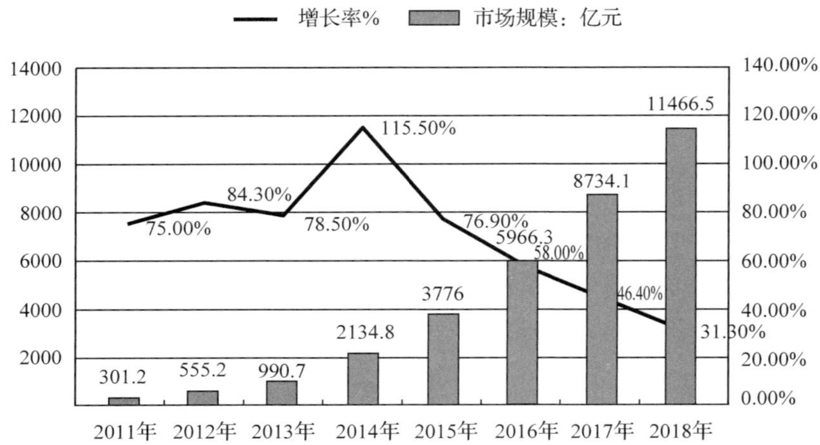

图 1-10　2011—2018 年中国移动互联网市场规模增长图

(来源：中国网络互联信息中心，《第 37 次中国互联网络发展状况统计报告》，2016. 01)

2. 移动互联网流量高速增长。2015 年开始，移动互联网接入流量快速增长。从 2015 年 10 月到2016 年 10 月，移动互联网接入流量从 4 亿 G 增长到 8 亿 G，一年间，增长了一倍多(图 1-11)。

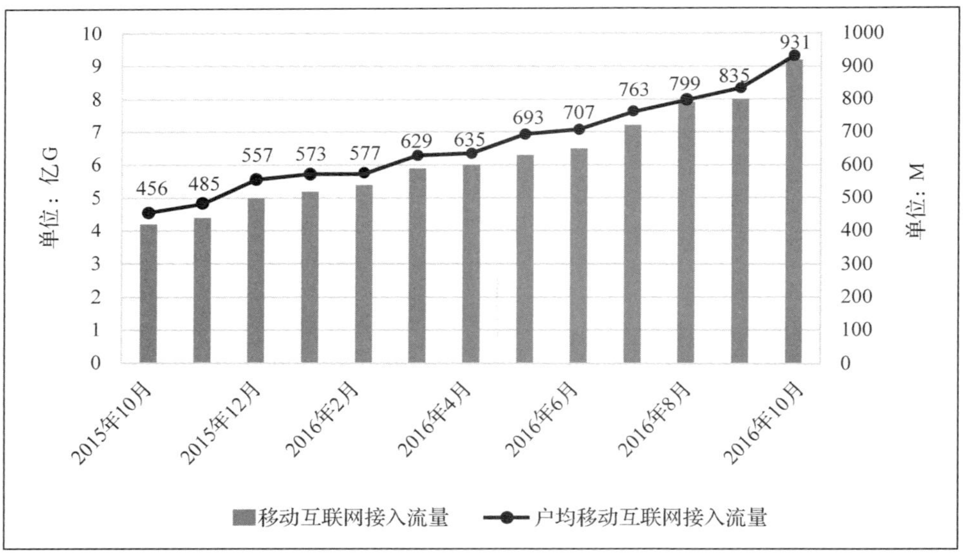

图 1-11　2015—2016 年移动互联网流量发展情况比较

(来源：工信部，《2015 年 6 月份通信业经济运行情况》，2015. 07)

3. 中国手机网民规模及占网民比例

从 2012 年开始，中国手机网民不断增长，手机网民占整体网民比例不断增加(图 1-12)。

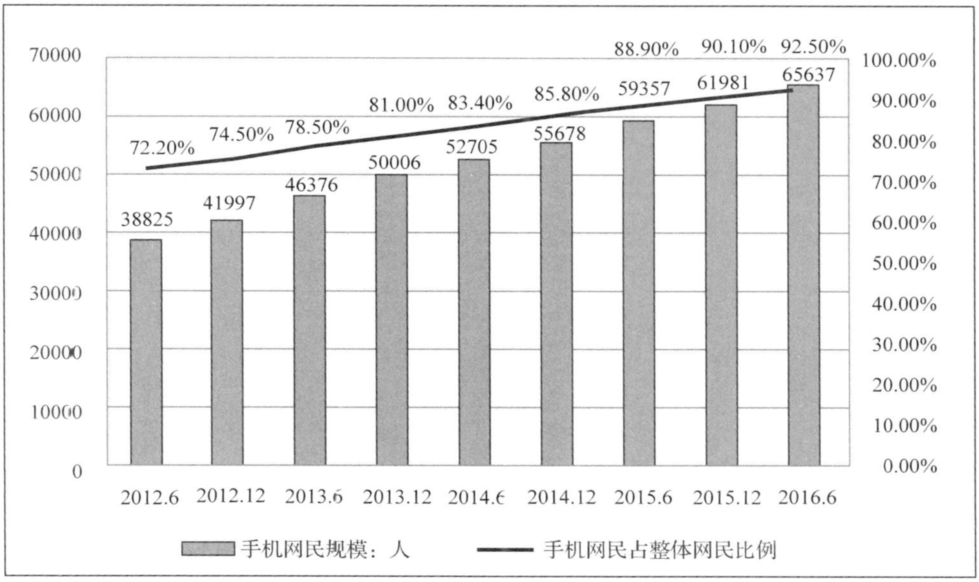

图 1-12 中国手机网民规模及占网民比例

（来源：中国互联网络信息中心，《第 38 次中国互联网络发展状况统计报告》，2016. 06）

（二）移动智能终端软件发展现状

手机应用逐渐从通讯、碎片化阅读等相对简单的应用，向黏度较大、时长较长的视频、商务类应用发展。2016 年上半年，我国个人互联网应用保持稳健发展，除网络游戏及论坛/BBS 外，其他应用用户规模均呈上升趋势，其中网上外卖和互联网理财是增长最快的两个应用，半年增长率分别为 31. 8% 和 12. 3%，网络购物也保持较快增长，半年增长率为 8. 3%。手机端大部分应用均保持快速增长，其中手机网上外卖用户规模增长最为明显，半年增长率为 40. 5%，同时手机网上支付、网络购物的半年增长率均接近 20%（表 1-2）。

表 1-2 2015. 12—2016. 6 中国网民各类手机互联网应用的使用率

时间	2016. 6		2015. 12		半年增长率
应用	用户规模（万）	网民使用率	用户规模（万）	网民使用率	
手机即时通信	60345	91. 9%	55719	89. 9%	8. 3%
手机网络新闻	51800	78. 9%	48165	77. 7%	7. 5%
手机搜索	52409	79. 8%	47784	77. 1%	9. 7%
手机网络音乐	44346	67. 6%	41640	67. 2%	6. 5%
手机网络视频	44022	67. 1%	40508	65. 4%	8. 7%
手机网上支付	42445	64. 7%	35771	57. 7%	18. 7%
手机网络购物	40070	61. 0%	27928	54. 8%	18. 0%
手机网络游戏	30239	46. 4%	27675	45. 1%	8. 3%
手机网上银行	30459	42. 8%	25908	44. 6%	10. 1%

（续）

时间	2016.6		2015.12		半年增长率
应用	用户规模（万）	网民使用率	用户规模（万）	网民使用率	
手机网络文学	28118	35.4%	25908	41.8%	8.5%
手机旅行预订	23226	35.4%	20990	33.9%	10.7%
手机邮件	17343	26.4%	16671	26.9%	4.0%
手机网上外卖	14627	22.3%	10413	16.8%	40.5%
手机论坛/BBS	8462	12.9%	8604	13.9%	-1.7%
手机网上炒股或炒基金	4815	7.3%	4293	6.9%	12.1%
手机在线教育教程	6987	10.6%	5303	8.6%	31.8%

（来源：中国互联网络信息中心，《第38次中国互联网络发展状况统计报告》，2016.06）

（三）移动智能终端硬件发展现状

平板电脑小巧的身躯、强大的功能受到用户的喜爱，39.5%的用户使用平板电脑进行App应用。其中iPad以48%的普及率雄踞霸主地位（图1-13）。

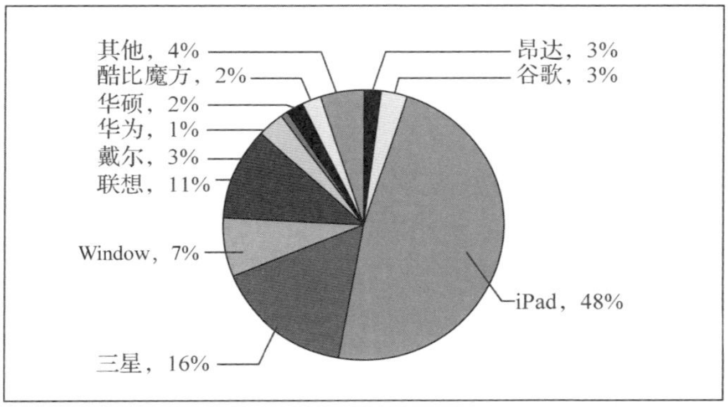

图1-13　平板电脑品牌普及率分布

（来源：《移动App市场现状及发展趋势》，2014.07）

智能手机兼具掌上电脑的功能和手机通讯功能，一经推出即受到市场热捧，截至2016年6月，中国手机网民规模达6.56亿，较2015年底增加3656万人。网民中使用手机上网人群占比由2015年年底的90.1%提升至92.5%，75%的受访者使用智能手机的App应用。其中三星以其时尚的外观、多层次的产品，赶超苹果占据智能手机市场第一把交椅（图1-14）。

在谷歌眼镜的影响下，2013年可穿戴设备在中国迈出了实质性的步伐。3月，小米宣布研发智能鞋；4月，百度智能眼镜开始内测；6月，盛大果壳电子发布智能手表、智能戒指；10月，360发布儿童卫士手环……涉足智能可穿戴设备的还有橡果信息、东软集团、映趣科技、奥雷德光电等科技企业。移动互联网与服装配饰、医疗保健等的融合，无疑是又一座金矿。2013年8月，中国汽车工程学会发起成立“车联网产业技术创新战略联

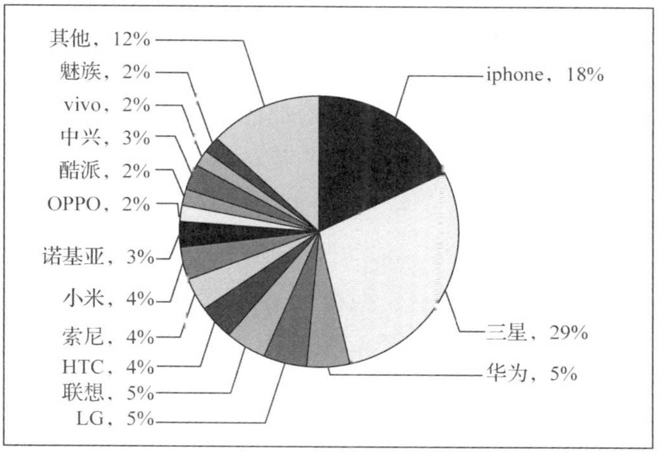

图 1-14　智能手机品牌市场分布

（来源：《移动 App 市场现状及发展趋势》，2014. 07）

盟”。联盟成员涵盖汽车制造商、移动通信运营商、硬件设备制造商、软件服务提供商及相关科研院所。联盟重点推进 Telematics 车载应用服务，通过移动互联网将车与车、车与人、人与人、人与物连接起来，建立一个围绕车辆的数据汇聚、计算、调度、监控、管理与应用的复合智能体系。这将是一个生活在 2013 年的普通人难以想象的复杂的智能系统。12 月，阿里巴巴集团与海尔集团达成合作协议，阿里以 22.1 亿元人民币投资海尔集团子公司海尔电器。此次合作看上去是海尔电器日日顺物流与阿里天猫的结合，但两大巨头的合作无疑留下了“智能家电”的想象空间。2014 年年初，阿里宣布联手新奥特、华通云数据，打造中国最大的全媒体云计算平台“ON AIR（在云上）”，将全国 200 家电视台接入云计算平台，这又是一个媒体融合的大手笔。

（四）移动网络平台发展现状

2013 年 12 月 4 日，工信部正式向中国移动、中国电信、中国联通颁发了三张 TD-LTE 制式的 4G 牌照，这意味着中国 4G 网络、终端、业务将正式从实验转为商用，中国移动互联网进入 4G 时代。4G 手机市场的厂商数量由年初的 9 家增加到 14 家，在售机型由 45 款增加到 64 款，中国移动也已经向北京、上海、广州、深圳等 16 个城市提供 4G 网络服务。预计 4G 手机的增长将迎来爆发期，带动流量消费 G 时代的到来，LTE 发展进入快速增长期。

2014 年，由于中国移动通信集团公司大力发展 4G 移动通信，亚太地区的 4G 移动通信市场发展到了一个全新的高度。2014 年，全球新增的 4G 移动通信连接数之中，30% 都是来自于中国移动通信集团公司。自从中国移动通信集团公司于 2013 年 12 月正式商用 TD-LTE 以来，其就非常快速地推进了 4G 移动通信网络的部署。截至 2014 年第二季度末，一共部署了41万个TD-LTE基站，并于终端及通信资费两个关键方面大大发力来发展用户。截至2014年年末，中国移动通信集团公司的4G移动通信用户达到了9000万，从而使其成为全球最大的4G移动通信运营商。工信部运行监测协调局2015年2月16日发布统计数据，2015年1月，国内4G移动通信用户数新增2058.9万户，总数达到1.18亿户。此外，工信部电信管理局于2015年2月27日向中国电信集团公司和中国联合网络通信集团有限公司发放“LTE/第四代数字蜂窝移动通信业务(LTE FDD)”经营许可。由此，我们可预计，中国电信、中国联通将加大4G融合网络建设力度，将进一步带动4G手机终端市场的蓬勃发展，将进一步推动4G资费水平降低，从而实现国内4G移动通信用户总数的大增长。

2016年7月末，我国移动互联网用户总数达到10.5亿户，其中1~7月净增超过8426万户(同比增长11.9%)。在4G用户爆发式增长、流量资费持续下降的影响下，使用手机上网的用户数再创历史新高，总数达到9.97亿户，对移动电话用户的渗透率达到76.4%。无线上网卡用户小幅下降到1552万户，同比下降5.1%。“三网融合”业务稳步推进，IPTV用户总数达到6900万户，1~7月净增2311万户。7月当月移动互联网接入流量达7.76亿G，创历史新高。当月户均移动互联网接入流量达到763.4M，同比增长98.1%。1~7月累计达45.3亿G，同比增长123.9%。其中，通过手机上网的流量达到40.4亿G，保持翻倍增长态势，占移动互联网总流量的89.3%。固定互联网使用量保持较快增长，固定宽带接入时长达33.1万亿分钟，同比增长16.7%。

(五)移动应用服务平台发展现状

2016年，中国移动应用(App)数量已达67万，我国本土第三方应用商店移动应用累计数量超过500万款，苹果商店移动应用累计数量超过163万款，而尚未官方进入我国市场的谷歌商店移动应用累计数量约260万款，中文移动应用累计数量超过710万款(图1-15)。

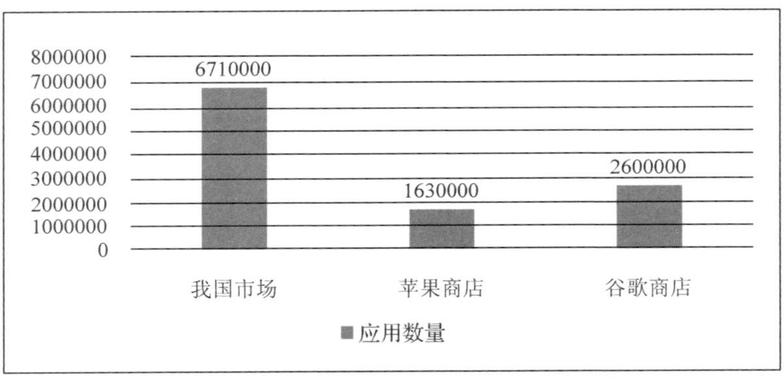

图1-15 移动应用数量统计

(来源：中国产业发展研究网，《2016年中国移动App市场发展现状分析》，2016.08)

移动 App 数量虽众多，但相对于桌面互联网以门户、搜索为核心入口的格局，移动互联网的业务入口则大为分散，且数据信息无法互通。当前市场上已出现应用商店、搜索服务等重要的服务领域，并分别形成规模巨大的信息孤岛，数据分散促使龙头企业缺乏统一的信息聚集入口。同时移动 App 版本变种数量众多，相互关联图景极为复杂，如在面向 Andriod 热门应用排名 Top 10 中，仅计算不同名称，10 个热点移动应用就有 186 款变种，其中 QQ 就有近 50 款变种。由于远择带来的困扰，使用者下载 App 应用带来的满足感会随所下载 App 数量的增加而递减(图 1-16)。

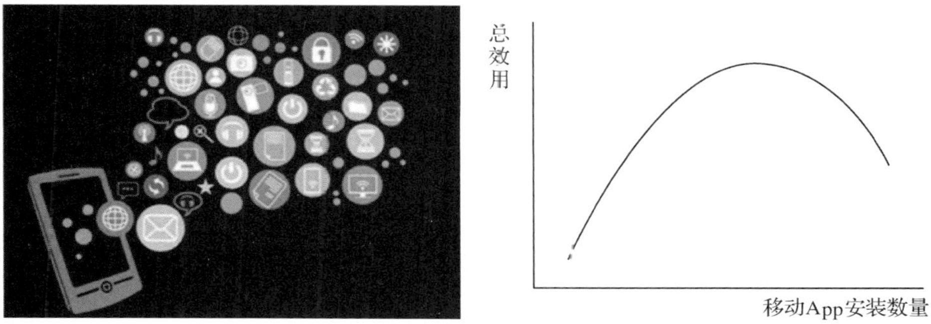

图 1-16　手机 App 安装数量与用户满意度关系呈倒 U 形

(来源：中国产业发展研究网，《2016 年中国移动 App 市场发展现状分析》，2016. 08)

移动 App 市场存在明显长尾效应。根据雅虎通过 Aviate 智能平台得到的数据显示，平均每名 Android 用户在手机上安装 95 款应用程序，每天使用的应用仅有 35 款，其余 60 款则为“长尾应用”——平时很少用到，某些时刻又需要它，所以一般情况下用户也不会卸载这些 App(图 1-17)。然而手机存储容量的限制和用户精力的有限又决定了用户不可能大规模安装这些小众需求的 App，如何实现对这些“长尾应用”进行集成，成为了重要的问题。

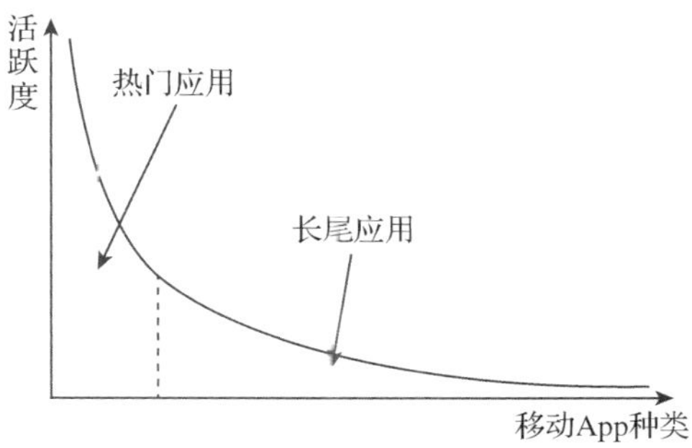

图 1-17　移动应用中的长尾效应

(来源：中国产业发展研究网，《2016 年中国移动 App 市场发展现状分析》，2016. 08)

App 操作步骤繁琐，利用率不高。以日常生活场景为例：设想一个用户想要订一份外卖，他首先会识别自己的需求，然后在 App 商店的“生活应用”栏目中寻找美食外卖类的软件，在众多外卖订餐软件中犹豫、徘徊后，用户会选择并下载安装某款(或者多款)外卖App，打开这款App，选择想要购买的食物，在此过程中可能会跟商家沟通食物的口味等问题，最后下单购买，等待外卖配送，需求得到满足。可以看到，从产生需求到需求得到满足，整个操作链条非常繁琐冗长，为了获得最优选择，用户还可能在多款外卖软件之间比较、选择，耗费大量时间精力。若用户产生新的需求，就需要安装新的App，重复上述步骤。此外，某些App集成多种功能，某些用户却仅需要其中部分功能，为了使用这部分功能而单独下载此App，从用户角度来看，属于软件资源的闲置与浪费，而且会占用手机存储空间，对其他App的安装使用形成挤出效应。

以手机应用商店为例，手机应用商店简化了软件下载流程，使越来越多手机网民通过应用商店进行下载。根据调查，最近半年下载过手机软件的用户中，74.6%通过手机应用商店进行下载，手机应用商店已成为我国手机软件下载的主要途径。此外，值得注意的是，通过手机浏览器在线应用商店和手机搜索引擎下载这两种方式的用户比例也较高，占比分别为41.1%和39.8%。手机浏览器和搜索引擎在手机端的入口作用和PC习惯的迁移，使其拥有较大的用户优势，成为手机应用软件分发的又一重要方式，具备较大的用户规模(图1-18)。

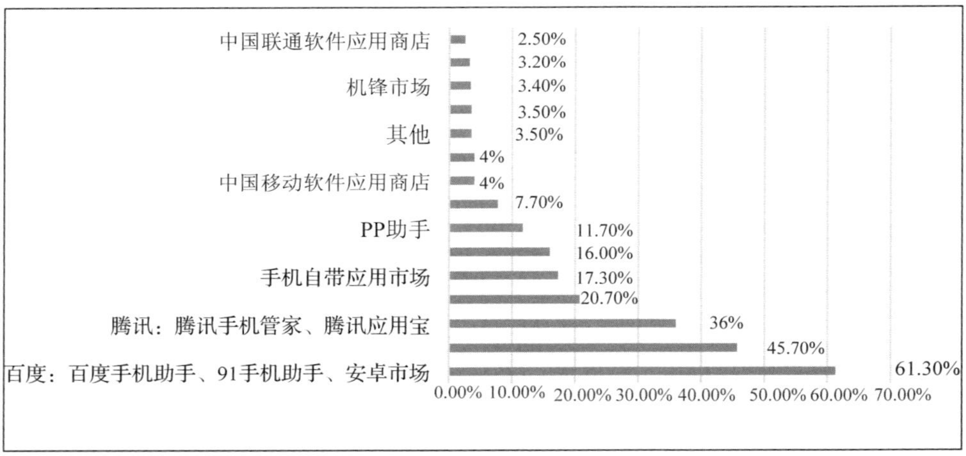

图1-18 手机应用商店的用户市场份额

（来源：中国互联网信息中心，《第34次中国移动互联网调查研究报告》，2014.08）

目前，我国手机应用商店的用户市场形成三个阵营。第一阵营，用户市场份额大于30%，主要是百度、360和腾讯等传统互联网企业；第二阵营，用户份额为10%~30%，主要是豌豆荚、手机自带应用商店及App Store等；第三阵营，用户份额小于10%，以传统运营商的手机应用商店为主。第一阵营，百度、360和腾讯在手机应用商店中的用户市场份额分列前三，占比分别为61.3%、45.7%和36.0%。传统互联网巨头借助已有的用户优势及多渠道布局，占据较大的市场份额，掌握了应用分发市场的话语权，使得中小应用商店进入的难度进一步加大。第二阵营，豌豆荚的市场份额为20.7%，在独立手机第三方应用平台中的市场份额最高，成为未来互联网巨头扩大自身应用分发能力并购或投资的重点对象；手机自带应用市场的用户占比为17.3%，占据一定用户份额，中小手机应用开发者在第一阵营进入门槛相对较高的情况下，可适当加大对手机自带应用商店的关注。

七、移动互联网发展趋势

20世纪七八十年代，个人电脑和桌面软件掀起了信息产业的第一次浪潮，PC走进了人们的办公室。进入90年代后，互联网掀起了信息产业的第二次浪潮，极大地改变了人们的工作和生活方式，让一大批固守传统生存法则的老牌企业为其对科技变革的漠视与迟钝付出了沉重代价，他们要么饱受经营下滑之苦，要么就此告别历史舞台。移动互联网的发展带来了移动数据流量的井喷，推动移动网络的升级换代。

人民网研究院发布的2013年《中国移动互联网蓝皮书》认为，移动互联网在短短几年时间里，已渗透到社会生活的方方面面，产生了巨大影响，但它仍处在发展的早期，“变化”仍是它的主要特征，革新仍是它的主要趋势。

（一）移动互联网超越PC互联网引领发展新潮流

有线互联网是互联网的早期形态，移动互联网（无线互联网）是互联网的未来。PC机只是互联网的终端之一，智能手机、平板电脑、电子阅读器（电纸书）已经成为重要终端，电视机、车载设备正在成为终端，冰箱、微波炉、抽油烟机、照相机，甚至眼镜、手表等穿戴之物都可能成为泛终端。

（二）移动互联网和传统行业融合催生新的应用模式

在移动互联网、云计算、物联网等新技术的推动下，传统行业与互联网的融合正在呈现出新的特点，平台和模式都发生了改变。这一方面可以作为业务推广的一种手段，如食品、餐饮、娱乐、航空、汽车、金融、家电等传统行业的App和企业推广平台；另一方面也重构了移动端的业务模式，如医疗、教育、旅游、交通、传媒等领域的业务改造。

（三）不同终端的用户体验更受重视

终端的支持是业务推广的生命线，随着移动互联网业务逐渐升温，移动终端解决方案也不断增多。不同种类的移动终端，其用户体验是不一样的，适应小屏幕智能手机的网页应该轻便、轻质化，它承载的广告也必须适应这一要求。目前，大量互联网业务迁移到手机上，为适应平板电脑、智能手机及不同操作系统，开发了不同的App，HTML5的自适应较好地解决了阅读体验问题，但是还远未实现轻便、轻质、人性化，缺乏良好的用户体验。

（四）移动互联网商业模式多样化

移动互联网业务的新特点为商业模式创新提供了空间，随着移动互联网发展进入快车道，网络、终端、用户等方面已经打好了坚实的基础，不盈利的情况已开始改变，移动互联网已融入主流生活与商业社会，货币化浪潮即将到来。移动游戏、移动广告、移动电子商务、移动视频等业务模式流量变现能力快速提升。

（五）用户期盼跨平台互通互联

目前形成的 iOS、Android、Windows Phone 三大系统各自独立，相对封闭、割裂，应用服务开发者需要进行多个平台的适配开发，这种隔绝有违互联网互通互联之精神。不同品牌的智能手机，甚至不同品牌、类型的移动终端都能互联互通，是用户的期待，也是发展趋势。移动互联网时代是融合的时代，是设备与服务融合的时代，是产业间互相进入的时代，在这个时代，移动互联网业务参与主体的多样性是一个显著的特征。技术的发展降低了产业间以及产业链各个环节之间的技术和资金门槛，推动了传统电信业向电信、互联网、媒体、娱乐等产业融合的大 ICT 产业的演进，原有的产业运作模式和竞争结构在新的形势下已经显得不合时宜。在产业融合和演进的过程中，不同产业原有的运作机制和资源配置方式都在改变，产生了更多新的市场空间和发展机遇。

（六）大数据精准营销潜力凸显

随着移动宽带技术的迅速提升，更多的传感设备、移动终端随时随地地可接入网络，加之云计算、物联网等技术的带动，中国移动互联网也逐渐步入“大数据”时代。目前的移动互联网领域，仍然是以位置的精准营销为主，但未来随着大数据相关技术的发展和人们对数据挖掘的不断深入，针对用户个性化定制的应用服务和营销方式将成为发展趋势，它将是移动互联网的另一片蓝海。

第二章 移动互联网相关技术

近年来，智能眼镜、智能手环等可穿戴设备层出不穷，无人机 + 互联网形成的丰富的新媒体业务形态已现端倪……未来，移动互联网的科技属性将越来越明显，并且在人工智能、可穿戴设备、虚拟技术等方面的优势日益突出。未来应当是一个无处不联网、无物不联网的世界。移动互联网正成为当代社会的基础设施，它是提高效率的工具，更是构建未来生产方式和生活习惯的基础设施。不远的将来，移动互联网将不再是作为一个单独的产业存在，它将成为所有行业的基础，成为传统行业紧跟时代步伐的助推器，以及互联网企业迈向未来的发动机。

一、移动 IP 技术

（一）移动 IP 技术的概念

移动 IP 技术从广义上讲，就是移动通信技术和 IP 技术的有机结合，即移动通信网和 Internet 网的融合，它不是简单的叠加，而是一种深层的融合。采用传统 IP 技术的主机在移动到另外一个网段或者子网时，由于不同的网段对应于不同的 IP 地址，用户不能使用原有 IP 地址进行通信，必须修改主机 IP 地址为所在子网的 IP 地址，而且由于各种网络设置，用户一般不能继续访问原有网络的资源，其他用户也无法通过该用户原有的 IP 地址访问该用户。而移动 IP 技术，则可使移动用户在跨网络随意移动和漫游中，不用修改计算机原来的 IP 地址就可以继续享有原网络中一切权限。简单地说，移动 IP 就是实现网络全方位的移动或者漫游。

目前 IETF 正在开发一套用于移动 IP 的技术规范，这主要是：RFC2002（IP 移动性支持)、RFC2003(IP 内的 IP 封装)、RFC2004(IP 内的最小封装)、RFC2290(用于 PPP IPCP 的移动 IPv4 配置选项)。传统 IP 技术的主机使用固定的 IP 地址和 TCP(传统控制协议)端口进行相互通信。在通信期间，它们的 IP 地址和 TCP 端口号必须保持不变，否则 IP 主机之间的通信将无法继续。而移动 IP 主机在通信期间可能需要在网络上移动，它的 IP 地址也许会经常发生变化。若采用传统方式，IP 地址的变化会导致通信中断。为解决这一问题，移动 IP 技术引用了处理蜂窝移动电话呼叫的原理，使移动节点采用固定不变的 IP 地址，一次登录即可实现在任意位置上保持与 IP 主机的单一链路层连接，使通信持续进行。其网络结构如图 2-1 所示。

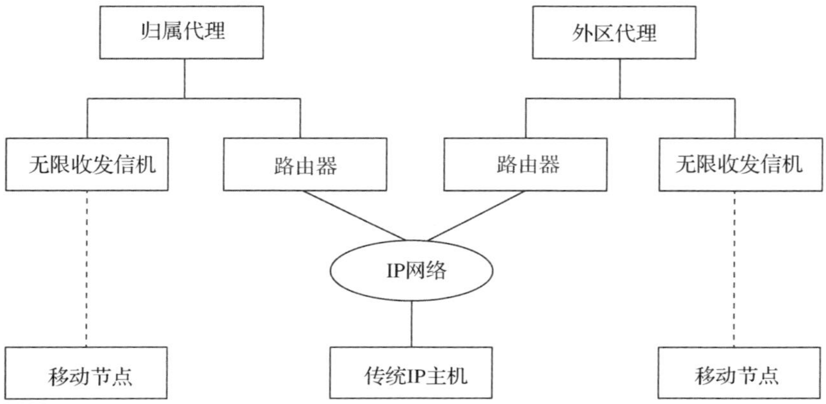

图 2-1　移动 IP 网络结构

(二)移动 IP 的关键技术

1. 代理发现。移动 IP 通过扩展现有的“ICMP 路由器发现”机制来实现代理发现。代理发现机制检测移动节点是否从一个网络移动到另一个网络，并检测它是否返回归属链路。当移动节点移动到一个新的外埠链路时，代理发现机制也能帮助它发现合适的外埠代理。

2. 隧道技术。隧道技术在移动 IP 中非常重要。移动 IP 使用 IP 的 IP 封装、最小封装和通用路由封装(GRE)三种隧道技术。

(1)IP 的 IP 封装。由 RFC2003 定义，用于将 IPv4 包放在另一个 IPv4 包的净荷部分。其过程非常简单，只需把一个 IP 包放在一个新的 IP 包的净荷中。采用 IP 的 IP 封装的隧道对穿过的数据包来说，犹如一条虚拟链路。移动 IP 要求归属代理和外埠代理实现 IP 的 IP 封装，以实现从归属代理到转交地址的隧道。

(2)IP 的最小封装。由 RFC2004 定义，是移动 IP 中的一种可选隧道方式。目的是减少实现隧道所需的额外字节数，通过去掉 IP 的 IP 封装中内层 IP 报头和外层 IP 报头的冗余部分完成。与 IP 的 IP 封装相比，它可节省字节(一般 8byte)。但当原始数据包已经过分片时，最小封装就无能为力了。在隧道内的每台路由器上，由于原始包的生存时间域值都会减小，以使归属代理在采用最小封装时，移动节点不可到达的概率增大。

(3)通用路由封装(GRE)。由 RFC1701 定义，是移动 IP 采用的最后一种隧道技术。除了 IP 协议外，GRE 还支持其他网络层协议，它允许一种协议的数据包封装在另一种协议数据包的净荷中。在某些应用中，GRE 防止递归封装的机制也非常有吸引力。

(三)移动 IP 技术的优势及发展前景

1. 传输速率的改进。新的数据通信时代的到来，使得移动数据传输能力大为增强，同时受环境的限制越来越少，无论室内室外、手持还是摆放、行走还是开车，数据传输的业务数据均能达到较高的水平，移动数据的高速传输，对移动终端网络化、智能化的发展起到了极大的推动作用，很多功能不需要重启主机、不需配置硬件环境等，均能轻易实现，具有良好的市场空间。

2. 4G 时代的主流技术。随着 3G 技术的日益成熟，人们开始将目光转向 4G 技术的研发。目前，4G 技术已经问世，其发展方向和目标着眼于提高移动设备无线访问 Internet 的主干宽带和 Internet 的速率，其无线连接速率将会达到目前移动上网速率的 300 倍，下载速率可达 5～10Mbits/s。这一目标的实现，将有利于从宽带的 CDMA 向全 IP 网络演进，并使移动 IP 技术成为 4G 时代的主流技术。

二、云计算

(一)云计算概念

云计算(cloud computing)是基于互联网的超级计算模式，是一种利用大规模低成本运算单元通过 IP 网络连接，以提供各种计算和存储服务的 IT 技术。云计算是包含互联网上的应用服务以及数据中心提供服务的软件和硬件设施在内的总称。其中数据中心的软硬件设施即是我们所称的云。基于云计算的定义，加以移动二字，便是指通过移动互联网获取基础平台等信息资源或服务的交付与使用的模式，是云计算技术在移动互联网中的应用(图 2-2)。

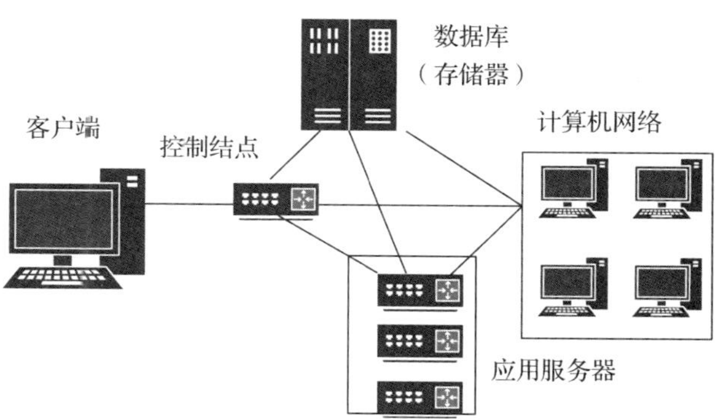

图 2-2 云计算工作原理图

(来源：中国百科网，《云计算原理及系统的构成详解》，2014.06)

（二）云计算关键技术

1. 虚拟化技术。虚拟化技术是指计算元件在虚拟的基础上而不是真实的基础上运行，它可以扩大硬件的容量，简化软件的重新配置过程，减少软件虚拟机相关开销和支持更广泛的操作系统。通过虚拟化技术可实现软件应用与底层硬件相隔离，它包括将单个资源划分成多个虚拟资源的裂分模式，也包括将多个资源整合成一个虚拟资源的聚合模式。虚拟化技术根据对象可分成存储虚拟化、计算虚拟化、网络虚拟化等，计算虚拟化又分为系统级虚拟化、应用级虚拟化和桌面虚拟化等。在云计算实现中，计算系统虚拟化是一切建立在"云"上的服务与应用的基础。虚拟化技术目前主要应用在CPU、操作系统、服务器等多个方面，是提高服务效率的最佳解决方案。

2. 分布式海量数据存储。云计算系统由大量服务器组成，同时为大量用户服务，因此云计算系统采用分布式存储的方式存储数据，用冗余存储的方式(集群计算、数据冗余和分布式存储)保证数据的可靠性。冗余的方式通过任务分解和集群，用低配机器替代超级计算机的性能来保证低成本，这种方式保证分布式数据的高可用、高可靠和经济性，即为同一份数据存储多个副本。云计算系统中广泛使用的数据存储系统是Google的GFS和Hadoop团队开发的GFS的开源实现HDFS。

3. 海量数据管理技术。云计算需要对分布的、海量的数据进行处理、分析，因此，数据管理技术必需能够高效地管理大量的数据。云计算系统中的数据管理技术主要是Google的BT sT~IO数据管理技术和Hadoop团队开发的开源数据管理模块HBase。由于云数据存储管理形式不同于传统的RDBMS数据管理方式，如何在规模巨大的分布式数据中找到特定的数据，也是云计算数据管理技术所必须解决的问题。同时，由于管理形式的不同造成传统的SQL数据库接口无法直接移植到云管理系统中来，目前一些研究在关注为云数据管理提供RDBMS和SQL的接口，如基于Hadoop子项目HBase和Hive等。另外，在云数据管理方面，如何保证数据安全性和数据访问高效性也是研究关注的重点问题之一。

4. 编程方式。云计算提供了分布式的计算模式，客观上要求必须有分布式的编程模式。云计算采用了一种思想简洁的分布式并行编程模型Map—Reduce。Map—Reduce是一种编程模型和任务调度模型。主要用于数据集的并行运算和并行任务的调度处理。在该模式下，用户只需要自行编写Map函数和Reduce函数即可进行并行计算。其中，Map函数中定义各节点上的分块数据的处理方法，而Reduce函数中定义中间结果的保存方法以及最终结果的归纳方法。

5. 云计算平台管理技术。云计算资源规模庞大，服务器数量众多并分布在不同的地点，同时运行着数百种应用，如何有效地管理这些服务器，保证整个系统提供不间断的服务是巨大的挑战。云计算系统的平台管理技术能够使大量的服务器协同工作，方便地进行业务部署和开通，快速发现和恢复系统故障，通过自动化、智能化的手段实现大规模系统的可靠运营。

(三)云计算的主要服务形式和应用

云计算的表现形式多种多样，简单的云计算在人们日常网络应用中随处可见，比如Google的搜索服务、Google Doc、Google Apps等。目前，云计算的主要服务形式有：SaaS(Software as a Service)、PaaS(Platform as a Service)、IaaS(Infrastructure as a Service)。

1. 软件即服务(SaaS)。SaaS服务提供商将应用软件统一部署在自己的服务器上，用户根据需求通过互联网向厂商订购应用软件服务，服务提供商根据客户所定软件的数量、时间的长短等因素收费，并且通过浏览器向客户提供软件的模式。这种服务模式的优势是由服务提供商维护和管理软件、提供软件运行的硬件设施，用户只需拥有能够接入互联网的终端，即可随时随地使用软件。这种模式下，客户不再像传统模式那样花费大量资金在硬件、软件、维护人员上，只需要支出一定的租赁服务费用，通过互联网就可以享受到相应的硬件、软件和维护服务，这是网络应用最具效益的营运模式。对于小型企业来说，SaaS是采用先进技术的最好途径。

以企业管理软件来说，SaaS模式的云计算ERP可以让客户根据并发用户数量、所用功能多少、数据存储容量、使用时间长短等因素不同组合按需支付服务费用，既不用支付软件许可费用，也不需要支付采购服务器等硬件设备费用，也不需要支付购买操作系统、数据库等平台软件费用，也不用承担软件项目定制、开发、实施费用，也不需要承担IT维护部门开支费用，实际上云计算ERP正是继承了开源ERP免许可费用只收服务费用的最重要特征，是突出了服务的ERP产品。目前，Salesforce.com是提供这类服务最有名的公司，Google Doc、Google Apps和Zoho Office也属于这类服务。

2. 平台即服务(PaaS)。平台即服务PaaS(Platform As A Service)：即云计算技术与业务提供平台相结合的产物，它不但可以为更高可用性、更具扩展性的应用提供基础平台，还可以提高硬件资源的利用率，降低业务运营成本，被认为是解放“草根”开发者业务创新能力行之有效的解决方案。PaaS平台为应用开发提供了一系列非功能属性支持，具体包含以下三点：平台提供了应用程序的开发和运行环境，开发者不再需要租用和维护软硬件设备，同时免去了繁琐复杂的应用部署过程；平台提供了应用程序的运行维护能力，开发者通过平台可以得知应用的运行状态和访问统计信息，全面掌握用户对应用的使用情况；平台提供了应用的高可用性和高可扩展性，开发者无需关注底层硬件的规模和处理能力，平台会根据应用负载自动调整服务规模。而且PaaS平台提供了大量的网络能力，开发者可以便捷地在其应用中调用这些能力。

Google App Engine、Salesforce的force.com平台，八百客的800App是PaaS的代表产品。以Google App Engine为例，它是一个由python应用服务器群、BigTable数据库及GFS组成的平台，为开发者提供一体化主机服务器及可自动升级的在线应用服务。用户编写应用程序并在 Google 的基础架构上运行就可以为互联网用户提供服务，Google 提供应用运行及维护所需要的平台资源。

3. 基础设施服务（IaaS）。IaaS 即把厂商的由多台服务器组成的“云端”基础设施，作为计量服务提供给客户。它将内存、I/O 设备、存储和计算能力整合成一个虚拟的资源池，为整个业界提供所需要的存储资源和虚拟化服务器等服务。这是一种托管型硬件方式，用户付费使用厂商的硬件设施。例如 Amazon Web 服务（AWS）、IBM 的 BlueCloud 等均是将基础设施作为服务出租。IaaS 的优点是用户只需低成本硬件，按需租用相应计算能力和存储能力，大大降低了用户在硬件上的开销。目前，以 Google 云应用最具代表性，例如 GoogleDocs、GoogleApps、Googlesites，云计算应用平台 GoogleApp Engine。

GoogleDocs 是最早推出的云计算应用，是软件即服务思想的典型应用。它是类似于微软的 Office 的在线办公软件。它可以处理和搜索文档、表格、幻灯片，并可以通过网络和他人分享并设置共享权限。Google 文件是基于网络的文字处理和电子表格程序，可提高协作效率，多名用户可同时在线更改文件，并可以实时看到其他成员所作的编辑。用户只需一台接入互联网的计算机和可以使用 Google 文件的标准浏览器即可实现在线创建和管理、实时协作、权限管理、共享、搜索能力、修订历史记录功能，以及随时随地访问的特性，大大提高了文件操作的共享和协同能力。

GoogleApps 是 Google 企业应用套件，使用户能够处理日渐庞大的信息量，随时随地保持联系，并可与其他同事、客户和合作伙伴进行沟通、共享和协作。它集成了 Cmail、GoogleTalk、Google 日历、GoogleDocs、最新推出的云应用 GoogleSites、API 扩展以及一些管理功能，包含了通信、协作与发布、管理服务三方面的应用，并且拥有着云计算的特性，能够更好地实现随时随地协同共享。另外，它还具有低成本的优势和托管的便捷，用户无需自己维护和管理搭建的协同共享平台。

Googlesites 是 Google 最新发布的云计算应用，作为 GoogleApps 的一个组件出现。它是一个侧重于团队协作的网站编辑工具，可利用它创建一个各种类型的团队网站，通过 Googlesites 可将所有类型的文件包括文档、视频、相片、日历及附件等与好友、团队或整个网络分享。

Google App Engine 是 Google 在 2008 年 4 月发布的一个平台，使用户可以在 Google 的基础架构上开发和部署运行自己的应用程序。目前，Google App Engine 支持 Python 语言和 Java 语言，每个 Google App Engine 应用程序可以使用达到 500MB 的持久存储空间及可支持每月 500 万综合浏览量的带宽和 CPU。并且，Google App Engine 应用程序易于构建和维护，并可根据用户的访问量和数据存储需要的增长轻松扩展。同时，用户的应用可以和 Google 的应用程序集成，Google App Engine 还推出了软件开发套件（SDK），包括可以在用户本地计算机上模拟所有 Google App Engine 服务的网络服务器应用程序。

三、物联网

(一)物联网概念

物联网(Internet of things)这个概念，早在20世纪90年代就已经被提出来了。美国麻省理工学院在1999年建立的自动识别中心(Auto-IDLabs)提出的网络无线射频识别(RFID)系统，即把所有物品通过射频识别等信息传感设备与互联网连接起来，实现智能化识别和管理。早期的物联网是以物流系统为背景提出的，以射频识别技术作为条码识别的替代品，实现对物流系统进行智能化管理。随着技术和应用的发展，物联网的内涵已发生了较大变化。物联网的定义是：通过射频识别(RFID)、红外感应器、全球定位系统、激光扫描器等信息传感设备，按约定的协议，把任何物品与互联网相连接，进行信息交换和通信，以实现智能化识别、定位、跟踪、监控和管理的一种网络概念。“物联网概念”是在“互联网概念”的基础上，将其用户端延伸和扩展到任何物品与物品之间，进行信息交换和通信的一种网络概念。

(二)体系结构

物联网的感知环节具有很强的异构性，为实现异构信息之间的互联、互通与互操作，未来的物联网需要以一个开放的、分层的、可扩展的网络体系结构为框架。目前，国内的研究人员在描述物联网的体系框架时，多采用ITU-T在Y.2002建议中描述的USN高层架构作为基础，自下而上分为底层传感网、泛在传感网接入网络、泛在传感网基础骨干网络、泛在传感网中间件、泛在传感网应用平台5个层次，USN体系结构如图2-3所示。

(三)关键技术

物联网技术涉及多个领域，这些技术在不同的行业往往具有不同的应用需求和技术形态。下面介绍一下物联网主要涉及的关键技术：

1. 感知与标识技术。感知和标识技术是物联网的基础，负责采集物理世界中发生的物理事件和数据，实现外部世界信息的感知和识别，包括多种发展成熟度差异性很大的技术，如传感器、RFID、二维码等。传感技术利用传感器和多跳自组织传感器网络，协作感知、采集网络覆盖区域中被感知对象的信息。传感器技术依附于敏感机理、敏感材料、工艺设备和计测技术，对基础技术和综合技术要求非常高。目前，传感器在精度、稳定性、可靠性、低成本、低功耗方面还没有达到规模应用水平，是物联网产业化发展的重要瓶颈之一。识别技术涵盖物体识别、位置识别和地理识别，对物理世界的识别是实现全面感知的基础。物联网标识技术是以二维码、RFID标识为基础的，对象标识体系是物联网的一

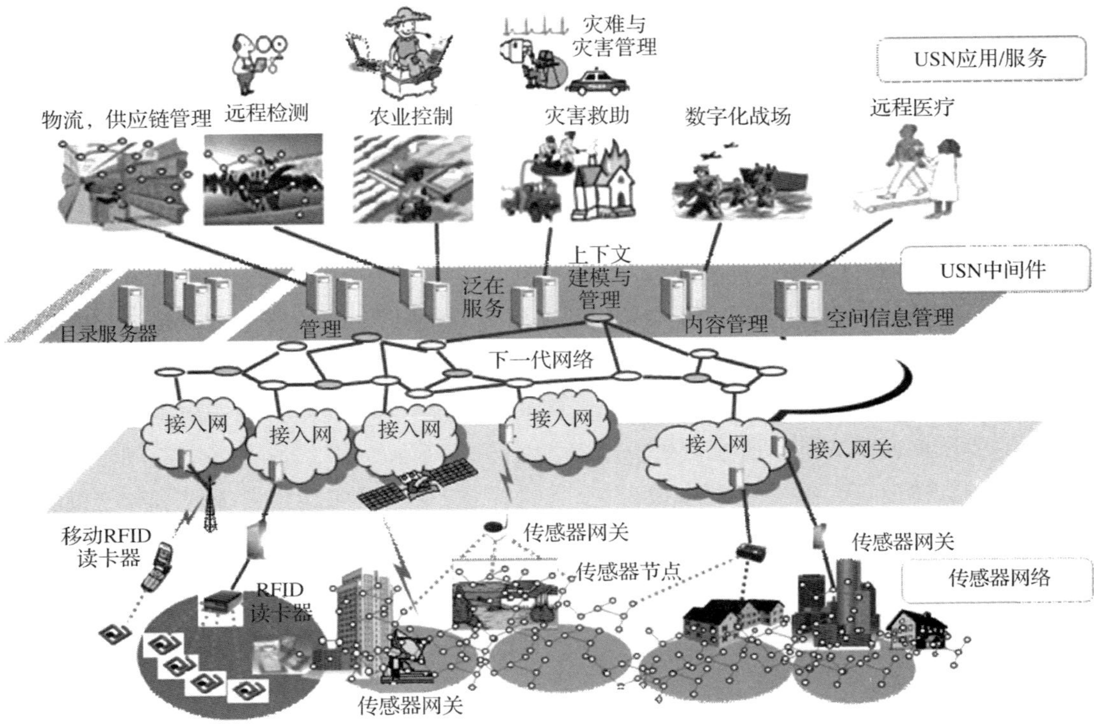

图 2-3 ITU-T 提出的 USN 体系结构

（来源：新浪博客，《#物联网那些事#结构：从物品标识到属性感知》，2015. 12）

个重要技术点。从应用需求的角度，识别技术首先要解决的是对象的全局标识问题，需要研究物联网的标准化物体标识体系，进一步融合及适当兼容现有各种传感器和标识方法，并支持现有的和未来的识别方案。

2. 网络与通信技术。网络是物联网信息传递和服务支撑的基础设施，通过泛在的互联功能，实现感知信息高可靠性、高安全性传送。物联网的网络技术涵盖泛在接入和骨干传输等多个层面的内容。以互联网协议版本 6（IPv6）为核心的下一代网络，为物联网的发展创造了良好的基础网条件。以传感器网络为代表的末梢网络在规模化应用后，面临与骨干网络的接入问题，并且其网络技术需要与骨干网络进行充分协同，这些都将面临着新的挑战，需要研究固定、无线和移动网及 Ad-hoc 网技术、自治计算与连网技术等。物联网需要综合各种有线及无线通信技术，其中近距离无线通信技术将是物联网的研究重点。

3. 计算与服务技术。海量感知信息的计算与处理是物联网的核心支撑。服务和应用则是物联网的最终价值体现。海量感知信息计算与处理技术是物联网应用大规模发展后，面临的重大挑战之一。需要研究海量感知信息的数据融合、高效存储、语义集成、并行处理、知识发现和数据挖掘等关键技术，攻克物联网“云计算”中的虚拟化、网格计算、服务化和智能化技术。其核心是采用云计算技术实现信息存储资源和计算能力的分布式共享，为海量信息的高效利用提供支撑。在"物联网"的语境下，服务的内涵将得到革命性扩展，不断涌现的新型应用将使物联网的服务模式与应用开发受到巨大挑战，如果继续沿用传统的技术路线必定束缚物联网应用的创新。从适应未来应用环境变化和服务模式变化的角度出发，需要面向物联网在典型行业中的应用需求，提炼行业普遍存在或要求的核心共性支撑技术，研究针对不同应用需求的规范化、通用化服务体系结构以及应用支撑环境、面向服务的计算技术等。

4. 管理与支撑技术。随着物联网网络规模的扩大、承载业务的多元化和服务质量要求的提高以及影响网络正常运行因素的增多，管理与支撑技术是保证物联网实现"可运行、可管理、可控制"的关键，包括测量分析、网络管理和安全保障等方面。可测性是网络研究中的基本问题，随着网络复杂性的提高与新型业务的不断涌现，需研究高效的物联网测量分析关键技术，建立面向服务感知的物联网测量机制与方法。物联网具有"自治、开放、多样"的自然特性，这些自然特性与网络运行管理的基本需求存在着突出矛盾，需研究新的物联网管理模型与关键技术，保证网络系统正常高效地运行。安全是基于网络的各种系统运行的重要基础之一，物联网的开放性、包容性和匿名性也决定了不可避免地存在信息安全隐患。需要研究物联网安全关键技术，满足机密性、真实性、完整性、抗抵赖性的四大要求，同时还需解决好物联网中的用户隐私保护与信任管理问题。

四、无人机

（一）无人机概念

无人驾驶飞机简称"无人机"，英文为 Unmanned Aerial Vehicle，UAV，其是利用无线电遥控设备和自备的程序控制装置操纵的不载人飞行器。从技术角度定义可以分为：无人固定翼机、无人垂直起降机、无人飞艇、无人直升机、无人多旋翼飞行器、无人伞翼机等。无人机按应用领域，可分为军用与民用。军用方面，无人机分为侦察机和靶机。无人机＋行业应用，是无人机真正的刚需；目前在航拍、农业、植保、自拍、快递运输、灾难救援、观察野生动物、监控传染病、测绘、新闻报道、电力巡检、救灾、影视拍摄、制造浪漫等领域的应用，大大地拓展了无人机本身的用途，发达国家也在积极扩展行业应用与发展无人机技术。无人机机身构造如图 2-4 所示。

（二）关键技术

无人机的关键技术大多来源于军事需要和军事应用的民用化，在无人机的应用过程中，涉及的关键技术主要包括以下几方面：

1. 能源与动力技术。无人机采用的推进系统形式要比有人飞机多，采用的能源与动

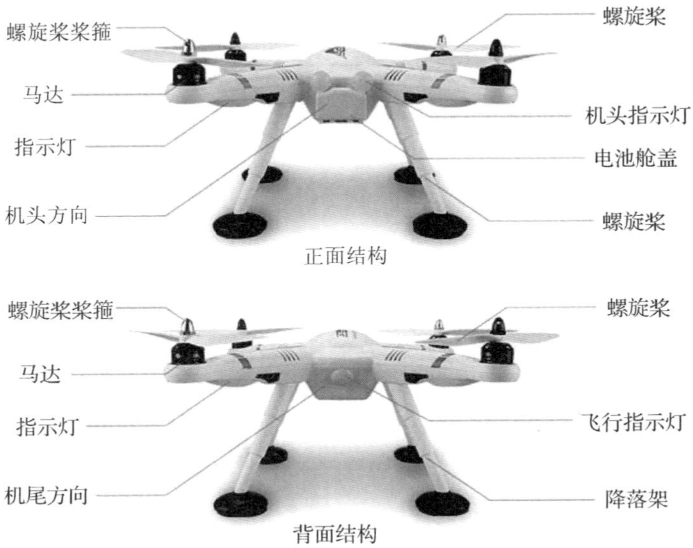

图 2-4　无人机机身构造图

（来源：72 变 – 伟力之星无人机：产品结构展示）

力类型各异，包括：传统的小型涡扇发动机、小型涡喷发动机、小型涡桨发动机、活塞发动机、转子发动机以及电池组、太阳能电池、燃料电池、超燃冲压发动机、定向能及核同位素等。不同用途的无人机对动力装置的要求不同，但都希望动力装置燃油经济性好、重量轻、体积小、可靠性高、成本低、使用维修方便。从经济因素、可靠性等方面考虑，现阶段无人机均采用技术成熟的活塞、涡扇、涡喷、涡桨发动机或在这些发动机基础上进行适应性改进。活塞式发动机适合于低空低速中小型、长航时无人机；涡扇、涡桨发动机适合于高空长航时无人机以及无人作战机，这类发动机油耗低，发动机尺寸、重量和推力能与无人机达到较好的匹配；涡喷发动机适合于低成本、短寿命、高机动的靶机或自杀攻击类无人机。从长远发展来看，单纯对现有发动机进行改型并不能完全满足无人机对飞行速度、高速、续航性能等指标的要求，开发适合于无人机使用的发动机十分必要，尤其是中小推力的大涵道比、小尺寸核心机的涡扇发动机，这类发动机将是未来无人机动力装置发展的重点。此外，开展太阳能、燃料电池、液氢燃料系统等新型能源的应用研究，可为无人机提供更高效的动力源。

2. 高效气动力技术。无人机在气动力设计要求、设计理念方面与有人机存在较大差别。有人机气动设计通常以航程、速度作为优先优化目标，然而无人机通常以航时作为优先优化目标。无人机尺寸小、速度低，存在低雷诺数条件下的高升力、高升阻比、高续航因子设计要求。高效气动力技术是提高无人机性能的重要技术途径。

3. 气动载荷技术。滞空型无人机一般飞行速度较低、翼载小、升力大，对于同样强度的阵风，无人机阵风载荷比有人机大得多。无人机结构强度一般需要将阵风载荷作为主要的设计工况，而阵风载荷大小决定了无人机结构设计的强度。如果以现有轻型飞机、通用飞机的强度设计标准进行无人机载荷设计，无人机结构将付出很大的代价。以轻量化结构为目标，综合无人机气动力特性、无人机飞行控制操纵方式、无人机设计寿命等因素开展无人机气动载荷设计技术是提高无人机综合性能的重要技术途径。

4. 复合材料技术。无人机以复合材料结构为主，不同类型的无人机对复合材料结构有不同的要求，如大型无人机主要对大尺寸、全复材结构有较高要求，而小型无人机对复合材料结构的要求是低成本、快速加工制造、快速修复等。

5. 遥感遥测技术。微小型无人机遥感信息获取系统是以微小型无人驾驶飞行器为飞行平台，通过机载高分辨率的遥感传感器设备来实时快速获取高分辨率遥感数据的遥感监测系统。主要由无人驾驶系统平台、飞行控制系统、遥感传感器及其控制系统、三轴稳定平台、通讯设备、无线遥控系统、地面站系统、数据处理系统等部分组成。现有的用于遥感信息获取的传感器种类较多，如数码相机、多光谱和高光谱相机、多光谱扫描仪、红外扫描仪、侧视雷达等。由于微小型无人机的载荷量有限，目前应用于微小型无人机遥感信息获取平台的传感器主要以数码相机和轻型的多光谱相机为主。受微小型无人机飞行稳定性和载荷量的限制，系统获取的遥感图像存在像幅较小、倾角较大、数量较多以及图像重叠度不规则等一系列问题。因此无人机进行遥感操作时还要解决遥感图像匹配与拼接、遥感图像的校正等技术问题。微小型无人机遥测技术可以用于水土保持的监督管理，无人机遥测系统需要实现影像获取、数据处理全过程自动化，并且精度更高。该系统的自动化功能可读取航拍影像 EXIF 信息参数，如相机型号、焦距、像主点等，同时识别相机镜头的径向畸变差系数和切向畸变差系数，对航拍影像的畸变进行自动校正，为输出高精度成果打下基础。该系统无需任何飞行姿态信息，只需要航拍影像的地面 GPS 信息，即可进行全自动处理使飞机操控员能够直接处理和查看结果，把原始航拍影像变成任何专业的 GIS 和 RS 软件都能读取的 DOM 和 DEM 数据。通过提供 ArcGIS、ERDAS、SocetSet 等可读的输出文件，能够与摄影测量软件进行无缝集成。

（三）应用领域

1. 航拍摄影。2014 年年底，在第二届英国伦敦华语电影节上，《飞越山西》获得最佳航拍纪录片特别奖和最佳航拍摄影奖两项大奖。该片拍摄时规划并执行无人机拍摄点近 300 个，许多近景由无人机拍摄完成，产生了意想不到的绝佳效果。随着民用无人机的快速发展，广告、影视、婚礼视频记录等正越来越多地出现无人机的身影。纪录片《飞越山西》超过三分之二的镜头由航拍完成，许多镜头由无人机拍摄。

2. 巡检搜救。无人机巡视具有不受高度限制、巡视灵活、拍照方便和角度全面的优点，特别适合于大跨越高塔的巡视，弥补了人工巡视的不足。无人机适应能力强，适合复杂环境。无人机机身轻巧可靠，结构紧凑，可长时间空中悬停，不受恶劣天气影响，雨雪天气也可随时巡航，在各种复杂的山区和森林地带都能有效地完成作业，在火灾面前也能穿过烟雾，进行人员搜救。

3. 测绘监测。有些测绘人员不方便到达的地方，无人机可以飞临其中进行遥感测绘。护林人不必每天用脚巡山，只需在房子里操控无人机便能查遍森林的每一个角落。

4. 新闻报道。“无人机+新闻”，可以利用无人机在航拍、图传等方面的优势为新闻报道提供优质的内容，新闻无人机已频频亮相国内各大重要事件，深入救灾现场，为新闻报道提供实时、精准、权威的图片、视频和媒体资讯。美国有线电视新闻网络(CNN)已经获得由美国联邦航空管理局(FAA)颁发的牌照，将测试配备摄像头、用于新闻报道的无人机。

5. 安全播洒。因农业飞机在一些地形低空飞行会很危险，传统的农药喷洒和农业灌溉都需要大量的药水资源，以达到全田覆盖的效果，这往往都造成不必要的浪费和污染，而无人机能够精确地适应农作物高度进行播洒，避免一些不必要的浪费。

6. 保护野生动物。经过改良的无人机能够被应用于反偷猎巡逻，英国自然保护慈善基金——皇家鸟类保护协会也将越来越多的无人机应用于鸟类和其自然栖息地的保护工作。位于荷兰的非营利组织影子视野基金会等机构正在使用经过改装的无人飞行器，为保护濒危物种提供关键数据，其飞行器已在非洲广泛投入使用。

7. 网络服务。早在2014年Google就收购了无人机公司Titan Aerospace，目前研制成功并开始测试无人机Solara 50和60，通过吸收太阳能补充动能，在近地轨道持续航行5年而不用降落，Titan表示通过特殊设备，使其高空无人机最高可提供每秒高达1GB的网络接入服务。Facebook也收购了无人机产商Ascenta，成立Connectivity Lab，开发包括卫星、无人机在内的各自互联网连接技术。

五、虚拟现实与增强现实

(一)虚拟现实

虚拟现实(Virtual Reality，简称VR)技术是仿真技术的一个重要方向，是仿真技术与计算机图形学、人机接口技术、多媒体技术、传感技术、网络技术等多种技术的集合，是一门富有挑战性的交叉技术前沿学科和研究领域。虚拟现实技术主要包括模拟环境、感知、自然技能和传感设备等方面。模拟环境是由计算机生成的、实时动态的三维立体逼真图像。感知是指理想的VR应该具有一切人所具有的感知，除计算机图形技术所生成的视觉感知外，还有听觉、触觉、力觉、运动等感知，甚至还包括嗅觉和味觉等，也称为多感知。自然技能是指人的头部转动，眼睛、手势或其他人体行为动作，由计算机来处理与参与者的动作相适应的数据，对用户的输入作出实时响应，并分别反馈到用户的五官。虚拟现实技术可广泛地应用于城市规划、室内设计、工业仿真、古迹复原、桥梁道路设计、房地产销售、旅游教学、水利电力、地质灾害、教育培训等众多领域，为其提供切实可行的解决方案。

虚拟现实系统与一般的计算机图形系统之间的重要区别在于，普通的计算机图形系统，使用者是外部观察者，只能透过屏幕或窗口来观察某些合成环境。而VR系统不仅仅是一个更快、更好、更强有力的计算机图形系统，更重要的是VR系统要通过操作者与计算机系统的交互，让使用者成为合成环境（虚拟环境）中的一部分，VR系统要实现的是一种全新的人机交互系统。VR系统的实现要解决的关键问题包括虚拟建模、可视化呈现、虚拟仿真、人机交互和支撑环境等。图2-5展示的就是一个典型的虚拟现实制造系统的体系结构。

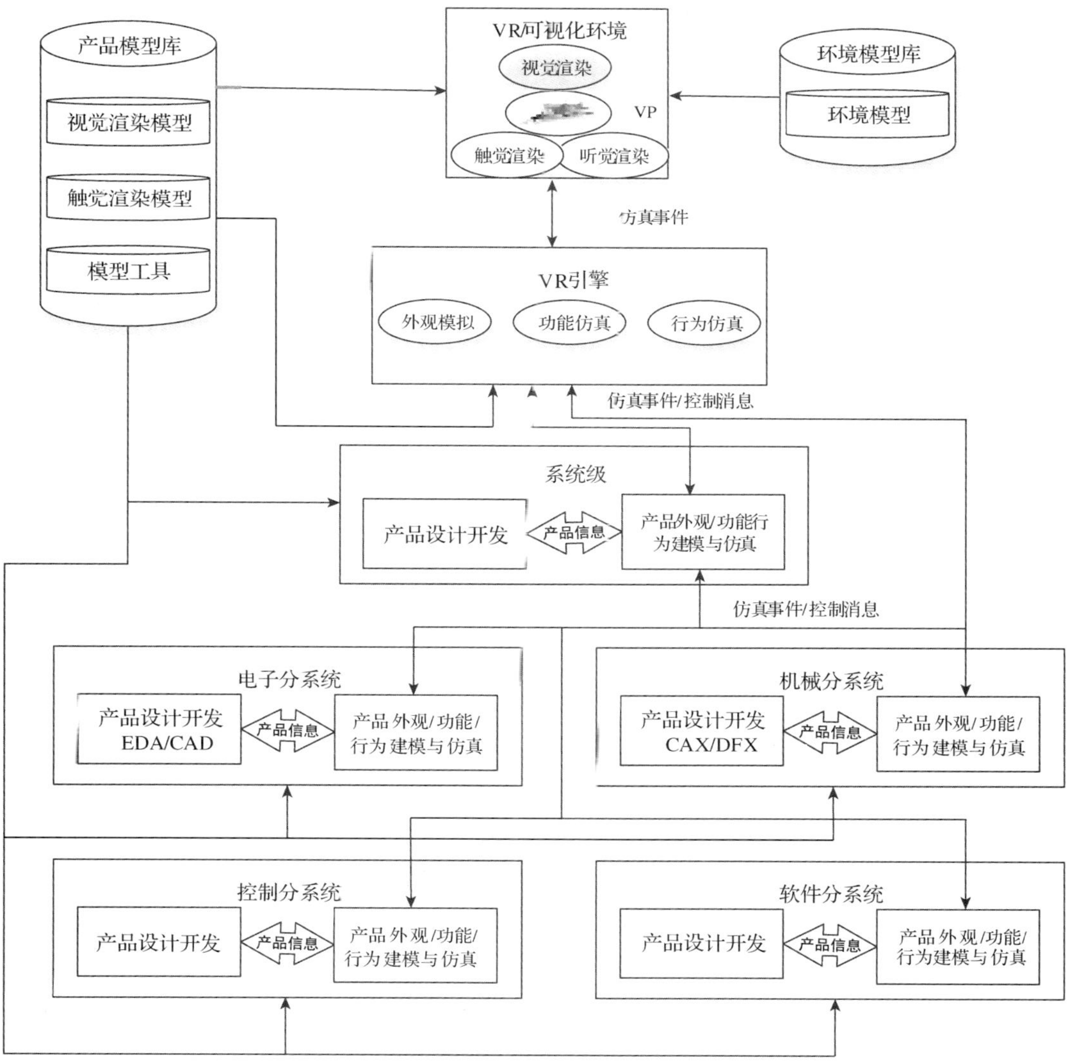

图2-5 虚拟现实系统体系结构

（二）增强现实

增强现实(Augmented Reality，简称AR)技术起源于虚拟现实技术，但是与传统虚拟现实技术所要达到的完全沉浸效果不同，增强现实技术致力于将计算机生成的物体叠加到现实景物上。它通过多种设备，如与计算机相连接的光学透视式头盔显示器、智能手机或配有各种成像原件的眼镜等，让虚拟物体能够叠加到真实场景上，以便使它们一起出现在使用者的视场中。同时，使用者可以通过各种方式来与虚拟物体进行交互。图2-6展示的是一个增强现实系统的整体框架图。

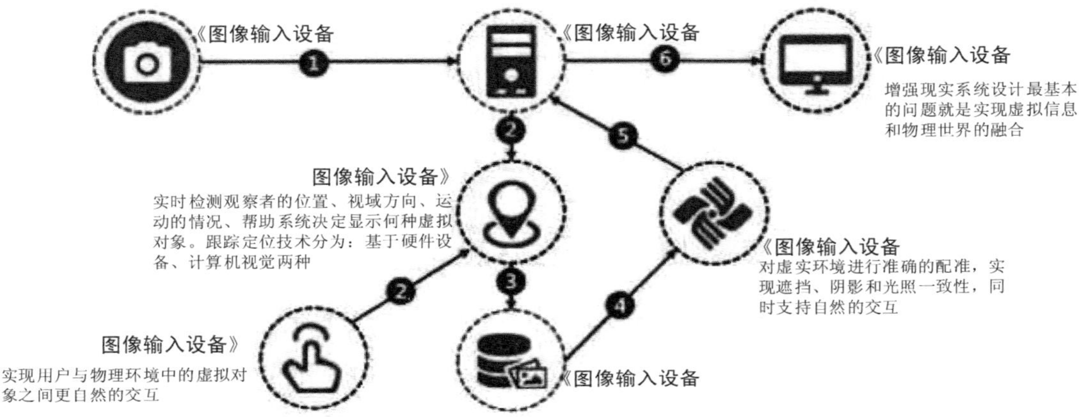

图2-6　增强现实系统整体框架

（来源：幻眼科技，《增强现实技术将如何影响我们的生活?》，2016.06）

与虚拟现实技术相比，增强现实技术近些年的发展更加快速和多元，增强现实系统实现过程中的关键技术，如跟踪配准技术、图像处理平台、显示与交互技术、后台支撑管理平台等都得到了极大的发展，而增强现实更好的真实感和体验感，也使得这一技术被众多商业应用领域所看重。

（三）虚拟现实与增强现实技术的应用

VR技术可以应用的领域比较多，目前运用较多的领域包括医疗、工程、军事、航空、航海等方面，如航天飞行员在训练舱中面对屏幕进行各种驾驶操作，模拟舱外场景的屏幕图像随之变化，飞行员可得到仿真的训练感受。这种使人置身于图像环境的方式已经在飞机模拟训练中应用了几十年。还有在娱乐、游戏、教育领域，增强现实的AR技术应用的前景更加广泛。在物理课上，学生们可以自己动手创造出降雨、水蒸气等自然景观，直观有趣、生动形象，这种新颖的教学方式也是通过AR技术得以实现的。阿里巴巴在2016年推出的"Buy+"购物模式，也是增强现实技术在民用领域一次重要的尝试，图2-7显示的就是这一模式的效果图。

图 2-7　增强现实技术实现的购物新体验

（来源：家庭娱乐—虚拟现实增强现实，《京东、淘宝、国美、Ebay、亚马逊的 VR 购物布局》，2017.07）

此外，VR 直播也是 2016 年很火爆的行业之一。VR 直播满足临场、沉浸、交互三要素，其最大的优势是能让观众身临其境，它的独特互动方式也许可以为直播平台创造新的盈利点。相对于新鲜的 VR 技术，现实增强技术（AR）是多年前就已经建立的概念了，虽然发展的速度并没有形成像 VR 技术式的井喷式发展，但是其在很多行业也有了成熟的应用。早在 2013 年，歌手周杰伦就利用现实增强技术成功“复活”邓丽君，并与其合唱歌曲，为观众带来了一场现实不可能的魔幻表演。AR 游戏已经成为当下的流行话题，由任天堂授权、Niantic 开发的 PokemonGo AR（增强现实）游戏，在 iOS 和 Android 平台上创造了新的下载纪录，其高人气也让老迈的任天堂重新成为游戏行业的焦点。而这款游戏更深层的意义在于：AR 应用成为了世界性的话题。显然，它为 AR 技术的下一步发展铺平了道路，也启发了众多科技应用领域对其的发掘。

六、泛在网络

（一）泛在网络概念

泛在网络（Ubiquitous network）的概念来源于泛在计算，泛在计算旨在构建超越传统桌面计算的人机交互新模式，将信息处理嵌入到用户生活周边空间的计算设备中，协同地、不可见地为用户提供信息通信服务。泛在网络在泛在计算的基础上，将信息空间与物理空间实现无缝的对接，其服务将以无所不在、无所不包、无所不能为 3 个基本特征，帮助人类实现在“4A”条件——任何时间（anytime）、任何地点（anywhere）、任何人（anyone）、任何物（anything）都能顺畅地通信，通过合适的终端设备与网络进行连接，获得个性化的信息服务。泛在网络通过对物理世界更透彻的感知、构建无所不在的连接及提供无处不在的个人智能服务，并扩展对环境保护、城市建设、物流运输、医疗监护、能源管理等重点行业的支撑，为人们提供更加高效的服务，自然而深刻地融入到人们的日常生活及工作中，实现人人、时时、处处、事事的服务。随着信息技术的演进和发展，泛在化的信息服务将渗透到人们日常生活的方方面面，即进入“泛在网络社会”。泛在网络与物联网之间有着紧密的联系，但是又不等同于物联网，它们之间的关系可以通过图 2-8 表现出来。

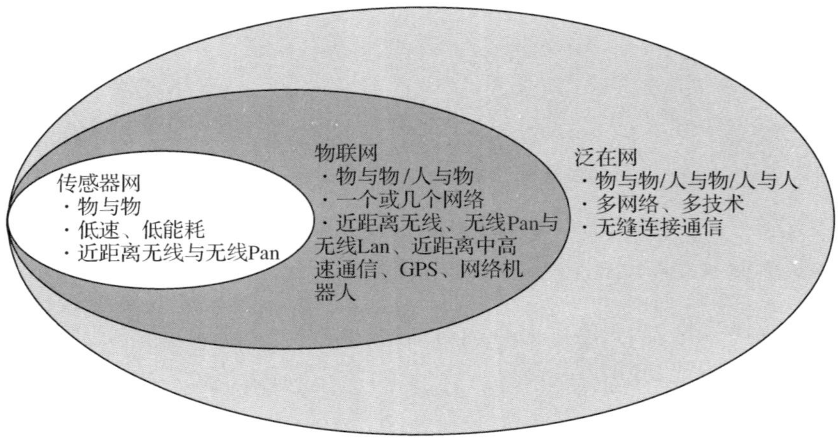

图 2-8　泛在网络、物联网与传感器网的关系图

泛在网络不是一个全新的网络概念，而是对现有网络的高效融合、潜能挖掘和效能提升，根据泛在网络体系架构分层模型及其面向应用的特性，泛在网络必须解决异构网络融合、业务支撑的高效性和智能性方面的挑战。因此，泛在网络研究将围绕异构网络/终端共存与协同、上下文感知、移动性管理、业务适配与合成以及管理与安全等关键技术展开，体现多域认知、跨域跨层、以用户为中心、自组织设计原则，向用户提供最佳业务体验的研究思路。

（二）泛在网络核心技术

泛在网络的核心技术包括三大类，即：

1. 智能终端系统。未来泛在网络的智能终端是融合的，不只是传统意义上的融合通信终端，更是对人进行多方面能力延伸的终端。比如：需要具备延伸人对环境的感知能力，多功能传感技术、音视频识别、理解、监测等技术将得到广泛应用；具备人对物理世界的操作能力的延伸；具备电子控制和远程执行的能力等。

2. 基础网络技术。泛在网络是基于现有的网络基础设施，增加新的网络基础设施构成的。融合是现有网络基础设施的未来发展趋势，即具备融合固定和移动业务（FMC）能力及融合电信、互联网、广电网业务的能力。未来的网络需要超强的智能性，即要具备感知环境、内容、语言、文化的能力。泛在网络要满足各种层次的信息化应用，要求基础网络具有不同安全等级和不同服务质量的网络能力。泛在网络最重要的一个特征是无缝的移动性，移动宽带网络是最重要的网络基础设施。新型光通信、分组交换、互联网管控、网络测量和仿真、多技术混合组网都将是泛在网络的关键技术。

3. 应用层技术。泛在网络的应用层主要指为各种具体应用提供公共服务支撑环境。应用平台层的主要技术特征是开放性和规范性，应用平台层涉及的主要技术领域包括软件中间件、资源描述与组织（如 HTML、XML 技术等）、各类标识的管理（如 IDM 技术）、信息安全保证（如加密技术、用户认证/鉴权/审计技术等）、网格计算、数据分析与挖掘等。

七、5G 技术

（一）5G 发展概述

5G 是面对社会需求而出现的新的移动通信方面的系统。根据其发展的规律，5G 将具备高效频谱利用率以及能效，比 4G 的传输速率、资源要高一个层次。它无线的覆盖性能得到了提高、缩短了传输时延、提高了系统的安全性以及优化了用户的体验。5G 移动通信系统将会紧密结合其他的无线通信技术，然后构成新一代的移动通信网络。未来的 5G 移动通信系统还要有足够的灵活性，具备网络方面的自感知以及自调整等能力，以便将来更好地应对信息社会的快速变化。如今，世界上的各个国家正在对 5G 移动通信系统的应用需求、发展愿景、候选频段等各个方面展开相关的研讨活动，并决定在 2016 年启动标准化的进程。5G 移动通信系统的首要推动力就是移动互联网的飞速发展，移动互联网不久便会成为各种各样新兴业务发展的基础，现有的各种互联网业务将会更多地利用无线向客户提供、云计算和后台的服务等技术的应用将会在传输质量和系统容量上面向 5G 通信系统提出更高层次的要求。5G 移动通信系统的发展目标就是和其他的无线移动通信技术进行密切衔接，为互联网的发展带来基础性的业务方面的能力。

（二）市场与业务方面的需求

由于智能终端的广泛应用和移动通信系统的迅猛发展，智能终端、无线流量、连接数在 20 年间将呈万倍的速度增长，从而进一步地推动了移动互联网的爆炸式发展。当然，物联网在面对多种行业的业务时，呈现出了多样式的发展现象，其所拥有的泛在化的特征越来越明显，移动通信系统的智能终端所具备的显示和计算等相关方面的能力也在不断地提升，云计算的模式日益成熟，增强的一些新型的应用成为了主流。与此同时，用户致力于追求其使用体验，要求具备和光纤相差不大的接入速率、可以与本地操作相提并论的实时体验和随时随地都能实施宽带接入的能力。在这一领域，服务对象的范围将会扩展到各个行业的用户，M2M 终端的数量将会实现大幅度的激增并被广泛地应用，但是与行业的紧密结合将有可能造成应用场景与终端能力存在不容忽视的差异。这就致使物联网的用户对其提出以下条件：达到海量设备的连接需求，即要灵活地适应差异、要丰富无线的连接能力等。另外，网络信息的安全性、用低功耗和低辐射来实现性能的价格比等方面的要求成为全体用户共同的愿景。

（三）未来主要应用场景

面向2020年及未来，移动互联网和物联网业务将成为移动通信发展的主要驱动力。5G将满足人们在居住、工作、休闲和交通等各种领域的多样化业务需求，即便在密集住宅区、办公室、体育场、露天集会、地铁、快速路、高铁和广域覆盖等具有超高流量密度、超高连接数密度、超高移动性特征的场景，也可以为用户提供超高清视频、虚拟现实、增强现实、云桌面、在线游戏等极致业务体验。与此同时，5G还将渗透到物联网及各种行业领域，与工业设施、医疗仪器、交通工具等深度融合，有效满足工业、医疗、交通等垂直行业的多样化业务需求，实现真正的“万物互联”。5G将解决多样化应用场景下差异化性能指标带来的挑战，不同应用场景面临的性能挑战有所不同，用户体验速率、流量密度、时延、能效和连接数都可能成为不同场景的挑战性指标。从移动互联网和物联网主要应用场景、业务需求及挑战出发，可归纳出连续广域覆盖、热点高容量、低功耗大连接和低时延高可靠四个5G主要技术场景。连续广域覆盖和热点高容量场景主要满足2020年及未来的移动互联网业务需求，以保证用户的移动性和业务连续性为目标，为用户提供无缝的高速业务体验。低功耗大连接和低时延高可靠场景主要面向物联网业务，是5G新拓展的场景，重点解决传统移动通信无法很好支持的物联网及垂直行业应用。低功耗大连接场景主要面向智慧城市、环境监测、智能农业、森林防火等以传感和数据采集为目标的应用场景，具有小数据包、低功耗、海量连接等特点。低时延高可靠场景主要面向车联网、工业控制等垂直行业的特殊应用需求，这类应用对时延和可靠性具有极高的指标要求，需要为用户提供毫秒级的端到端时延和接近100%的业务可靠性保证。

八、移动直播技术

（一）发展现状

2016年，网络视频直播行业蓬勃发展。回顾移动直播行业和当前最热门的话题都相关联，包括UGC的内容生产模式、网红经济、全媒体、移动社交，甚至是VR/AR领域。社交平台或者视频内容平台都增设了直播功能，如B站、人人网、唱吧等。由此看来，移动直播行业的发展和未来应用前景广阔。现今直播行业主要还是以游戏直播和秀场直播为主，而这也恰好是移动直播应用最广泛的两大领域。网络直播行业目前发展以娱乐性质为主，更加受年轻群体欢迎，既满足年轻群体的口味，也为吸引更多年轻用户关注与参与起到了积极作用。移动直播下 UGC 的内容生产模式需要思维大胆开放且颇具创造力的年轻人来承担主要的内容生产任务。

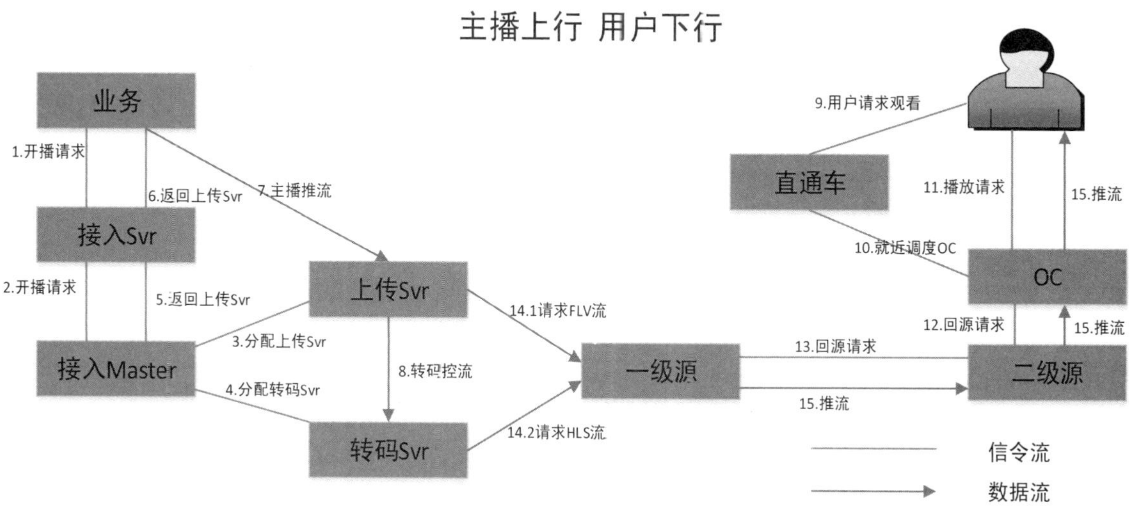

图 2-9　移动直播技术主播与用户关系

（二）发展前景

首先，网络直播的 UGC 生产模式是顺应了互联网时代的开放性原则，使得每一个人都参与到内容制作中来，充分发掘整个市场的内容生产潜力。同时为优质的内容和优质内容生产者创造了机会，而这恰恰是响应当前最热的“网红经济”的需求，为网红的诞生创造了有利的条件。其次，随着技术的发展，如今的网络直播已经发展成为一种集文字、声音、视频于一体的全媒体的内容模式，给用户更加完整的体验。泛娱乐生态下的文学、音乐、影视、游戏将会在网络直播形式上展开尝试。同时配合其社交功能，在滋生优质内容的同时，通过竞争和交互等形式协助内容传播，刺激大众参与，提高软件的用户活跃度。此外，VR/AR 技术的发展为网络直播的未来提供了新的可能性。未来的内容形式必然是朝着交互性更强、内容体验更加真实的方向发展，而 VR/AR 设备的问世，为未来的直播内容在提升用户体验层面带来了可能性。同时内容形式和承载设备的突破，也将拓展网络直播未来的应用场景。

九、人工智能

(一)人工智能概念

人工智能(Artificial Intelligence，简称 AI)是计算机学科的一个分支，属于世界三大尖端技术(空间技术、能源技术、人工智能)其中之一，最近几十年来，人工智能的发展非常的迅速，在很多的地方都得到了应用，尤其是在科学领域如图 2-10 所示。人工智能源自于对人的模仿，其最终目的是服务于人类，但是，就像世界上没有相同的两片叶子，也没有完全相同的两个人，也就像没有一家服务企业可以满足一个国家所有人的要求一样，人工智能产业也会涌现许多实力强大的企业，一些企业也会在某个领域内形成自己的竞争优势，甚至会出现垄断型企业。人工智能产业在国内外都还是处于刚刚发展阶段，竞争会伴随不断增长变化的需求而演化，企业也会为了满足并提升社会大众未来的生活品质而不断进步，不断完善自身。

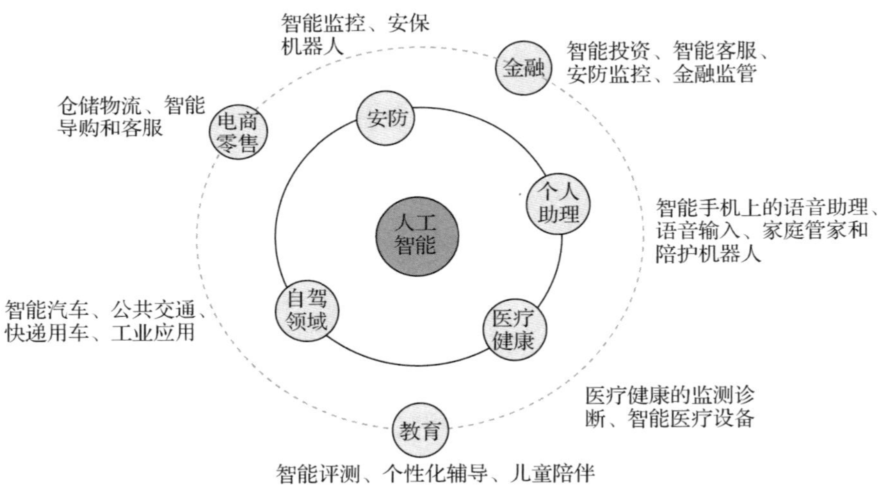

图 2-10　人工智能主要应用领域

(二)发展概况

人工智能是研究人类智能活动的可循规律，创建具有一定人类智能的电子系统，它主要是通过计算机去完成原本是需要人类智慧才能解决的问题，换言之，就是研究如何应用计算机的软硬件来模拟人类智慧行为的基本理论、方法和技术。例如：繁重的科学工程和数学计算本来是要人脑来承担的，但是，现今计算机不但能高效准确地完成这种计算，而且能够比人脑做得更加完美，因此，当今社会也不再把这种程度的计算看成是“需要人类智慧高强度才能完成的复杂任务”，由此可见，高强度复杂工作的定义随着人类社会时代的发展和科学技术的不断进步而不断变化，人工智能这门科学的具体目标也自然随着社会科学的变化而发展。它一方面不断地通过科学技术获得新的进展；另一方面又勇敢地转向更有意义、更加困难的目标。

（三）人工智能发展前沿

1. 打开搜索引擎发展新空间。信息搜索是互联网流量的关键入口，也是实现信息资源与用户需求匹配的关键手段，人工智能的引入打开了搜索引擎发展的新空间。几个重要方向是：由低级算法向高级算法发展。搜索巨头美国谷歌公司每天都要进行200多项改进搜索算法的在线实验，陆续完成由关键字匹配到知识图谱、语义搜索的算法创新，正在掀起一场以数据驱动、实验评估、数理模型算法改进为轴心的大数据革命，如谷歌禽流感地图。由文本检索向语音图像检索发展，融合了深度学习技术的搜索引擎正大幅度提升图像搜索的准确率。如谷歌街景视图通过“以图搜图”和“以图搜信息”，能够识别物体详细位置。由互联网搜索向云物搜索演进。一方面，基于人工智能的搜索引擎技术正向物联网、信息化不断深化应用。基于标签感应和阅读技术的物联网搜索引擎——shodan，几乎能够搜索到所有与网络相连的工业控制系统，大大提升物联网的可视化应用和管理水平。另一方面，基于人工智能的搜索引擎技术和云操作处理技术不断耦合，正在推动云计算技术发生重要变革。如基于目录索引服务系统的对象存储技术，可实现云协作条件下大型归档数据的可在线回收。

2. 加速移动互联网应用创新和产业变革。嵌入了人工智能技术的移动终端打破了时空地理限制，激发了人机高频互动，也促使产业界开发出以人工智能技术为基础的海量互联网业务和应用。比如：自然语言交互已经成为成熟应用。自然语言交互发展已较成熟，可与视觉操控、姿态操控和手势操控等人工智能感应技术结合应用，如微软同声传译系统（GPGPU）采用基于大量历史数据训练出的神经网络，使语音识别的单词错误率降低了18%~33%。深度学习产生众多创新应用。深度学习是人工智能的最新演进，它引发了机器学习的新浪潮，加速“大数据＋深度模型”时代的来临。三星“新技术实验室”正在研发基于脑电波识别控制技术的“人脑意念控制智能设备”，将“读心应用程序”安装在脑电波识别设备中，通过与平板电脑进行脑电波扫描和交互，实现人类意念操控平板电脑。美国国土安全部（DHS）将深度学习技术用于“生物特征识别视觉监控系统”（Biometric Optical Surveillance System，简称BOSS，这是一种典型的人脸识别应用系统），通过在计算机和摄像机之间建立连接并对人群不断扫描，即可根据面孔自动识别和定位目标。基于深度学习的战略重要性，我国互联网企业已开始布局深度学习技术研发，百度公司基于深度学习技术的“百度翻译”、“百度叫醒”等智能终端应用软件，通过与云端协同，能够实现目标的特征演算和定义，提供日益理想的拟人化知行协助服务。穿戴式智能设备引领信息技术产品新方向。当前，基于人工智能技术的穿戴式智能联网设备已成为各方竞争的新热点，苹果公司智能手表（iWatch）、谷歌眼镜（Google Glass）、加拿大 Thalamic Labs 公司 MYO 臂环、盛大果壳智能手表、百度眼镜等，都是引发业界关注的穿戴式智能联网设备。最新趋势是，穿戴式智能联网设备正在向体育、生物、医疗等领域进行应用延伸。谷歌摩托罗拉研发的电子药片吞服后利用胃酸发电，产生体内信号，从而使人体变成密码，用于生物识别和身份验证。无人驾驶和智能机器人正成为研发热点。亚马逊公司正在研发用于派送包裹的无人飞行器[这些无人飞行器被亚马逊称为“电脑导航八轴飞行器（octo copters）”]。谷歌在全球范围已经收购 8 家科技公司，正在研发用于市场营销、工业制造等领域的智能机器人。苏黎世 ABB Group、德国 Kuka AG 等机器人生产厂商以及我国台湾台达电子、富士康等信息技术企业正在研发、生产并试验以低于人力成本提供服务的低端机器人以及有视力、触觉甚至学习能力的高端人形机器人。

3. 人脑科学有望助推人工智能达到最佳理想状态。迄今为止的人工智能都只是利用机器来模拟人脑进行简单的运算和处理，与简单的人工智能相同步，模拟人脑进行复杂、高级运算的人脑研发活动始终未曾止步，美欧人脑科研计划（统称“人脑计划”）为这一技术努力描绘了一份崭新的演进路线图。2013 年 1 月 28 日，欧盟委员会宣布，“人脑工程项目（HBP）”被选入欧盟“未来新兴旗舰技术项目（FET）”，成为欧盟第七框架科研计划（FP7）中信息通信技术（ICT）研究子计划的重要组成部分。2013 年 4 月 2 日，美国总统奥巴马正式宣布了“运用先进创新型神经技术的大脑研究计划（BRAIN）”（又称“大脑活动图谱项目”），由美国国家卫生研究院、国防高级研究计划局及国家科学基金会等单位组织实施。美欧人脑计划的共同目的，是打造基于信息通信技术的综合性研究平台，采用计算机模拟法绘制详细的人脑模型，促进人工智能、机器人和神经形态计算系统的发展，预计将引发人工智能实现由低级别人脑模拟向高级别人脑模拟的飞跃，从而助推人工智能实现终极理想和目标。

十、可穿戴技术

（一）可穿戴技术的概念

可穿戴技术主要探索和创造能直接穿在身上或是整合进用户衣服或配件的设备的科学技术。该技术是 20 世纪 60 年代美国麻省理工学院媒体实验室提出的创新技术，利用该技术可以把多媒体、传感器和无线通信等技术嵌入人们的衣着中，可支持手势和眼动操作等多种交互方式。像其他电子数码产品一样，智能可穿戴也存在更新换代，在这个升级过程中，精华将被留下并继续发展，而缺点则会被淘汰。其中，五大关键技术决定智能可穿戴产业的发展进程与方向，如图 2-11 所示。

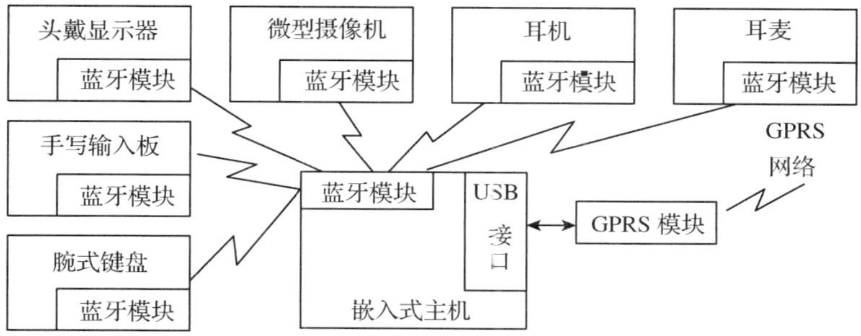

图 2-11　基于蓝牙技术的可穿戴结构

（来源：电子技术应用，《无线通信技术在可穿戴计算机中应用研究》，2005.08）

（二）关键技术

1. 人机交互技术。在物联网时代，当人成为“万物”控制的中心时，人机之间的沟通方式也将随即发生变化。着眼于直接、便捷的交互相求，一种基于人类生理特性的交流方式将应运而生。我们需要借助于更直接的语音，构建起人与设备之间的交流。当然，语音交互并非人机交互的终极方向，更高一级的脑波交互将可以实现人和设备之间的思维交流，只是这还需要经过一段漫长的发展历程。

2. 虚拟显示技术。伴随着人机之间交流方式的改变，屏幕也将被重新定义，由当前的重模式向轻模式转变，其所承担的工作也将由此聚焦为视觉呈现。显示方式将由当前的物理屏幕转向可在任意空间显示的“轻”屏幕，生活也将围绕着“无处不在”的虚拟显示技术展开，虚拟屏幕将在任意空间成为我们获取信息的载体，成为人机之间沟通的一种视觉补充。

3. 云平台与人工智能。由于前端的数据处理中心转移到了云平台，那么在云平台上的海量数据靠当前的程序运算与抓取显然是难以满足物联网时代发展需求的，于是，具有自我运算、判断能力的人工智能技术势必将成为下一个关键技术。当前，不论是 IBM，还是阿里、百度、360 等都已经开始布局云平台。他们已经意识到在即将到来的物联网时代，当 PC 或智能手机无法满足与承载物联网时代庞大数据的处理工作时，设备的运算势必将由当前的前端硬盘开始向后端的云平台转移。下一步，将是借助于人工智能技术，在“听懂”用户意图的基础上，在海量数据的云平台上为用户迅速“梳理”到所需要的结果。

4. 无线通讯与充电技术。目前，通讯技术已经由过去的尾巴网线，进入到了 4G 网络，但其通讯覆盖、通讯效率等，仍然难以满足物联网时代对于数据无时无刻、无处不在的需求。从目前的技术发展层面来看，5G、6G 等技术的到来或许能在一定程度上解决这个难点，但是，另一个更为重要的技术难点却很容易被忽略掉，那就是无线充电技术。在物联网时代，智能穿戴设备在依托无处不在的无线通讯技术进行信息交互的同时，设备充电技术变显得尤为重要。而无线充电技术与无线通讯技术的融合，将实现在数据交换的过程中根据需要同步进行蓄电的补给。也就是说，在物联网时代，一个智能穿戴终端设备，在任何环境下都将享受到随时随地的通讯与充电，并且两者都将基于无线技术而得到实现。

5. 兼容的系统平台。在物联网时代，海量的数据将通过无处不在的智能穿戴终端设备而被释放出来。此时，可以说没有一家企业可以大到"垄断"所有数据。届时，不论是苹果、安卓，还是微软 W10，不管现在是封闭还是开放，未来都将实现相互兼容，即不同平台背后的数据库都将会在某种程度或是某种商业协议的基础上实现互通。用户不论购买基于何种系统的设备，只要该系统是这个系统平台协议中的成员，就能够获取相应的数据与服务。

十一、现代通信技术

信息化的关键是国家信息基础设施（NIT）的建设，即要向广大用户提供多种形式和大量信息的，由通信网、计算机、数据库和日用电子产品组成的完备网络。要实现全业务的通信网，涉及各种通信新技术，现代通信的发展，各种新技术的应用，又有赖于微电子、微光学、计算机以及信号与信息化处理技术的发展。市场需求是推动通信业务和技术发展的驱动力，而在市场需求的驱使下，新业务和新技术又是相互推进的。可以预见，在各种基础技术快速发展的支撑下，现代通信技术必将以惊人的速度向网络化、智能化的方向快速发展。

（一）光通信

光通信技术是一种以光波为传输媒介的通信方式，在通信技术领域占据非常重要的地位，也被广泛地运用在通信领域。光通信技术在推动通信领域发展，大气激光、光纤通信、蓝绿光通信、红外线通信等技术使得光通信技术得到广泛的发展。光通信因此也在通信领域占据着广泛而重要的地位，促进了通信技术的快速发展。

光通信的主要方式是依靠光波并将其作为传输媒介，光波与无线电波之间有很大的区别，但在性质而言，它们都属于电磁波，不同之处是光波的频率比电磁波的频率高，而且光波的波长比电磁波的波长短，因而与无线电通信技术相比，光通信技术的传输频带宽，其容量也比较大，并且光通信技术的抗电磁干扰能力强。利用光通信技术传输信息的速度也比无线电通信技术的传输速度快，因而光通信技术的应用范围比较广，发展前景也比无线电通信技术好。在光通信技术发展应用过程中，其种类也比较多，最主要的有大气激光通信、光纤通信、蓝绿光通信和红外线通信等，不同种类的光通信技术具有相应的特点，它们之间的应用也存在一定的差异性，如图 2-12 所示。

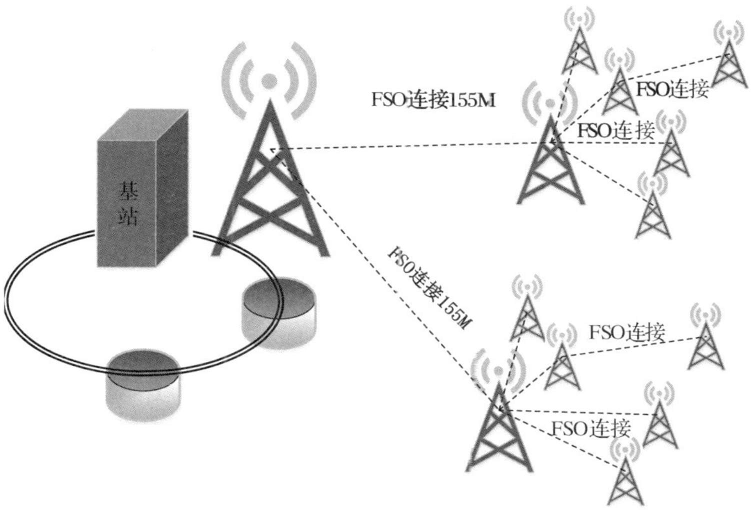

图 2-12　光通信及其应用

（来源：电子发烧友网，《无线光通信 FSO 技术图解》，2010.03）

大气激光通信。大气激光通信主要让信息将激光束作为光波传播的载体，并沿着大气进行信息传输。在信息传输过程中，该通信技术不需要特定的传输线路，设备比较轻也便于移动，并且该通信技术传输信息的保密性极好，传输的信息容量大、信息的种类多，包括声音、数据、图像等信息。但不足之处是，大气激光通信容易受到气候和外界环境的影响，因而在大气激光通信使用范围的选择上，主要选择沙漠地区、海岛之间或者河流湖泊山谷等地，用于视距通信链接。

光纤通信技术。光纤通信技术是一种有线通信，它的光波主要沿着光导纤维进行信息传输，该技术对光源没有特别的要求，半导体激光二极管和发光二极管均可以作为其光源。光纤通信传输的主要特点有传输减小，传输的容量也比较大，而且信息传输不受外界的干扰，具有极强的保密性。

蓝绿光通信。蓝绿光主要运用在水下通信，运用的是波长在绿光和蓝光之间的激光，该技术适用于海水通信。由于蓝绿光常用于水下信息传输，因而其主要特点是穿透力比较强，在信息传输过程中的耗能也比较少，而且是双工通信，并且数据传输率比较高，保密性也非常强，对深水的干扰具有极强的抵抗作用。

红外线通信。红外线通信主要依靠红外线传输信息，红外线的波长为 0.76～300μm，主要传输的信息有数据、图像、文字、语言等相关信息，主要运用于近距离的遥控、沿海岛屿之间以及飞行器内部的通信，红外线的抗磁干扰性能比较强，通信容量也比较大，而且传输期间的保密性强，质轻体积小，价格低，其发展应用的前景比较广。但不足之处是红外线传输的信息容易受气候影响，并且传输信息的距离只能在四千米左右，因而无法用于远程通信传输活动中。

（二）量子通信

量子通信是在近几十年来发展起来的科学技术，是在电子通信技术发展基础上的一个具有革命性的重要技术，这项关键技术在政治、军事、社会发展以及经济等领域都具有重要地位。量子信息的概念从不同的学术角度有不同的理解。简单来说，在量子力学的领域当中量子信息是在量子系统的状态中存在的物理信息，根据量子信息系统中量子的并行性、量子的交叉性、量子的不可复制性等特性，对量子进行排序、运算，产生的新的信息形式。量子信息最大的理论基础就是量子力学以及它的相关原理。

量子通信就是利用量子信息理论中的量子的纠缠效应来传递与表达信息的新兴信息方式，在量子通信中的主要内容就是量子密码通信，远距离量子传递，以及量子密码编程等。在这些理论基础上，科学家们又提出了利用量子态来进行隐形传送信息的模型，就是以量子态作为远距离传送信息的载体，这样可以完成一种新型的、安全性高的、效率快的并且传送的信息量大的信息传递过程。然而为了让量子通信技术从理论基础转向实践，全球各个国家各个地方许多的科学家们在 20 世纪 90 年代至今的几十年中不断探索与实践，对这项技术进行了深入的研究，如图 2-13 所示。

图 2-13　量子通信与传统通信

（来源：电脑高手网，咨询，互联网，互联网(一)，《揭秘：量子通信如何做到“绝对安全”的》，2016. 08）

量子通信具有极强的安全性。量子通信这种新型的信息传递方式使得的已经载有信息的量子态只能在已经规定的两个地方进行完整的信息传递，因为量子态的特有的性质和在量子态上设有独特的加密方式，导致了在信息传递整个过程中任何的尝试截取或者尝试解开量子态加密密码的操作都会使得量子态改变自身原有的状态，从而改变了量子态上载有的信息，所以即使量子态被截取或者被解密，也无法得到其自身原有的信息，也就不能完成信息传递的工作，因此保证了信息传递的绝对安全。

量子通信的信息传递效率极高。量子态的运动频率决定了量子信息的传送效率，近几年的科学研究表明，量子态的运行速率远远超过我们传统认为的传播速率最快的光速，而且在信息传递的过程中几乎没有线路的时间滞留，这也就意味着量子通信的传递速率远远超过光速，是凌驾于所有原有的电流通信、光纤通信等普通的通信技术之上的新型通信方式。

量子通信的信息传送容纳量非常大。我们现在社会上普遍运用的通信是光纤通信，这是一种以光为传递载体的信息传递方式，科学家们比较了同样温度下，同样数量的量子通信载体与光纤通信载体可携带的信息的数量，结果表明光纤通信的信息携带量仅仅是量子通信的几十分之一，这样明显的数据差说明了量子通信在信息容纳量这一方面比传统通信方式有着非常大的优势。

（三）卫星通信与导航

随着通讯技术、计算机技术、信息论及航天与空间技术的迅猛发展，卫星导航技术也日新月异，越来越多的工程领域都离不开导航技术的支持。卫星导航技术的出现和发展，是21世纪工程进展中一项重大技术变革，推动了政治、经济、军事和科学的发展，了解卫星导航技术对相关领域技术的改进和拓展具有十分重要的参考价值和工程意义。导航卫星在高精度原子钟的精密时间控制下发射无线电导航信号，用户接收机对接收信号进行处理，恢复出卫星时间信号，与本地钟进行时间比对，完成伪距测量。卫星导航技术就是一种天基的无线电导航定位与时间传递的技术。卫星导航技术日趋成熟化，已成为现代高技术战争中不可缺少的及时获取高精度导航信息的空间基础设施，可实现全球、全天候、高精度导航，如图2-14所示。

微型化。美国于1995年就提出了纳米卫星的概念，其他国家也相继开始研制。微型化的导航卫星比麻雀略大，质量不足10千克，各种部件全部用先进而优质的材料制造。纳米材料采用最先进的微机电一体化集成技术整合，具有可重组性和再生性，成本低，质量好，可靠性强。一枚小型火箭一次就可以发射数百颗这样的微型卫星。若在太阳同步轨道上等间隔地布置648颗功能不同的纳米卫星，就可以保证在任何时刻对地球上任何一点进行连续监视，即使少数卫星失灵，整个卫星网络的工作也不会受影响。

抗干扰、反欺骗、高精度。由于电子战、电磁战、干扰信号的出现，卫星导航技术在未来的应用中将会受到很大的限制。对卫星接收机的改进，主要在接收机内加装自适应滤波器，以滤除干扰信号。改进卫星接收机天线，采用自适应调零天线，通过天线的波束指向和波束形成抑制干扰，一般可以使接收机抗干扰能力提高30~40dB。调整卫星数量以及

图 2-14 导航及卫星通信的应用

（来源：搜狗百科，《羲和将推动“北斗”系统的产业化》，2017. 03）

它的兼容性，设计新型信号结构和频段的导航卫星，在设计中增加备份电源，提高接收机的接收功率。设计新型卫星星座以及多星协作工作，组合导航的发展。其中 GPS/INS 的组合，可以使各类系统的抗干扰能力提高 10%~15%。

导航战。导航系统的干扰展开反干扰。导航战的实质是系统对抗以及反对抗技术的较量。未来导航战可能在这些方面展开：①提高系统防破坏能力，可以增加卫星中的星际横向数据链，这样，当主控站被摧毁后，卫星还能继续工作几个月，这就大大提高卫星系统的抗毁性；此外，通过地球半同步轨道卫星、多卫星配置、卫星机动、航天飞机补充等措施来抗硬摧毁，增强其生存能力。②提高卫星导航系统的抗干扰能力。

完整性。未来 20 年卫星导航系统必须具备完整性，导航信号可以全自动预警。卫星导航的完整性就是当导航卫星发生故障时，在定位误差超过一定极限值之前，用户的 GPS 接收机将能“及时”地接收到这一信息。这里的“及时”是指在“规定的时间内”用户应能接收到导航卫星发出的警告信号。这样就可以避免错误信息导致误导航。

未来的卫星导航系统将会实现导航信号对植被和陆地表面的穿透能力，通过广域差分实现着陆系统的全盲降能力，导航信号全自动预警等。卫星导航定位技术的出现，推动各个领域智能化、信息化、高效化、精确化。

战略设计

ZHANLUE SHEJI

林业信息化
Forestry Informalization

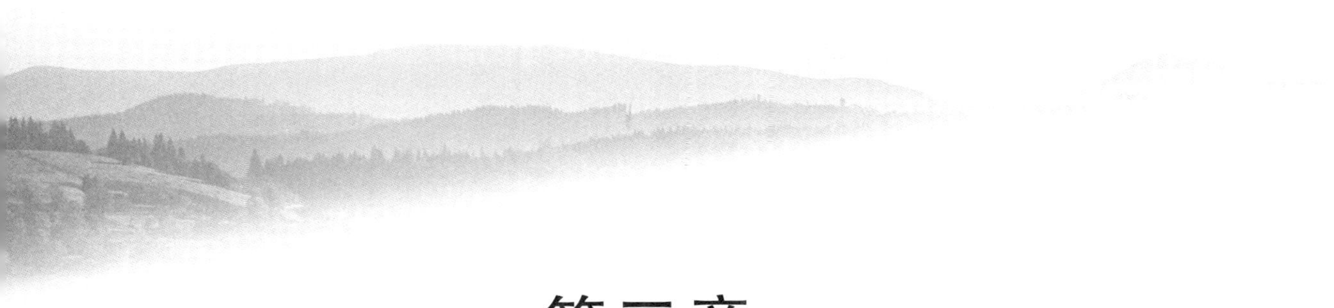

第三章
中国林业移动互联网发展思路

一、发展背景

(一)时代背景

20 世纪 90 年代以来，信息技术不断创新，信息产业快速发展，信息网络广泛普及，信息化成为全球经济社会发展的显著特征，并逐步向一场全方位的社会变革演进。与水、电、气一样，信息化已成为人类生活中必不可少的内容，且对未来人类的发展产生着十分巨大的影响。现代社会的发展和进步，一靠资源，二靠能源，三靠信息。谁抢占了信息制高点，谁就赢得了主动权。信息化程度的高低已成为衡量一个国家综合实力的重要标志，成为带动一个国家经济社会进步、一个民族文明发展的重要途径，成为世界各国的共同选择和长远发展的战略制高点。

当前，全球正快步迈入信息社会，我国正处于全面建成小康社会和现代化建设的关键时期，新一代中央领导集体将“信息化水平大幅提升”纳入全面建成小康社会的重要目标，将信息化建设提升至国家现代化建设的战略高度。习近平总书记指出：“没有网络安全就没有国家安全，没有信息化就没有现代化。”李克强总理指出，“互联网＋”对提升产业乃至国家综合竞争力将发挥关键作用。党中央、国务院十分重视信息化工作，下发了《国务院关于推进物联网有序健康发展的指导意见》、《国务院关于印发“宽带中国”战略及实施方案的通知》、《国务院关于促进信息消费扩大内需的若干意见》、《国务院关于促进云计算创新发展培育信息产业新业态的意见》、《国务院关于大力发展电子商务加快培育经济新动力的意见》、《国务院关于大力推进大众创业万众创新若干政策措施的意见》、《国务院关于积极推进"互联网+"行动的指导意见》、《国务院关于印发促进大数据发展行动纲要的通知》等多个文件，全面加强国家信息化建设，努力建设网络强国。

（二）行业背景

近年来，全国林业部门认真贯彻落实党的十八大和十八届历次全会精神，坚持以建设生态文明为总目标，全面深化林业改革，进一步加强生态建设与保护，加快林业产业发展，加强生态文化建设，各项林业事业全面发展，为改善生态环境、促进经济社会发展做出了重要贡献。

"十三五"是我国现代化建设的关键时期，也是实现林业现代化的重要时期。深化林业改革，加强资源保护，提升质量效益，夯实基础保障，加快推进林业现代化，都必须依靠信息化技术的支撑和引领。实践证明，林业信息化对提升林业管理水平、优化林业资源配置、提高产业经营水平、促进生态文化传播和提高人员素质、推动科技进步等具有关键作用。我国多数林区地处偏远，经济欠发达，迫切需要运用互联网思维，创新林业治理理念；迫切需要借助现代信息技术，提高林业治理效率；迫切需要依托信息高速公路，改变林区落后面貌；迫切需要通过多元信息服务，实现产业提质增效；迫切需要实施信息惠民，帮助林农脱贫致富。所以，为支撑林业改革发展，必须加强林业信息化建设，全面提升林业现代化水平。

（三）专业背景

2009 年以来，全国林业信息化取得了快速发展。从横向看，国家林业局全国林业政务公开和电子政务建设已跻身于中央部委领先行列。中国林业网 4000 多个子站上线，每天有 100 多个国家的 100 多万人次访问浏览，访问量突破 20 亿人次，每天有 100 多条信息被主流媒体采用，在中国政府网站绩效评估中，综合排名列 70 多个部委的第二名。从纵向看，林业信息化已从"数字化"迈入"智慧化"新阶段。国家林业局印发了《关于进一步加快林业信息化发展的指导意见》、《中国智慧林业发展指导意见》、《国家林业局关于推进中国林业物联网发展的指导意见》、《国家林业局关于加快中国林业大数据发展的指导意见》和《国家林业局关于推进全国林业电子商务发展的指导意见》等多个指导性文件，筹建了国家和省区两级云计算平台，推进了智慧森林旅游等物联网示范工程建设，建成了国家卫星林业遥感数据应用平台，等级保护顺利推进，建立了微博、微信和移动客户端，林业信息化建设取得了多项突破性进展。

但是，要实现到 2020 年，全国林业信息化率达到 80%（其中，国家级林业信息化率达到 90%，省级林业信息化率达到 80%，市级林业信息化率达到 70%，县级林业信息化率达到 60%）的水平，仍面临着较大的挑战：一是信息共享和业务协同程度低；二是新技术应用支撑能力不足；三是感知体系不完善；四是数字鸿沟依然悬殊。由于目前存在的各种问题，不仅制约了林业自身发展，而且影响林业融入国家发展大局。因此，需要全面加快移动互联网等林业信息化建设，促进林业转型升级，实现林业智慧化发展。

二、指导思想

深入贯彻落实党的十八大及历次全会精神，围绕林业改革发展的主要任务，以促进转变林业发展方式、提升林业质量效益为宗旨，以林业核心业务的移动互联网应用为重点，以林业现代化为目标，坚持统筹规划、协同共享、政府主导、安全至上，加快推进林业移动互联网建设与应用，为建设生态文明和美丽中国做出积极贡献。

三、基本原则

在遵循统一规划、统一标准、统一制式、统一平台、统一管理“五个统一”的基础上，坚持服务大局、融合创新、开放共享、安全可控的基本原则。

（一）坚持服务大局

充分发挥移动互联网优势，缩小林业各业务发展数字鸿沟，激发林业产业经济活力，改变林业人工作、生活、学习、娱乐模式，推动林业生产方式和发展模式变革，创新网络化、移动化林业公共服务模式，高效智慧地为林业人提供便捷、安全、可靠的移动互联网信息服务。

（二）坚持融合创新

鼓励树立移动互联网思维，强化目标导向、问题导向、效果导向，发挥管理主体、运营主体、使用主体作用，全方位推进理念、机制、手段等创新，推动移动互联网向林业各业务领域渗透，促进林业公共服务模式改革和林业政务运行机制创新，优化业务流程，顺应移动互联网技术发展趋势，探索林业运行管理的新模式。

（三）坚持开放共享

营造开放包容的发展环境，充分发挥林业物联网等先进技术优势，将移动互联网作为林业资源共享的重要平台，统筹部署林业业务系统，支持跨部门、跨区域的业务协同和林业信息资源共享，最大限度优化资源配置，加快形成以开放、共享为特征的林业移动互联运行新模式。

(四)坚持安全可控

增强安全意识，加强林业移动互联网发展的信息安全基础设施建设，强化安全管理和防护及保密措施，保障网络安全，全面排查、科学评估、有效防范和化解移动互联网给林业发展带来的风险隐患，切实保障网络数据、技术、应用等安全。

四、发展目标

第一阶段：到2020年，通过实施中国林业移动互联网发展战略，移动互联网应用与林业主体业务实现高度融合，林业主体业务智能化水平显著提升，业务开展的实时性、高效性、稳定性和可靠性显著增强。林业信息基础设施条件显著改善，林区网络覆盖率达到80%以上，信息采集和传输能力显著增强。移动互联网应用水平显著提高，实现跨区域、集成化、规模化的移动互联网应用，推动林业业务智能化的持续快速发展，构建起较为完善的林业移动互联网科技创新、应用模式、安全管理体系，推进智慧林业发展步伐，有力支撑林业发展。林业主体业务通过移动互联网应用在转变工作模式、提升工作效率、提高业务质量等方面取得重大突破。在林业核心业务领域组织实施3~5项林业移动互联网应用示范工程，积累一批成功案例和推广经验，相关应用形成较大产业规模。引导组建林业移动互联网产业应用创新联盟，支持建设林业移动互联网应用研发中心、实验基地，依托第三方机构建立林业移动互联网综合检测认证中心，初步建立以企业为主体的林业移动互联网应用科技创新体系，形成林业移动互联网应用及系统测试评估能力。

第二阶段：到2030年，以深化信息化与林业现代化高度融合，全面提高林业的生态、经济、社会服务功能为主线，通过大力加强信息基础设施建设和信息技术应用，建设具有中国特色的林业移动互联网，让广大林区实现在任何时间、任何地点、任何人和任何物都能顺畅地通信，人们在林区可以高效地工作、学习和生活，使林业移动互联网应用成为智慧林业建设的倍增器和支撑林业改革发展的重要力量，使林业信息基础设施建设得到加强，现代化的信息采集和管控技术得到广泛应用，林业部门的管理和公共服务能力得到较大改善，形成健全的林业移动互联网管理和运行机制，全面支撑林业移动政务办公和移动互联网公共服务职能；推动林业资源监管、营造林、花木种苗培育等的智能化水平显著提升；使林业灾害监测预警与防控水平显著提高，林业生态监测与评估能力大幅提升；使林产品生产、流通、销售等环节的管理工作得到明显强化，林产品质量安全监管水平得到大幅提高；形成科学、先进的全国林业移动互联网安全体系和标准规范体系。

第四章
中国林业移动政务战略

移动互联网及相关技术的发展带来了移动政务的快速崛起，公众对便捷、高效和精细化的政务服务期待不断上升，电子政务不断创新，迈入“互联网 + 政务”的新阶段。根据全国林业信息化发展“十三五”规划，“互联网 + ”林业政务平台体系建设，需加强林业政务基础设施建设、政务管理系统建设、顶层决策能力建设，推进政府办公智能化、智慧化。

移动政务(Mobile Government)，又称移动电子政务，主要是指移动技术在政府工作中的应用，通过诸如手机、PDA、无线网络、蓝牙、RFID 等技术为公众提供服务。在公共管理领域，移动政务的重要应用之一是为市民以及现场办公的公共服务人员提供随时随地的信息支持。最重要的是通过移动及无线技术对现场信息交互的支持，减少不必要的物流和人流，建设“资源节约型社会”。移动技术的发展，已经引起公共服务部门的重视。响应公共服务一线及公众本身的信息及服务需求，利用手机、PDA 及其他手持移动设备，通过无线接入基础设施为政府工作人员和社会公众提供信息和服务，越来越成为政府关注的焦点。

一、林业移动办公

政府作为国家管理部门，开展移动办公，有助于政府管理的现代化。我国政府部门的职能正从管理型向服务型转变，承担着大量的公众事务的管理和服务职能，更应及时上网，以适应未来信息网络化社会对政府的要求，提高工作效率和政务透明度，建立政府与人民群众直接沟通的渠道，为社会提供更广泛、更便捷的信息与服务，实现政府办公电子化、自动化、网络化。通过互联网这种快捷、廉价的通信手段，政府可以让公众迅速了解政府机构的组成、职能和办事章程，以及各项政策法规，增加办事执法的透明度，并自觉接受公众的监督。同时，政府也可以在网上与公众进行信息交流，听取公众的意见与心声，在网上建立起政府与公众之间相互交流的桥梁，为公众与政府部门打交道提供方便，并从网上行使对政府的民主监督权利。

（一）掌上办公

近年来公众对政府服务水平的要求不断提高，政务信息更加公开，各地政府加快了以行政办公为主的信息化建设，不断推进政府职能转变，提升服务水平，政府资源规划系统（GRP）、自动化办公系统（OA）等信息化系统陆续被引入到政府部门日常办公中。在信息化实施运用过程中，各部门信息化系统的彼此孤立，导致信息数据分散，大量重复工作出现，严重阻碍了行政审批效率的提高，无法为领导决策分析提供科学、有效的信息化数据，如何实现行政办公一体化已成为政府信息化办公的难题。党的十八大提出，要进一步转变政府职能，改进管理方式，加强行政效能建设，形成行为规范、运转协调、廉洁高效的行政管理体制，提高行政审批效率，注重民生服务。各级政府部门通过互联网技术提升政府的办事效率，增加行政透明度，助力向服务型政府转型。

掌上办公从政府办公的实际需求出发，在满足行政事业单位行政办公、移动办公的基础上，具备强大的扩展与整合能力，为决策分析提供及时有效的信息支持，提升行政服务的效率效能，协助政府打造“阳光政务”。移动行政应用有效地将业务应用系统数据与协同办公联系起来，有效整合内部系统的业务信息，解决信息孤岛，为领导决策分析提供有力的数据支持。通过统一平台、集中审批的运用，提高信息共享度。应用的主要目的是打破机关组织部门的垄断和封锁，加速政府内信息的流转和处理，克服政府各部门相互推诿、扯皮现象，提高政府内部的行政效率。

掌上办公通过采集和积累各类信息资源，通过日程事件管理、信息共享管理、协作管理等手段，使单位内部的信息交流快捷畅通，为领导督办、辅助决策提供最大限度的支持，提高个人和团队整体工作效率，创造更大价值。将办公应用延伸至移动终端，打破时空界限，无论领导身处何地，都能即时有效办公，随时随地处理公文、业务审批、报表查询等事项。通过手机录音、拍照、语音录入等功能的运用，使办公变得更轻松、方便、敏捷。同时可增强对事务、事件的计划性及跟踪、控制能力，有效解决目标管理中失控和管理者事务繁多造成的顾此失彼，为领导督办控制、辅助决策和为工作人员提高工作效率提供有力的工具。

（二）掌上服务

掌上服务除了给公众提供方便、快捷、高质量的服务外，更重要的是可以开辟公众参政、议政的渠道，畅通公众的利益表达机制，建立政府与公众的良性互动。

1. 政务微信平台。目前各行各业涌现了一批具有代表性的政务微信账号，例如“平安

图 4-1　广州公安微信公众号

肇庆”、“广州公安”（图 4-1）、“广东省博物馆”、“重庆环保”、“平安北京”、“吉林气象”、“厦门智能交通指挥中心”、“南京发布”、“海口民政”、“武汉交警”、“罗湖法院”等。广州市白云区应急办于 2012 年 8 月 30 日开通了微信公众平台“广州应急——白云”，第二天就派上了用场，8 月 31 日，据广东省地震台网测定，河源市源城区、东源县交界（北纬 23.75°、东经 114.64°）于当天 13 时 52 分发生里氏 4.2 级地震。14 时 33 分，“广州应急——白云”就通过微信平台发布了这条消息。打造了广州首个政务微信成功运营的案例。罗湖法院于 2013 年 4 月底开通官方微信平台，自运营以来已有 4000 多名当事人和网友通过微信获取了有关立案、调解、审判、执行等信息。在智能移动终端普及的时代，人们只要动动手指就能和政府机关实现零距离的交流，改善政府部门在民众心目中的形象，拉近了政民距离。《2016 政务微信发展报告》显示“共产党员”、“上海发布”、“中国政府网”占据 2016 年政务微信传播影响力排行榜前三甲；而在级别分布上，地市级账号表现抢眼，其中浙江省上榜微信数量最多；各类别微信账号特色鲜明，公安、宣传、团委类微信活跃度较高。从总体上看，政务微信在政务公开、资讯推送和公共服务方面正逐步架构起“以部门职能为特色，以便民服务为主导”的智慧平台与“掌上政府”，已日趋成为发布政府信息的新媒体、提供公共服务的新平台和实现政民互动的新渠道。

但是政务微信在发展中也存在诸多问题，如区域发展不平衡，东北及西北地区政务微信建设明显落后于全国其他地区；一些政务微信公众号定位模糊，影响用户体验；多数政务微信公众平台搭建不完善，功能板块开发不足；政务微信机制化、专业化程度较低，服务机制不健全，影响服务体验；一些微信公众号与民众互动程度较低仍是服务短板等。

2015 年 8 月 20 日，“江西林业”政务微信正式通过认证开通，这也标志着江西省林业厅工作全面进入微时代。“江西林业”政务微信公众号界面如图 4-2 所示。“江西林业”政务微信由专人负责管理，定期向网友发送文字、图片等信息，为社会公众提供林业最新资讯、解读最新政策、传播林业知识等内容。政务微信设有“赣林概况”、“赣林政务”、“赣林服务”三个栏目，能够为网友提供江西林业最新动态、林权交易、投诉建议等的快速通道。“江西林业”微信平台的开通加强了政民联动，拓宽了联系群众、服务群众的渠道，和广大网友“微”距离接触、“零”距离交流，进一步提高了林业服务工作的透明度和公众参与度。通过政务微信公众号实现林业信息、相关政策的发布，有利于完善“指尖上的政务”，让民众及时了解有关林业方面的最新动态。目前，30 多个省级林业主管部门都已经开通了微信公众号。

图 4-2　江西林业微信公众号

为适应新时期互联网时代的舆论宣传，让市民群众广泛参与到长沙林业生态建设中，提高长沙林业舆论宣传攻势，主动适应时代特点，学会面向社会公众"说话"，长沙市林业局政务微信公众平台"长沙林业"正式上线运行。长沙市林业政务微信公众平台设置林业资讯、林业服务、与民互动三大版块，分为微官网、工作动态、三年造绿、林业风采、经验介绍、政策法规、办事指南、林业常识、产业推介、景点推介、与民互动、局长信箱 12 个子栏目，发布国家、省、市关于林业工作的方针、政策、法律、法规，反映全市生态文明建设和林业工作动态，介绍林业相关知识，便于市民了解林业惠民政策，同时利用平台广泛听取群众反映的热点、难点问题(图 4-3)。

图 4-3　长沙市林业政务微信公众平台

为推进林业政务公开，宣传林业政策法规，普及林业科学知识，传播生态文明理念，引导社会各界广泛关注、大力支持、积极参与林业生态建设和国家森林城市创建工作，河南林业局政务微信公众平台“河南林业”正式上线运行。河南林业公众平台旨在传播林业新理念、苗圃生产规划运营由传统向高端布局的定位以及传播最新技术推广信息，服务于社会、受益于农民。主要包括林业资讯、信息公开、公共服务、互动交流、特色栏目、专题栏目(图 4-4)。

图 4-4　河南林业微信公众号

2. 移动政务微博。政务微博作为当代政务公开的主要形式，使人们更好更深入地了解权力运行的过程，拉近政府和民众之间的距离，在政府工作、社会监督以及深化民主程度上都发挥了积极的作用。我国的政务微博最早出现于 2009 年，湖南省桃源县政府开通了“桃源网”，云南省委宣传部的官方微博“微博云南”紧随其后，后来以“平安肇庆、平安北京”(图 4-5)为代表的全国各地的公安微博，以及各级党政领导的微博犹如雨后春笋般开通起来。2010 年被称为政务微博元年，而政务微博真正蓬勃发展起来是在 2011 年，2012 年政务微博进入了民生应用之年，成为民意汇聚交流的平台。中央部门对政务微博的重视一方面促进了地方政府在此方面的积极行动；另一方面对促进政府信息公开化起到了重要作用。在应对突发事件、热点舆情时，政务微博能及时发布权威信息，迅速澄清事实，遏制谣言传播，有效安抚民众情绪。

政务微博正在加速发展，无论是机构微博还是官员微博，在数量上都得到极大的增长。机构微博中，辽宁、山东、浙江、四川、江苏和黑龙江发展状况最好；而公务人员微博中，辽宁、浙江、黑龙江、甘肃、湖南和贵州领先其他地区。除了以往政务微博发展较好的沿海地区外，中部地区紧随其后。通过政务微博了解民情、进行问政已得到各地区的广泛认可。但边疆地区尚需突围的基本格局没有改变，仍需解决地区差异过大的问题。

图 4-5　国家林业局、四川省林业厅政务微博

《2016 年人民日报 · 政务指数微博影响力报告》在广州发布。截至 2016 年年末，新浪微博平台认证的政务微博达到 164522 个。其中，政务机构官方微博 125098 个，比前一年增长 9%；公务人员微博 39424 个，比前一年增长 5%。如今，政务微博宣传手法丰富多彩，感染力日益增强。政务微博不仅是 140 字的纯文本，在发布形式上，更能灵活运用多种传播手段提升宣传效果。一些优秀账号得心应手地玩转了漫画、动画、沙画、短视频、互动游戏、移动直播、VR 等技法，提升了政务账号的感染力。原先似乎专属于演艺明星的 MV，也越来越多地被政务微博所采用。随着直播行业成为一个庞大市场，政务微博也加入网络直播行列，带来了直播平台的正能量。迄今使用网络直播最为出色的政务微博账号，分别来自交警、检察、外宣、环保、旅游等系统。政务微博矩阵效应凸显。

近年来，宁夏、云南等地通过实践创新，形成了由各级、各职能部门政务微博组成的政务微博矩阵管理模式。所谓矩阵，不仅仅是联合发布信息或账号互推，而是各有关政府部门打破体制内的部门和科层的壁垒，联动解决实际问题，优化行政流程，提高行政效率，节约行政成本。

林业政务微博平台以林业为主题对相关政策、会议、活动、简讯内容进行发布。微博作为一种分享和交流平台，其更注重时效性，能表达出每时每刻的最新动态，现在微博上的权威发布已经成为普通民众第一时间了解新闻的首要选择。林业局微博可以主要就爱林、护林、森林防火等相关即时事件进行发布，同时对全国林情信息进行转载发布。政务平台可对林业话题进行跟踪传播；同时还可以开展微话题讨论、有奖征集，能对日常普通微博进行市级友好单位互动传播，对重点会议、活动内容进行跟踪。目前，我国林业政务微博的发展速度在逐渐加快，全国有一半省级林业主管部门开通了林业政务微博。随着媒体的不断融合，各级林业主管部门充分意识到应借助微媒体更好地实现政府职能，提高服务效率，加强林业部门公信力和凝聚力，从而推动林业治理能力和治理体系逐步实现现代化。

3. 政务微视。作为一款基于通讯录的跨终端跨平台的视频通话软件，它的定位是基于8秒短视频分享社区。微视用户可通过QQ号、腾讯微博、微信以及腾讯邮箱账号登录，将拍摄的短视频同步分享到微信好友、朋友圈、QQ空间、腾讯微博。其最吸引人的功能是8秒短视频，讲述你我的故事；分段拍摄，操作简单，让创意无限；支持转发、评论和赞三种互动形式；视频流量和图片一样小，观看流畅；支持未登录浏览精彩内容。微视可以用来随时随地拍摄我们的生活趣事，第一时间分享给朋友及亲人们，让我们的生活更加有趣，如图4-6所示。

图 4-6 腾讯微视、CCTV 微视

2014年7月19日，“广东发布”微信微视政务平台上线仪式暨新媒体运营专项培训会在广州举行，近百名来自全省21个地市和26家省直部门的网络宣传负责人参加了活动。该平台的各项创新服务应用，让网友足不出户动动指尖即可一切尽在“掌握”。“广东发布”政务微视平台是基于腾讯的独立App，有效弥补微博、微信只能够静态展示的不足，通过8秒短视频分享，充分展示南粤大地秀美的山水风光、深厚的历史文化底蕴，大力推介广东社会人文风貌，展现广东良好形象。“广东发布”微博、微信、微视政务平台从顶层设计上注重平台之间的相互融合发展，增强信息发布的叠加效应。同时，在全省建立“三微”政务平台发布厅，形成全省政务微博、微信、微视“三微”一体化大格局，架起一座政民之间可以随时随地互联互通的信息沟通桥梁，开展“指尖上的对话”，主动问政于民、问需于民、问计于民、问效于民。在应对突发事件和社会热点时，全省“三微”政务平台还能够共同发声，同鸣共振，遏止谣言传播，有效引导舆论走向(图 4-7)。

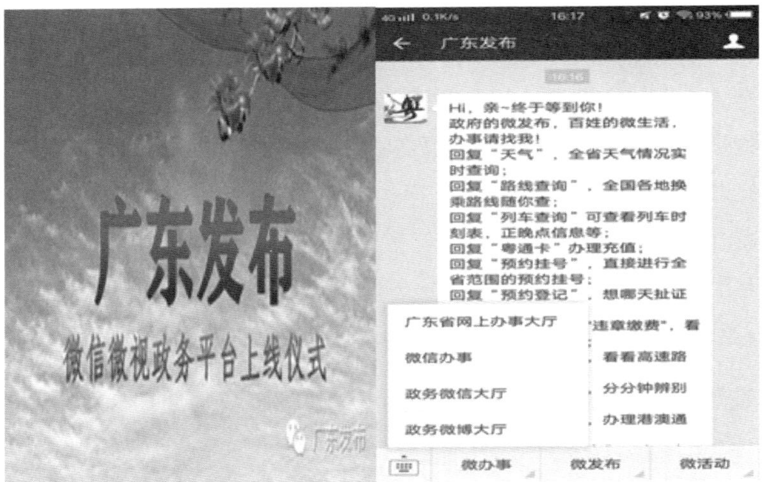

图 4-7 “广东发布”政务微视平台

4. 移动客户端。伴随着移动互联网技术的飞速发展和智能手机、平板电脑的普及，我们已经迎来了一个“指尖”时代，人们可以利用移动终端“随时、随地、随心”地享受互联网业务带来的便捷。大量客户端(App)随着移动互联网浪潮开始“井喷式”爆发，其中一些政府部门也适应时代新要求，开启政务 App，通过移动互联网提升政府效率，增加行政透明度，提升行政能力，助推向服务型政府转型。在移动互联网时代，移动客户端也成为政府向公众和企业提供全面、及时、细致服务最为便捷的手段和途径。

中国林业网移动客户端(App)是基于手机、PAD 等移动终端开发的政府信息服务软件。相对于微博、微信，移动客户端更注重于提供各类在线服务和各类在线功能。通过下载访问政务 App，公众可以查询政府公开信息，了解办事流程，在线提交办事请求，追踪办件状态，随时随地便享“智慧政务”。

中国林业网移动客户端 2013 年 8 月正式上线，2014 年 10 月中国林业网移动客户端 2.0 升级完成，扩大了中国林业网服务范围和对象，提供了基于地理位置的在线服务，使公众可以更方便地通过移动互联网获取林业政务的应用服务，成为移动电子政务时代推行政府信息公开、服务社会公众、展示林业形象的新渠道，如图 4-8 所示。

中国林业网移动客户端分为首页、林业概况、信息公开、服务查询和热点专题 5 个板块。在首页，用户可以获取最新图片信息，可以根据个人喜好添加需要的信息模块，打造自己的个性化页面。林业概况板块提供了国家林业局领导信息和内设机构信息、中国林业发展报告、中国林业发展规划和中国国土绿化状况公报等重要文件报告。信息公开板块收

图 4-8　中国林业客户端

录了包括最新资讯、公示公告等栏目在内的主要内容，其中林业移动超市模块整合了林业系统已经上线的移动应用和 WAP 版手机网，使用户了解地方林业情况有了更多渠道。服务查询板块内设了国家林木良种基地查询、国家木材运输证真伪查询、林业专家信息查询、办事指南查询、审批结果查询、林业科技成果查询等服务，为用户随时随刻提供在线服务。热点专题板块汇集了全国爱鸟周活动、3・12 植树节、集体林改、中国林业物联网、中国林业云等 10 个专题。同时，在提高原有服务功能的基础上，增加了基于地理位置的服务功能，可随时查询周围森林公园的地理信息、联系方式等信息，并可规划用户到办事地点的最佳路线。

湖北林业客户端是一款专注于湖北林业的 App，如图 4-9 所示，通过湖北林业 App 可以了解到更多行业资讯和相关信息，同时获得更多服务。湖北林业 App 不仅具备购物、查询订单、搜索商品、行业资讯和产品评价等常用功能，而且实现了手机版特有的会员注册登录、广告位、招商开店等功能。目标是整合当地品牌商、生产商、经销商，为商家和消费者之间提供一站式解决方案。它是集林业新闻发布、便民服务、网上办事、互动交流等功能于一体的新型政务服务平台，能够有效联通全省各级林业部门在移动互联网上的政务信息和服务功能，是落实国务院、省政府有关“互联网 + 政务服务”精神的新媒体产品。

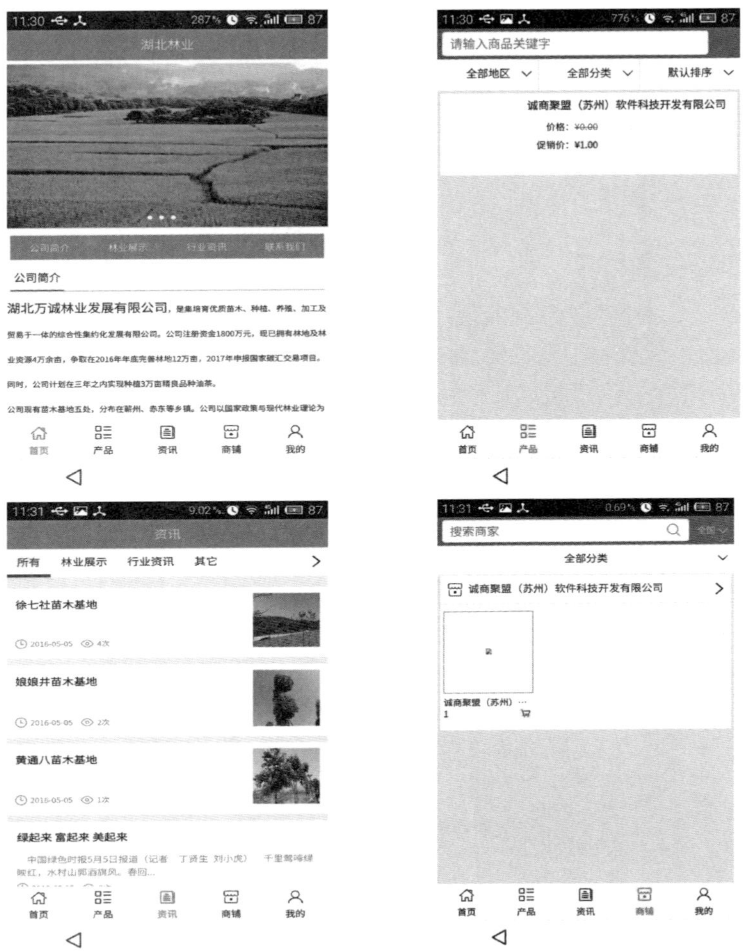

图 4-9　湖北林业客户端

二、林业移动会议

目前的多媒体会议在空间感与真实感、群组感知程度、交互方式与交互深度等方面有所欠缺。缺乏真实的会场气氛，难以形成“面对面”的感觉；无法在同一时刻获得工作群组内所有成员的信息，无法表达感知信息；同时所有与会站点看到的仅仅是相同的与会者画面，无法实现与真实环境相一致的与会者交互行为。为了解决多媒体会议系统存在的不足与局限，适应更高的应用需求，同时伴随着虚拟现实技术的发展，提出了虚拟空间会议这一概念，实现一种能够支持不同领域的人协作解决复杂问题的协作环境。

（一）移动会议

智能会议打破了传统的由各部门领导组织会议，通过助理以电话或者邮件方式通知相关人员在某个地方、某个时间开会的方式。智能信息应用将完全改变这种模式，在该应用中，因为其具有整个部门所有人员的相关信息，组织会议的人员只需输入开会主题并点击开会模式，系统会自动匹配需要来参加会议的人员，以供组织者选择，当参会人员被确定后系统会自动给这些人员发送消息。参会人员会收到开会内容和开会时间以及需要确认开会信息反馈给组织者，并且会在开会前的一个小时或者任意设定的时间点再次通知参会者以免错过开会。

虚拟空间会议应用提出旨在解决传统的需要所有与会人员统一在一个固定的地方开会的方式，这种传统的开会方式使得参会人员通过各种交通工具聚集到一个地方，既浪费了参会人员的时间，又增加了参会人员的旅途劳累，同时又不能保证所有参会人员都能够有统一的时间来参加会议。而虚拟会议正是基于改进传统开会方式而提出的，在虚拟会议中，没有统一的会议室，所有人员可以在任何有网络的地方通过智能终端参与会议。

虚拟空间会议是多媒体会议系统与虚拟现实技术相结合的产物，有“终极会议系统”之称。通过对各个与会终端的局部会场利用虚拟现实技术进行空间上的扩展，将分布在不同地点的局部会场合成为一个所有与会终端都能够感知与交互的虚拟会议空间，所有与会者仿佛在同一个会议室中召开会议，与会者之间能够以自然的方式进行信息交流，开展群组间的协同工作，如图 4-10 所示。

图 4-10　虚拟会议场景

（来源：www. qianjia. com）

虚拟空间会议旨在解决视频会议缺乏临场感的问题，通过构建以会议成员为中心的虚拟会场，明确与会者之间的虚拟空间逻辑关系，提高会议成员的群组感知程度和交互深度，使与会人员能够以自然的方式(包括图像、声音、姿态、眼神等)交互协作。

虚拟空间会议系统是一个以虚拟会议空间为构造核心的人—机、人—人交互协作环境。一方面，在虚拟空间会议中建立了统一的空间坐标系，定义了会议进行的空间范围，对虚拟会场中的场景进行描述，构造出具有真实感的虚拟会场；另一方面，通过为与会者赋予空间属性(如在虚拟会议空间中的位置、方向)，所有与会者的行为不再孤立，而且具有共同的空间坐标系，从而实现与会者在虚拟会议空间中的合成。在每一个与会者终端，虚拟会议空间根据与会者在虚拟会议空间中的位置及其观察方向合成为本地虚拟会场，与会者以“人在回路”的方式加入到虚拟会议应用中，建立与会者之间正确的空间逻辑关系，实现与会者之间自然、直观的交互行为。同时借助虚拟现实技术，与会者能够操纵虚拟会议空间中的虚拟物体，或者通过共同体验的虚拟环境或仿真模拟对与会者的设想进行模拟和表达，开展群组间的协同工作。

基于虚拟现实技术，通过模拟会议、旁听等方式，不同参与者之间可以积极地参与到各项工作中，身临其境地参与工作。会议组织者，可以通过虚拟会议了解不同参与者的意见、感受等，扩大会议成效。此外，虚拟现实技术还可以应用到人员的培训上。基于虚拟现实的移动政务平台进行培训，可以在形式多样的场景模拟中得到真实的体验，真正做到将理论运用到实践。

(二)移动访谈交流

现代社会工作的快节奏和国际分工，使人们越来越少能坐在一起面对面开会，而现代网络技术的飞速发展，也为实现网络会议带来更多便利。虚拟空间会议使与会者足不出户即可“亲临”世界任何角落；白天可以“亲晤”全球各地的同事和雇员，而晚上可与家人共享天伦之乐；可以同时出席多个点到点会议和多点会议，使我们免除差旅之苦而分身有术。正是因为有了这样便利的开会方式，使得普通群众参与政府会议讨论成为了现实，公众可以在任何地方通过连接上政府开会的接口，实现实时听取会议，并在其中参与发言表达自己的观点和建议，提出自己的各种想法。通过此应用还可以实现与政府领导的一对一的实时互动交流，这既解决了政府部门领导听取群众意见在时间和地点上的问题，也改变了公众参与政府事务投之无门的境况。通过政府与公众的实时互动交流体现了政府事务的公开透明化，更加缩小与人民群众的距离感。

在科技与社会飞速发展的今天，人们在日常生活和工作中占有和接触的信息量越来越大，因此人们之间的信息交流和沟通也就变得越来越频繁、越来越重要，也需要更加及时。问题反馈、建言献策、政令下达等都是人与人之间的交流，达到这一目的的常用手段是会议、邮件、电话。随着时代的飞速发展，公众遇到的各种各样的问题也越来越多，而政府工作人员也越来越忙，不可能面对面会见所有反映问题的公众，尽管有些部门在门户网站上有留言栏，以便公众可以提出自己的问题，但毕竟这种做法实际作用有限并不能解决太多的问题，智能移动应用打破了政府工作人员定时定点的工作模式，公众所遇见问题可以随时随地通过该应用与政府工作人员进行虚拟可视化沟通。这种模式颠覆了传统的沟通方式，使得工作时间不局限、工作方式多样化，政府人员可以随时随地地为公众的问题进行协商解决，提高了他们的工作效率，既方便了政府也使得公众问题得到解决，同时使得解决问题的方式在空间上和时间上有所突破。

三、林业移动办文

随着互联网和大数据技术的发展，我们获取资料和处理数据的能力都发生了质的飞跃。但是面对数量巨大的文档资源，仅靠人工完成搜索有点耗时耗力；加之人们获取信息的途径更加便捷，所以对于新闻类文章讲求时效性，因此，未来对于智能文库和智能写手的应用才能提高效率，一方面可以把互联网的数据以最快的方式采集下来；另一方面可以对大量的数据进行实时分析计算，找出数据之间的规律，而这种大数据的操作并不是人类所擅长的技术。

（一）智能文档管理。随着互联网的普及以及信息流通的速度、强度和便捷度的加强，一方面人们享受到了前所未有的方便和快捷，但另一方面也承受着信息爆炸所带来的压力。不论是政府部门还是企业每天都有大量的文件需要处理，对于政府部门而言，信息化让电子文档、纸质文档等成为了他们智慧资产的主要载体。而知识管理成为了行业发展和管理的关键，文档管理越来越受到重视，但在知识管理上却存在着一些问题：海量文档存储，管理困难；查找缓慢，效率低下；文档版本管理混乱；文档安全缺乏保障；文档无法有效协作共享；知识管理举步维艰等，所以文档管理需要更加智能化。未来需要一种更加智能化的文档管理应用，对于各种电子文件自动进行分类保存，并进行加密以确保安全。同时其还具备语音转换存储功能，当打开该功能时会自动将需要保存的语音转换成文字并存储下来。保存的所有文档会按照其不同的内容进行智能分类，以便以后查阅。

（二）智能搜索技术。搜索引擎的出现改变了人们使用互联网的习惯，进而改变了不少人的日常生活习惯。在网上搜索信息已经不再是一种时髦，而是一种最主要的信息获取渠道，人们的需要刺激了搜索引擎技术的高速发展。进入 21 世纪后，Google 的崛起让更多人认识到了搜索引擎的重要性，它的页面搜索技术能够将所有包含关键词的页面提取出来并按照其相关性展示给用户。可是，随着信息的日益增多，这种搜索技术已经逐渐难以满足人们的需求。因为互联网上与某一个主题相关的网页可能非常多，但其中也许只有 10% 是我们需要的。这时，就需要对搜索到的内容进行甄别，找出最需要的内容。无疑，这种做法大大降低了工作的效率。

未来移动应用是一种垂直的对象搜索技术，所谓“垂直”，是指这一搜索技术并不像现有的那样“包罗万象”，而是指向某一个特定的领域，例如学术、购物、求职等，用户将在自己感兴趣的领域内进行搜索。而“对象”的概念指的则是搜索引擎在反馈搜索结果时，不再表现为一个个独立的页面，而是将各个页面中的相关信息按照用户的需求集合成一个个完整的项目。与现有的 Web Search 技术最大的一点不同就在于，它返回的是一个“不存在”的网页，是搜索引擎根据用户的需求而将各类相关信息集合到一起所生成的一个新页面。

（三）智能匹配筛选。对于现有的页面搜索技术而言，要想将搜索到的全部内容都按照相同的项目集合起来，几乎是不可思议的。因为搜索到的内容太多了，涉及了多个不同的领域。而当我们把搜索的范围缩小到一个特定领域时，由于我们事先已经知道了这个领域中信息发布的大致规律，因此就可以较为容易地将各种信息归类。总会有一些相似的地方，接下来我们要做的就是把搜索到的信息集合内容进行匹配筛选。因此，智能匹配筛选要做的就是从不同的网页中将它们提取出来。相对而言，这个工作就变得简单多了，是完全可行的。

因为事先对所要查找的内容进行搜集和整理，所以可以为用户反馈十分精细的结果。林业移动公文应用的第一步工作，是将互联网上的各种网页都抓取下来，然后，通过一个“分类器”，将网页按照其所属的类别进行分类，例如学术类网页、购物类网页、求职类网页等。这种分类都已按照一定的模式事先设定好，而且这一类别必须有较为明确的特点和定义，否则是无法分类的。例如，树种培育是一种非常明确的类别，所需的信息通常都类似，因此，本应用可以非常轻松地知道某个网页是否包含有树种培育的信息。

（四）智能会务总结。在信息高速发展的今天，为了加快部门信息自动化建设，同时也为了提高政府部门的办公效率、服务水平以及能够共享政府内部的信息和具有科学性的决策，各行业各部门采取了各种移动化会议应用设备，这将给部门的记录人员增加大量工作。因此，面对众多的会议总结、会议记录等文本工作需要有更加智能化的应用，来来的会议和谈话中将会以掌上智能化的总结方式来取代传统的人工笔录方式。工作人员只需携带一个应用设备端或者直接利用芯片植入的方式，在会议或谈话中根据不同与会者和与会者说的话，进行智能分类记录和总结，这不仅将极大地节省会议记录人员的时间，也能够提高工作效率，同时避免某些内容遗漏，使内容可以最完整地保留应用。

（五）掌上智能写手。有了掌上智能会务总结，就不得不提到掌上智能写手，无论是未来党务工作的需要还是政务工作的需要，掌上写手都是未来所要取代人工工作或者开会必须的“写手”，智能写手应用是建立在一个庞大数据库基础上，利用网络与掌上应用端连接起来。根据智能会务总结的内容，同时选择出所需要的文件格式，例如：邮件、所开证明材料等形式自动写出文章。另外一种应用就是语音与文字的转换，未来的工作方式完全就是语音自主地形成文章，根据与会者和与会者说的话，利用移动端的设备应用，再加上掌上写手的方式直接根据语音就可以生成一篇报告文章，这将极大地缩减工作时间，提高工作效率。无论是会务的总结还是掌上智能写手的应用，都是只需一个小的设备端或者无需设备，直接利用一块芯片就可完成。跨越地点的障碍已经是未来做事的潮流，我们已经不是仅仅局限于在书桌上写材料文章报告，还可以在家中或者在行走的路上。同时智能写手也跨越时间的局限，随时随地，什么时候需要就什么时候提供，完全自主化的写作方式也将引领林业更加快速地发展。

四、林业移动党务

互联网技术的飞速发展，不仅对我国经济社会产生了深远的影响，而且给新时期的党建工作带来了新的机遇和挑战，将传统的基层党建工作和互联网理念相结合，引入移动互联网技术，把移动互联技术应用于党务工作。移动应用将是集党建动态、组织管理、学习教育、互动交流、党费缴纳等功能于一体的应用，它提供了一种全新的基层党组织管理党员评价提升的理念和方式，移动互联网等新技术应用到党建工作中，既是时代发展的客观要求和趋势，也是党务工作与时俱进的重要体现和实际需要。移动应用将进一步提高基层党建工作的主动性和有效性，充分调动和发挥党员的先锋模范作用，更好地服务于部门工作。通过消息推送机制实现资讯实时推送，党建工作动态的实时掌控和在线评估。优化考核标准，将当前党建工作的热点以及政府日常的党建工作及时上传到该应用上，实现党建工作的实时在线评估，形成完善的党员队伍评价考核机制。打造移动的党建课堂，党员可通过该应用随时了解政府党建工作动态，学习当前政治热点。

积极开展工作，创建"智慧党建"系统，如图 4-11 所示。以联系服务群众为目的，运用网络信息化手段，将党的建设与大数据、云计算等新一代信息技术"融合共生"，实现各种实体党建资源数字化整合、智能化响应，构建规范、开放、整合、高效、互动的党群工作体系，提升党建科学化水平和服务群众水平，打通联系服务群众"最后一公里"。系统上分类了企业党代表、街道党代表等，不少党代表正忙着用手机刷二维码，这是"智慧党建"其中一项措施。创建扫描二维码，就会与会场的 LED 屏互动实现签到，大大节约时间，也便于统计。

构建市、区县、街道、社区四级党建服务平台，打造智慧党建"两平台"（党员联系服务群众和党员教育管理服务两平台）和"四板块"（智慧问政、智慧服务、智慧互动、智慧管理），覆盖全市的立体型党建工作阵地；结合当前党建工作的重点和"互联网＋"理念，利用互联网技术将党组织管理、党员管理、党务管理、组织生活、学习教育、互动交流等元素全面整合为一个管理者、党务工作者、党员甚至群众能够各取所需的基层党建信息管理平台；为政府党建工作在组织建设、基层党建、党员队伍建设以及群众服务建设等方面提供全方位的信息化支撑服务。

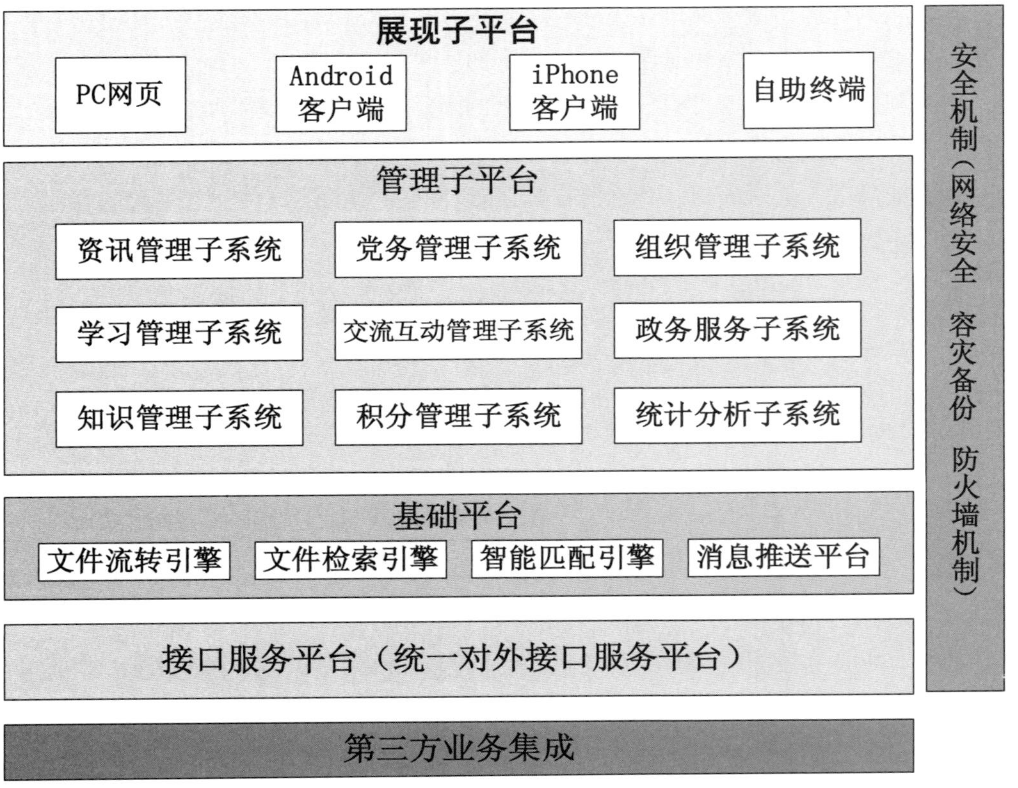

图 4-11 智慧党建系统

（来源：广东天亿马—智慧党建信息化平台）

资讯门户是智慧党建信息展现的载体，如图 4-12 所示，同时也是智慧党建文化传播的窗口。目前平台采用网页版和手机客户端以及微信公众号三种方式进行资讯的分发，特别是针对手机客户端，平台通过消息推送机制实现资讯实时推送，让广大用户第一时间了解党情、民情，改变传统资讯传递滞后、到达率不高等弱点，提高资讯的阅读率。

未来的组织生活将是多渠道覆盖，让组织生活“无处不在”。如图 4-13 所示，平台为电脑、手机、自助终端三种渠道提供基础支撑，并结合 O2O(Online To Offline)的理念，实现组织生活可以通过线上线下开展，让广大党员用户能够通过多种方式来参与组织生活，真正实现组织生活“无处不在”。一方面，管理员或党务工作者可以通过移动应用发起三会一课、支部活动、民主生活会等，同时可以进行会议记录、活动记录、总结上报等；另一方面，普通党员用户可以通过移动应用参与报名、学习、请假、发表心得体会、二维码签到等。交流互动，引领示范。通过移动应用提供党员、群众、党代表、党组织之间交流互动的场所，打破以往党内活动相对封闭和自循环的状态，让党员和党组织可以随时征集意见、参与组织生活、学习交流讨论等，并可以通过该应用向群众和社会提供志愿服务，发挥党员先锋作用。

图 4-12　资讯门户

图 4-13　贵州党建云组织生活

掌上智慧党建。随时随地，尽在“掌”握之中，如图4-14所示，掌上智慧党建是在智慧党建GIS信息平台的支撑下，实现了党建工作向移动智能终端的延伸，让用户可以随时随地参与组织生活、随时随地处理党务工作、随时随地学习考试、随时随地交流互动、随时随地参与民主评议、随时随地……具备消息推送功能，实时待办提醒；支持手机拍照和图片上传，图片经过高效压缩处理，节省手机流量。随时随地参与组织生活：实时待办提醒，不错过每个重要的组织信息；二维码拍码签到，让组织生活更加有趣味；随时用手机发表心得体会、拍照上传。随时随地学习：掌上学习测试，让用户可以充分利用碎片化时间学习，提高党性。

图4-14 贵州掌上智慧党建

交流互动。提供党员、群众、党代表、党组织之间交流互动的场所，通过论坛、党代表工作室、交流群等功能模块来维系，形成“大家有话谈”、“成果大家享”、“有困难大家帮”的良性氛围，了解党情、民情，改变传统咨询滞后、到达率不高等弱点，提高咨询的阅读率。如图4-15所示。

智慧党建GIS信息平台。平台一体化，全面提升党建管理水平，充分利用各部门的局域网和数据库，将信息网络连接到全市各区、各街道、社区网格，建立综合性、集成式、共享性的“党建网格化服务系统”。智慧党建GIS信息平台通过突破传统以资讯为主导的模式，将“资讯”、“党务”、“学习”等内容进行整合，实现组织管理、党员管理、党员发展、新闻管理、学习教育等功能的一体化、平台化，全面提升党建管理水平。如图4-16所示。

创新党务管理，实现在线办公。将传统党务实施困难的项目与互联网、移动网结合，使得繁琐的日常管理工作得到简化整合，优化党务工作流程，提高党务办理效率和质量，全面提升了党和政府的决策水平和执政水平。创新党费收缴，完善党费管理制度：对党费收缴、支出、监督的全程信息化管理，减轻了党费收缴工作强度，提高了党费收缴管理质

图 4-15　交流互动

图 4-16　智慧党建 GIS 信息平台

量、工作效率和规范性，为科学编制党费预算提供依据，实现了党费使用效益最大化。创新组织形式，开启网上组织生活：组建网上支部，不仅弥补传统支部组建及组织生活模式的不足，还有利于进一步加强党员日常学习交流，解决流动党员的学习交流问题。创新教育模式，丰富党员学习培训：拓宽党员教育学习渠道，实现多渠道党建资源共享，教育内容更有针对性和感染力，教育形式更具灵活性和吸引力。创新思想汇报，提高教育透明水平：在实践中接受组织考察和群众的监督，有利于从思想和行为方面始终保持和体现党员的先进性，提高党员教育活动的透明度，贯彻群众路线。创新民主评议，接受群众深入监督：开放性的民主评议，群众随时可以参与，有利于将先进性教育和创先争优活动落到实处，形成先进性教育和创先争优活动的长效机制。

智能管理分析。精细化管理，辅助组织决策。如图 4-17 所示，智慧党务通过多维度、多渠道动态采集各种信息，并通过数据分析手段及时跟踪和了解基层党建工作情况，随时可以通过图形化方式直观展现党组织分布、党员分布、流动党员分布等，从而为党建管理和组织决策提供切实有效的数据依据，不断提升党建管理效率和科学化水平。

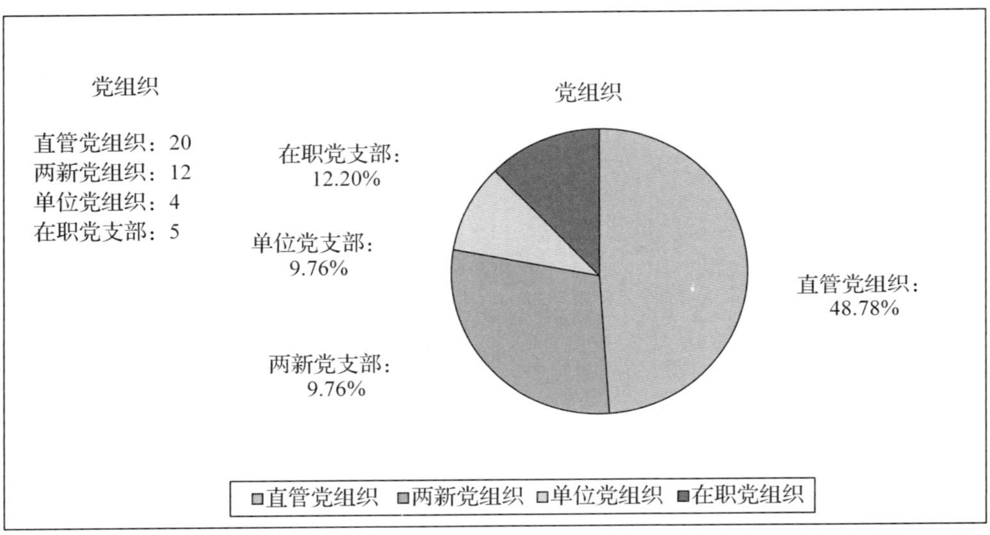

图 4-17　智能管理分析

第五章

中国林业移动业务战略

中国林业移动业务战略主要包括移动资源监管系统、移动营造林管理系统、移动灾害监控与应急系统、移动林改监管系统、移动林农信息服务系统五个系统的构建。移动资源监管系统对各类林业资源数据进行管理可以提高资源管理水平，提高劳动生产率；移动营造林管理系统对营造林进行综合管理、查询、统计、分析，为科学造林提供保障；移动灾害监控与应急系统实时获取前端多点位的音视频信息，实现中心端对灾害现场的全局掌控，根据实际需求统一指挥，更迅速、更高效地利用已有的资源，降低灾害造成的人员伤亡及物质损失；移动林改监管系统为林农提供各种林权相关信息，并完成相关业务的一体化管理；移动林农信息服务系统采用多种服务方式，为林农在林业生产活动中的产前、产中、产后提供各类信息服务的服务组织和活动组合。

一、移动资源监管系统

（一）概述

面向林业工作人员的移动林业资源监管系统，是通过使用卫星遥感、导航定位、视频监控、电子标签、条码、电子围栏、红外感应等技术，以统一的林业资源空间分布信息为基础，充分利用多维地理信息系统、智慧地图等技术，结合互联网大数据分析，优化监测站点布局，扩大动态监控范围，构建资源环境承载能力立体监控系统，依托现有互联网、云计算平台，逐步实现各级政府资源环境动态监测信息互联共享，实现对森林资源、荒漠化土地资源、湿地资源和野生动植物资源等业务进行移动式管理，以便更高效、更方便、更直观地采集、整理、利用这些资源数据，实现对林业资源信息随时随地“全方位”、“全动态”监测，提供从宏观到微观多级林业资源分布信息。通过移动互联网，工作人员可以使用移动端设备例如手机、PAD、无线接收终端等及时准确掌握林业资源历史、现状和动态信息，并将这些数据资源信息以图表、图像、文字的形式展现在这些移动设备上，使工作人员可以随时随地获取林业资源信息并进行实时的监管，改进监管手段，创新监管模式，提高监管效能，提升林业资源的数量和质量。

(二)移动资源监管系统建设

1. 系统模块设计。如图 5-1 所示，移动资源监管系统由五大功能子系统组成：森林资源监管子系统，湿地资源监管子系统，沙化资源监管子系统，野生动植物资源监管子系统，林业资源综合服务系统。

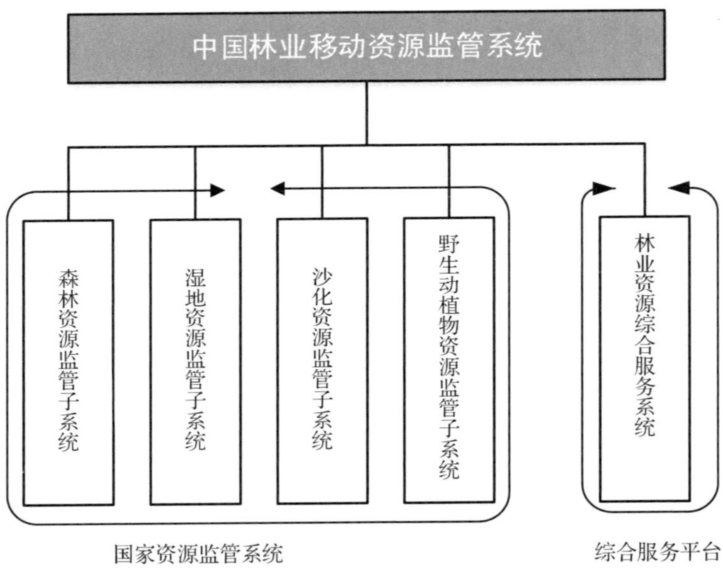

图 5-1　移动资源监管系统模块图

森林资源监管子系统。系统实现林地资源和林木资源的监测、管理并提供辅助决策和分析功能，辅助进行森林资源的规划、林地保护、植树造林、封山育林验收建档、可持续发展项目管理、林地征用占用管理、林木采伐管理、森林资源加工企业管理、森林资源加工运输管理。

湿地资源监管子系统。系统实现全省湿地资源监测和管理功能，包括全省湿地调查、中国国际重要湿地监测与管理、湿地履约、湿地标准、湿地重点工程管理等。

沙化资源监管子系统。系统实现全省沙化土地资源监测和管理功能，包括沙化土地监测、沙化治理工程的规划、进度管理、投入产出效益评价和生态效益评价等。

野生动植物资源监管子系统。系统实现野生动植物资源调查、物种监测、极度濒危物种拯救工程、野生动物驯养繁殖、珍稀植物繁育、自然保护区管理等功能，包括自然保护区建设与管理、动态监测统计、野生动植物进出口管理。其中自然保护区建设与管理功能包括保护区基本信息管理、可持续发展项目管理、临时野生动植物救助、日常巡护、专业队伍临时编制及管理等；野生动植物进出口管理功能包括国际公约、组织机构、野生动植物及其产品进出口管理。

林业资源综合服务系统。系统实现综合查询、统计、报表生成及打印输出等功能，并具有对项目监督和管理的功能，提供林业资源数据库数据采集规范、林业资源数据编码规范、林业资源数据库建设规范、林业资源数据传输规范、元数据标准、林业资源信息产品规范等。

2. 系统功能设计。移动资源监管系统的主要功能如下：

数据管理功能。林业资源监管系统最重要的一个功能就是数据管理。它是建设各类资源数据库的基础，也是给用户提供管理数据的接口。通过此功能可以完成各类资源数据的录入、查询、编辑、修改等，以实现数据的维护更新功能。

资源动态监测功能。资源动态监测是制定林业生产方针的一个重要依据。林业资源的各个方面如活动分布、沙化面积、地类、林分状态总是处于不断地动态变化中，及时了解和掌握资源现状与变化过程，就能有针对性地制定林业生产方案及政策等。

图形功能。图形功能主要完成各类资源图形的绘制工作。如森林资源中的林相图、基本图两种模板，用户可以利用添加等高线层、小班层、林班层等图层方式，完成林相图、基本图制作。

空间分析及模型计算功能。主要实现空间分割计算、空间测量距离、空间测量面积、缓冲区分析、叠加分析。

辅助决策支持功能。主要实现对当前林业资源的各种数据进行柱状图与饼状图的对比分析。

（三）移动发展应用

1. 林业资源实时分布地图。移动林业资源信息平台提供从宏观到微观多级林业资源分布地图，且可以在二维和三维之间转换，工作人员可随时随地通过手机、PAD 等移动终端访问该信息平台，通过界面的缩放既可以看到全国的林业资源分布，也可以具体到某一片林区、某一棵树，且手指点击处会显示相关文字介绍。工作人员在现场作业时，其定位信息可清晰地显示在地图上，包括经度、纬度、海拔等，方便其快捷的外业调查。同时，工作人员可以不用一直待在办公室里办公，也不用待在监视器旁观看现场作业情况，无论工作人员在什么位置，无论什么时间都可以获得林业资源的实时分布情况。

2. 多源异构数据管理。林业资源信息平台还可通过虚拟化存储技术实现多源异构数据资源的统一管理，可以实现与目前主流网络地图（如 Google、Bing、雅虎、百度地图）的数据服务集成，实现多源数据的整合。

3. 林业资源动态监管(基于遥感和移动采集技术)。护林工作人员每人配备一部工作专用的移动设备，该移动设备能提供遥感监测、数据变更、逻辑检查、成果制作、统计汇总等功能，工作人员可通过该设备实现对森林资源数据实时更新，即时提供连续、动态的森林资源监测数据，实现及时出数、年度出数，及时掌握森林资源的动态变化，如图 5-2 所示。

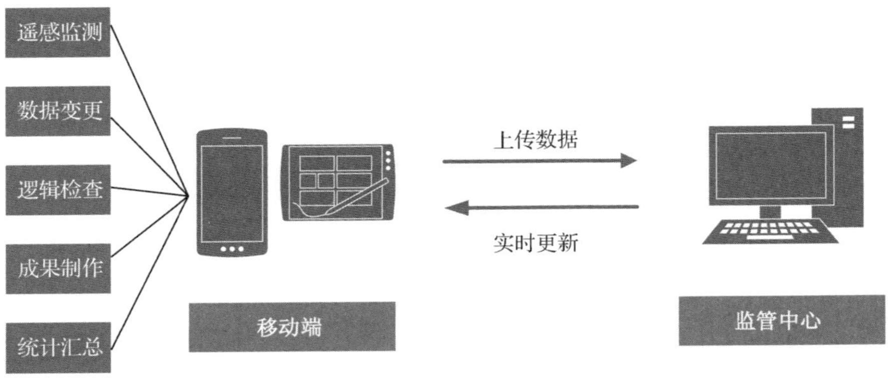

图 5-2　林业资源动态监管应用结构图

4. 古树名木实时跟踪。利用 GPS 定位和 RFID 技术，建立古树名木的动态跟踪系统，在各种移动设备上安装该管理软件，并连接 RFID 发射器。另外，在每颗树上粘贴能自动感应、分析其树龄、树种、胸径、树高等信息的电子标签，使每颗树的身份信息自动更新上传至管理平台，管理后台通过设置一定参数，一旦发生盗伐、超采、滥挖、私运、倒卖等行为，电子标签触发警报，管理平台得到响应之后，通过 GPS 定位，立刻通知附近工作人员在最短时间内赶到事发现场，开展保护工作，如图 5-3 所示。

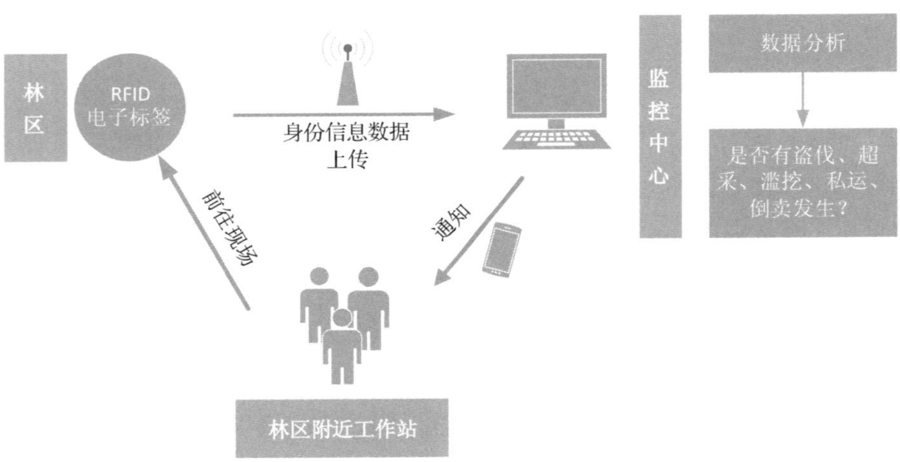

图 5-3　古树名木实时跟踪应用结构图

二、移动营造林管理系统

（一）概述

移动营造林管理系统是林业工作人员通过使用移动装置设备对涉及种质种苗资源的保护、保存、培育以及造林、抚育等进行管理的系统。在营造林管理业务中应用物联网技术，有利于林木良种的选、引、育、保、推，提高营造林质量和效益。

（二）移动营造林管理系统建设

1. 系统设计。移动营造林管理系统由六大功能子系统组成：营造林计划管理，营造林调查设计管理，营造林审批管理，营造林进度管理，营造林验收管理，森林防火管理。

营造林计划管理子系统。对要实施的年度计划、中长期计划、营林核算计划和营林防火设施设备计划进行数据记录，为造林提供依据。计划管理模块主要包含年度计划、中长期计划、营林核算计划和营林防火设施设备计划四个功能。

营造林调查设计管理子系统。在造林计划的原则指导和控制下，对小班进行与造林有关的各项因子特别是对宜林地的详细调查，地块（小班）实施包括林种、树种、整地、造林方法、造林密度、苗木、抚育管理、机械工具、施工顺序、时间、劳力安排、病虫兽害防治、投资数量和效益测算等，并进行具体的造林设计。

营造林审批管理子系统。将审批的数据依设计类型进行分类，向上级主管部门传送审批报告，并附详细审批明细表。上级部门对电子审批意见都将进行标注，为以后的生产做前期的准备，审批合格的可以生产，不合格将不允许生产。

营造林进度管理子系统。主要包含母树林管理、种苗管理等功能模块，对已审批合格允许生产的设计进行查询和报表打印，以监测生产的进度情况。其中，母树林管理主要包含两个功能，一个是母树林的档案管理，另一个是母树林统计表管理。种苗管理主要包括苗木质量数量调查表、苗木产量统计、育苗情况统计和苗木平衡统计四个功能。

营造林验收管理子系统：主要包含验收录入、验收查询和报表打印三方面的功能。这个模块的录入方法与“调查设计管理”基本相同，首先通过验收录入的主、从表方式填入数据，然后也是通过主表查询从表及通过查询主表来打印从表。

2. 功能设计。移动营造林管理系统的主要功能如下：

林地变化情况监测。借助于地面调查或遥感图像数据，将林地变化情况落实到山头地块，并用强大的空间分析功能，及时对林地的动态变化过程做出反应，为科学分析林地增减原因、掌握征占林地的用途和林地资源消长提供依据。

森林结构调整。根据森林资源分布状况和自然、社会分布特点及社会经济需求进行空间属性分析，可以调整林种(如用材林、经济林、造纸林、生态防护林、风景林、水源涵养林等)的分布。一方面根据森林资源可持续发展需要利用地形地貌、立地条件、分布特点、林木生长各阶段的经济和生态效益特点利用 GIS 和相关的技术确定合理的龄组结构；另一方面指定相应的林组结构调整方案并落实到具体的山头地块，在造林绿化的同时，按照龄组法调整龄组结构，加快林木成熟，使各龄组比重逐步趋向合理，充分发挥林地的生产潜力。

森林经营。包括基地培育、封山育林、采伐、抚育间伐、造林规划五个方面。

基地培育。GIS 的空间地理信息和林分状况数据结合，依据模型提供林分状况如生产力、蓄积量等值区划和相关数据，据此可按林分生产力设计培育和基地建设。

封山育林。封育区域的确定涉及一些地理地貌和社会经济及人为活动等因素。GIS 的分析设计可兼顾多种要素，采用 DTM 和森林分布图及专题图叠加，区划出合理且更易实施的封育区域。

采伐。借助于 GIS，制订详细的采伐计划，确定有关的采伐目的、地点树种、林种、面积、蓄积、采伐方式和更新措施，制定采伐安排、制作采伐图和更新设计。

抚育间伐。利用 GIS 强大的数据库和模型库功能，检索提取符合抚育间伐的小班。制作抚育间伐方案并进行合理株数模拟预测。

造林规划。GIS 可通过分析提供森林立地类型图表、宜林地数据图表、适生优势树种和林种资源，运用坡位、坡向分析，按坡度、坡向划分的地貌类型结合立地类型选择适生树种和规划林种。

(三)移动发展应用

1. 林木种苗培育基地智能监控。林木种苗培育基地智能监控系统，可实时远程获取基地内部的空气温湿度、土壤水分温度、二氧化碳浓度、光照强度及视频图像，借助传感监控系统所回传的数据再加以模型分析，自动调整耕种环境的状况，可以自动控制基地湿帘风机、喷淋滴灌、内外遮阳、顶窗侧窗、加温补光等设备，其应用结构如图 5-4 所示。

例如，在空气温湿度超过预测值时，由系统自动开启或关闭加湿器及通风设备、当日光不足时自动开启智能光源系统，借助管控平台所精密计算的光合作用流程，全面调控基地环境的二氧化碳浓度以及光照和空气的程度，以确保林木种苗生长在最适当的环境当中。

智慧基地会根据不同地域的土壤类型、灌溉水源、灌溉方式等划分不同类型区，在不同类型区内选择代表性的地块，建设具有土壤含水量、地下水位、降雨量等信息自动采集、传输功能的监测点。通过灌溉预报软件结合信息实时监测系统，获得作物最佳灌溉时间、灌溉水量及需采取的节水措施为主要内容的灌溉预报结果，定期向林农发布，科学指导林农实时实量灌溉，达到节水目的。

智慧基地还可利用太阳能平板集热系统进行发电，在满足生产时灌溉、施肥、补强光照或温度等用电需求的同时，也做到对于节能的控制。

同时，该系统还可以通过手机、PDA、计算机等信息终端向管理者推送实时监测信息、报警信息，提高种苗培育的移动化、机械化、自动化水平，实现智能化管理。

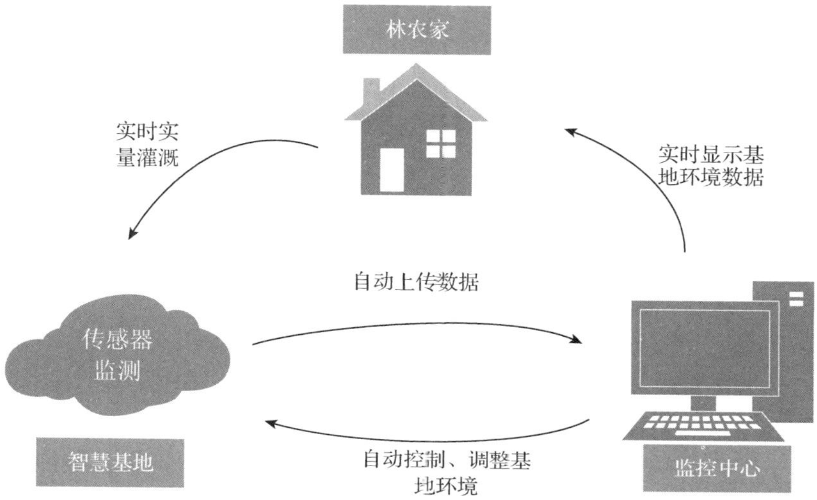

图 5-4　智慧基地应用结构图

2. 造林地智能监测。造林地智能监测系统，可实现移动终端上全国造林地分布地图的显示。在造林地，则通过放置大气环境、土壤环境、水环境等相关传感器，实时智能检测、分析造林地环境与林分生长状态，结果上传至系统后移动终端上可在地图上实时显示相关信息，实现对适地适树、测土配方、抚育管理等的决策支持，以及对林场、林农、林企等提供相关服务。

3. 大数据应用。透过物联网及智能监控系统所搜集且上传至云端的各类资料，可藉由大数据分析出不同阶段林作物的生长关键，并进而将此反馈至下一轮的生产流程当中，以期更加精准地掌握有助于林作物生产优化的环境因子和因应方式，同时更持续优化成长条件且提升产能和质量。其中，所搜集到的信息可绘制为实时数据曲线，用以观察某个时间段内作物的整体生长状况，也可归纳为历史数据曲线以显示耕种环境的年、月、日变化。

另外，大数据分析还可用在其他方向，例如可通过针对土地、气候的分析以了解各林地区域受天灾影响的程度，进而让林业部风险管理局定出适当的林业保险费率以避免不必要的保险补助支出，以及实时监控各地病虫害状况，同时比对历史数据及进出口数据。

三、移动灾害监控与应急系统

（一）概述

移动灾害监控与应急系统是利用智能监测设备和移动互联网，完善灾害的在线监测，增加监测灾害种类，扩大监测范围，形成全天候、多层次的智能多源感知体系，实现了对灾害的全天时监控，信息的随时随地访问，信息主动推送等多种功能。为各种灾害的监测预警提供了一种新的模式，提高信息的传递效率，从而提高了灾害监控的效率和水平。建立信息数据共享机制，统一数据交换标准，推进区域灾害预警、空气环境质量、水环境质量等信息公开，通过互联网实现面向公众的在线查询和定制推送。加强对各级资源数据的采集整理，将采集的数据记录纳入全国统一的信息共享交换平台。完善灾害预警和风险监测信息网络，提升森林火灾、病虫危害、野生动植物疫情等重点风险防范水平和应急处理能力。

（二）移动灾害监控与应急系统建设

林业灾害主要包括森林火灾、有害生物灾害、沙尘暴、野生动物疫源疫病及低温雨雪冰冻灾害、风灾、雹灾、地震、滑坡、泥石流等。通过使用物联网、移动互联等技术在林业灾害监测、预警预报和应急防控中的集成应用，是一项现实而急迫的任务。

林业灾害监控及应急响应，利用无线传感、视频监控、导航定位、移动通信等技术，可以有效提高森林防火、森林病虫害防治、沙尘暴监测预警、野生动物疫源疫病监测防控、外来物种入侵监测防控等的信息采集、传输和分析决策能力，节省大量人力物力财力，维护职工人身安全，降低这些灾害造成的损失。

1. 系统设计。移动灾害监控与应急系统由五大子系统组成：灾害监控子系统、应急资源管理子系统、应急资源调度子系统，灾害信息发布子系统、信息管理子系统。系统采用 B/S 三层架构，由移动终端、后台处理服务平台和后台应用系统组成。第一层是移动终端，可以是手机、PAD、无线笔记本等移动终端；中间层是移动终端的后台处理服务平台，包括移动应用服务及相关的支持平台；第三层是后台应用系统，包括基础地理数据、森林火灾应急资源专题数据和用户数据等。系统通过 VPN 网实现森林防火指挥部专用平台和移动应用服务平台的互联，专用平台为移动应用服务平台的移动应用提供最新的信息数据，移动应用服务平台的操作不改变原有的后台应用系统。手机、PAD、无线笔记本等移动终端通过无线通信网络和公用有线互联网上基于 VPN 技术建立的虚拟的加密信道应急资源调度专用网访问灾害应急资源管理信息系统。各种移动终端通过无线通信网络发送相关信息到无线网关（无线网关是连接无线通信网络和应急资源调度系统专用 VPN 网络的桥梁)，然后无线网关将请求转换成专网可读取的格式并发送给对应的应急资源移动信息服务器，服务器处理请求并将信息通过有线因特专网返回给无线网关。此时无线网关再次完成必要的转换并将数据传送到无线通信网，然后无线通信网将数据转发给移动终端，这样系统就完成了一次通信。系统采用 VPN 技术，可以提高数据通信的安全性。移动终端只要进行拨号，经过 VPN 网关验证后即可直接接入应急资源调度专网。

灾害监控子系统。实现对各级指挥部应急资源数据的统计、汇总等，绘制和输出各级应急资源专题分布图，通过物联网传感器等相关技术对重点灾害易出现区域进行重点监管，对所有林业作业区进行灾害的实时监控。

应急资源管理子系统。主要包括人员管理、队伍管理、物资管理和设备管理等，通过对属性信息、空间信息、灾害应急资源档案管理和对各级指挥部及办公室人员、各级负责人及护林人员等的管理实现对应急资源的管理。

应急资源调度子系统。包括应急资源需求量的确定和应急资源调度方案生成等功能。

灾害信息发布子系统。通过网络信息平台发布灾害应急管理图文信息，在灾害发生时，对应急资源调度信息进行微信或者短信发布。

信息管理子系统。主要包括系统的安装、使用、版本、版权等帮助信息；系统设置、配置操作信息，用户管理、权限设置等。

2. 功能设计。移动灾害监控与应急系统的主要功能如下：

监测预警体系建设。整合国家天基、空基、地基遥感先进监测平台，完善国家、省、县、乡、村五级监测预警体系建设，重点加强乡、村级林业灾害监测预报基础设施和能力建设，逐步建立起以国家监测预警中心为龙头、以省级监测预警中心为枢纽、以县级监测预警中心为基础的监测预警网络，形成地面数据采集和空中数据采集相结合的全方位立体监测预警系统，实现灾害监测数据的立体采集、网络传输、自动处理、智能预报和科学决策。

灾害预防体系建设。建立林业灾害风险评估和预警机制，加强对林业灾害源的监测，定期开展国内林业灾害源普查，查清林业灾害源的分布和危害情况。建立林业灾害风险评估和预警机制，加强危险性林业灾害源实时监测，努力做到早发现、早治理，有效防止林业灾害发生或减轻灾害危害。

灾害救援体系建设。以基层乡村级灾害救援机构为主，在县市级成立综合的林业灾害应急救援机构，充实林业灾害应急救援力量，用于处置区域重大突发林业灾害事件。

移动灾害救援平台主要分为两种权限：普通救援人员和指挥员，两者功能都是相同的，对普通救援人员的通信权限进行了一定限制，以防止现场通信等级与指挥发生混乱，但是两者都可以将采集到的信息通过移动互联网传输到救援指挥中心，同时两个终端都可以调取救援指挥中心的实时数据。救援人员终端的主要功能是语音图像传输功能、水源详情、救援处置预案等。同时对于救援车辆也有一个相应的车载 App，它的主要功能是视频图像传输功能、车辆定位与线路智能导航功能、车载器材实时追踪功能。

（三）移动发展应用

1. 林火智能识别及智能报警。林火识别可以支持两种方式：基于图像识别的烟火探测及基于红外热成像的林火探测。实时分析监控画面及热源探测数据，保证及时发现和识别火情，并将告警信息发送至监控中心；可以人为调整阀值等识别参数，以适应不同的环境，保证告警的准确度。发现火情以后联动报警录像，前端云台自动调整摄像机角度，将监控画面聚焦于火情发生位置，提醒值班人员察看显示画面，及早发现火情及火点位置；监控中心实时声光告警、手机端告警，告警信息实时发送至所有相关人员手机端。

还可通过前端的传感器实时自动监测温度、湿度、干燥度、蒸发量、风向、风力等气候因子，当出现林木生长反常或温度、湿度达到接近火灾的临界值时，系统自动提醒；安装清晰度高的摄像头，定期对周围环境进行扫描；树干上粘贴有地点、树种等信息的电子标签，并与监控中心联网，实现森林火灾自动监测，自动分析，自动制定策略。林火智能识别及智能告警应用结构如图 5-5 所示。

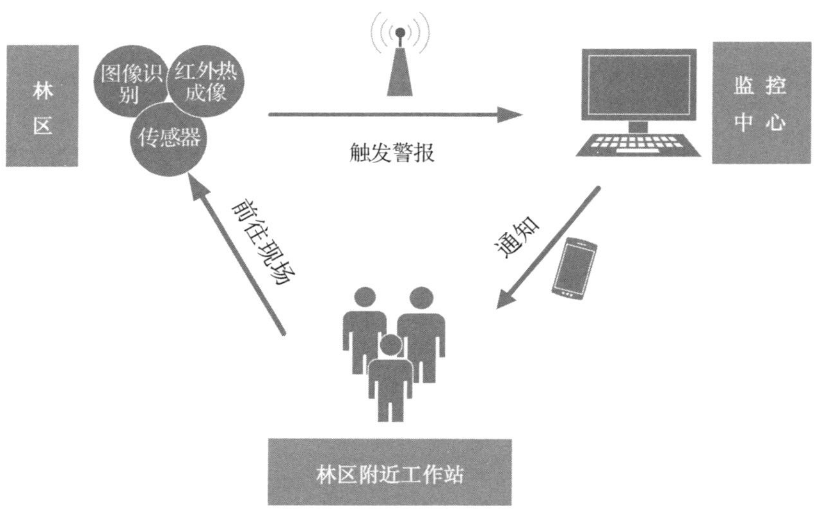

图 5-5　林火智能识别与智能告警应用结构图

2. 森林病虫害监控系统。利用红外感应器、GPS 系统、360 度监视器等信息传感设备与监控中心联网，对在某一区域内的病虫害发生情况和活动范围进行动态跟踪和监控，或者自动检测空气温度、湿度等环境因子，自动预测可能发生的病虫害，及时发布监测动态，制定预防和防治措施，并通过短信或微信等信息设备及时向林农和相关人员提醒，防止病虫害大面积发生，避免给森林造成巨大损失。

森林病虫害监控系统是运行在国家病虫害监控中心网络系统以及由广域网连结起来的

各省级、县级植防治站所组成的网络平台基础上的应用软件系统。系统包括全国、省级和县级三个不同层次的森林病虫害防治站的应用，其应用涉及：病虫测报、病虫监控、公共服务等内容，实现基于公网的病虫调查数据信息的电子化采集、统计、分析、发布与授权共享，满足针对公众的综合信息服务等应用需求。该系统能实现用户界面和功能的定制，使系统界面更加符合各级林业工作单位特点和用户的使用习惯；采用工作流技术根据业务流程，在系统内部形成一个业务功能上相互衔接的整体；采用数据大集中方式，能够保证数据的一致性和完整性，降低数据维护难度和成本，统一的用户管理和权限管理提高了数据存储和应用的安全性；采用数据转换引擎技术方便地实现了系统内的数据交流，同时还向外部其他系统提供了数据接口；先进的系统体系结构和完善的编码体系保证了系统的可靠性和实用性，并在很大程度上为以后系统的扩展打下坚实的基础。

3. 日常智能巡检。如图 5-6 所示，管护人员发现紧急突发事件时，第一时间通过所佩戴的单兵指控终端，主动向指控平台发起紧急呼叫，拍摄上传现场画面，指控平台值守人员发现前方紧急接入画面，立刻通过电子地图平台进行定位，同时呼入附近工作人员，进行救援。

指挥中心也可以对外出执勤的巡逻车进行实时定位与视频跟踪，实时监控巡逻车地理位置附近的社会环境，调出巡逻车附近的高清视频摄像机画面，一旦紧急事故发生，通过专配的无线集群对讲机进行布控，并对巡逻车下达指示命令。

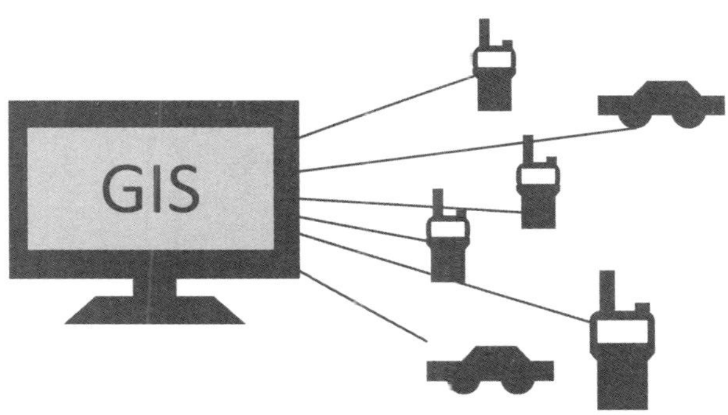

图 5-6 管护人员智能巡检应用结构图

4. 灾情实时预览导播。指挥控制中心可以一目了然地纵览各个手持设备、车载设备、移动监控点的实时图像，能够快速导播控制各方视频画面，如图 5-7 所示。

在指挥中心大屏上显示紧急事件现场视频，将高清远程监控摄像机、移动式单兵终端采集的视频进行显示；查询巡逻人员地理位置信息，查看巡逻人员实时视频，进行可视化管理；集成语音通信功能，可以对前方巡逻警力进行调度通信，实现可视化调度，进行视频勤务管理；指挥室领导可以根据现场案发实时视频，做出决策判断，下达指令。

图 5-7　灾情实时预览导播应用结构图

5. 实时移动视频指挥。在处理突发紧急事件时，现场巡查人员每人配备无线集群对讲机、移动单兵终端、无线指挥箱，实时采集现场音、视频和图片资料，保持与各级中心音视频通讯，在车辆可以通行的地方部署巡护车，搭载车载终端，实现快速机动巡护，同时与各级指挥中心和现场人员保持实时音视频通讯，如图 5-8 所示。

图 5-8　实时移动视频指挥应用结构图

6. 视频远程会商系统。突发事件所在管辖区域可以通过视频会商系统，及时与上级指挥中心保持沟通，分析讨论紧急事件，及时接收上级领导对紧急事态做出的指导，也可与各地区林业工作人员之间即时沟通，进行应急预案的分析和交流，迅速提高各种紧急事件处理的工作效率，如图 5-9 所示。

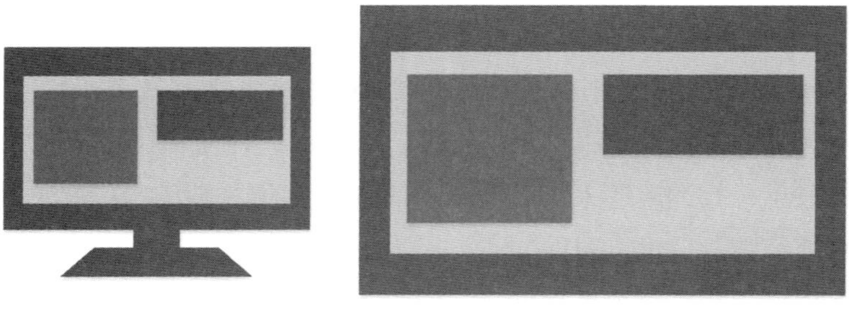

图 5-9　视频远程会商应用结构图

四、移动林改监管系统

（一）概述

移动林改监管系统主要实现移动终端林权证的办理、林权变更、林地流转、资产评估、林权抵押、基础数据库等相关业务，方便林农能随时随地获取林权基础信息、森林资源资产评估信息和林权抵押信息，随时发布林权交易信息。

（二）移动林改监管系统建设

1. 系统设计。移动林改监管系统由四大子系统组成：林权基础信息管理子系统、森林资源资产评估与抵押子系统、查询子系统、林权交易信息发布子系统，如图 5-10 所示。

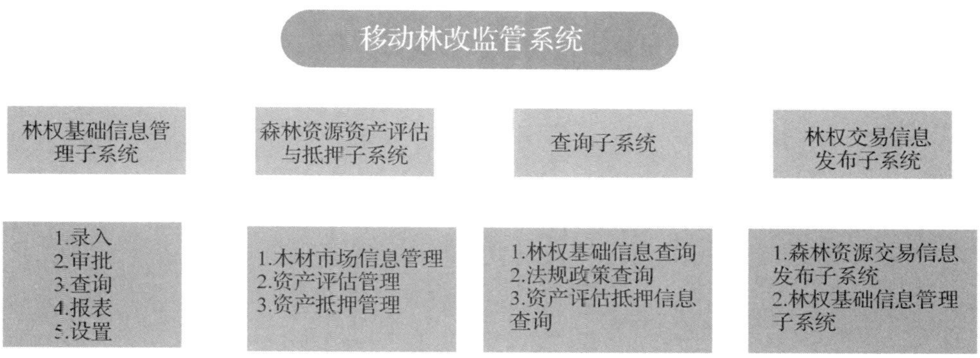

图 5-10　移动林改监管系统功能图

林权基础信息管理子系统。是为了加强林业系统中对林权证操作的规范性及对数据的集中管理，便于对林权证和林权申请表中各种数据的统计和监控而设计的，整个林权基础信息管理子系统包括录入、审批、查询、报表、设置五大模块。

录入。录入模块分为清册录入、申请表录入、山场基本信息录入、责任承包合同录入 4 个功能。

审批。审批模块分为权证审批和领证等功能。

查询。查询模块分为申请报表查询、林权证查询、清册查询、山场信息查询、责任承包合同查询 5 个功能。

报表。报表模块分为办证统计、身份证核对表、林权申请登记表、林权发证登记表、清册统计一览表、林权证本数统计、发证地块数量统计、林权地块面积统计、权证地图勾绘对照表等 16 个功能。

设置。设置模块分为乡镇设置、村设置、组设置、面积单位设置、经办人设置、林权证显示、二级地类、三级地类、林种设置等15个功能。

森林资源资产评估与抵押子系统。包括木材市场信息管理、资产评估管理和资产抵押管理。木材市场信息管理主要针对木材价格信息的查询、修改、新增和删除。资产评估管理可以根据用户所需选择评估方式来评估资产价值。以市场价格倒推法为例：在对应的地方输入评估林地的信息，然后增添参考案例的信息，信息载入完成后进行评估，在资产评估界面的相应位置显示评估结果，对评估的信息可以进行文件保存、打印等。资产抵押管理用于管理林地抵押贷款，包括贷款信息、还款信息和贴息管理，同时对于已抵押资产进行锁定，使之无法进行采伐等相关操作。

查询子系统。主要包括林权基础信息查询、法规政策查询和资产评估抵押信息查询三个模块。林权基础信息查询分为林权查询、林地查询、流转查询、资产查询4个功能。法规政策查询分为法律法规查询和规章政策查询两个功能。资产评估抵押信息分为变更查询、抵押查询、贷款查询、还款查询4个功能。

林权交易信息发布子系统。包括森林资源交易信息发布子系统与林权基础信息管理子系统，森林资源交易信息发布子系统用于接受森林资源流转申请与审批、资产评估与审批、收费、买卖双方成交归档，直到进入林权基础信息管理子系统办理林权证。

2. 功能设计。建立全国性的林权交易平台，实现林地、林木、股权、债权、项目工程和林业技术等项目统一挂牌，交易会员、经济会员和中介会员统一在线服务，形成林权交易信息统一发布和聚集平台，开发统一的网上交易系统，实现林权等的网上拍卖、招标、议价和网络报价等交易方式，提供公开、公正、全程监管的林权交易平台。

(三)移动发展应用

1. 电子林权证。林农通过移动设备进入该平台，录入自家林地相关信息(清册录入、申请表录入、山场基本信息录入、责任承包合同)提交系统，系统通过深度学习、智能计算对申请表在线审批，通过后分发电子林权证，大大提高农户办理林权证的效率。

2. 掌上林权交易。该平台用于农户发布和接收林业资源流转信息，用户可以通过扫描电子林权证、手动输入林权证号或身份证号进入该平台，发布资源流转申请。系统通过智能计算进行资产评估，然后等待买家消息。买家可通过虚拟现实技术查看卖家林地情况，然后线上进行交易。

五、移动林农信息服务系统

(一)概述

移动林农信息服务系统是面向林农、决策一体化的信息服务体系，能够满足林农对信息服务多元化的要求，为各类林农服务信息的快速传播提供平台，拓展了服务手段，提升了服务能力。通过技术创新驱动林农信息服务信息化发展，深度聚合，遵循业务标准，以及准确、及时、精细化的数据，专业化制作，多元化呈现，个性化管理，给林农用户方便快捷的体验。

（二）移动林农信息服务系统建设

1. 系统设计。移动林农信息服务系统由五大子系统组成：林业科学技术信息子系统，市场保险信息子系统，教育培训信息子系统，生活娱乐信息子系统，政策法规子系统（图 5-11）。

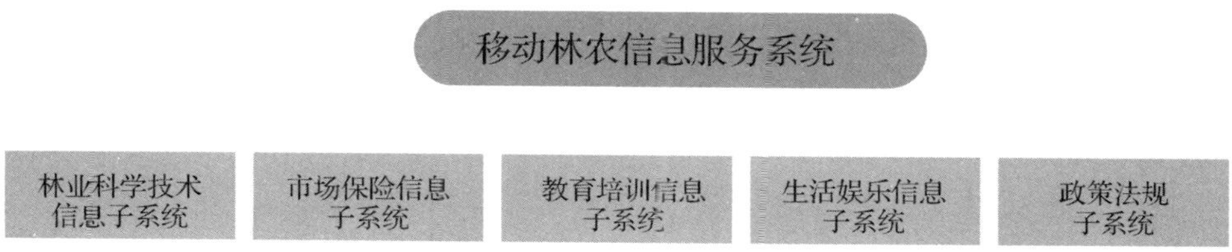

图 5-11　移动林农信息服务系统功能图

系统提供的信息内容包括林业政策、林业科技、林产品行情、天气、交通、新闻、致富信息、法律服务等多方面的信息，有信息发布和查询区、专家咨询服务区、产品展示区、即时消息发布区等，以满足林农生产经营和日常生活的各类需求。同时，根据林农的特点和技术水平，结合移动通讯技术，该平台设计成支持多种接入方式和终端设备，包括触摸屏、语音、手机短信等。一方面可以向林农推广先进的科学技术，传递科技信息，解决林农在林木经营过程中遇到的各种问题；另一方面还可以了解林农的实际需要，并及时将这些需求整理、反馈，以便相关部门及时地制定措施和解决方法，更好地为林农服务。

2. 功能设计。移动林农信息服务系统的主要功能如下：

提供林业科学技术信息。系统可提供如林木新品种信息、种植技术、浇水施肥、间作等林木养护知识以及土地、水、生态环境、气象、灾害、病虫害等林作物养护知识。

提供市场信息。市场信息包括林木品种、化肥等林业生产资料信息和各类林木产品的市场供求与价格行情分析和预测信息，以及各类生产资料和林木产品的进出口贸易信息。林农获得的市场信息越充分，投资和生产决策越准确，市场风险就越小。

提供保险信息。林木的保险信息最近才开始被关注。2008 年中国南方大雪导致了 573 亿元的损失，受灾森林面积占全国森林总面积的 1/10，超过退耕还林工程的总面积。超过 260 万林业人口受到这场灾难的影响。为林农提供恰当的险种及投保份额信息能充分地保障林农的经济利益，激发他们进行林业生产经营的积极性。

提供各种政策法规信息。提供林业相关政策法规等的浏览和查询。

提供教育培训信息。提供如知识技术培训、专业技能培训、法律培训及远程教育等方面的信息。

提供生活娱乐信息。提供如天气预报、医疗卫生、交通、生活消费指南等信息。

（三）移动发展应用

1. 智能测土配套系统。每户林农配备一套专门的移动装备，上面会实时显示自家林地温度、湿度、露点、光照等环境信息，这些信息由林地里的各种无线传感器通过 GPRS 或 CDMA 等远程无线网络技术将数据传回系统。

2. 专家移动视频指挥系统。林农进入系统，输入林权证号或者身份证号，即可与来自全国各地的林业专家进行实时林地现场视频通讯，让专家在实时了解林地情况下进行相关技术指导，这样林农也可以在实践中得到学习，提高作业效率。

3. 基于 VR 的林农教育培训系统。技术专家与林农可以在 VR 所模拟出的林地环境之中实施教学互动。林农戴上 VR 虚拟设备，身穿电脑控制的背带系统，结合软件程序的模拟，不仅可以看到虚拟的林地，还可以模拟各种林种培育过程中各个技术动作。专家则可以通过屏幕，站在旁观者的角度观看林农的林种培育完成情况，判断其正确或错误，有利于及时给出指导。

4. 结合移动通讯技术建立网络服务平台。可以利用网络资源搭建一个集林业技术信息、林业商务信息于一体的林业综合性网站，并以该网站为基础建立一个综合性的网络服务平台。该平台提供的信息内容包括林业政策、林业科技、林产品市场、天气、交通、新闻、致富信息、法律服务等多方面的信息，以满足林农生产经营和日常生活的各类需求。

第六章

中国林业移动商务战略

移动商务是移动信息服务和电子商务融合的产物，相比传统电子商务，移动电子商务具有明显的灵活、简单、方便等优势。随着移动互联网的日益发展，以此为技术基础的移动电子商务发展迅猛，这种随时随地可以进行的交易方式成了很多人的首选。发展林业移动商务，对完善林产品市场流通体系、拉动消费需求、促进林农就业、繁荣林区经济、助力林业精准扶贫起到明显带动作用。

一、移动商务概述

(一)概念

移动商务就是利用手机、PDA 及掌上电脑等无线终端甚至穿戴式设备进行的 B2B、B2C 或 C2C 的电子商务。它将因特网、移动通信技术、短距离通信技术及其他信息处理技术完美地结合，使人们可以在任何时间、任何地点进行各种商贸活动，实现随时随地、线上线下的购物与交易、在线电子支付以及各种交易活动、商务活动、金融活动和相关的综合服务等。移动互联网林业客户首先在终端接收经过挖掘筛选的林业信息资讯和林产品最新消息。然后，购买者通过移动终端下单预购林产品，供应商接收到订单消息并在移动端查看，系统自动拣货、审核、派单一体化流程。交易过程中买卖双方在移动终端实时监控交易过程，确保交易正常进行，这就是林业移动商务的基本模式。

(二)模式

移动互联网作为新兴的商业力量，其商业模式是多种多样的，而且越来越显示出交叉互补的特性。面对着移动互联网的汹涌之势，传统林产品销售方式已不再适应现阶段我国林业企业的发展要求，广大林业企业在固守传统消费渠道的同时，也在积极开展移动互联网商务模式的探索，移动商务主要有 4 种模式：

1. O2O 模式。O2O 即 Online to Offline，是指将线下的商务机会与互联网结合，让互联网成为线下交易的平台，用户在线下通过移动互联网完成交易。在林产品销售渠道建立过程中，管理成本、人工成本、物流以及原材料价格的不断攀升，造成了林产品价格居高不下，从厂商到经销商再到消费者，经历这诸多环节后，产品价格自然远超其成本，价格不具竞争力。O2O 模式就是将线下林产品资源整合到线上，同时线上推广又能在线下活动中体现。

2. 内容类商业模式。内容类商业模式是指用户通过使用信息、音频、游戏、视频等内容向其提供商支付一定数额的费用，比如手机流媒体、UGC 类以及付费信息类应用等。中国移动林业商务通过发布林业资讯、产品折扣、课程学习、林业行业趋势等一系列有价值的行业内容性信息，形成价值型内容架构，可以通过某些功能策略，让用户先免费下载使用，然后在应用内提供付费增值产品和服务。

3. 服务类商业模式。服务类商业模式是指提供给用户的基本信息和内容均免费，但用户要为相关的增值服务付费的盈利方式。该商业模式包括前向收费模式、“终端 + 服务”一体化模式、服务与渠道收费模式。服务类商业模式流程如图 6-1 所示。

前向收费模式：通过向用户收费（收入主要来源于前向用户，如会员费、增值业务服务、虚拟物品购买），例如林业移动应用服务和手机网游的增值服务。“终端 + 服务”一体化模式，不仅要在智能终端产品的制造和销售上获取利益，而且要在移动终端的完美互联网体验上获取巨大利益。服务与渠道收费模式：社交化电子商务（为售卖方林业商家提供收费服务；为林业电子商务网站提供社交应用的功能；社交平台为消费者提供商品交易服务）。

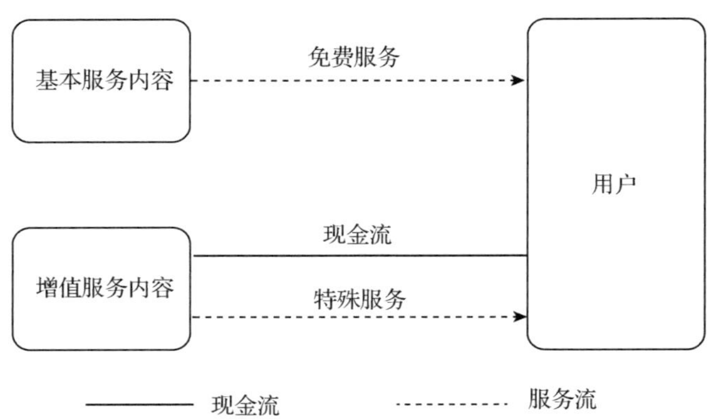

图 6-1　服务类商业模式

4. 广告类商业模式。广告类商业模式是指用户免费获得各类的信息和服务，通过广告收费来实现盈利。如图 6-2 所示。例如林业门户网站和移动搜索。该商业模式包括后向广告模式。

后向广告模式：即免费向用户提供应用的下载和使用，通过广告平台将林产品广告内容嵌入到终端应用中去。基于用户规模化的林业移动商业模式，推出服务与林业广告相互融合的形式——广告服务，用户为了提高服务质量而经常点击广告，大大提高了广告的投放效果，获得后向收费，便于激活林业产业经济的发展。

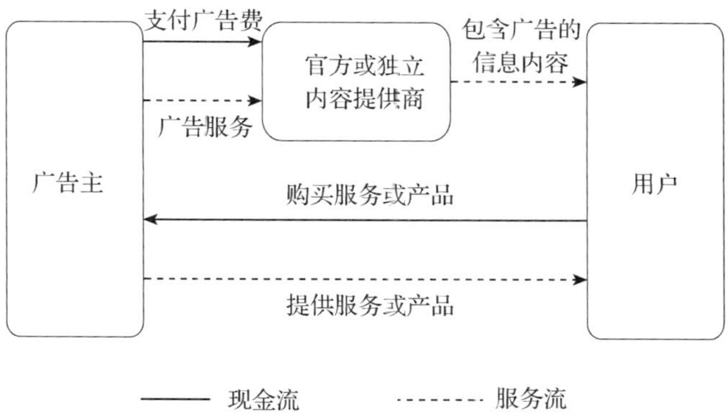

图 6-2　广告类商业模式

二、林业移动商务定位与结构

(一) 定位

近年来，林产品的精深加工、衍生产品日趋增多，已经成为林区广大职工再就业、致富的主要途径。随着我国综合国力稳步提升，经济持续高速增长，国内对林产品的需求不断增长。林产品产地多集中在偏远地区，大量的林产品由于销路不畅而长期积压。产生这种状况主要有两方面的原因：一是由于缺乏信息共享，林产品供求信息渠道不畅，导致林产品需求商与林产品供给商之间无法建立链接和沟通；二是由于偏远地区缺乏深加工和精细加工的技术，产品档次较低，导致出售困难。基于以上分析，中国林业移动商务应以林产品为主要产品，以林业线下实体资源为依托，在融入移动商务理念和移动商务技术过程中，充分整合线下资源，确立林业线下资源和移动端资源一体化的总体方向。

(二) 结构

根据林业移动商务应用的定位，林业移动商务应用可以划分为三个部分，包括上游供应端移动应用、下游客户端移动应用以及林业企业内部管理移动应用。

1. 上游供应端移动应用。上游供应端移动应用主要应用在林业移动供应管理方面，范围包括合同管理、物流管理、库存管理、供应商信息管理等业务。移动商务技术在上游供应管理中的应用有利于同供应商构建稳定的利益共同体，在整个价值链范围内实现共同利益最大化、成本最小化，并在流程管理的各个环节实现工作模式的简化，提高供应链的整体效率和效益。

2. 下游客户端移动应用。下游客户端是林业企业直接面对消费者的环节，包括移动交易、移动营销以及协同销售各方面。林业企业通过对移动商务技术的应用，拓宽营销和销售渠道，提升客户对产品和服务的体验，增加支付的便利性。移动商务的应用一方面能够使林业企业在盈利渠道上得到一定的扩展，增加盈利点；另一方面，移动商务应用对于提升客户满意度、塑造中国林业品牌形象具有良好的促进作用。

3. 企业内部管理移动应用。企业内部管理移动应用主要将移动商务技术应用于林业企业日常管理和日常工作中，以移动商务的理念优化林业企业内部工作流程，满足林业人员随时随地工作的需求。林业企业内部管理移动应用的最终目的在于缩减企业管理中不必要的环节，提高林业企业工作效率，降低林业企业日常工作产生的成本，从而提升林业企业的核心竞争力。

三、林业移动商务交易

随着电子商务的迅速发展，电子商务的触角逐步触及传统产业的各个角落。例如，制造业开展供应链信息化提升；林业探索林产品信息追溯；线上营销、线下成交或线下体验、线上购买的商业模式推动了传统商业与电子商务的融合发展。林业移动电子商务深度融合物流、人流、商流和资金流，有效地把物流渠道、商业渠道以及信息渠道进行了捆绑。通过电子商务平台可把林业企业的产品信息发布到全世界，通过和客户直接沟通就可以进行贸易，而且还可以免去许多中间环节，节约成本，提高利润。电子商务平台可以为企业提供融资、联合、加盟、科技项目以及市场分析等信息，更好地促进信息资源共享，简化林产品交易流程，降低交易成本，优化资源配置，增加林业企业和林户的收益。还可以促进自主创新，增强林业企业的深加工和精细加工能力，解决林业企业缺乏资金，缺乏先进的技术和知识，生产的产品不对路、质量差、缺乏科技含量等问题，对林权流转、林产品交易打破地域限制，拓宽销售渠道，促进林农增收和山区扶贫有着重要意义。

（一）售前移动展示

1. 虚拟现实化展示。虚拟现实技术让林产品供应商无需搭建真实平台也能让“消费者”在虚拟环境之中“购物”，同时观察消费者的行为，了解他们买什么，购买路线如何，以及为什么要买这些产品。且林地路途遥远，买家实地考察耗时耗力，此时全流程、一站式、低成本的虚拟现实化售前展示应用就显得尤为重要，解决了买家难以见到实物的痛点。

基于虚拟现实的交易展示则可以提供逼真的市场空间。终端的客户可以借用交互系统进入虚拟的环境。亲自“动手”选择林木、花卉、苗木，并且可以触摸它们的质感，一切就像在现实中购物一样。而且比现实市场更为方便的是，顾客可以根据自己的需要，向虚拟现实系统中提供的“服务员”提出要求，让她给出购物建议，推荐适合林产品、花卉苗木、家具建材并能进行完善的导购，让顾客购得称心如意的商品。虚拟现实不仅提供了实实在在的交易，更重要的是它提供了一种创新的个别化全程服务，凡是进入虚拟现实交易系统的客户，都可以受到“服务员”的引导和完善的服务。只要系统条件允许，虚拟现实的服务员便可以实现一对一的服务，虚拟现实带给我们的将是全新的交易服务体验。

2. 人工智能化交流

(1)前端交互服务，相当于机器人的“感觉要素”，它为客户提供购买需求服务窗口和操作界面，客户通过窗口提出购买林产品请求，机器人响应并向客户展现适合的林产品资源、林权资源、森林生态产品等。此功能模块主要包括机器人运行框架、消息处理模块、IM 服务器通讯控制模块、服务接口模块及二次开发框架等部分，主要实现全渠道终端，后端智能服务引擎及第三方服务系统(如人工客服系统)之间的通信接口服务，并能够针对各渠道服务不同业务逻辑提供二次开发的接口。

(2)智能引擎服务，相当于机器人的“思考要素”，针对客户提出的服务请求，机器人进行语言或语义分析、处理，基于行业的相关数据，建立的科学、系统、翔实的林产品数据库体系、发起索引请求。此功能是机器人表现是否智能的关键，它的智能性、准确度、并发性能等方面都会对整个系统产生关键影响，是处理自然语言和继承各种专业处理引擎的基础平台，具体包括引擎核心模块、智能分词引擎、语义分析引擎、聊天对话引擎以及场景上下文处理、知识索引管理等模块。

(3)后台管理服务，相当于机器人的“运动要素”，客户提出服务请求，机器人经过思考分析后，从后台快速索引对应服务内容，此功能是机器人服务资源储备基地，提供养料的同时支配机器人服务反馈活动，具体包括知识信息管理平台(简称“知识库”，包括信息咨询、商品贸易、林权交易、金融服务等板块)，运维(日志报表)管理、营销管理、授权管理等模块，其中知识库功能模块的建设水平对机器人服务能力起到至关重要的作用。

人工智能机器人具备以下业务功能：登录认证、智能咨询和反问、智能输入提示、上下文记忆、业务办理导航、关联营销、多媒体拓展、敏感词过滤、防攻击能力、人工客服接入、留言服务、用户评价和满意度调查、提示服务缺失信息、统计和监控自助服务情况等。

(二)售中移动交易

1. 交易方案。总体解决方案是从供求、订立合同到产品送达销售的全程物流跟踪服务体系，加强供应链管理，提高订货精度、缩短订货周期，降低过程库存、建立完善的在线工作流转体系，及时收集并解决客户对林业产品、林业服务提出的异议、意见和建议。同时，将企业采购的各个环节纳入到整个系统中，保证采购过程中各个环节之间的信息畅通，提高工作效率，同时通过信息共享，合理地利用和分配林权流转、林产品交易、涉林金融等信息资源，为企业带来最大的效益(图6-3)。

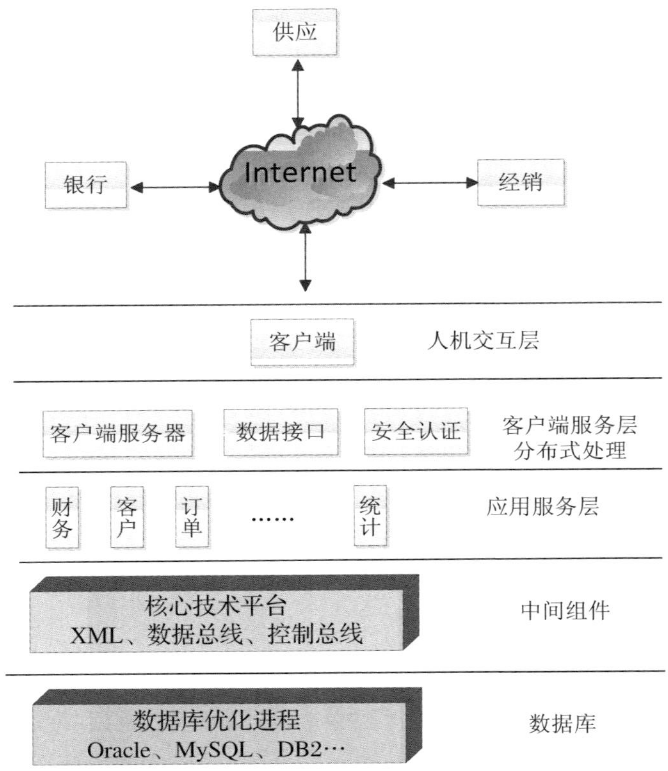

图6-3　林产品移动交易平台总体解决方案架构

根据林产品移动交易平台的需求，将其规划为资讯、供应、求购、黄页、商圈、公司、展会、招标、招商、行情、社区及在线服务11个大业务功能模块。对应的后台管理功能拓扑图如图6-4所示。

2. 移动合同。企业的合同管理不仅包括原材料和设备供应合同，也包括同客户的租赁合同等，但是移动技术在合同管理中的应用原理大同小异，因此，本文以林业供应端移动合同管理为例进行研究。除能够实现在线合同管理信息化的全部功能外，企业移动合同管理系统仍需实现以下功能：

(1)信息的实时查询。移动技术最大的特点在于其实时性，由于员工工作地点具有较强的流动性，尤其对于林业行业来说，由于林业基地广阔遥远，企业的员工在工作地点上体现出明显的不确定性，移动办公的情况更为突出，因此，需要合同管理系统能够实时对

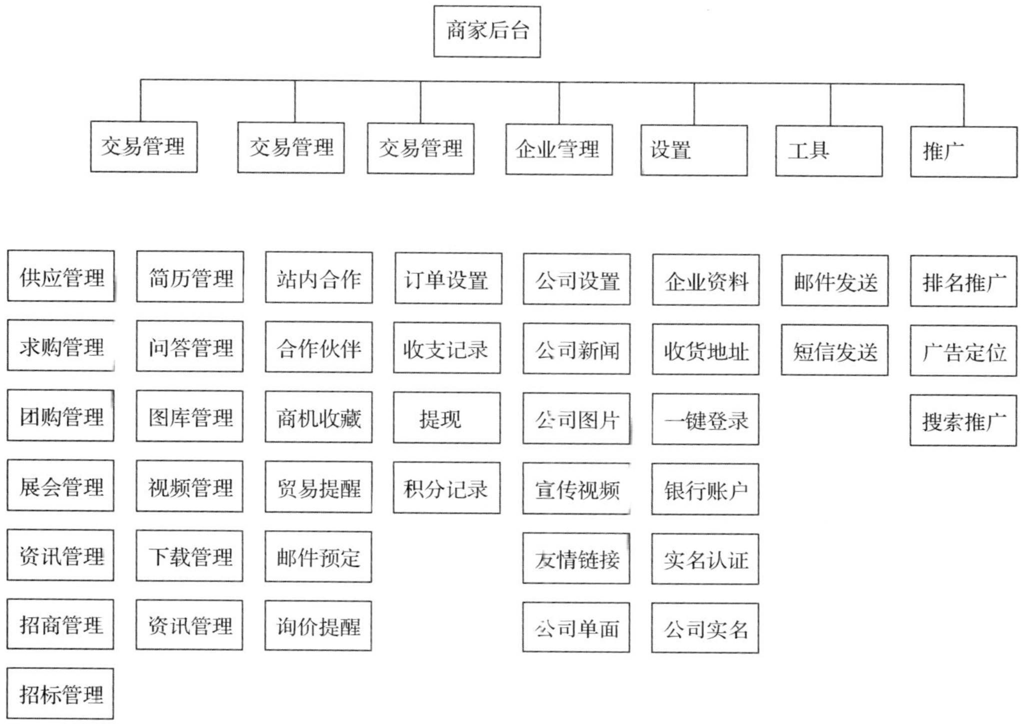

图 6-4　林产品移动交易平台后台管理功能拓朴图

合同进行传输和查询，保证随时随地能够进行合同处理。

（2）合同任务监控。对合同的执行情况进行实时监控也是合同管理的重要任务。在移动合同管理中，合同的执行方能够将合同的执行情况实时录入到系统中，供合同的另一方及时查看，并对合同执行过程中出现的问题即时进行反馈和处理，避免问题后果扩大。

（3）合同安全保障。在线签订合同还有一个重要的问题，即合同签订双方身份认证问题，虽然应用了数字签名技术，但是在实施的过程中依然存在冒名顶替问题。推进森林认证，加强森林生态标志产品品牌体系建设，建立重点林产品市场监测预警体系。在移动合同管理中，由于客户端和合同签订双方的移动终端绑定，身份的认证更加便利，安全性更强。

3. 移动支付。移动支付是指消费者通过移动终端对所消费的商品或服务进行账务支付的一种支付方式。客户通过移动设备、互联网或者近距离传感器直接或间接向银行金融企业发送支付指令产生货币支付和资金转移，实现资金的移动支付，实现了终端设备、互联网、应用提供商以及金融机构的融合，完成了货币支付、缴费等业务。简单的移动支付是将所支付的钱直接计入移动电话账单中，这样的支付通常用在支付费用比较低的情况下；比较完善的移动支付业务则是将手机与信用卡号码链接起来，每次交易实质上是通过手机代替信用卡来支付费用。作为新兴的电子支付方式，移动支付拥有随时随地和方便、快捷、安全等诸多特点，消费者只要拥有一部手机，就可以完成林业产品交易的支付，林产品交易打破地域限制，拓宽销售渠道，促进林农增收，购买者也享受移动支付带来的便利。

移动支付的运营模式主要有以下三类：以移动运营商为运营主体的移动支付业务、以银行为运营主体的移动支付业务和以独立的第三方为运营主体的移动支付业务。这三类模式各有优缺点，在移动支付业务产业价值链中，移动运营商、银行、第三方服务提供商拥有各自不同的资源优势，只有彼此合理分工、密切合作，建立科学合理的移动支付业务的运作模式，才能推动移动支付业务的健康发展，实现各方之间的共赢。目前应用较多的两种：

支付宝支付。支付宝(中国)网络技术有限公司是国内领先的第三方支付平台，致力于提供"简单、安全、快速"的支付解决方案。支付宝公司从2004年建立开始，始终以"信任"作为产品和服务的核心。旗下有"支付宝"与"支付宝钱包"两个独立品牌。自2014年第二季度开始成为当前全球最大的移动支付厂商。支付宝主要提供支付及理财服务，包括网购担保交易、网络支付、转账、信用卡还款、手机充值、水电煤缴费、个人理财等多个领域。支付宝与国内外180多家银行以及VISA、MasterCard国际组织等机构建战略合作关系，成为金融机构在电子支付领域最为信任的合作伙伴。在林产品移动交易平台上提供支付宝支付服务，把支付宝提供给商家，买家下单支付时，可即刻将交易资金打到商家支付宝账户上的收单接口。

网银在线支付。随着互联网商务的普及，大多数银行提供各色各样网络银行服务，目的是构造一个便利的消费环境，一方面刺激消费，另一方面减少银行员工的工作压力。用户可以通过自己所拥有的借记卡、信用卡的银行，申请开通网上银行，从而可以直接使用网络银行进行支付。为了安全起见，中国工商银行有U盾，中国农业银行有KEY宝等，大约是像移动U盘那样，里面一般装数字证书。基本的流程为用户通过网站提供的接口，将购买物品的费用直接转入商家的对应银行的账户，这样完成支付。在成功转入银行账户后，将确认信息通过Email或者电话的方式与商家取得联系，确认信息正确后，商家将用户购买的商品发送给用户。此类方式没有担保机制，但如采用信用卡支付，在信用机制内，可对交易进行取消，适当地保证了用户的权益。林产品移动交易采用网银在线支付一共有两种支付方式可以选择，第一种，可以选择第三方支付系统淘宝、快钱、财付通等进行网银在线支付；另外一种，就是与相关银行签订合作协议，利用单独的支付接口进行支付。

4. 订单管理。订单管理是整个电子商务的核心系统。其业务流程如图6-5所示。

(三)售后智能物流

原材料的运输、库存、供应商信息管理是移动管理过程中重要的环节，近年来，随着

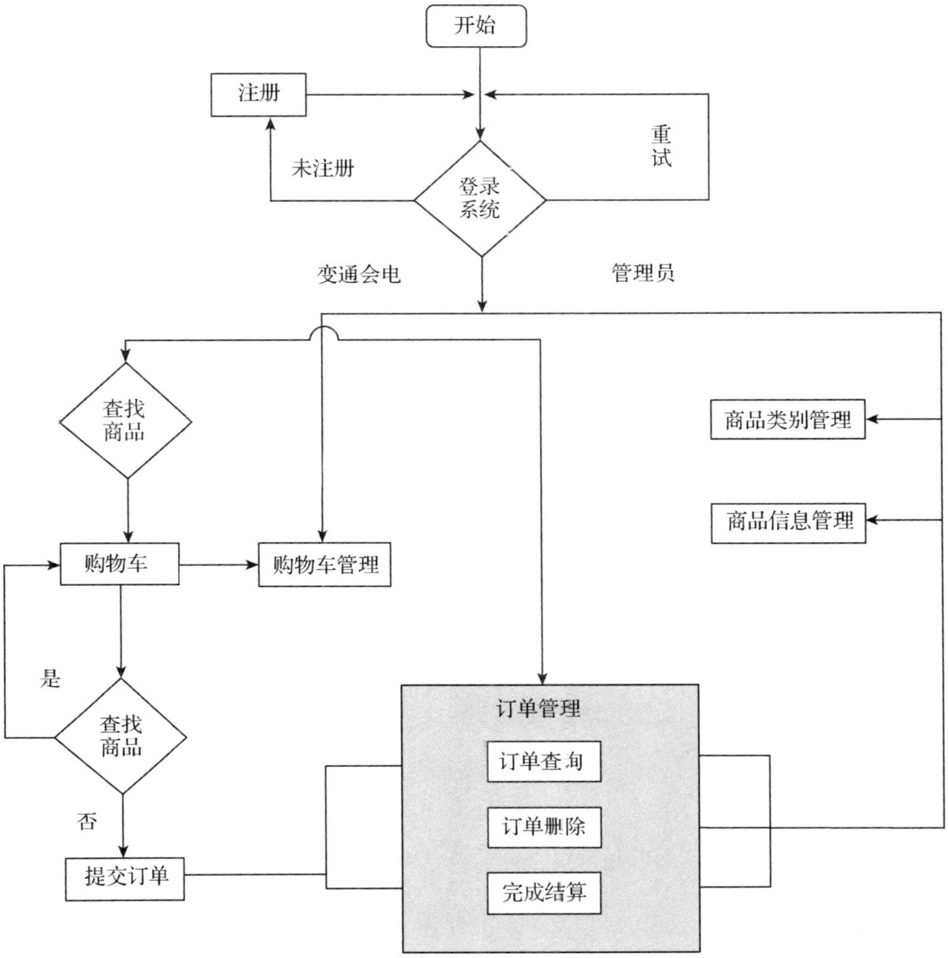

图 6-5　林产品移动交易平台交易流程

物联网技术的不断发展进步，对企业物流管理的流程优化、工作量缩减、安全保障以及资源节约等多个方面起到了促进的作用。

1. 移动供应商管理。在中国林业庞大的业务版图中，供应商在林业运营的过程中起着举足轻重的作用。林业企业对供应商具有严格的要求，拥有一套严格的供应商评价体系。由于林业企业遍布全国，其供应商也遍布全国各地，甚至包括很多国外的合作伙伴，供应商信息管理极其复杂。移动供应商管理能够帮助林业企业采购人员在工作中实时获取供应商的基础信息。

2. 物流智能化管理。智能物流的未来发展将会体现出：物流智能化、物流一体化和物流层次化、物流柔性化与物流社会化。其主要为在智能物流作业过程中的大量运筹与决策的空运智能化；以物流管理为核心，实现物流过程中运输、存储、包装、装卸等环节的一体化和智能物流系统的层次化；智能物流的发展会更加突出“以客户为中心”的理念，智能物流的发展将会促进区域经济的发展和世界物流资源优化配置，实现物流高科技信息化。

3. 在途物资实时监控。一方面，移动物流管理系统能够对在途林木苗木的状态进行实时的监控，林业企业可将芯片嵌入运输交通工具，结合定位系统，清晰获取在途物资的位置、状态信息，进行实时监控。另一方面，企业可同当地交通部门合作，与其地理信息数据库对接，根据交通部门反馈的路况信息，为运输车辆选择最优的运输路径，实时进行路线导航，从而减少运输时间和运输成本。

4. 出入库信息管理。为保证企业库存管理部门实时掌握林业商品出入库情况，企业的移动库存管理系统应具备移动出入库信息采集功能。由于芯片和信息采集设备成本较高，因此，出入库信息管理采用成本较低的自动扫描码技术，在花卉苗木等绿色林产品入库和出库的过程中通过扫描提前编辑好的条码自动采集货物信息，实时传递给库存管理系统，保证信息收集的效率和质量。

5. 库存信息管理。构建在库物资信息库，包括分类林木商品几大板块(特色林产品、花卉苗木、家具建材等)、产品名称、入库时间、仓库位置，取用路线、运输的注意事项。并开发仓库虚拟现实系统，植入库存管理人员的移动终端，一方面供库存管理人员实时了解库存情况；另一方面，库存管理人员能够根据设备上所显示的信息，迅速定位到物资位置进行提货。

6. 评价反馈管理。借助移动终端，客户收到商品以后短时间内可以登录系统，并对已完成订单填写评价。同时，用户的反馈信息将被传输到系统后台，后台工作人员获取信息后，综合应用统计学、计量经济学等分析工具对林业行业经济的运行状况、产品生产、销售、消费、技术、行业竞争力、市场竞争格局、行业政策等行业要素进行深入地分析，拟造“用户画像”，从而发现行业运行的内在经济规律，进而进一步预测未来行业发展的趋势，达到完善产品运营、精细化营销、完善数据服务的效果。

四、林业移动商务服务

林业移动商务服务要遵循“前向收费模式”与“服务与渠道收费模式”相结合的原则：即让消费者免费先试用后购买，同时为商家提供收费服务，实现多向资金来源。因为现在移动互联网的盈利途径比较单一，而且盈利情况也不容乐观，单一的盈利途径对企业的进一步发展以及企业抵抗风险能力都有阻碍和削弱。需要形成一个主要来源附带多向资金来源，完善林产品市场机制，大力发展林产品交易，保证企业的稳定发展。

(一)基本服务

1. 商业资讯类服务。林业移动商务将打破平台的限制，嵌入各种移动终端和信息渠道，实时向使用者推送林业行业新动态信息。根据需求查找到最新的林业资讯、促销信息、林业行业趋势，可以直接将自己的需求有选择地推送到指定供应商，也可有偿推送指定用户。包含的推送信息还有商家折扣、新产品提醒、积分换礼等。林业企业也可以通过移动终端的各种应用随时随地为消费者提供林业的相关信息，帮助消费者了解林业文化、林业经营理念、林业服务项目等，增强客户对林业的认识，进而达到提升林业企业形象的目的。同时，必须要建立评价机制，实现供需双方的互动，利用双方的口碑传播效应，实现良性互动和多方共赢。

2. 产品搜索类服务。目前，移动搜索仍在“一路狂奔”，语音图像搜索成为新方向。依托这样的背景，推出新形势下的新型搜索模式。主要是基于机器学习技术的语音搜索和图像搜索。语音识别技术，即让机器通过识别和理解过程把语音信号转变为相应的文本或命令的技术。移动时代用户需求在变化，要让服务与需求完美对接，语音图像搜索需要提供更加自然的人机交互、更加精准的识别理解能力、更加丰富的信息传递。客户有购买未知名称的林木资源、花卉苗木、林权产品等需求时，通过拍照搜索的方式查询林木信息，大大增加了搜索的高效性，为后期购买行为奠定基础，大大提升了用户体验感。

（二）增值服务

1. 娱乐型商务服务。可以建设开放移动软件库，鼓励企业用户开发农产品交易主题的游戏软件，比如以森林、湿地等地区为原型的丛林探险游戏，吸引用户下载和使用。手机网游就是指通过手机终端来实现用户随时随地娱乐和游戏，手机网游大部分服务提供商都采取了免费注册这一方式来吸引广大的游戏玩家，手机网游的收入主要是来自包括周边产品销售、比赛赞助、合作分成以及销售道具等在内的增值服务。同时，与第三方传媒公司合作推出林业相关音乐、视频的作品，在有限时段内供用户有偿下载。林业企业还可通过与移动运营商进行流量分成获利。

2. 会员型商务服务。从商品经济的角度来解释，会员是某一类志趣相同、取向一致的消费人群。他们被归类梳理，并冠以俱乐部、精英一族、小众群体的称谓，投其所好研发产品、完善服务。划分林户、林产品供应商、林产品购买商等不同群体，通过不同的应用场景来构筑用户与商家的联系，这些场景包括会员注册、会员识别、会员支付、会员点券、会员活动、会员增值、会员自消费等，最终目的是实现商业变现。同时，对于具有相当购买力的会员，提供定制化增值服务。主要包括专属贴身私人助手，专属林产品折扣，专属林业订制课程学习，优先配送等多项福利。多种手段吸引用户加入会员，同时实现用户黏性，提升商业价值。

（三）应用拓展型服务

1. 林业行业信息分析系统。行业分析是指根据经济学原理，综合应用统计学、计量经济学等分析工具对行业经济的运行状况、产品生产、销售、消费、技术、行业竞争力、市场竞争格局、行业政策等要素进行深入的分析，从而发现行业运行的内在经济规律，进而进一步预测未来行业发展的趋势。行业分析是介于宏观经济与微观经济分析之间的中观层次的分析，是发现和掌握行业运行规律的必经之路，是行业内企业发展的大脑，对指导行业内企业的经营规划和发展具有决定性的意义。

行业分析的主要任务是解释行业本身所处的发展阶段及其在国民经济中的地位，分析影响行业发展的各种因素以及判断对行业的影响力度，预测并引导行业的未来发展趋势，判断行业投资价值，揭示行业投资风险，为政府部门、投资者以及其他机构提供决策依据或投资依据。主要内容包括基本状况分析、一般特征分析和行业结构分析。行业市场研究属于企业战略研究范畴，作为当前应用最为广泛的咨询服务，其研究成果以报告形式呈现，包含的内容如图 6-6 所示。

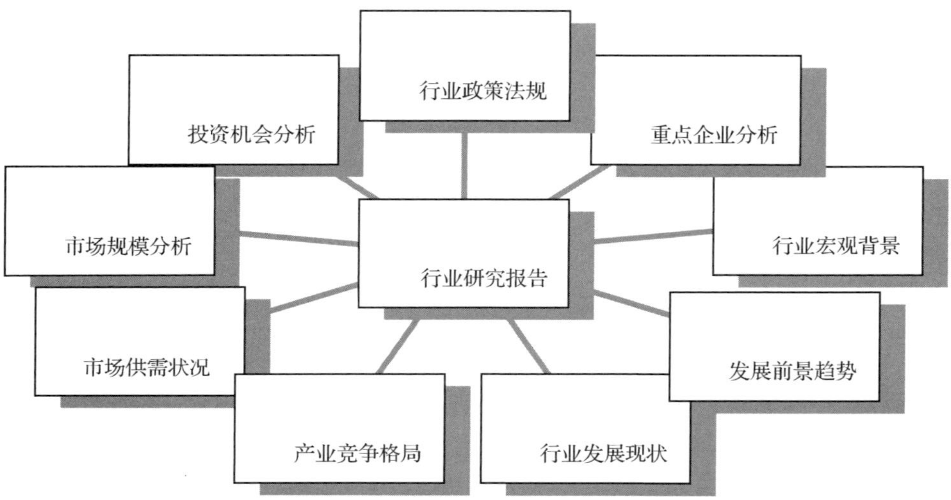

图 6-6 行业研究报告包含的内容

(1)林产品商务数据库。随着大数据等数据分析技术的发展，数据成为现代化建设的关键。对于林业，通过分析林产品的状况可以知道哪些地方更适合发展哪些林业商务、林业商务的发展趋势等，从而采取相应的措施。因此，建立林产品大型数据库是推动林业商务的重点之一。

(2)用户画像。交互设计之父 Alan Cooper 最早提出用户画像(persona)的概念，用户画像是从真实的用户行为中抽象出来的典型用户模型，企业通过收集与分析消费者的社会属性、生活习惯、消费行为的主要信息之后，完整描述产品(或服务)的目标用户特征，为企业中所有与用户有关的决策过程提供信息基础，指导企业的产品服务研发和市场营销。

一个令人信服的用户角色要满足七个条件，即 PERSONA：

P 代表基本性(Primaryresearch)，指该用户角色是否基于对真实用户的情景访谈。

E 代表移情性(Empathy)，指用户角色中包含姓名、照片和产品相关的描述，该用户角色是否引自同理心。

R 代表真实性(Realistic)，指对那些每天与顾客打交道的人来说，用户角色是否看起来像真实人物。

S 代表独特性(Singular)，每个用户是否是独特的，彼此很少有相似性。

O 代表目标性(Objectives)，该用户角色是否包含与产品相关的高层次目标，是否包含关键词来描述该目标。

N 代表数量(Number)，用户角色的数量是否足够少，以便设计团队能记住每个用户角色的姓名，以及其中的一个主要用户角色。

A 代表应用性(Applicable)，设计团队是否能使用用户角色作为一种实用工具进行设计决策。

用户画像又称用户角色(Persona)，作为一种勾画目标用户、联系用户诉求与设计方向的有效工具，用户画像在各领域得到了广泛的应用。在实际操作的过程中往往会以最为浅显和贴近生活的话语将用户的属性、行为与期待联结起来。作为实际用户的虚拟代表，用户画像所形成的用户角色并不是脱离产品和市场之外所构建出来的，形成的用户角色需要有代表性，能代表产品的主要受众和目标群体。

一般的，在产品没有上线、市场前景较为模糊、产品需求还需探索的阶段，定性化的用户画像能有效地节省时间、资源，在较短的时间内通过桌面研究、访谈等定性化的方法来获得用户画像是一种比较可行和最优的方式。而事实上，用户画像是一种能将定性与定量方法很好结合在一起的载体，通过定量化的前期调研能获得一个对于用户群较为精准的认识，在后期用户角色的建立中能很好地对用户优先顺序进行排序，将核心的、规模较大的用户着重突出出来。定性化的方法虽然无法对不同单位的特征作数量上的比较和统计分析，但能对观察资料进行归纳、分类、比较，进而对某个或某类现象的性质和特征作出概括，在角色建构的过程中定性化的方式能获得大量用户的生活情境、使用场景、用户心智等资料，进而形成活生生的用户类型。基于后台数据的支持和挖掘，可以用户画像选择将定量化和定性化方法相结合来创建用户画像。

用户画像是在创造一系列的“典型”或者“象征性”的用户，但用户画像的一个更高层次的功用在于使用用户画像融合边缘情况的行为或需求。首先，可以对后台数据进行提取，通过后台数据挖掘了解到用户上网环境的一些关键指标。在对用户使用场景有一些初步把握后，我们随机提取了 10 万用户 UID 样本量，获取用户职业身份、年龄、性别、学历、浏览习惯(手机、浏览器)、用户的交易偏好等关键因素，进行清洗后，使用 SPSS 聚类分析确认区分最明显的因素。其次，在用户画像的过程中有一个很重要的概念叫做颗粒度，就是我们的用户画像应该细化到哪种程度。举一个极端的例子，如果“用户画像”最细的颗粒度应该是细到每一个用户每一具体的生活场景中，但是这基本上是一个不可能完成的任务，同时如果用户画像的颗粒度太大，对于产品设计的指导意义又相对变小了，所以把握好画像的总体丰富程度显得异常重要。可通过调查问卷的形式来减小颗粒度。再次，在前期数据支持下，在这一阶段就需要发挥变性研究的长处了，前期如果是一个搭建骨架的过程，那么这一阶段就是一个塑造一个有血有肉的活体的过程了。重点挖掘其生活情境与使用场景。围绕用户的行为特征，通过添加环境、人际关系、操作熟练程度、使用意向、人口统计学属性等细节对用户进行描述，形成用户画像的框架。此外，对用户画像取合适的名字、适当描述个性，并附照片等能使角色更加生动，栩栩如生，更易于设计师形成直观印象。

用户画像的核心在于给用户"打标签"，每一个标签通常是人为规定的特征标识，用高度精炼的特征描述一类人，例如年龄、性别、兴趣偏好等，不同的标签通过结构化的数据体系整合，就可以组合出不同的用户画像。

用户画像的提出，根本上是源于对用户认知的渴求，在营销决策的过程中，企业关注的重心不外乎两类，"如何做出用户更喜欢的产品"，"如何把产品卖给对的人"。

(3)发挥的作用。在林业行业信息分析系统中，用户画像作为林业企业目标用户的真实写照，在林业企业的不同决策环节中都将发挥作用，归纳起来主要是以下两个方面：对内完善产品，优化用户体验；对外促进销售，拓展商业模式。用户画像对企业的价值具体体现在图 6-7 所示四个方面。

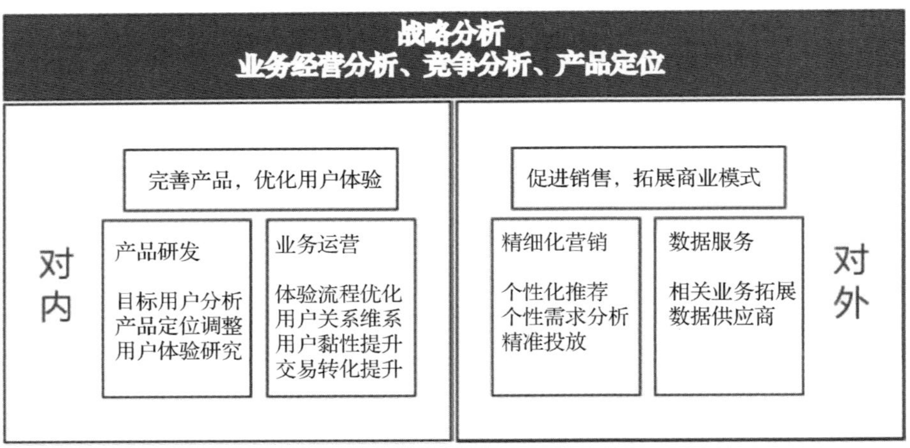

图 6-7　用户画像对企业的价值

（来源：百度文库《谈论用户画像的价值》）

指导产品研发。改变闭门造车的生产模式，生产逻辑从"造什么用户买什么"逐渐转变为"用户需要什么就造什么"。通过用户需求的调研，设计制造更加适合用户的产品，提升用户体验。产品研发初期没有销售数据的时候，用户画像将直接反映企业对用户的了解程度，决定产品定位。

完善产品运营。产品（或服务）的销售过程中，用户画像将帮助企业改善产品运营，优化与用户交互的流程与体验，提升已有用户的平台黏性和交易转化率。

精细化营销。根据产品特点，更加精准地找到目标用户，在用户偏好的渠道上进行内容投放，适时交互促成购买行为，实现精准获客。

数据服务。平台的用户信息和用户行为将成为重要的数据源，指导新业务的拓展或为其所用。

2. 林业商务智能推送系统。随着网络技术的飞速发展，特别是近几年因特网的崛起和信息高速公路建设的兴起，人类社会进入了全球网络化的信息爆炸时代。由于目前 Internet 上的信息非常繁杂，同时带宽和用户的时间总是有限，WWW 浏览和搜索也只能方便用户主动查找信息，所以需要更好的信息提供模式。信息推送技术能够根据用户的需求，将最新的信息分门别类地、主动地传送到相应的用户机器中，而且目前正在发展成为全球主流的信息采集、传播模式，并已显示出广阔的应用前景。

林业商务智能推送系统的定位应该是：应用人工智能、机器学习方法，可以识别和预测各种用户的兴趣或偏好，从而有针对性地、及时地向用户主动推送所需信息，以满足不同用户的个性化需求。

（1）建立用户信息库。用户信息是林业商务智能推送系统中最重要的资源，首先建立一个信息完整、便于共享的用户基本信息库是实现个性主动信息服务的基础。然后，根据用户个性化服务的需求，重点收集和记录与服务相关的用户信息，如收集用户的浏览记录和收藏记录。

（2）分析用户兴趣。自动跟踪、记录和存储用户或用户群体在林业商务交易系统中的浏览足迹、收藏记录、购买记录等各种信息资源，也可由用户自己提供与自己需求相关的文本。这些信息能真实反映用户的需求，为用户兴趣的分析提供素材。将这些实例作为建立用户兴趣模型的学习实例，并形成初始的用户兴趣模型。

（3）动态维护用户兴趣模型。一方面，系统自动跟踪本地信息库和因特网上相关信息的变化，主动搜集用户感兴趣的信息，并根据用户的兴趣模型对收集到的信息进行分类识别和过滤，将符合要求的信息送到用户知识库。另一方面，初始的用户兴趣模型的建立是基于用户在林业商务交易系统的所有行为信息，或用户自己提供的一些实例文档，但这些数据还是有一定的阶段性和局限性。为了使用户兴趣模型能更真实地、全面地、更接近地、动态地反映用户的需求，将新搜集到的、符合用户需求的信息增加到用户知识库，同时也根据一定的算法增加到学习实例集里，这样就能动态地更新用户的兴趣模型。

（4）用户兴趣信息推送。对于经过过滤得到的信息，系统可以将它推送给相应的用户。在信息推送时，可以根据用户的联系信息，将信息推送到用户的 E-mail、计算机，甚至可以通过短消息、GPRS、CDMA 发送到用户的手机、PDA 上。

五、林业移动商务营销

移动互联网营销较传统营销方式呈现六大特征：一是泛在化。移动金融突破了空间限制，在移动网络覆盖的地方，使人们摆脱了实体网点和有线终端的束缚，随时随地能享受各类服务。二是即时化。通过随身携带的移动终端，客户能够在 7＊24 小时的任何碎片化时间享受到即时的金融服务。三是普惠化。随着智能手机等移动终端的价格被普遍接受，移动商务的服务门槛随之降低，服务对象覆盖面越来越广。四是平台化。为了提供便利，移动林业商务平台倾向于打造“一站式”交易方式，将交易服务与电子商务、日常生活需求相互融合，提供多种全方位功能的综合服务平台。五是个性化。移动林业商务平台以移动智能终端为业务载体，可获得终端持有者的身份、物理位置、使用偏好等个人信息。六是社交化。移动智能终端不仅是移动林业商务的载体，也是移动社交的重要工具。

（一）社交化营销

将全渠道、全平台用户集中起来建立虚拟品牌社区，建立随时随地沟通机制，以用户在平台上轻松畅快的交流互动，分享产品使用过程中的心得体会，分享生活中遇到的点点滴滴等方式，来慢慢培养消费者对品牌的认知、给消费者一个分享互动交流的场所，使其最终成为品牌粉丝，成为品牌的传播者。虚拟品牌社区本质上是一种信息生产平台，大量的消费者的需求以及对产品的建议沉淀在平台，品牌通过分析提炼输出满足客户需求的产品，通过推进森林认证，加强森林生态标志产品品牌体系建设，建立重点林产品市场监测预警体系，进而让平台的用户黏性更大，成为品牌的铁杆粉丝，并带着对产品的深度体验感受成为传播者，推荐给新用户。

虚拟品牌社区用户注册采用匿名的方式，可以让他们畅所欲言，输出他们真实的体验感及需求，林业品牌商通过平台输出的真实内容第一时间反映到产品设计或服务上，并调整自己的传播引导策略，取得更好的传播效果，以满足消费者的喜好及需求。建立品牌社区成员间的相互关怀体系，增加社区成员的归属感及依赖感。成员之间不仅交流他们对产品的体验感受，而且可以交流学习、事业、生活的方方面面，甚至可以通过社区平台结交一些有共同价值观的朋友，打造属于品牌的人性化虚拟互动平台。

社会化营销包括网络社区营销、博客营销、微博营销、微信公众号营销和协同营销。

网络社区营销。网络社区是具有共同兴趣爱好的客户或者有一定关系网络的人群相互聚集、相互分享，在网络上形成的虚拟空间。目前比较活跃的网络社区包括论坛、群、社会性网络服务等，各种形式的网络社区均在移动设备上有所开发。由于网络社区用户拥有共同的特点和共同的爱好，且属于第三方平台，因此，用户对平台上的信息信任程度更高，且更容易准确定位营销的范围，营销的效果更好。此外，大多数的网络社区善于组织志同道合的社区成员参与活动，林业企业可以同网络社区合作，共同发起活动，在活动中融入营销。

博客营销。企业目前已有较为成熟的企业博客，可将其本身在有线网络中的博客资源转移到移动端，通过博客的移动应用，随时进行编辑，并选择更适用于移动端传播的内容和方式进行更新，更容易吸引移动端客户的注意力，进而增加企业宣传的力度。同时，博客能够与搜索引擎无缝对接，得到关注的可能性大大增强，且营销的成本更低。通过林业官方博客宣传，达到广泛传播的效果，达到营销目的。

微博营销。微博是具有超强传播能力的信息分享平台，微博用户可以通过微博平台，分享文字、视频、图片、音乐等，而随着微博移动客户端的发布和应用，刷微博成了人们每天必做的事情，可见，微博的用户数量庞大，也正因如此，微博成为营销领域的新渠道。矩阵化微博营销，在官方微博中普及林产品知识，发布林业资源信息，吸引大量粉丝，引导购买行为。

微信营销。微信不存在距离的限制，用户注册微信后，可与周围同样注册的“朋友”形成一种联系，订阅自己所需的林业信息，林业企业通过提供用户需要的信息，推广林业产品，从而实现点对点的营销。微信的火爆，带动微信营销的崛起，H5 成了微信中体验最好的营销推广模式。通过 H5 页面的推广作用，达到营销目的，达到宣传目的。

协同营销。协同营销是将林业所有的销售渠道整合起来，打破各个渠道单一作战甚至相互竞争的状态，共享客户资源，实现销售量的最大化，进而保证林业企业的利润的最大化。移动商务的出现为企业提供了众多新的销售渠道，由于移动终端应用的普及，以及人们应用移动终端购物的习惯逐步建立，第三方移动商务平台将成为林业企业销售的创新渠道。目前，阿里巴巴、天猫、淘宝、京东等知名电子商务平台的移动客户端已经非常成熟，并凭借其广泛的客户基础，采取多种方式，大力推广其移动终端，并已经在消费者中获得了较大的成功，移动客户端安装范围颇具规模。林业企业可以同这些成熟的电商平台合作，借助其大量稳定的客户资源，通过一定方式的推广，最终形成企业自身的客户源。

（二）精准化营销

1. 精准用户定位。在移动互联网中，通过对林业用户终端相关数据进行追踪和分析、对其个人信息进行匹配，以及用户 UGC 内容语义识别等方式，广告投放方和投放网站能够对用户的地域分布、性别/年龄/收入等人口属性数据、兴趣数据（如搜索关键词、社交平台上的发言或标签）、社交数据（如人脉关系）、行为数据（如浏览行为、购物行为）等各种数据进行动态收集和挖掘，使林户在任何时间、任何地方都能享受到安全、准确、快捷、自动化、个性化的服务从而提升广告投放的精准性。

在移动平台上，其精准性的涵义正在得到拓展。由于移动智能终端具有“唯一性”，且其具有全时段、全场景覆盖的特性，因此，在移动平台上，营销传播的精准性将体现在营销传播方案与用户个体属性、使用时间、使用地点、使用场景更高程度的匹配上。

2. 建立用户信息库。用户信息是林业商务智能推送系统中最重要的资源，首先建立一个信息完整、便于共享的用户基本信息库是实现个性主动信息服务的基础。然后，根据用户个性化服务的需求，重点收集和记录与服务相关的用户信息，如收集用户的浏览记录和收藏记录。

3. 分析用户兴趣。自动跟踪、记录和存储用户或用户群体在林业商务交易系统中的浏览足迹、收藏记录、购买记录等各种信息资源，也可由用户自己提供与自己需求相关的文本。这些信息能真实反映用户的需求，为用户兴趣的分析提供素材。将这些实例作为建立用户兴趣模型的学习实例，并形成初始的用户兴趣模型。如将购买花卉产品的用户定位为花卉资源爱好者，建立用户画像，进行用户分析。

4. 动态维护用户兴趣模型。一方面，系统自动跟踪本地信息库和因特网上相关信息的变化，主动搜集用户感兴趣的信息，并根据用户的兴趣模型对收集到的信息进行分类识别和过滤，将符合要求的信息送到用户知识库。另一方面，初始的用户兴趣模型的建立是基于用户在林业商务交易系统的所有行为信息，或用户自己提供的一些实例文档，但这些数据还是有一定的阶段性和局限性。为了使用户兴趣模型能更真实地、全面地、更接近地、动态地反映用户的需求，将新搜集到的、符合用户需求的信息增加到用户知识库，同时也根据一定的算法增加到学习实例集里，这样就能动态地更新用户的兴趣模型。

通过对用户使用移动终端或浏览移动端网页的类型和内容，对用户的使用时间和行为习惯等数据进行分析，再辅以广告主第一方数据和数据超市中的相关数据进行分析和挖掘，可以对用户的身份特征进行进一步的估算和识别。而在未来，在相关法律法规的范围内，在符合商业伦理和研究伦理的基础上，伴随移动端个人信息和行为数据的进一步贯通，可以预见的是，移动互联网中用户身份特征识别的精准性会进一步提升，这使得营销传播与商业服务能够在更大程度上实现与消费者之间更为个性化、精准化、高效化的信息交互。

5. 个性化信息推送。对于经过过滤得到的信息，系统可以将它推送给相应的用户。在信息推送时，可以根据用户的联系信息，将信息推送到用户的手机、PDA、智能穿戴设备等多种移动终端上。同时，智能可穿戴设备则为品牌和用户之间更高级别的“个性化交互”带来了前所未有的想象空间。交互方式主要通过用户语音、手势和头部动势以及图像视觉的输入。我们可以设想，未来通过智能可穿戴设备与用户进行的信息交互，能否更加精确地贴合用户当前的街景信息、情景状态、体态特征甚至是生理状况、情绪特征？而苹果的 iWatch 手表以及各种智能运动手环产品，则可以实时监测用户的脉搏、血压、体温、卡路里消耗量等生理数据并上传至互联网进行分析和挖掘。在为用户提供服务的同时，这些设备也为医疗健康产业和运动产业提供了获取用户个体实时状态与特征的机会，为相关品牌和产品提供了与用户进行定制式、私人化沟通的契机。

在移动互联平台上，营销传播具备了提升精确性的更大可能空间：即在最恰当的时间、最恰当的地点、最恰当的情景中，与消费者进行互动。例如，通过对用户使用 App、刷微信朋友圈的时间特性进行计算，林产品品牌企业可以选择在最适合精准匹配用户的时间点向其发起互动，推送森林旅游、木本物料、特色经济林、林下经济、花卉苗木等绿色林业产业资讯。在这样不同的个性化场景中，我们通过定制 mobile coment（移动化内容），以不同的 mobile moment，去突出我们要传达的主要信息，然后通过合适的交互机制，进行移动广告的投放和优化，从而提升移动媒体广告投放的效果。

（三）体验式营销

1. 建立互动内容生产平台。通过消费者、员工、林业企业等去中心化，以人为中心通过平台创造一个话题（可以是用户体验、特定林业商品功能等），然后大家开始讨论沟通，最终系统生成内容并将内容输出到线上平台。将内容输出系统和虚拟社交平台打通，根据“人群画像”将产出的不同内容推送给感兴趣的用户，促使用户进行分享互动。互联网的一个重要特征就是用户创造内容，给用户提供一个平台，与用户互动输出内容，从而使用户通过内容的分享，成为品牌信息的宣传者，让品牌形象更上一层楼。互动内容生产平台的“大中台、小前台”模型如下图 6-8 所示。

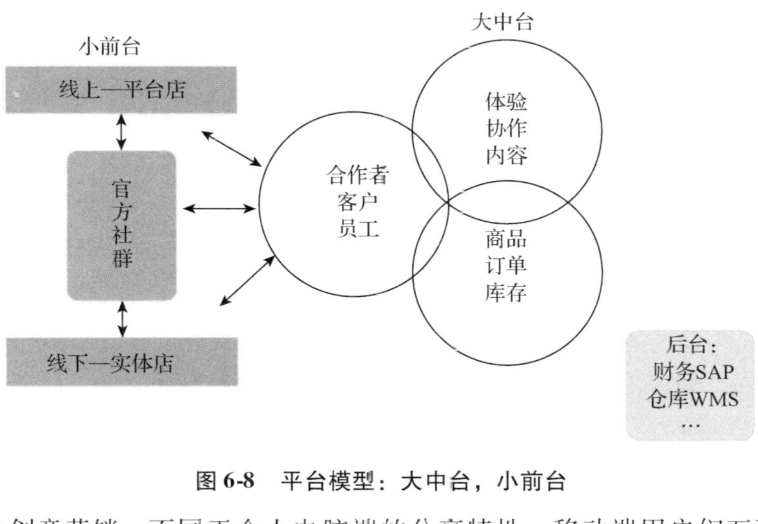

图 6-8　平台模型：大中台，小前台

2. 移动化创意营销。不同于个人电脑端的分享特性，移动端用户们互联网便利的信息系统和直达林农的服务通道，可以缩短和林户之间的距离，使林户在任何时间、任何地方都能享受到安全、准确、快捷、自动化、个性化的服务，面向全世界实现贸易。分享行为也更加“随时”、“随地”、“随性”。因此，在移动智能终端投放营销传播活动的策划和创意时，需要满足并激发用户进行实时分享、在移动中分享的欲望和行为。以微信红包、微信朋友圈小游戏等为例的移动社交平台应用，成为越来越多的品牌或企业进行消费者卷入、粘着以及构建消费者社区的重要手段。因此，在移动互联背景下，无论采用何种具体技术或形式，“移动式分享”都是重要的创意原则。

3. 跨屏化创意营销。“跨屏”不仅是移动互联背景下营销传播策略的实现手段，也为移动营销传播带来创意的新空间。例如近期引入院线的“弹幕”，则可以实现影院大屏幕和观众移动屏幕的实时互动。可见，如果将“屏”的概念推广到除电视屏、电影屏、户外电子屏、车载屏之外更广的范围内，那么诸如户外广告看板、报刊、书籍、服装、产品包装等一系列信息载体，都可与移动智能终端之间实现充满创意的“跨屏”联动，将移动时代的营销传播创意水平推向一个新的高度。

4. 全息化感官营销。在传统媒体和个人电脑上无法实现(或无法轻易实现)的全息化、多感官化创意表现手段，在移动智能终端上第一次具备了广阔空间。越来越多的品牌在视觉、听觉呈现方面尝试移动端的独特表现。结合当前大热的虚拟现实、增强现实技术，开发出真实感极强的虚拟现实广告，无疑是对消费者视觉感官上的极大冲击，将顾客置于真实森林、林地场景，进一步激发其好奇心和消费心理。

(四)新思维营销

1. 碎片思维。等车、乘地铁、睡觉前用手机看新闻、刷朋友圈、购物，便捷的移动时代可以随时随地浏览各种信息，现代人的时间越来越碎片化。品牌需要思考如何能让消费者在碎片化时间来选择你的内容，采用碎片化思维，思考在消费者等车的时候，他在想什么，应该给林产品消费者提供什么样的内容或产品，才能让特定的林业消费者快速喜欢上某林业品牌和林产品，引发购买欲望。

2. 粉丝思维。移动互联网的快速全民传播特性，造就了粉丝经济，赢得粉丝，就赢得了市场。林业品牌需要与消费者建立交流平台，将消费者和林业需求者集中起来，沟通交流输出消费者需求，快速满足需求，形成林业生态标志产品品牌效应，让消费者成为品牌忠诚粉丝。粉丝不仅能提升品牌产品销量，还能为品牌带来正向口碑传播，并在品牌出现负面评价甚至是危机公关之时，在第一时间捍卫品牌。

3. 焦点思维。移动互联网纷繁的内容常让消费者眼花缭乱、缺少耐心，因此品牌需要明确品牌定位和战略方向，聚集焦点并强化，引发林业热点话题，让消费者留下深刻的品牌记忆度和好感度。

4. 快速思维。移动互联网时代的到来，促使信息生成快、传播快，产品升级快，用户需求变化快，这要求林业企业形成快速思考、快速决策、快速执行的快思维方式。

5. 参与思维。林业品牌要为消费者设计参与感，参与到产品流通的所有环节。林业品牌需要根据自己的用户特性，深度了解每一个用户，为用户量身设计林产品内容，让用户参与到林业产业供给及林业品牌塑建的每一个环节，形成强势品牌。

—第七章—

中国林业移动社区战略

中国林业移动社区的建设是中国林业移动互联网发展的重要一环，林业移动社区的发展既要满足本行业人群沟通交流和生存发展的需要，实现本行业内的和谐、健康发展，也要在智慧社区理念的驱动下为中国林业的未来发展提供推动力。中国林业移动社区不是一个独立、封闭的移动环境，而是一个以人为本、和谐发展、共同促进的综合服务型社区应用，是整个行业中提升人气、凝聚人心、激发创意的重要组成。

一、移动社区概述

(一)定义

社区，英文又称 community，是若干社会群体或社会组织聚集在某一个领域里所形成的一个生活上相互关联的大集体，是社会有机体最基本的内容，是宏观社会的缩影。在社会学研究中，社区所揭示的基本特质是：一定的空间(地域)、一定的人群，以及相应的组织或团体、公众的参与和某些共同的意识与文化，信息的有效沟通与传播是社区的重要特质。

林业移动社区应用旨在推动智慧社区的建设，通过引入大数据分析和人工智能技术，实现面向未来的智能社区信息推荐和便捷生活的功能。林业移动社区主要由衣、食、住、行、用等子应用构成。

(二)特点

1. 便捷性和便携性。移动互联网的基础网络是一张立体的网，林业社区通过 GPRS、

4G、5G 和 WLAN 或 WiFi 构成的无缝覆盖，使得移动终端具有通过上述任何形式方便联通网络的特性。移动互联网的基本载体是移动终端，顾名思义，这些移动终端不仅仅是智能手机、平板电脑，还有可能是智能眼镜、手表、服装、饰品等各类随身物品，它们属于人体穿戴的一部分，随时随地都可使用。

2. 即时性和精确性。由于有了上述便捷性和便利性，林业社区的人们可以充分利用生活中、工作中的碎片化时间，接受和处理互联网的各类信息。不再担心有任何重要信息、时效信息被错过了。无论是什么样的移动终端，其个性化程度都相当高。尤其是智能手机，每一个电话号码都精确地指向了一个明确的个体，移动互联网能够针对不同的个体，提供更为精准的个性化服务。

3. 感触性和定向性。这一点不仅体现在移动终端屏幕的感触层面，更重要的是体现在照相、摄像、二维码扫描，以及重力感应、磁场感应、移动感应，温度、湿度感应等无所不及的感触功能层面。在林业社区基于 LBS 的位置服务，不仅能够定位移动终端所在的位置，甚至可以根据移动终端的趋向性，确定林区人下一步可能去往的地方。

二、林业移动社区建设思路

林业移动社区的建设是中国林业移动互联网发展的重要一环，林业移动社区的发展既要满足本行业人群沟通交流和信息分享的需要，也要满足行业内外信息交流和商务往来的需求，既要通过移动社区的建设来实现本行业内的和谐、健康发展，也要在智慧社区理念的驱动下为中国林业的未来发展提供推动力。林业移动社区不是一个独立、封闭的移动环境，而是一个以人为本、和谐发展、共同促进的综合服务型社区平台，是中国林业的移动政务、移动商务和移动文化等诸多移动平台的重要支撑，是整个行业中提升人气、凝聚人心、激发创意的重要组成。林业移动社区平台不仅要完成行业内从业人员沟通交流的需要，还要与其他移动平台系统紧密衔接，依托各移动平台提供的业务流接口来更好地实现社区聚合的外延。同时林业移动社区平台还要着重推动智慧社区的建设，通过引入大数据分析和人工智能技术，实现面向未来的智能社区信息推荐和信息安全保障功能。打造林业移动社区发展战略的主要目的就是进一步针对移动互联网环境中注重个人化、个体化和个性化的特点，在整合多个子系统应用平台的基础上，强调移动社交网络的圈子文化，为整个林业移动互联网战略的开展提供更好的社群文化支持和体现更多的协同合作价值。

（一）林业移动社区的特点

林业移动社区应用由于需要以移动终端设备作为主要的沟通交流平台，同时林业移动社区的交流场景也异于传统桌面计算机环境。基于移动互联网端的服务设计，很大程度上受益于移动服务设备终端的优势，即移动性和便捷性，而同时也受到了移动终端的弊端限制，即速度慢、种类少、人机操作性弱，因此也就导致了移动互联网的服务和产品，即林业移动社区产品的开发和设计会有如下几个特点：

1. 私密的个性化服务。手机作为一个专有度很高的电子设备，通常它的用户只有一个，因此它有着比电脑更高的私密性、专属性和真实性，即手机的高度个人化特征。用户也变得越来越依赖手机，他们会将自己的信息、通讯录、记事本、微博账户的网络密码等内容交付给自己的手机，并从中得到更加便捷的服务和体验。因此，移动端社区应用的开发更需要注意对个人信息的保护，同时通过大数据分析提供给使用者更多有附加值的信息。

2. 致力于社群的人际网络设计。手机的本质，是沟通工具，而其意义在于联系和维持人际关系。社会化网络（即 SNS）已经成为互联网中非常重要的组成，而移动环境下的用户具有天然的沟通需求，因此 SNS 类应用更是成为移动互联网环境下最重要的应用，基于移动网络环境设计的林业移动社区具有良好的用户基础，而围绕这个本质产生的系列致力于社群化网络系统服务设计，自然也受到了用户们的青睐。如短信息服务，一直以来都是移动通信服务的重点，如今的用户已经离不开短信息。当服务开发商基于此需求而开发的即时通信工具，不再占取移动信息费用而只是收取流量费，一经问世便受到了欢迎，如移动 QQ、飞信、微信等。

3. 简、快、实的体验与服务。手机越来越像是一个移动的网络体验终端，它的竞争优势在于可移动性和便携性。随着移动网络通信技术的成熟，手机的意义也在发生改变。用户们使用手机的时间在不断增加，而这时间却是非连续、随机的，因此具有简短、迅速、实时更新性的手机服务正在不断发展起来，而手机端社群类的手机服务也正在向这个方向发展，如 Twitter。

4. 良好的用户体验性和掌控性。相比于网络 Web 端，因为手机端的屏幕局限和操作环境与时间的不确定性，导致手机用户们对于产品的忍耐性更低，他们会选择具有更加良好用户体验的服务，这对于移动服务设计的要求也更高。如小米公司开发的“米聊”工具，它能帮助用户们进行即时的简便语音聊天，摆脱了短信息的手按输入的局限，让手机也可以像对讲机一样更加方便。图 7-1 即展示了移动应用中用户体验的重要性。

5. 人、终端、服务的高度统一。手机的硬件越来越完善，软件和服务也越来越智能，大量传统行业中提供的服务都已在移动端实现和普及，而它也将会像人的大脑一样去思考和揣摩用户的心理，未来的发展重心也势必将是智能化的手机网络服务，人、手机和服务也将变得更加统一。

6. 充分考虑信息的安全。对于移动互联网而言，智能与私密的反面，即为服务的安全性。手机有着 Web 体验无法比拟的真实性，很多情况下用户和手机、服务是绑定的。而用户们在使用移动网络服务的同时，如何保证个人信息和隐私成为他们所关注的内容，这主要为两个部分：首先是信息的安全性，即不被盗取和利用；其次为在使用服务时不被不明用户、信息所骚扰。

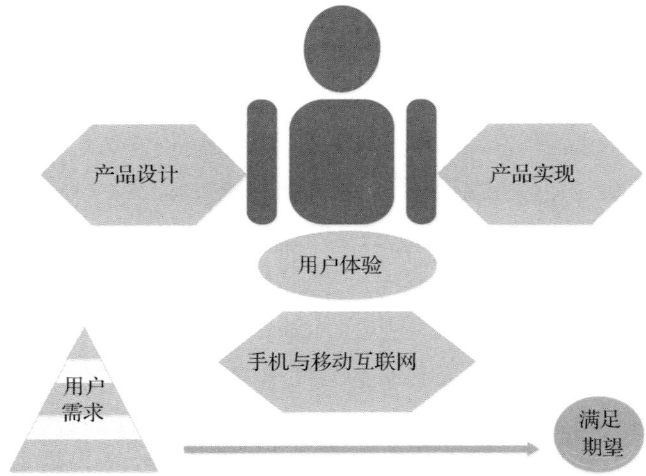

图 7-1　移动应用中的用户体验

（二）林业移动社区设计思路

林业移动社区主要服务于使用移动互联网的社区居民，在林业移动社区中通过整合，实现社区内部资源的高效流通，满足移动端用户对信息实时掌握和对个人价值的更高认同。林业移动社区在设计阶段，将充分利用移动互联网打造跨越地域差异的林业移动社区平台，缩小因地域和时间限制对林业社区内部沟通带来的诸多不利影响，同时打破城乡差异和边远地区存在的“数字鸿沟”问题。

林业移动社区依托于遍布全国的移动通讯网络，结合我国林业资源分布不平衡的问题，在国家林业局建立林业移动社区的全国中心，在东北和西南等地区建立若干个分中心。林业移动社区按照“平台上移、服务下延、公益服务、市场运营”的基本思路，在“三网融合”和“智慧林业”信息服务快速通道的基础上，通过构建林业专业特色服务，实现林业资源整合、统一接入、实时互动、协同合作，促进林业信息化服务的可持续发展，完善整个林业移动互联网战略的服务体系。

林业移动社区以移动通信环境为网络基础，通过在智能移动终端设备上安装 App 应用或直接访问微网站开展林业移动社区活动，具体流程如图 7-2 所示。这其中的原始服务器为置于国家林业局的林业移动社区服务集群或放置于地区分中心的服务器。

围绕着移动互联网社区服务的设计，需要将政府、企业、用户以及社群资源进行整合，形成林业移动社区服务模型（Mobile Community Service Model，简称 MCSM），其结构如图 7-3 所示。

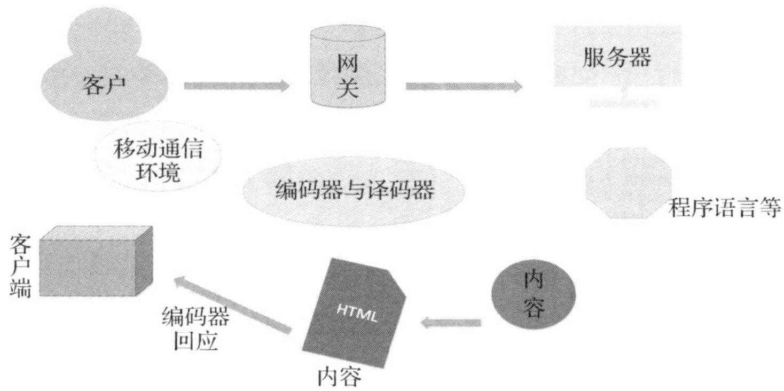

图 7-2 中国林业移动社区开展流程

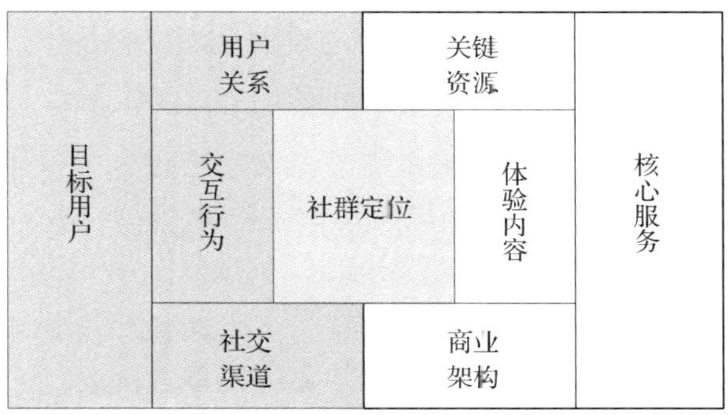

图 7-3 林业移动社区服务模型 MCSM 结构图

MCSM 对该领域里的林业移动社区服务案例的范围和构成元素进行了筛选和重定义，化繁为简，概括出九个最关键的板块，分别是核心——社群定位，以及两个重要组成——目标用户和核心服务，围绕着这三大部分分别是用户关系、交互行为、社交渠道、商业架构、体验内容以及关键资源，这也基本构成了一个完善的林业移动社区服务平台。对于一个移动社群型服务设计的案例分析或是设计，都可以将其元素提取出来，以最简单的词汇来进行概括和总结，并将其放置于此模型的对应位置，从而可以使大家对该服务有个快速而简单的理解和认识。

1. 社群定位(Community Proposition)。社群定位是一个服务产品的设计核心，这也就从一开始决定了整个服务的高度和方向，它有点像是服务系统的设计战略，指服务系统希望建立一个什么形式和性质的社交人群。它也处于整个模型的最中心位置，其他板块的关系都是围绕着核心的社群定位而来的。

2. 目标用户(Customer Segment)。目标用户的概念比较好理解，它是指整个设计所针对的是什么样的人群，在模型中可以用语言或简单的词来概括服务系统的目标人群的关键特征，如爱好、年龄段、职业、消费行为、生活习惯等，也可以是具有某种需求的特殊人群。对用户的研究是基础却是最重要的开端，良好的用户研究是成功的一半。应该注意的是，对于用户的定位和假设应该确切，对用户的研究和信息提取也应该做到面面俱到。

3. 用户关系(Members Relationship)。用户关系是指，整个移动网络社区里面的成员之间主要存在的是怎么样的关系，比如是陌生移动互联网用户、“驴友”、客户对客户(C2C)的销售关系、合作伙伴、朋友关系、恋人关系、同城居民、老乡群等。

4. 交互行为(Interaction Behavior)。从用户的角度而言，用户与服务之间的主要交互行为，即用户通过什么样的行为和方式去使用该服务和产品，以及他们是如何分享信息并如何获得反馈的。

5. 社交渠道(Communicate Chanel)。用户与用户之间会通过什么样的渠道认识彼此，并通过什么样的渠道去维系彼此关系。这种渠道可以是线上的渠道，同时也可以是线下的渠道，如通过网络去组织，共同参加某个活动来认识彼此，如移动社群拼车服务。

6. 核心服务(Key Service)。核心服务是指整个服务的核心是什么，竞争点在哪里。在移动社群服务成百上千的今天，怎样去确立自己的核心竞争服务，又是如何做到去维持这个竞争力是服务设计的最大任务。社群服务不一定都要如社交门户 Facebook、Myspace、人人网那样，做到面面俱到，突出自己最强的一面就可以了。

7. 关键资源(Key Resources)。没有资源就难以完成整个服务，关键资源是指在整个移动网络社区里面，最具备主要形式的资源有哪些，这主要涵盖两个层面的资源：首先是移动网络社区内，也可以理解为社区用户在社区里面可以得到什么，是某个领域的信息，还是新闻、可购买的产品；其次也指服务产品以外的资源，如某项比较具有竞争力的技术或忠实的使用人群、庞大的会员体系等。

8. 体验内容(Experience Context)。从服务的角度而言，体验内容是指作为一个网络型的服务产品，它提供给用户们的究竟是什么形式和内容的体验服务。

9. 商业架构(Business Construction)。通常而言，每一个产品和服务的运行或销售，都不是一个单独的公司可以完成的，商业架构是指在推广和维护这个产品和服务的过程中，都需要什么样的机构或是合作伙伴，去完成平台的组件，也让开发者理解到自己所需要建立的合作关系都有哪些。

在设计各林业移动社区平台时，需要针对各林业移动社区的特点，通过 MCSM 模型的方式确定各子部分的定位、具体组成，以此来最终实现林业移动社区的功能和 UI 界面。图 7-4 给出的是基于 Linked in 网站应用制作的 MCSM 模型，该网站针对特定的商务人士群体的社交网络需求，同时依靠人脉的形成进一步拓展使用者的社交圈和商务圈。

林业移动社区的设计可以参考相关 SNS 类网络应用的设计思路，同样可以总结出针对林业移动社区应用的 MCSM 模型图，如图 7-5 所示。图中标注出了 MCSM 模型九个关键板块的定义，在后面设计中国林业移动政务社区、移动商务社区和移动人文社区时将会以 MCSM 模型为基础，准确定义每个关键板块，并最终实现移动应用框架的设计和移动端 UI 界面的布局。

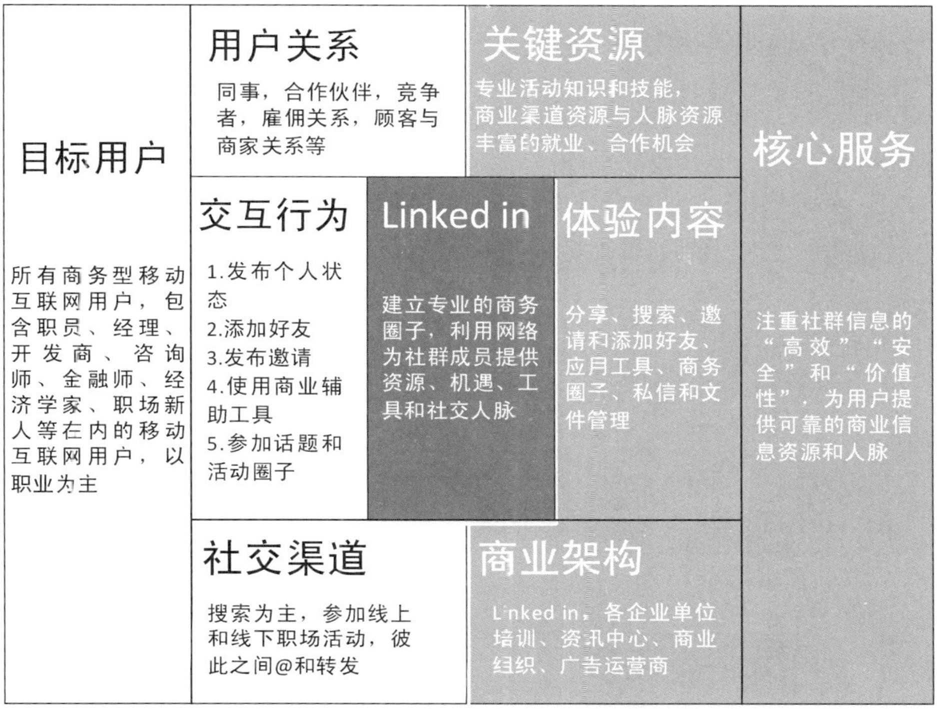

图 7-4 Linked in 网站 MCSM 模型图

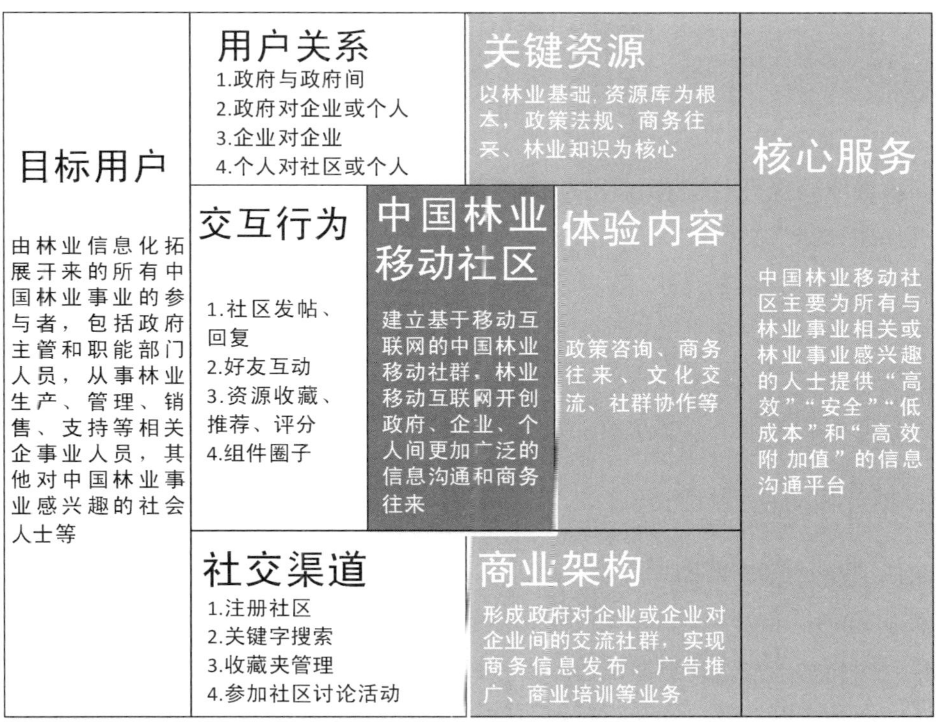

图 7-5 中国林业移动社区 MCSM 模型图

(三)林业移动社区网络架构

遵循“统筹规划、统一标准、联合建设、互联互通、资源共享”的指导方针，林业移动社区按照我国林业自然分布的实际情况，构建基于国家林业局的林业移动社区全国中心，以及分布于东北和西南的林业移动社区分中心。整体结构由三层结构构成，即核心层、分中心层、社区层。其结构构成如图 7-6 所示。

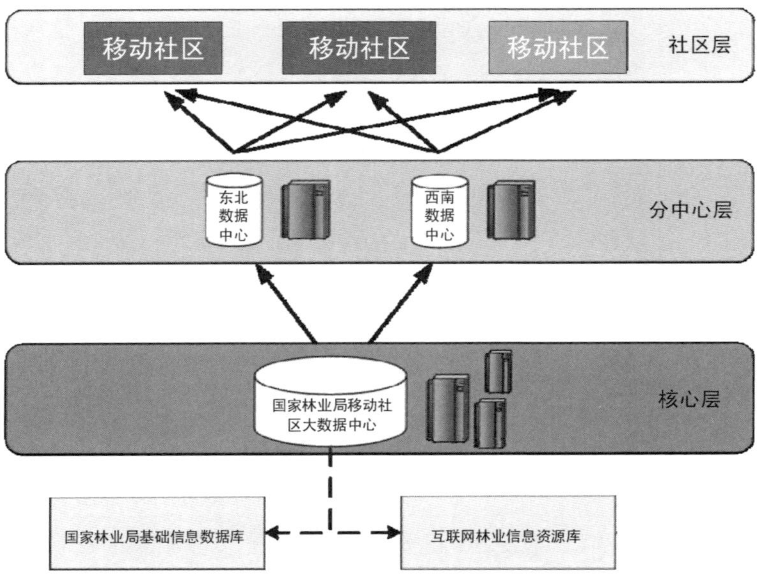

图 7-6　中国林业移动社区及分中心建设结构

在国家林业局现有专用网络的基础上，建立林业数据分中心局域网。现有网络系统骨干层由高性能的网络交换机构成，该交换机能够支持虚拟网 VLAN 和第三层交换，主干线采用 1000M 光纤；接入层由快速以太网交换机组成，支持虚拟网 VLAN，支持 100M 交换到桌面。林业数据分中心网络与国家林业局局域网形成互为补充的局面。林业移动社区结合社区面向用户群体的差异，还会将面向公众的林业移动社区引入到移动互联网中，与更加广泛的移动互联网用户形成互动，如图 7-7 所示。

(四)林业移动社区系统框架

林业移动社区平台提出规范、科学的社区资源信息管理模式和思路，提供相应的社区管理和维护平台，提高对中国林业社区间各组成的信息有效沟通，并能在后台实现对社区动态的实时监控和大数据分析，从而强化对林业社区的精确化和科学化管理水平，实现对林业社区内部资源的有效引导和疏通，通过相互间的协作来激发出更多高价值资源。

林业移动社区的概念是最近几年在 Web 2.0、SOA、云计算等前沿技术大发展的背景

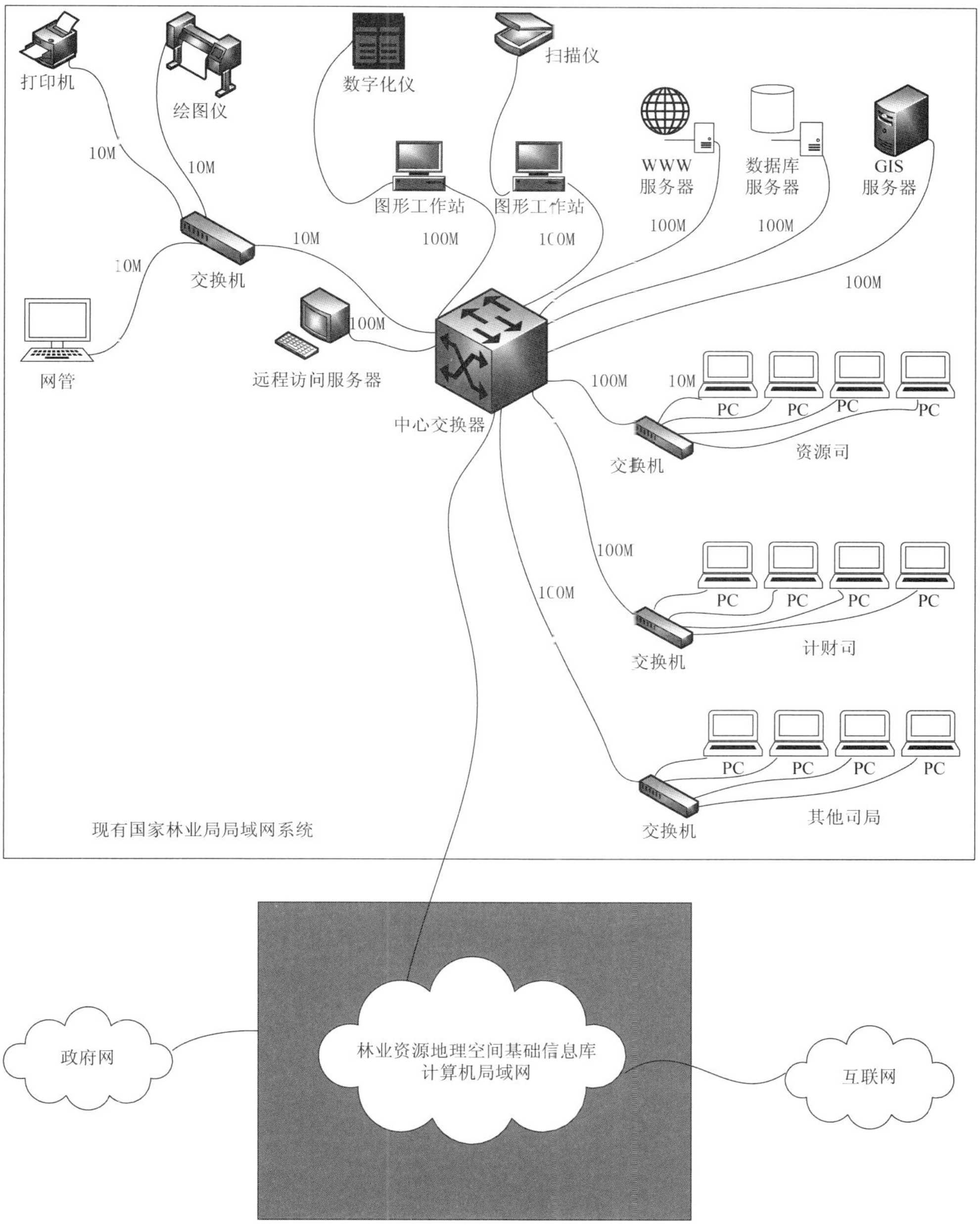

图 7-7　中国林业移动社区数据中心网络结构图

下成长起来的新生事物，因此它在发展过程中必然会考虑应用这些技术，实现一个统一的林业移动社区平台时需要用到的关键技术包括统一登录及开放授权访问、移动端 Web App 展示技术、业务生成技术、基于组件的开发技术及云计算框架等，具体组成如图 7-8 所示。

林业移动社区平台的开发是处在异构网络融合、内容聚合基础上的社会网络服务系统，是移动通信能力和 Web 应用的融合应用。为了将 Web 技术与传统移动通信技术相结

图 7-8　中国林业移动社区关键技术框架图

合，并同时基于 Web 2.0 特性提供易于使用、易于组合和混用、易于扩展的林业移动社区系统，因此我们引入面向 Web 的架构(WOA)，设计基于 Web 2.0 的林业移动社区平台系统体系结构。

WOA 又称为下一代轻量级、遵从 Web 理念的 SOA。WOA 与 SOA 一样，采用相同的设计哲学和理念，也是以服务为中心的架构模式，只是它主要采用来自 Web 的概念和技术来构建服务架构。有以下一些特点：使用 REST 来表示和访问服务；数据交换被编码成 XML 或者 ATOM Feed，在 B/S 架构中也可以使用 JSON 编码；基于 AJAX 的丰富用户体验。

WOA 核心部分主要包括 REST、URL、SSL 以及 XML。基于 WOA 的设计思想和基于组件编程模型的分层策略，如图 7-9 所示。

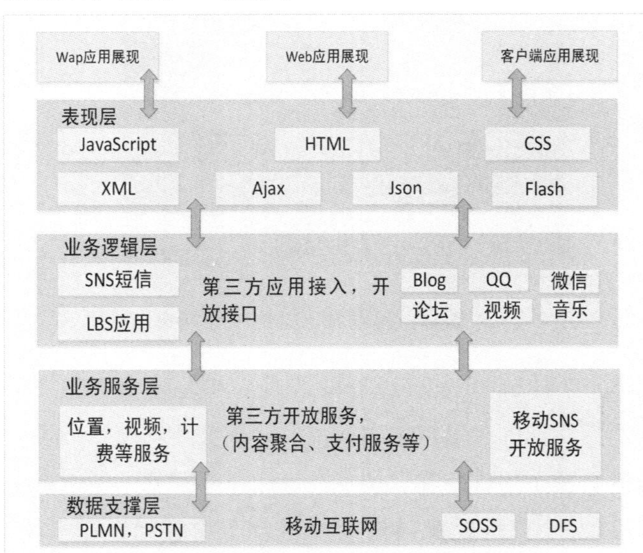

图 7-9　中国林业移动社区组件模型图

林业移动社区服务端的逻辑层次自上向下分别是：表现层、业务逻辑层、业务服务层、数据支撑层，这些层次之间的交互构成整个林业移动社区功能。其中，业务逻辑层负责对林业移动社区的属性和功能进行逻辑控制和服务聚合；业务服务层则能够负责解决异构环境下的数据交换和功能调用等一系列的问题。林业移动社区客户端平台是为支持异构终端设备、异构网络及充分使用终端能力和移动通信能力而提出的支撑软件系统，是部署在移动终端上的林业移动社区应用运行环境，除了具备基本的浏览器功能外，还应支持移动 Widget 的运行。

基于 WOA 的设计思想开发的中国林业移动社区平台总体架构主要包括服务端架构和客户端架构两部分。中国林业移动林业系统总体架构包括林业移动社区客户端和林业移动社区服务端，用户通过客户端 App 或 Web/WAP 浏览器浏览并登录林业移动社区服务端，开展各种社交活动，进行各种休闲娱乐。林业移动社区服务端通过开放 API 将用户数据与第三方应用进行互动，而移动网络的接入不但能为用户提供更加方便的 UGC 创作过程，还能够为第三方应用提供基于移动运营商的增值业务。中国林业移动社区总体框架如图 7-10所示。

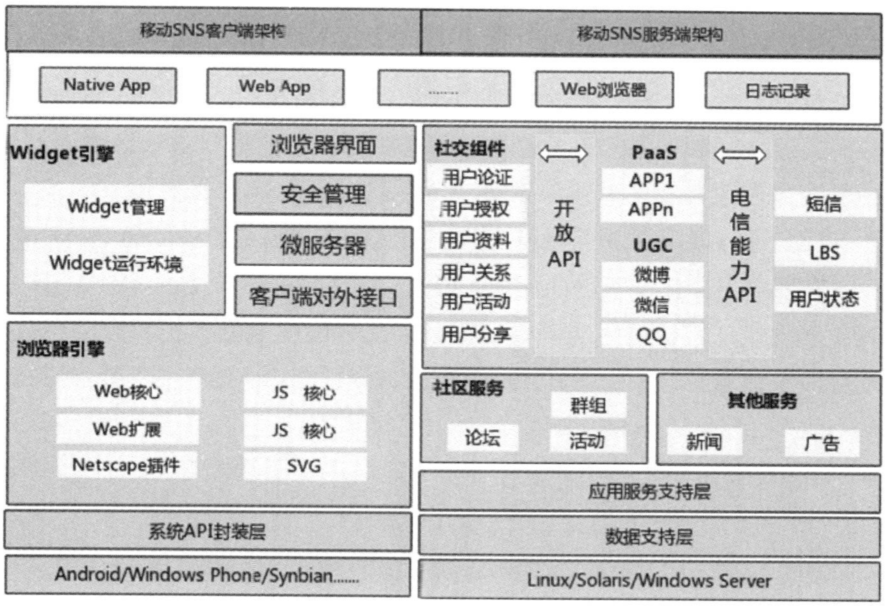

图 7-10 中国林业移动社区总体框架图

（五）林业移动社区系统整合

移动环境下网络社区的建设不同于传统网络平台下的社群，移动社区往往会在网络社区的基础上整合更多第三方功能，即以信息沟通和资源分享的网络社区为基础，同时整合政务、商务、人文等多种信息平台，衍生出一个服务于中国林业完整业务体系的综合性社区平台。

林业移动社区系统整合过程中，需要着重考虑整合过程中出现的数据交换和信息安全问题。对于不同平台间的数据交换问题，需要考虑集群应用、网格技术或分布式文件系统等功能，将网络中大量各种不同类型的存储设备通过应用软件集合起来协同工作，共同对外提供数据存储和业务访问的功能。传统互联网时代，各个网站和服务之间是封闭的，数据无法进行交互，并且，每个系统各自管理各自的用户身份和数据接口。随着移动互联网的迅猛发展，系统之间的相互协作日益增多，开放与共享数据的需求不断增加，使得互联网服务之间的整合已经成为必然趋势。因此在林业移动社区平台建设上，要着重考虑使用开放授权技术来协调各子系统间的数据交换问题。授权技术是数据安全技术研究的重要领域之一，之前主要集中在单一系统对不同用户所能访问数据的授权技术研究，而随着海量数据和云存储的快速发展，授权技术的重点转移到了系统之间 API 访问授权标准的研究。OAuth（即 Open Authorization，中文名称为开放授权）是一个开放授权标准，允许用户在不向第三方应用提供用户名密码的情况下访问该用户在某一网站上存储的资源，如照片、视频、文件等。OAuth 协议为用户资源的授权提供了一个安全、开放而又简易的数据交换标准，因此在林业移动社区平台设计之初要考虑与 OAuth 协议的兼容性。

OAuth 协议为林业移动社区间的协调工作带来了可能，同时还要注意的就是整个系统间的信息安全问题，尤其是林业移动社区在整合了政务和商务子系统后，更要强调信息安全的保障工作。基本的数据加密服务在互联网时代已经不能很好地满足系统安全的需要，利用 OAuth 协议本身可以在不直接触及第三方客户及域内用户私有信息的基础上，通过“访问令牌”和数字签名的形式进行数据交换，因此可以提高系统整体的安全性并最大限度地实现对用户隐私或各子系统数据的保护。同时，OAuth 通过安全的 API 为云环境中各类固定和移动终端提供广泛的接入访问授权服务，最大限度地发挥了协议的开放性和兼容性，有利于系统整体运行效率的提升，同时可以提高系统总体运行的弹性和泛在性。

三、林业移动社区智能餐饮

“民以食为天”，纵贯中华饮食文化史，《黄帝内经》上所说的“五谷为养，五果为助，五畜为益，五菜为充”的食物结构奠定了两三千年的饮食结构，变迁到现代人的生活快节奏下，超市里来自世界各地的食材供应以及加工完备的食品，街道上各国风情的餐厅酒吧，快餐食品、外卖团体越来越多。但是人们忙忙碌碌，很多人从早餐将就到了晚餐，吃得越来越没有“踏实感”。同样对于林业人，虽然对饮食健康有了一定的重视，但由于工作的繁忙又无暇过多研究考虑饮食搭配问题或咨询专业的营养师，因此对于快捷、方便、准确、有效的食谱推荐系统的需求越来越强烈。基于这个问题，移动互联把吃什么、买什么食材、没有时间做、不会做的问题只需一个移动应用端统统解决，真正打造移动社区中的完整的食品链。

基于移动互联网的林业社区饮食应用提供了基于食品数据仓库下的用户管理，管理员信息、用户身体指标信息、食物管理、食物推荐、饮食模板信息、食材处理模块、配送模块，完全按照“用户需求是最重要的”的理念进行设计。本应用的模块基于林业人的角度，他们对于食谱的需求是多样的，例如哪些美食属于当前季节的时蔬，哪些美食是有特殊功效的，哪些美食包含了自己想吃的食材，哪些美食是最新的，哪些食物是适合现在的身体状况的等。林业人通过移动应用下单，对于食材处理均能保证门店在收到订单后，店内各个商品品类部门，就会直接把货架上标准化、独立包装的商品，装进保温袋，再挂至运输系统，自动运至配送人员，时间周期不到一分钟，更能满足林业人的即时性消费需求。配送模块可以使得配送高效化、精准化，使得林业人再也不用为苦苦等待外卖而烦恼，节约了时间，方便了林业人的生活。

(一)移动饮食应用建设

基于移动互联网的林业社区饮食应用由四大部分构成，分别是移动食品数据仓库、智能食谱推荐、智能食材处理、便捷配送。移动食品数据仓库用于提供数据支持，食谱推荐模块、食材处理模块和食品配送模块的正常运行都需要查询移动食品数据仓库的数据。数据仓库处理分析数据是以数据仓库的OLPT(联机分析处理)技术建立多维数据集为基础的。食谱推荐依靠前台交互层把林业人的身体指标信息搜集后，给业务逻辑层发送指令，查询数据仓库中的已有数据，匹配前台交互层的各项数据，反馈给前台交互层，给出推荐的食谱。食材处理依靠移动互联网处理订单后，基于物联网和人工智能的分拣系统，把食材分拣完成。为提高配送效率，专门建立了一套完整的食品配送子系统。智能移动饮食应用整体框架如图7-11所示。

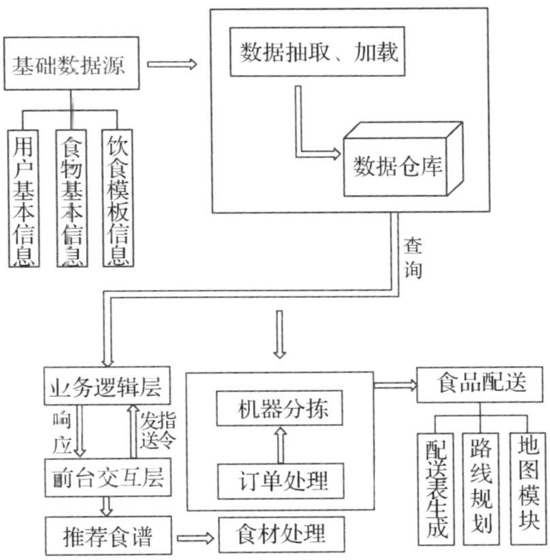

图7-11 智能移动饮食应用整体框架

1. 数据仓库应用模块。传统的数据库应用系统主要是面向事务处理(on-linerTansactionr Pocessing，OLPT)的，是为了捕获数据的需要而设计的，而数据仓库是为了分析数据的需要而设计的，在面对大规模的数据分析时，数据仓库的面向主题的特点能够表现得更加有优势。为了能更加直观和有效地对数据库中的信息进行查询分析，从而为食品链应用中的决策环节服务，需要搭建一个基于数据库系统的多维数据模型，也就是一个多维的数据仓库模型，该数据模型由维表和事实表组成，维表中描述身体各项正常指标和食物的详细信息，事实表中存储相关林业人身体的指标同各种食物之间相关性的一些测量值，通过对事实表的查询，即可得到需要的信息。另外在对构建的数据仓库模型进行查询时，可以选择不同的事实表粒度条件，从而在不同的层次上分析研究各种指标与食物之间的相关性。

采用数据仓库存储方式来重新建立一个多维数据模型，数据的结构沿用以上提到的数据模型，即由六个表构成，为了达到多维分析处理的目的，建立两个维表，也称作维，里面存储的相关信息保持不变，建立的事实表，也称立方体，其中立方体中只提取包括阈值信息的列。接着通过一个 ETL(抽取、转换、加载)的过程把原始数据库中的数据加载到我们的目标数据仓库数据模型中，至此会得到三个立方体结构，立方体的维通过维值的限定得到阈值信息。最后运用基于数据仓库的 OLPT(联机分析处理)技术建立多维数据集来分析数据。

2. 智能食谱推荐移动应用。基于林业人饮食推荐系统的需求分析，整个推荐模块在层次上分别由交互层、业务逻辑层和数据服务层构成。各层的内部是相互独立的，即将各个功能分开，放在独立的层中，通过各层关联的接口进行相互协作完成整体的功能。具前台交互层是系统使用者与系统进行信息交互的界面，主要处理过程是用户通过前台交互层，进行相应的系统操作，相当于将信息发送到系统进行处理，当系统处理完成后，会将结果返回给前台交互层，最后展现给系统使用者。业务逻辑层是接收由前台发出的指令，通过调用相应的业务逻辑模块来完成相应的业务流程，最后将处理结果发送给前台交互层。该层主要包括了用户管理、食物管理、食物推荐等主要模块，它是整个饮食推荐模块的核心层。数据服务层是由系统使用的各种数据库，包含了用户基本信息、饮食模板信息、用户身体指标信息、管理员信息等，相当于底层数据处理，通过向上层提供一个数据调用。而且基于 HTML5 和大数据、人工智能的食谱模块采用了 App Engine Framework 框架，采用 MVC 模式、分层架构和数据仓库，采用 HTML5 实现了林业人在移动端对食谱的访问，通过前台访问后台 Jsp + servlet 处理，结合 json 传值在前台动态显示菜单，对于建立的数据仓库采用大数据和人工智能进行分析推荐。

3. 智能食材处理移动应用。传统食材处理上，表现在订单处理方面是专门安排一个接单人员，接听电话订单做记录，收集短信订单做记录，从业务员手里拿到店面的手写订单，从微信里面看客户所发的订单照片然后做记录。把上面的所有订单录到电脑 Excel 中，然后用 Excel 操作将店面订单整合成采购单，然后各种交叉检验防止采购数量失误，从接收到整理完成到检验至少需要四个小时，时间成本大，并且传统的订单处理存在由于记录有误导致缺货，相加错误导致采购数量不足的风险。在分拣货物方面，传统的操作是等待货物进到库房，大家按照原有的规划，各分各的，一般有两种方式，一种是按食材种类分，分完一种分下一种。另外一种是按店面来，一人负责一个店面，分完一家做另外一家。可能会产生分拣错误、装错车、人员流动的风险。

移动互联网下的食材处理环节，采用了人工智能和机器视觉等技术手段，通过调查林区人下单的各种形式，直接安排研发人员开发一个订单处理程序，具体的功能表现为：可以微信下单，林区人员直接发送短信后系统读取生成订单，支持上传 Excel 格式的订单，智能采购系统（就是根据林区人的下单习惯生成订单，林区人只需要每天查看一下是否需要调整数量和种类，如果不需要就直接点击一键下单即可）。如果所有的林区人都微信下单，那么每天的订单就林区人自己在微信上下单完成，中间不需要任何人工参与，即可完成订单的拆分和整合，而且是瞬间。整体操作方式，先优化流程，然后开发程序匹配流程，通过接入电子秤实时传输重量数据打印，引入标签体系、扫码枪，到一定程度将会引入分拣流水线，将人工成本降到最低，能日夜不间断无错误地分拣。

4. 智能食品配送移动应用。智能食品配送移动应用包括信息注册模块、订单提取模块、定位模块、位置搜索模块、电话拨打模块、路线规划模块。信息注册模块面向外卖商家，旨在提高外卖商家自配送速度和林区人体验。订单提取模块需要根据出餐顺序生成配送表，在生成订单配送表的同时对时间段内订单数量设定阈值，阈值大小根据配送实际和配送经验作出调整。参考配送员配送力大小将配送订单表阈值数量内的订单分配给指定配送员，根据各订单信息建立最优的配送路线，发送到配送终端。定位模块可以显示导航地图，实时显示送餐员地理位置，还包括放大地图、缩小地图、最佳路径查询等功能。页面布局以地图显示为主界面，将各种功能以按键的形式置于界面之下，方便送餐员操作，另外还需有退出功能。最佳路径查询是方便送餐员搜索自己位置到送餐地点的最佳路径。

（二）移动饮食应用功能建设

1. 食谱推荐功能。食谱推荐功能完全遵循“用户需求是最重要的”的理念。从林业人的角度，他们对于食谱的需求是多样的，例如哪些美食属于当前季节的时蔬，哪些美食是有特殊功效的，哪些美食包含了自己想吃的食材，哪些美食是最新的，哪些食物是适合现在的身体状况的等，如图 7-12 所示。

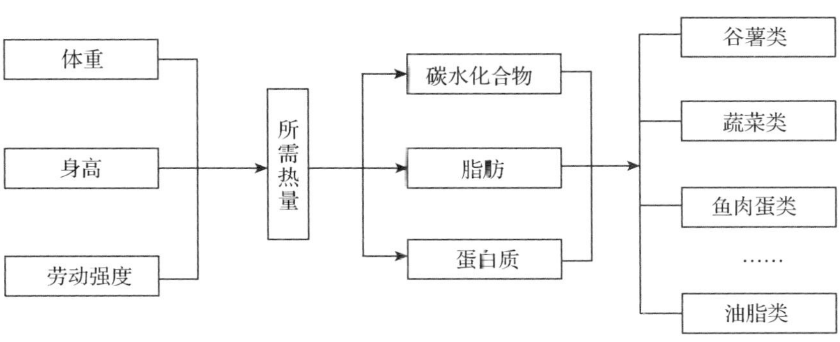

图 7-12　食谱推荐功能图

林业工作人员在这个移动应用申请了用户账号后，登录自己的账号后可以提前设置自己的偏好、忌口、食量、劳动强度。之后只需把手指放到移动端的一个智能检测模块区域就可以检测当前的身体各项指标，包括微量元素、维生素、蛋白质、纤维素以及温度、血压、脉搏等，之后测得的各项指标便存储到数据仓库，得出一天的饮食中所需要摄入的热卡、营养比例，运用基于 User 的协同过滤算法和基于 Item 的协同过滤算法，把这些营养摄入转换成三大营养成分的交换份，确定六大类食物的交换份数、食物份数的餐次分配，将食物份数换算为具体食物重量。根据已得到三大营养成分把食物的营养成分具体地归类到最终营养成分交换份中，如谷薯类、肉鱼蛋类等，最后参考用户的基本信息（如提前设置好的偏好、忌口）和数据仓库中存在的菜谱表，在此基础上推荐最适合用户食用的菜谱模板。

2. 食材处理功能。未来的食品链应用集成了食材处理的功能，移动应用背后直接联系供应商家，拥有一套自动化运货设备，从前端体验店到后库的装箱，都是由物流带来传送。具体的拣货流程：如果林业人到店消费，选完货就可以直接通过物流输送带送到收银台；如果林业人通过移动应用下单，门店在收到订单后，店内各个商品品类部门，就会直接把货架上标准化、独立包装的商品，装进保温袋，再挂至运输系统，自动运至配送人员，时间周期不到一分钟。与此同时，也在一分钟左右，店员会从库房提取商品补充至货架之上，并且配送效率极高，无论是在门店购买，还是直接通过移动应用下单，均能保证快速送达。这种配送效率不仅能保证生鲜产品的新鲜度，而且能满足林业人的即时性消费需求。如果是通过商家的厨房，也就一分钟的时间，就可以实现从仓库到厨房。

3. 食品配送功能。食品配送具有五大功能，如图 7-13 所示。

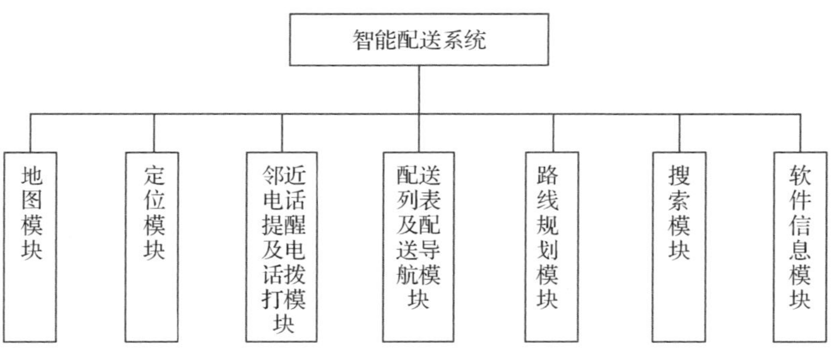

图 7-13　食品配送功能图

（1）定位功能。配送员需要实时地知道自己当前所处的位置。并且可选择的定位模式有三种：一种情况下地图总是以当前的位置为中心点，地图随着用户的移动进行相应的移动，这种情况方便于探路；另一种情况是地图保持不动并不随用户的移动而改变中心点，这种情况方便于定位自己与某参照物的距离和方向；最后一种是在跟随用户的基础上改变地图视角并且加上罗盘功能的罗盘模式，配送员可根据自己的需求对这三种模式进行选取。

(2)本地化地理位置搜索。可根据一个小区名称进行搜索，系统根据数据库所存地理位置信息，把所得结果按距离排列显示，同时还要显示出该位置与用户的距离。

(3)邻近提醒及电话拨打。在实际配送过程中，配送员虽然已经知道了该地点的地址，但是由于对林业社区不熟悉，即使他找到了该地点，或者该地点就在附近，他也不能确定这个地点是否是自己想找的地理位置，此时就需要用到邻近提醒功能。有了邻近提醒功能，用户在寻找配送地点时就会更方便；当临近提醒功能生效时，系统将自动询问是否拨打配送订单用户电话，联系林区人收取餐品。

(4)路线规划功能。由于需要配送的餐品订单配送位置以及下单时间不一致，所以需要规划出一个以配送时间为优先级的配送路线，并且考虑配送员是步行或者使用非机动车的情况下，进行路径规划，尽可能多地让大部分订单的配送时间在规定的配送时间窗内送达。

(5)配送列表及事务提醒。由于配送员经常会根据自己的经验以及方便程度来配送所有的订单，这样就不能实现本系统所要的目的，所以配送员只能看到根据路径规划结果排序的配送列表。列表上显示当前配送目标以及与目标相关的事物提醒内容。当前配送目标完成后自动显示下一个配送目标。

这套专门连接林业人和配送员的移动应用，智能的配送调度系统就像配送网络的中枢神经，当林业人需要配送服务时，只需在移动应用上下单，系统将采集到的配送信息发送到配送员的调度系统软件中，同时配送员的配送进度也能反馈到配送系统中。

四、林业移动社区智能住宿

目前，共享经济正以前所未有的速度影响着各个行业以及社会大众，当然，林区居民也不例外。据预测，到2020年，共享经济规模将达到中国GDP的10%以上，共享经济拥有巨大的市场。随着共享经济模式的出现和移动互联网技术的不断发展，短租作为一种新兴的商业模式应运而生。为方便林区人民，基于林区的特殊性，以及林业工作者工作的特殊性，在移动互联网的发展下，建立林业人、林区人的共享住宿模式。

共享经济又叫“协同消费”、“合作式消费”，指资源所有者将自己闲置的资源拿出来，供给那些需要的人有偿使用。在线短租是指“房屋的承租人通过互联网的方式查阅及预订短租住房，并与住房的所有者或经营者通过线上平台支付房费，线上平台通过房租佣金或广告费模式盈利”。其特点就是在线短租企业所有交易均在线上完成，而使用体验则是在线下，属于典型的O2O行业。在线短租最早起源于美国，成立于2005年的Home Away和成立于2008年的Airbnb是该行业巨头代表。随着移动互联网的不断发展，国内的分享经济模式也不断兴起，分享经济正在改变传统的经济模式，改变着人们的生活。2011年开始，国内企业也纷纷仿照 Airbnb 与 Home Away 推出在线短租平台，主要有途家、小猪短租、蚂蚁短租、爱日租、游天下等。

这些短租平台为房东和租客搭建了在线沟通和交易平台，房源主要来自于公寓、普通民宅、家庭旅馆等不同类型。房东可免费发布房源信息并进行推广，为自己带来收益；租客则可在这些短租网站上搜索，找到自身需要的高性价比的优质房源。商业运作流程可分为以下七个步骤：一是房东在短租平台免费发布房源信息；二是房客根据自身的需要在平台上寻找房源并预定房间；三是房东完成在线确认；四是交付定金，通过短租安全支付；五是房客入住并通过短租安全支付尾款；六是房客入住后，系统会自动支付房费；七是租客在网上平台完成评价。其运作模式如图 7-14 所示。

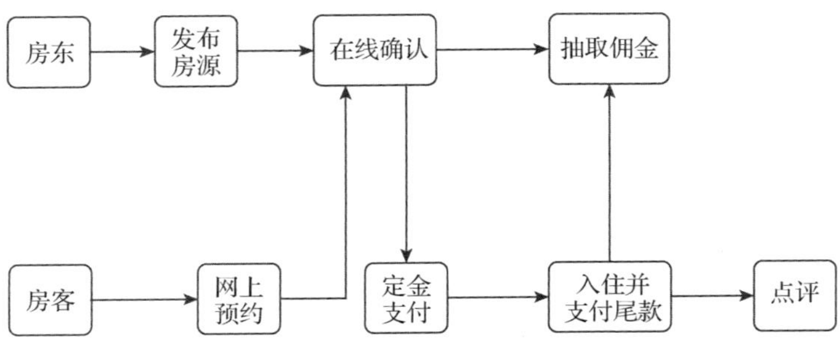

图 7-14　林业社区智能住宿运作模式图

在线短租作为在外出行中非常重要的“住”，便利的消费方式、独特的居家体验和价格优势，吸引了更多消费者青睐。从盈利模式上来看，大部分纯线上服务的网站都是以佣金为主要的盈利点，而途家这种产业链中包含线下部分的企业，酒店运营收入和在线平台费用共同作为其盈利来源。

由于历史还有地理的因素，林区具有一定的复杂性和特殊性。对于满足居住条件的林区，随着国家政策的不断推进，大多居民都从山林搬到了山脚下；2009 年，国家发展与改革委、住房和城乡建设部在政策和资金等各方面给予了重点安排，把国有林区棚户区改造作为一项重要内容来抓，近几年各个国有林区棚户区实现了大规模的改造，各国有林区管理的林场内的员工实现了从住棚户区到“放心楼”的转变。甚至有些地方已经形成了旅游区，应用移动互联网技术，形成了对于这些林区的房屋共享应用。

对于林业工作人员，每到春秋森林防火期间，各防火办、瞭望台、检查站、护林员都要 24 小时在岗值守，各森林消防队伍也要 24 小时值班备勤，对森林、林木和林地火灾进行预防和扑救。在这期间，他们的居住条件是极其恶劣的，为改变这种情况，应用移动互联网技术，一套对于工作人员的房屋共享应用应运而生。

（一）林区普通居民的共享公寓

目前的短租运作模式有一系列的弊端，如互信度低、服务质量良莠不齐、安全隐患、商户孤立、房间管理困难、渠道发布佣金高等一系列问题，针对这些问题，应用移动互联网技术，为林区居民建立一个短租管家应用解决这些问题，使林区居民的闲置房屋很好地得到利用，成为共享房屋，同时获得额外的收入。

短租管家应用旨在设计一套完整的房源和房间管理软件，把林区景点处的闲置房屋集中收集起来、帮助林区居民高效地管理房间。短租管家系统以林区居民的闲置房屋为主要管理对象、订单为基础数据展开业务流程，整体上体现了业务模式和数据来源一体化的思想；在平台侧渠道设置处提供的多维度参数设置，可以让系统根据不同时期的分成设置来均衡各侧角色的收入，体现了系统的灵活性。通过该应用出租林区居民的闲置房屋，不像现在市场上存在的短租应用要向商户收取服务费，此应用是专门为林区居民开发的，不收取任何中间费用，如图 7-15 所示。

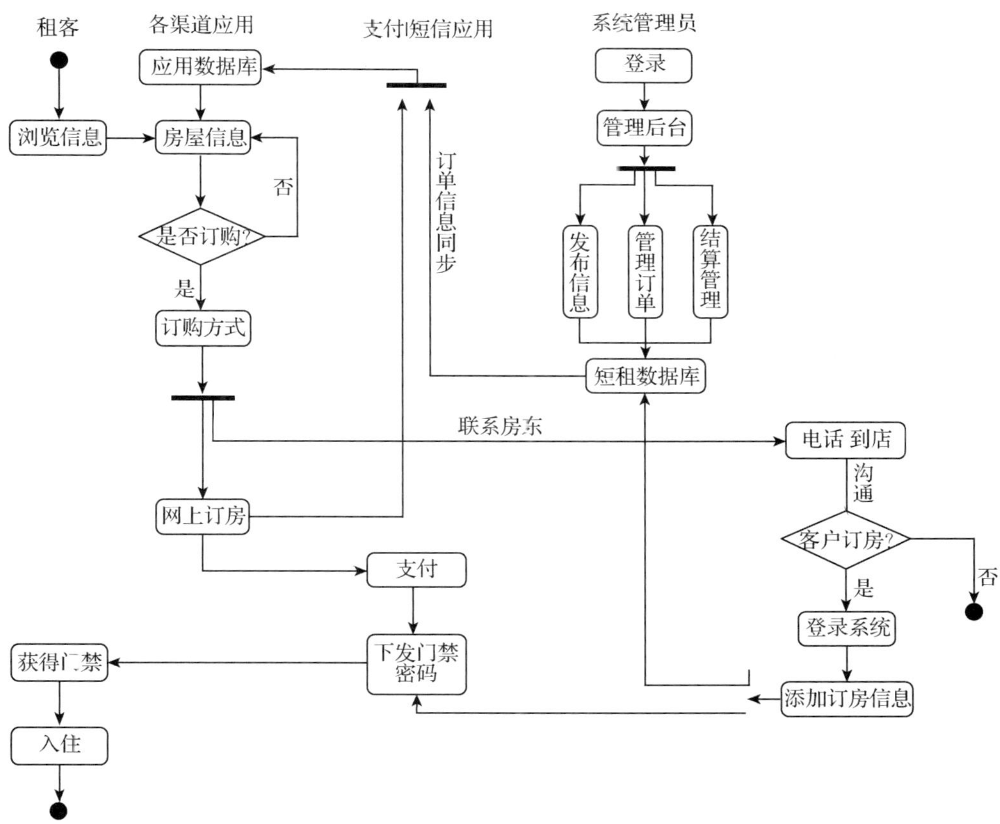

图 7-15　短租管家系统操作流程

（来源：张萍，《短租管家系统的设计与实现》，2015. 04）

线上订单的操作流程如下：

租客于移动应用处浏览短租管家的房源信息，移动应用根据租客的点击获取该处房源的位置、价格、是否空闲等各个信息并展示。

租客确定预定该房源、支付对应的款项。

第三方平台生成订单，并通过接口同步给短租管家数据库。

短租管家系统将该处房源所剩套数减少，并通过最优排序法优先安排利用率最高的房间。

一旦林区居民选择接受渠道订单，所有订单的往来是不需要手动操作的，系统自动判断剩余房间、下单后自动锁定房间、自动判断商户预订的房间定金、自动安排近一周内产生订单最多的房间。

线下定单的操作流程如下：

租客到店或电话联系林区居民，询问房源的整体情况以及是否有空余房间。

租客确定预定该房源，可选择与商户协商支付对应的款项。

商户在短租管家商户侧自行选择房间，生成自管定单、输入租客基本信息。

短租管家系统将房间预订情况同步到各个第三方渠道，更新渠道剩余房源信息。

线下订单主要是商户和租客互动产生的。凭借自身的服务态度或经营方式拉取的回头客，有利于商户提升自己的服务意识，巩固自身的竞争力。

（二）林业工作人员的房屋共享

林业工作人员在岗值守林区期间的居住条件是很差的，移动互联网的应用将改变他们的生活环境。一大批用于林业工作人员居住的公共住房伴随着智能化的设备家居出现在工作地点，只要工作人员有需要，打开移动互联的应用，像现在打开共享单车的 App 一样，就可以找到哪里有休息的地方，而且结合了地图的定位功能，可以方便地知道自己目前的位置和距离最近的空闲房屋以及该房屋的门禁密码。

具体操作步骤：

管理员对所有林业工作者都完成在移动应用上的注册并设置密码（由于是针对林业工作者的，所以不具有注册功能，只能由管理员提供给大家用户名和密码）。

林业工作者通过用户名和密码登陆应用，上传本人的身份证、工作证等，建立所有林业工作者的基本信息数据库。

当在山林巡山期间或者值班期间，如果需要一个休息的家，打开移动端的此应用，寻找就近房屋。

申请使用具有某编号的房屋，获取房屋门禁动态密码，密码每 5 分钟刷新一次。

根据移动应用上提供的路线找到房屋。

在门禁处输入动态密码。

该移动应用是专门针对林业工作人员的系统，居住房屋也是完全免费的，房子里面有一个专门用来做家务的机器人，每当前一个人离开后，在移动应用上点击打扫，机器人就会把房屋收拾得一尘不染，床单被罩全都换成新的，确保下一个工作者的使用。

移动互联网的应用，使林业工作者在繁重的劳动中得到充分的休息，保障了林业工作者的居住条件，使服务更人性化，由于中间不用经过第三方，直接通过移动应用来获得房屋短暂的使用权，极大地方便了林业工作者，让使用更加方便快捷。

（三）林区旅游人员的房屋共享

随着物质生活水平的逐步提高，人们的精神需求也不断提高。人们在闲暇之余，越来越倾向于进行观光旅游，林区是观光旅游的一大去处。外出时，衣食住行各个方面都考虑周全，游客才能在林区观光游览时充分地享受林区的美景，身心得到充分的放松。移动互联的应用将解决他们的住宿问题，实现房屋共享，实时方便地掌握房屋情况，使得在外旅游时也能得到充分的休息。

林区旅游人员的房屋共享主要从以下几个方面实现：

1. 在移动终端上安装移动应用。如美团、携程等。美团移动应用有专门的模块是提供酒店住宿的，游客可以在美团客户端酒店住宿模块输入目的地、住宿时间和地理位置或酒店名称，便可方便地查看符合需求的酒店（图 7-16）。

图 7-16　美团客户端 App

2. C2C 模式下的在线短租。在线短租是指房屋的承租人通过互联网或移动互联网的方式查阅及预订短租住房，并与房屋的所有者或者经营者通过线上平台支付部分或全部房费，线上平台通过房租佣金或广告费模式盈利。小猪短租（图 7-17）和爱彼迎是典型的短租平台。

图 7-17　小猪短租 App

五、林业移动社区智能交通

社会经济在不断增长的同时，带动了人们生活质量的提高。然而出行是人们生活的必需，但是由于机动车数量的迅速增加，使得人们不得不面对巨大的出行压力。林区同样也面临这样的问题。

飞速发展的智能交通正在使用最新的信息技术来提升信息的获取和提供手段，使交通信息参与各方的信息共享更加丰富和透明。目前，以智能终端为载体的移动互联网已经迎来了爆发式增长，这为智能交通提供了新的应用手段和发展机遇。移动互联网背景下，交通参与的主体林业人能够通过各种移动端如微信、百度地图导航、谷歌地图导航等或移动智能终端实时获取交通供给情况和发送交通需求给智能交通中心控制系统。例如林业人能够通过手机等移动智能终端获取当前最新的路况信息和交通工具的营运信息，并且能够将自己的目的地和计划乘车路线、时间等信息发送给交通运输企业和交通设施管理者，而智能交通中心控制系统通过综合计算将优化的交通出行安排发给交通出行者，使其出行更为便捷。

（一）智慧交通移动应用

林业社区智慧交通移动应用由五大功能子系统构成，分别是实时路况子系统、信息查询子系统、智能共享单车子系统、无人驾驶共享汽车子系统和共享直升机子系统。

1. 实时路况子系统。作为出行信息服务系统的重要内容，出行信息发布系统通过发布各种诱导信息，使林业人由传统的凭经验随机出行逐渐变为在已知路网运行状态下理性地自主选择出行路线和出行时间，以疏导交通流、保持道路的最佳通行能力及提高交通安全度。其中的系统统一入口控制模块管理发布系统中的其他子模块，接收来自林业人的登录信息，主要包含用户管理、系统资源管理和安全管理。用户管理主要包含用户验证和用户授权。它保证只有合法的用户才能进行图形化信息定制，获得相应的图形化服务。系统资源管理是用户定制的基础，它能提供给用户所有的定制化的资源，并将用户授权和系统资源结合起来。安全管理主要实现数据加密和权限控制。图形化信息发布模块是用户进行图形化信息定制的部分。用户根据业务范围定制图形和系统功能，通过路径构造产生图形概貌，形成个性化图形定制，存储到图形化文件中。同时，还给用户提供路径着色机制，使用户能够很好地和图形化信息进行交互。其中图形的整体是在图形编辑模块完成的。这里可以展现图元之间以及用户和图形之间的交互。

2. 信息查询子系统。提供林业社区附近共享单车分布、距离最近的共享汽车停车场、共享直升机使用情况、更换交通工具推荐路线的结果与切换功能。查询输入子模块提供定位和输入功能；提供站点输入功能；提供线路功能的线路输入功能。数据获取子模块根据共享单车、无人驾驶共享汽车、共享直升机的选择为前提，获取单车、汽车、直升机的所有可能线路的相关数据，包括线路经过的道路、线路中先后使用的交通工具等。查询计算子模块获取查询输入子模块中提供的查询数据，根据数据获取子模块中提供的数据计算，得出最终结果信息，比如线路距离、各个给出线路需要花费的大概费用。结果显示子模块获取查询计算子模块中得出的最终结果信息，林业使用者可看到详细的结果信息。

3. 共享单车子系统。共享单车出行，不仅仅是一种健康、环保的出行方式，也能强身健体，增强体魄。同时，公共自行车出行也是林业人短距离出行的首选交通方式，在一定程度上来说，是其他交通工具无法取代的。它不仅有利于缓解林业社区交通堵塞，还能减少大量使用机动车带来的环境污染。公共自行车作为一种便捷的交通工具，实现了慢行交通与公共交通的对接，能够完美地解决交通末端"最后一公里"问题。通过移动客户端，林区人可以提前预约想要用的单车，找到单车后扫二维码或者蓝牙链接以后开锁或者手动开锁，用完单车把车锁上并将其放到指定的区域。

4. 无人驾驶共享汽车子系统。该系统具有"人、车辆、车站、道路"一体化的智能化监控、调度、管理、信息服务功能，主要由六大模块组成，包括公司车辆租赁模块、私车加盟共享模块、拼车模块、充电管理模块、车辆管理模块、计费收费模块，前三大模块分别对应了三大功能主体，共同服务于林区人共享租赁电动车辆，在用户端显示，供林区人选择使用；后三大模块在后台显示，供系统管理人员使用。公司车辆租赁模块的主要功能是对公司租赁的车辆进行管理，包括车辆预约、车辆远程监控、车辆计费、车辆充电、车辆返还等。私车加盟共享模块主要功能是对私车加盟租赁共享系统进行管理，包括私车注册、私车预约、私车远程监控、私车计费、私车充电、车辆返还等。拼车模块是对拼车用户使用车辆进行管理，包括用户注册、用户拼车预约、用户拼车计费等。充电管理模块是对所有共享车辆的充电状态进行监控，并提供相关充电设施信息，提供充电预约、充电时间管理等功能。车辆管理模块是对车辆内的所有使用情况及道路的上的各种情况实时地反馈到后台运营中心管理系统，具有车辆锁定、车辆信息反馈、车辆导航等功能。计费收费模块提供车辆的计费方法、计费原则、计时收费等功能。

5. 共享直升机子系统。无线电定位系统提供飞机位置坐标，其数据通过异步接口提供给机载遥测系统。所有的模拟通道数据都需要经过信号调理器对其进行隔离、信号变换、放大整形成为低阻抗电压信号，以供数据采集器采集。数据采集器的功能是采集经过信号调理器处理后多通道模拟信号，同时接收由机上遥控系统输入的并行遥控回传指令以及由无线电定位系统和导航控制计算机输入的异步数据。并且对所有输入量进行加密、编码、组合成遥测数据帧，最后将数据以串行码流的方式提供给遥测发射机。

(二)智慧交通移动应用功能建设

1. 共享单车功能建设。未来的共享单车是无人自行车，应用人工智能、深度学习、大数据和云计算技术。它可以在没有驾驶者的情况下识别自身定位，查看四周物体，保持车身平衡，并通过传感器识别周边环境和物体，自动避开障碍物，预计将发生的情况并及时作出应对，实现复杂路况下的自动驾驶。除了适应复杂路况的能力外，它还能分辨出自己的“主人”，不管人在哪里都可以叫自行车去接。由于自行车的智能化，在骑车的时候可以看电视、工作，大大节省了时间。而对于孩子们来说，由于直行车可以总是保持平衡，大人们便不会担心小孩骑车摔倒或发生其他的事故，而且自行车成为了孩子们最喜欢的玩具，想要出去时只需叫一辆自行车就可以想去哪里去哪里了，大人们在工作或者做家务的时候也不会因为孩子的要求不得不放下手中的活了。智能共享自行车使骑车实现更安全、更智能、更简便、更方便。

当林业人从家门口去超市的时候，距离很近，不值得打车，又不想走路，只需打开移动端的应用，选择骑行，定位自己的位置，只需原地等待，自行车便会主动出现在面前。

并且，如果骑车去上班的话，工作汇报没有做完，可以边骑车边在笔记本上工作，在公司在家里在自行车上，随时随地都能够工作。

2. 共享汽车功能建设

(1)车间通讯功能(图 7-18)。从汽车行驶安全的角度出发，结合无线通讯的优势，未来骑车应用新型车间通讯技术。这种技术巧妙地应用了专用短程通信网络，使汽车在行驶过程中，可以对道路上其他车辆的行驶位置和速度进行实时监控及测量。减少行驶中汽车之间发生碰撞事故，从而提高汽车运行的安全性。

图 7-18　车间通讯功能实例图

(来源：周路菡，《人工智能下一站——无人驾驶汽车》，2017. 02)

(2)路面识别功能(图 7-19)。超声波感应器对车辆前方 5 米远处的路面进行扫描，接着将获取的数据与数据库中的路面数据进行比对，判断将要行经的路况特征，然后选择最佳的“地形响应模式”。

图 7-19　路面识别功能实例图

来源：周路菡，《人工智能下一站——无人驾驶汽车》，2017. 02)

(3)地形速度自适应功能(图 7-20)。利用立体摄像头扫描车前方最远 30 米的地面，再将地形数据和加速度、转向、底盘高度、泊车传感器等数据结合起来后作出预判，然后与目标车速匹配，自动调整车速以适应地形条件。

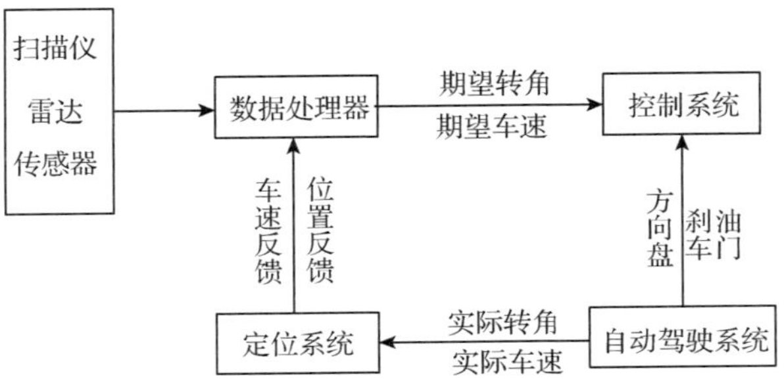

图 7-20　地形速度自适应流程图

（4）自动呼救功能（图 7-21）。汽车呼救功能使汽车万一发生交通事故时，车载传感器能够及时地感应到汽车的故障信息，再通过卫星定位获取相应的汽车位置信息，并利用无线通讯技术，将相关的信息发送给事故救援部门。这一功能的加入在汽车发生事故的时候，可以有效地缩短呼救的时间，降低事故所造成的损失。

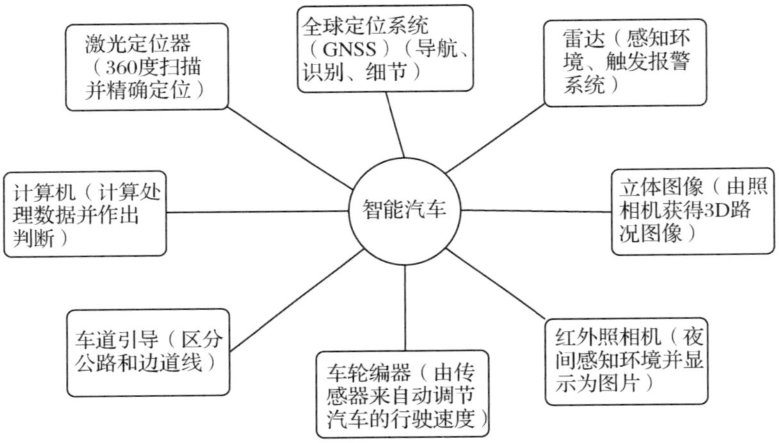

图 7-21　自动呼救功能图

3. 共享直升机功能建设。直升机是典型的军民两用产品，可以广泛地应用在运输、巡逻、旅游、救护等多个领域，直升机的突出特点是可以做低空（离地面数米）、低速（从悬停开始）和机头方向不变的机动飞行，特别是可在小面积场地垂直起降。由于这些特点使其具有广阔的用途及发展前景。在民用方面应用于短途运输、医疗救护、救灾救生、紧急营救、吊装设备、地质勘探、护林灭火、空中摄影等。直升机有许多其他飞行器难以办到或不可能办到的优势，受到广泛应用。将直升机用于林业中，成立一批共享直升机供给林业工作者使用，只要取得了直升机驾驶证，并且符合相关规定，林业工作者在需要的时候就可以通过移动互联应用取得共享直升机暂时的使用权。如：给巡山林业工作者送去食物、衣服、工具等。甚至直升机会取代目前的需要人力值班的瞭望台，而不是按照传统的靠人力去 24 小时在瞭望台上观察来防范火灾。只需要智能预警系统为主，人力观察为辅，但并不是在瞭望台上观察，而是用直升机在空中观察监测。

六、林业移动社区智能服务

随着社会经济及信息技术的不断发展变化，人们对生活质量的要求越来越高，工作节奏加快、生活多元化，对社区环境的安全性、舒适性、效率性都提出了更高的要求，智能终端产品在林业人的生活中起到了越来越重要的作用。将智能终端产品与移动端应用相结合，为用户更好地服务，已经成为不可阻挡的趋势。家居产品是生活中不可缺少的一部分，基于移动互联网的智能服务产品在功能上更智能化，交互方式更多样化，对用户体验的要求更高。在当今的社会中，“保姆”、“钟点工”、“家庭护理”这些已被人们熟知和接受的称谓，在现代家庭中扮演着不可缺失的重要角色。对又要上班又要进行各种社交活动的白领人士来说，需要一个“钟点工”来打理繁琐的家务事；对年迈多病的居家老年人而言，需要一个细心体贴能干的“保姆”来照料日常饮食起居；对正在坐月子的产妇和婴儿，需要一个“家庭护理”，让产妇和婴儿得到周全而科学的照顾；对于工作繁忙的林业人来说，也需要一个“保姆”来帮忙收拾家务以减轻生活的负担。移动互联依靠人工智能和机器人解决了这个问题，最大的特点是一天 24 小时都能让主人感到满意，当你需要服务的时候它招之即来，当你不需要的时候它挥之即去，不会打扰你的思绪，更不会给你添任何麻烦。

（一）智能服务移动应用

1. 智能机器人服务系统建设。它是一个高科技产物，是从工业机器人演变而来的。在工业机器人基本功能的基础上，对其机械结构进行了改造，并赋予其人的外形，看上去使它更像个人。除“手”、“脚”、“五官”齐全外，这种高级机器人还具有仿真肌肤，看上去并不是一个“冷冰冰”的铁家伙。智能机器人更重要的部件是一个隐藏在内部的“芯”，这颗相当于电脑核心 CPU 的集成电路芯片储存着“电子保姆”所有看家本领的智能软件。“电子保姆”正是依照其量体裁衣度身定制的智能软件来指挥“手”、“脚”、“五官”，完成各种家务和工作指令的。

它的身体各个部位安装了诸如高分辨率摄像头、激光测距仪、传感器、惯性测量单元、电子收发器、触觉传感器等用来传递和处理信息的元器件，用来完成主人与它之间的信息交流。这包括把发出的指令变成电子信号送达控制电路，调用相应工作程序，也包括把“电子保姆”自身接触到的周围环境状况变成电子信号，并启动相应软件做出反应。更令人感到惊喜的是，它还与人类一样具有喜、怒、哀、乐等表情，使主人感觉更亲切、更温馨、更人性化。

2. 智能电网服务系统建设。智能电网是以物理电网为基础，将先进的传感测量技术、通信技术、信息技术、计算机技术和控制技术与物理电网高度集成而形成的新型电网，它可以为用户提供可靠、经济、清洁、互动的电力供应和增值服务。创建能源服务云和制定一系列接口规范为基础，根据接口规范进行开发并在其管理平台上部署接口，将智能设备采集的数据及控制信息与能源服务云平台交互。能源服务云通过集成各智能设备采集的数据，可开展基于用户数据信息的大数据分析，通过智能设备或者直接为用户提供更多针对性的增值服务。除此之外，智能电网还可通过能源服务云的数据集成分析服务，实现与其他数据及能源数据的集成，突破信息孤岛的壁垒，通过与能源服务云的协作，为用户提供更全面的服务。

(二)智能服务移动应用功能建设

1. 智能机器人服务功能建设

(1)家居帮手。智能机器人有一双能直立行走的双腿，十分灵活。放在林业人的家里，可以帮助其干很少事情，林业人的手指到哪里，它就会走到哪里，就像一个贴身保镖与它的主人形影不离。可以与人流利地对话，而且遇见客人的时候还会辨貌喊人，主动与人打招呼，甚至可以为他人开道引路、送茶倒水。

林业人在上班之前可以把一天之内要做的事一一吩咐清楚，就无须再为它操心，等到下班回家，可以看到吩咐它做的事情已经全都井井有条地完成了。例如，自己开门，找到插头并给自己充电，能拖地和吸尘，帮助林业人找出脏衣服，洗干净并烘干，最后把它们折叠好或者挂衣架上。当林业人下班后，它可以打开门迎接主人回家，之后打开冰箱取出啤酒、给主人端茶送水等。它不仅可以在林业人的要求下完成一些任务，甚至可以读懂人的心思，因为它可以通过分析人们的动作而判断下一步的行动。比如，午饭过后，希望将剩下的饭菜收好放入冰箱，机器人看到你把食物放进一个饭盒，它便会去把电冰箱门帮你打开，而这正是你本来想做的下一个动作。

(2)报警功能。智能机器人有一双特别敏锐的眼睛和一副特别灵敏的耳朵，用这双“火眼金睛”和这副“顺风耳”可以分辨周围一切细微的变化，不会遗漏任何一点可疑情况。一旦发现偷盗或其他异常，它会立即将异常情景拍摄下来，并启动自身系统中的移动互联网应用把拍摄到的照片送到主人的电子信箱或通过电话向主人报警。

(3)电子保姆。除了以上功能外，它还可以陪伴人们玩耍，更是宝宝的好伙伴，它有40种面部表情的“电子保姆”，专门用来陪伴儿童。它的“内芯”储存有诸如幼儿教育、益智游戏等软件，它可以像老师一样辅导小朋友完成家庭作业，解答疑难问题。其中，最特别、最受小朋友喜爱的地方就是它有讲不完的故事和玩不厌的游戏，让小朋友十分愉快地度过在家的时光。更令家长满意的是，这种智能型“电子保姆”不仅会看护好小朋友，而且能分辨出什么是益智游戏，什么是小朋友不宜的事情。首先，“电子保姆”会变得更加“自立”。主人无须使用遥控器，便可直接与它对话，指挥它做各种各样的活计。其次，“电子保姆”会像人一样学习思考，对从来没有做过或遇到过的事，只要主人教一遍，以后它就不会忘记。一旦做错事，它会自行进行反思和改进，直到主人满意为止，一旦成功它就会加以总结保存。再次，“电子保姆”会变得“分身有术”。它可以通过诸如“控制总线”、“分支网络”等技术，将其各种功能分散在各个“电子成员”身上，组成一个全自动、全方位的“电子保姆”团队。它们分散在林区的不同部位，根据林业人的指令，各司其职。例如，林业人不在家的时候，可以通过移动互联应用指挥“团队”成员之一去查看煤气是否关闭、门窗是否完好，居家老人突发疾病时，只需在房内呼唤或者轻轻按下装在床边、门框上的功能按钮，就可以在最短时间里获得最急需的服务等。

2. 智能电网节能定制服务建设。各智能插座采集相关基础数据，通过管理控制平台按相关标准加密后，调用接口发送至能源服务云，管理控制平台调用能效计算服务计算其能效数据。管理控制平台根据该林业人小区的长期能效数据开展用电行为分析(如工作日8:00—18:00间大部分电器功耗较低，18:00后空调、热水器等电器的功耗较大)，通过大数据分析技术(结合电网负荷、季节、当天温度、光照等数据)为其生成多套节电方案(如光照足够，可让林业人选择是否关闭电能热水器电源，改用太阳能热水器；12:00—16:00是否关闭窗帘，以减少外界热能辐射等)。林业人可选择合适的方案，能源服务云节能控制服务根据用户选择的方案适时向相应智能设备的管理平台发出标准控制指令，通过管理平台调整智能设备的状态，以达到节能的效果。

异常预警服务。能源服务云能效综合诊断服务通过分析，生成用户用电行为模型。能效服务云对各智能装置收集的能效数据进行分析，如发现采集到的能效数据明显异常，则将其作为异常预警，及时向用户推送提醒，并根据经验库向用户提示可能的原因，如用户冰箱功耗有较大幅度的增大，用户可收到冰箱用电异常提醒，并提示该异常可能由于冰箱门未关闭引起。

第八章
中国林业移动文化战略

经过几代林业人的辛勤劳动和传承，林业文化建设在林业传统的发展过程中已经形成了永葆绿色、关爱生命的林业文化精神内涵。林业文化除大量反映森林风物、林业生产的文学、绘画等艺术作品外，还包括各类树木、竹、花卉以及森林旅游、林业博物馆等。随着移动网络覆盖的普及，移动终端技术的飞速发展，以及林业信息化发展的迫切需求，基于移动互联网的新型林业文化传播战略具有重要的现实意义。

未来随着移动互联技术的不断探索和升级，各种全新的应用体系也将在人们身边层出不穷，总体来说，它们都包含以下几个鲜明的特点和优势：一是更加多元化。数字化应用具有信息存储量大、传递速度快、交互方式多样等特点，人们可以多种选择，多维度地调动自身感官，更加全面地进行应用体验。二是更具人性化。现代的数字化应用更多的是一种交互式体验，它的主体有两个：一个是人，一个是物(可以理解为机器设备)。因为机器设备是根据人的操作进行相应的反映和反馈的，因此交互应用的设计应该以人为出发点，最先考虑人的认知方式及行为习惯，从人们的切身感受出发，满足人们的不同层次要求。三是更具交互性。未来的应用模式由静态的被动接受转变为动态的主动参与，未来应用的设置不再像传统应用那样，将信息单纯地显示，而是运用数字化的方式，将人和应用体系有机地联结起来。随着科技的不断发展，数字产品逐渐增多，人们不断完善和更新着新的应用系统，未来的全方位交互体验指日可待。四是更具娱乐性。应用系统的互动性可以更加全面地了解参与者的兴趣爱好，根据这些信息可以更高效地为参与者进行个性化服务，充分调动人们的积极性，激发他们的兴趣，引导他们参与其中，和应用系统成为一个互动性的有机整体，以娱乐的方式达到信息展示、传播以及科普教育的目的。五是更具智能性。随着各种高科技智能技术的发展及产品的研发，应用系统更具高科技智能性。目前，虚拟仿真技术的应用，使人们能够在交互过程中调动多种感官系统，更加沉浸式地融入虚拟的环境之中，完成全方位多维度立体化的互动体验。

纵观当前应用系统的服务方式，将技术与服务相结合是一大趋势。为适应林业文化发展战略的需要，建立更多更好的林业移动网络应用系统十分必要。基于移动互联网的可移动性、可识别性和可定位性等特点，出现了自带设备、社交媒体和基于地理位置的服务等最新的服务方式，这将有可能重塑人、产品以及服务空间的关系，改变人们看待事物、获取信息的方式，带来更好的参与式学习体验。林业移动网络应用系统正在不断向着数字化模式转变，给人们的生活带来了最大程度的便利，同时借助于移动网络的便捷性，可以为参与者提供随时随地的服务。对于受到时间和空间影响的人群，移动网络应用系统为其提供了一个足不出户就能参与其中的选择，激发人们了解林业文化的热情，促进林业文化的传播，增强林业文化对于社会的影响力。

一、林业移动文化传播

文化是广大人民群众长期生产劳动和生活实践中共同创造、积累、传承的，既包含丰富多彩的有形文化遗产，也包括色彩斑斓的无形文化遗产，是不可再生的文化资源，是世代相传的文化财富，是发展先进文化的民族根本和重要的精神资源。社会在发展，时代在进步，林业文化工作面临的形势更加复杂，任务更加艰巨，做好新时期林业文化工作是非常重要且必要的。它有利于林业文化事业和林业文化产业的发展，也有利于社会的和谐，对于培育和弘扬民族精神、增强民族凝聚力和向心力、激发人们对于中国林业事业的热情有着重要意义。

(一)多形式的林业文化

1. 特点。随着社会科技的不断创新，文化的内容形式不再是仅仅基于报纸、书刊等读物或是电视等，而是通过虚拟现实(VR)、H5 页面、趣味动漫、微视频等呈现方式进行多种形式的文化。这些新产生的形式与传统的形式相比有以下特点:

便捷性。传统的文化形式都需要人们到指定的地点去获得相应的文化信息，对于在空间上有阻碍的人群来说这是很不方便的。而新形式的文化更加注重文化信息获取的便捷性，人们可以在任何地点使用移动设备进行文化信息的翻阅和浏览，使信息的获取更快捷、更方便。

趣味性。传统的文化媒体都是进行文化信息的直接阐述，而文化的新形式将使信息变得更加生动有趣，让人们能够更容易去接受和理解，使文化的效果更加突出。

科技性。相较于以前的传播形式，微视频、趣味动漫、虚拟现实(VR)和 H5 页面等文化制作技术将会有很大程度的提高。这些全新的技术可以将信息以更加多样的方式呈现在人们面前，提升了文化水平，为人们提供了更好的文化氛围。

2. 形式。

(1)基于 H5 页面的林业文化。当下 H5 几乎成为了移动端的主流方式，不管是商业活动还是品牌推广，大多都会选择制作 H5 页面来进行相应的工作，因此在移动端，特别是微信上，几乎每天都能发现 H5 页面的踪影。因此，未来的林业文化中使用 H5 技术进行移动端的将是不可避免的大趋势。人们目前使用最广泛的信息获取方式是移动设备，因为它具有便携性的特点，可以让人们随时随地进行信息的浏览，而移动端的信息呈现方式基本上都是使用 H5 页面。在林业文化方面，相关机构可以在 H5 页面中添加大量的林业文化展示资源，让人们可以很方便地了解林业文化方方面面的知识。还可以定期通过 H5 页面给人们推送一些林业相关的文化资讯，用户在浏览资讯之后可以在页面的评论区中发表各自的见解，相互交换意见，营造良好的林业文化氛围。

(2)基于微视频的林业文化。微视频是指短则 30 秒，长则不超过 20 分钟的视频短片。微视频的内容涉及面广泛，视频形态多样，通常涵盖微电影、纪录片、DV 短片和视频剪辑短片等。微视频的“短、快、精、随时随地随意性”正好迎合着时代，现代社会生活中的高频率和快节奏使得人们不再有大把的时间来“仔细”地获取知识，微视频在时间上的简短和意义上的精炼使得这种文化形式越来越受到人们的喜爱。未来在一些林业题材的展览会上或是人们乘坐的公共交通工具中的移动电视上可以进行林业文化片的播放。这些看似短小的林业微视频片不仅能够打发人们的无聊时间，而且可以使人们在观看这些制作精良的影片后学到很多与林业相关的文化知识，能够较好地达到林业文化的效果，并且丰富人们的日常生活。

(3)基于 VR 技术的林业文化。虚拟现实技术是一种可以创建和体验虚拟世界的计算机仿真系统，它利用计算机生成一种模拟环境，是一种多源信息融合的、交互式的三维动态视景和实体行为的系统仿真，使用户沉浸到该环境中，是一种全新的信息表现形式。基于 VR 技术进行全景视频的录制和拍摄可以让用户在获取文化信息时不仅能通过文字、图片以及视频的方式来获取，还可以通过观看 VR 实景和 VR 视频的方式更加“沉浸式”地获取。在未来，基于 VR 技术会产生更多的林业文化类的应用，例如人们可以通过 VR 的林业文化电影去切身地学习感受我国的林业文化从初期的产生到不断发展至今的过程，可以通过公益的 VR 视频深刻意识到保护林业生态环境的重要性，还可以通过林业 VR 课堂应用更加生动形象的方式学习林业产品的相关知识等。

(4)基于趣味动漫的林业文化。趣味动漫是近几年才发展起来的一种文化传播形式，林产品或林业知识通过设计有趣的动漫剧情使观众能够在轻松愉快的动漫故事之中良好地了解林业文化。未来，人们可以在公共场合随时随地地收看到呈现在各种公共移动设备上的林业趣味动漫短片，通过精致的动漫角色、有趣的行为表现深入浅出地告诉人们林业文化的深刻内涵。趣味动漫的创作将会很好地推动林业文化的普及，潜移默化地提高人们爱林护林的文化素养。另外，动漫的形式将会很受小朋友们的欢迎，因此，林业相关的动漫文化也将为人们从小培养孩子保护园林的意识起到积极的作用。多形式的文化传播渠道如图 8-1 所示。

图 8-1　多形式的文化传播渠道

（来源：学习啦（营销策划），《新媒体的崛起》，2016. 03）

（二）移动文化矩阵

1. 特点。文化事业是一项宏伟的大事件，没有文化，一个地区就不会有长久的发展动力，就不会有社会的全面繁荣和进步。文化的作用可以使人们树立正确的世界观、人生观和价值观，引导人们注重思想上的建设，不断提升自身的道德素质，因此，建立一套完备的文化矩阵是人们文化建设所必需的。它具有以下几个特点：

传播与更新速度快。作为一种客观事实的反映，其本身应当具有鲜明的时效性，近年来，移动互联网的盛行使得文化传播的速度得到了大幅提升，接收的异步性又为受众随时随地地接收文化传播信息提供了方便。

信息量大、内容丰富。现代的数字化信息存储不同于以前的纸质印刷存储，一个不大的硬盘就可以存储成千上万条新闻信息，移动互联网的数据库技术还可以让读者对很多历史文件进行检索查询。由于存储空间的不断扩大，文化的内容也变得逐渐丰富起来，大大丰富了人们日常的文化资源阅读选择，提高了用户的使用体验。

多渠道传播。随着社会科技的发展以及顺应人们需求的应用创新，文化的渠道逐渐变得丰富起来。社会生活节奏的加快使很多传统媒体的文化能力有些“力不从心”，而像“两微一端”、“移动大屏”这样的文化新渠道的产生大大增强了文化的传播活力。

2. 形式。

（1）微博。在一个全新的新闻内容出现后，最快涌现的传播方式就是微博。具有影响力的新浪微博已经成为非常成熟而受众广泛的互联网传播工具。在没有一个影响范围广、传播力度大的社交工具之前，公众的自我展示和分享生活的意愿很难实现，而微博正是在这种情况下推出并迅速达到火热的一种社交分享工具。微博的特点是图文并茂、内容简短、表达随意性强、实效性强，是公众随时随地展示自我的有效的工具。许多林业企业可以利用微博作为传统手段的重要创新，将微博打造成展示自己和服务观众的新平台。相对于传统网站，微博运营时效性强、难度低、运营成本低，并且对发布微博的工作人员要求也远低于网站运营，最重要的是观众有了一个可以同林业企业互动的平台。以往观众想要提出问题或者咨询服务都是通过电话，一来比较慢，同时服务的人员也很少，二来打电话需要成本。现在有了微博，在了解林业企业本身的同时，可以随时跟林业企业进行互动。现在林业企业的日常，微博成为了主要平台。因为微博的发布比较方便、快捷，很好地弥补了网站的不足。网站很难做到实时更新，通常是有重要事项才能出现新的消息，而微博可以随时发布不受任何限制。现在微博的客户端可以应用于手机、平板电脑等移动智能终端，变得更加方便了，随时随地，只要有网络就可以关注微博的变化，和他人互动。同时，林业企业也可以随时进行自我展示，不再局限于固定的空间和场地，这也是网站更新所不能比拟的优点。

(2)微信。近年来，微信逐渐成为微博发展之后最火热的社交工具，已经成为了公众相互联系、展示自我的最新平台，受众范围非常广泛。微信相对于微博来说，发布功能并无太大的区别，但是微信同时是聊天工具，使用者可以通过微信直接交流，这也就意味着微信的使用频率更高，使用效率更高。相对于微博，微信还是具有很大的传播优势的，微博需要关注才能看到，同时，微博作为非交流工具，很多人只有在闲暇时才去看微博，才去评论和互动，而微信则是公众随时随地都会使用，因此，通过微信发布的各种消息比微博能更快速地传播。微信作为一个快速分享型的社交工具，将微信的内容分享到朋友圈则会瞬间分享到每一个朋友面前，这样传播开来就会产生辐射性的效果，传播效果非常好。这也是微博所不具备的特点，弥补了微博传播上的不足。

微信的传播效果已经得到了广大公众的认可，受众群体非常广泛，基本上使用智能手机的用户都拥有自己的微信，公众使用微信已经成为了生活的一部分。林业企业通过设立微信公众号，发布企业的最新动态，展示林业相关的最新发展，同时可以和观众进行有效的互动。林业企业的微信公众号可以成为企业发布公告和通知的重要平台，是企业同观众交流的最便捷方法，也是最符合观众使用习惯的方法。林业企业通过微信公众号可以拉近同观众之间的距离，增加亲和力，同时为观众了解林业文化和同企业交流提供了一个新的平台。微信完全是围绕着智能移动终端开展的，是围绕着人们的使用习惯展开的，对林业文化的起到了巨大的促进作用。

(3)移动客户端。移动互联正在改变着人们的生活方式和消费习惯，它作为一种科技文化渗透到社会结构的每一个角落。正如麦克卢汉所说的：“一个时代的传播手段并不重要，重要的是它对社会途径带来的巨大改造力量。”移动客户端是当下人们接收信息的主流渠道，智能化、个性化、社交化、视频化是未来移动生活的最大表征属性，移动客户端能兼容更多功能、满足更多需求、创造最佳体验。近年来，通过纸质媒体这一传播渠道进行文化的传播效率变得越来越低，人们生活节奏的加快使得他们已经很少有时间会去指定的报刊售卖地点购买读物，更多的是通过身边的移动设备对自己感兴趣的文化资讯进行浏览。这就促使纸质媒体必须进行传播渠道的改变。在移动客户端中包揽了各种纸质媒体的信息资讯，人们不再受到空间上的禁锢，可以随时随地获取文化资源。同时，一些实时的文化资讯，比如“两会”的实况直播、林业专家对一些大众关心的林业问题的在线解答等可以通过移动客户端让群众更加直观地进行参与，让林业文化的效果达到最佳。另外，通过后台可以实时观察到人们所普遍关注的林业相关问题以及评论区中大众对于问题比较满意的解决方法，这样就大大促进了政府对于相关问题的合理解决和纠正。

(4)移动大屏。近几年，在人们日常生活的周围越来越多地出现了移动大屏，在公交汽车上、地铁列车中、机场等候大厅里以及林业相关展会的展示现场随处可见移动大屏的身影。我们可以充分利用这些公共传播资源来进行合理的林业文化传播，人们可以通过移动互联网技术在移动大屏中滚动播放时下流行的林业文化热点，实时地直播林业相关的发布会，还可以进行各大林业旅游景点的介绍等，充分利用公共信息传播设备进行林业文化的传播。这样做不仅能够在人们候车、坐车的闲暇之余给人们提供良好的林业文化信息，缓解人们烦闷的情绪，还可以增加人们对于林业文化的关注度，普及林业相关的文化知识。移动大屏的文化渠道让人们不再只能通过电脑和电视机的大屏幕观看信息，而是在任何一个公共场所都能方便地进行林业信息的获取，让人们仿佛置身于林业文化的多彩氛围之中，更好的感悟林业文化的博大精深，为林业文化的传播提供了很好的传播渠道。相信随着技术的发展，未来将会有更多的互动方式在移动大屏中得到应用，让人们感受林业文化的方式不再局限于简单的“看”和“听”，还可以延伸到“触摸”、“对话”等。

(三)林业文化博览

文化是指向特定对象讲解、传播、宣扬文化相关的知识，达到告知教育的目的。现今，一个成功的文化既要注重形式的多样性，还要关注多种的渠道，让文化形成全方位的文化体系，从而达到效果的最大化。相信通过微视频、趣味动漫、H5 页面和虚拟现实(VR)等多种形式以及“两微一端”、“移动大屏”等多种渠道的共同作用可以让人们更加切身地感受林业文化的丰富内涵，更加深刻地理解林业文化理念，真正做到“处处有文化”、“处处有”的林业文化体系。下面以林业移动博览会为例进行展示：

中国林业移动网络博览会将拥有海量的林业企业、产品及其供求信息，在这里可以发挥网络“货比千家”的优势及行业相关信息的无缝交流，达到降低企业原材料采购成本，为最终用户提供质优价廉的林业产品的目的，增加林业产品交易量，促进林业行业健康发展。

实现同步在线对接的主要功能可包括：

科技招商。助力地方政府、招商主管部门、产业园区引进具有实力的科技项目和人才，包括高等院校机构、行业优秀企业、海内外科技创业人才等。

技术对接。为企业提供优质科技成果，解决技术难题，协助企业完成技术改造和产业升级。

科技金融。联合优质投资机构为科技企业提供项目融资、股权融资、专利抵押等科技金融服务，协助解决科技企业资金难题。

咨询服务。邀请行业专家、科技服务机构为企业提供政策咨询、行业咨询及相关知识产权服务。

1. 林业博览会智能终端应用。随着对移动互联网技术的发展和智能手机的普及，如今移动客户端 App 成为人们获取信息的重要渠道。在这个背景下，移动 Web App 对于林业博览会的价值愈加凸显。在博览会 App 应用上，中国国际家用纺织品及辅料（秋冬）博览会顺应时代步伐，走在行业展会的潮头。中国国际家纺展推出博览会 App，便受到了参展商和采购商的极大关注，并在业内掀起使用 App 看展的热潮。参展商通过 App 将能够在维护老客户的基础上，结识更多的新客户，从而达到增加订单的目的。参展商和采购商，在展会前、中、后期都可以借助中国国际家纺展 App 了解行业动态，察觉各方需求，提前感知市场（图 8-2）。

图 8-2　中国国际家用纺织品及辅料博览会 App

林业博览会 App 主要针对林业会展进行“网络 + 实体”相结合的互动手机应用。林业博览会 App 服务于博览会活动的信息集散和沟通拓展两大核心价值，在推动博览会信息服务水平的提升，带动相关服务联动升级和一体化整合，提高博览会服务的质量和水准方面作用显著。服务商、媒体、赞助商、参展商、采购商、观众、主办者通过下载林业博览会 App 之后，可以通过 H5 页面及时、便捷、详细地了解林业博览会的会议议程、会议嘉宾、会议公告、会议服务指南等信息。移动博览会可以整合从前期、招商、虚拟会场布置、博览会参观人员信息的统计、商家与客户交流以及线上交易等工作，形成一体化系统，每个展会配有专属二维码，参观者在任何时间、任何地方只需用客户端扫描二维码即可进入展会浏览全部信息。

从媒介属性来看，App 其具有便携、使用普遍、多媒体的特点。从信息交流看，又具有可中断、可留存的特点；从传播效果看，App 极大地拓展了沟通的时空范围。App 的这些特点使得博览会活动在媒介整合管理和参与各方沟通互动两个层面都获益匪浅。就媒介整合来说，App 的使用重塑了博览会场域内的媒介体系。博览会的媒介由场馆媒体和展台媒体两个部分构成，从形态看，包括固定广告牌、悬挂旗帜、招贴、展台、展品、传单、册等，此外，近年来移动大屏的使用为会展媒体融入了多媒体元素，大量的现场活动也成为了一种新的媒体形式。可以说，当前博览会媒介体系已经呈现出多元互补的态势。但是其短板仍然十分明显，表现为以印刷媒介为主，信息接触点位置固定、时间上不可逆转等。App 嵌入移动客户端可以有效弥补这些缺陷，其价值在于推动媒介实现脱纸化和长久留存，方便信息的获取、储存、查询和发送。从各方的沟通交流角度看，App 的价值更为凸显，通过 App 可以不受博览会场馆和时间的限制，实现随时随地交流。同时，有效减少了外界因素对双方交流的影响，使沟通更有效率。另外，信息的到达率更好，易于实现精准传播。

2. 移动直播在林业博览会的应用。随着智能手机以及移动网络的广泛普及，视频直播全面爆发，引领移动社交新趋势。越来越多的年轻人青睐网络直播社交，越来越多的媒体公司、电商、企业 App 做起了直播的生意。目前的直播主要是秀场直播和游戏直播，但是随着越来越多的民众走向移动直播领域，随着他们多元化的需求产生，高营养价值的专业内容直播会收获更忠实的关注。手机天然具有便携性，人群覆盖率极高，不论是输出还是输入，都是一个非常合适的终端，纯移动端的手机直播意味着用户不但可以随时收看，还可以随时随地直播，这相当于无形中把直播的场景扩大了好几个量级。林业博览会可以在已有的直播平台中直播博览会的详情，包括前期、展会现场以及展会后续发展。在展会现场直播，让更多无法到现场的人参与到博览会中，突破了空间的束缚，极大地提高了林业博览会的影响力和覆盖范围。未来林业博览会还可以开发 VR 直播，采用专门的 VR 拍摄设备，观众需要有配套的 VR 观看设备，让用户感受到最真实的临场感，也将会让直播变得更加真实。虽然从成本的角度来看，VR 直播很难在短时间内实现普及，但是未来直播市场的发展不可估量。

3. 微信、微博在林业博览会的应用。林业博览会通过设立微信和微博的公众号，发布博览会的最新动态，展示林业博览会的最新发展，同时可以和观众进行有效的互动。林业博览会微信、微博可以成为博览会发布展讯和通知的重要平台，是博览会同观众交流的最便捷方法，也是最符合观众使用习惯的方法。同时，举办博览会的官方还可以将一些与展览相关的林业文化微视频和趣味动漫放在这两个移动平台上，供人们在闲暇之余进行观看，在达到了博览会目的的同时也很好地传播了林业文化的相关知识，真正做到了“寓教于乐”。另外，人们还可以将虚拟现实（VR）技术与微信、微博平台进行融合，人们通过

VR 设备与平台上的博览会主题进行连接就可以在眼前呈现出实时虚拟的博览会现场画面，让人们能够更加直接地感受林业博览会的文化魅力，更好地融入博览会的文化氛围中去。博览会通过微信、微博这种全新的渠道采用有意思的形式拉近了同观众之间的距离，增加亲和力，同时为观众了解林业博览会和同博览会交流提供了一个新的平台。“两微”完全是围绕着智能移动终端开展的，是围绕着人们的使用习惯展开的，对林业博览会的起到了巨大的促进作用。

二、林业移动文化教育

林业文化教育不单单是认字、读书、算数这些初级教育，它应更广泛延伸到历史、人文、地理、科学技术等知识的层面。我国的林业文化教育在现有基础上更应发扬中国传统文化教育的优势，取其精华，去其糟粕，充分发挥传统文化在道德教育中的优势作用。随着科技发展的不断进步，林业文化教育的方式也在发生着诸多重大的变革，更加人性化、更加智能化的林业文化教育应用层出不穷，为人们更好地感受林业文化熏陶，更好地学习林业文化知识，更便捷地进行林业文化交流提供了有力的支持。

（一）林业线上课堂的移动应用

线下课堂即传统的课堂模式，而线上课堂是主要利用互联技术传递知识的一种新型课堂模式。线上课堂拓展了时空，降低了教育门槛，符合未来教育资源公平化、碎片化、终身化的发展趋势。这种新的授课方式开启了教与学的新思路，使得越来越多的学者开始研究探索线上课程的更广泛应用。相信随着科学技术的不断进步，移动终端的不断发展，线上课程的移动端实现会给人们呈现出方便、快捷、灵活等优势，受到更加广泛的推广与应用。

1. 通过 VR 技术的虚拟实景在线授课。在传统的教育模式中，授课需要在统一指定的地点以及相同的时间面对面进行授课，而且对于距离相差很远，又没有太多时间的人们来说授课就变得非常困难。另外，如果在授课时老师的一些话没有听清楚或者没有理解想要重新听也是非常困难的。而在未来，基于 VR 技术的林业虚拟实景在线授课将会非常普及。从事林业生产人员可以在任何地点穿戴上 VR 设备进入到一个公共的虚拟空间去听林业相关课程，同时，老师与学生之间也可以通过设备对每一位学员的听课状态进行监督，还可以进行实时的课堂互动。另外，老师所讲的课程还会通过专业的设备进行录制，并在课程结束时保存传递到每一位学员的本地设备中，便于学员在没听懂的情况下可以进行反复的学习。真正做到“人人可看、人人能懂”，让更多的林业人员通过这个平台能够进行方便快捷的知识学习。VR 技术虚拟课堂如图 8-3 所示。

图 8-3　VR 技术虚拟课堂

（来源：彭博社，《虚拟现实走进课堂：中国学生或率先使用 VR 技术》，2016. 08）

2. 完备的测试系统和针对性定制的林业学习课程。现在我们正生活在大数据时代，大数据是对海量的数据进行分析和判断，通过分析获取很多智能的、深入的、有价值的信息。林业人员通过大数据分析技术得到有用的林业知识相关信息之后就可以利用这些有价值的信息进行很多更有价值的应用，通过这些应用可以让从事林业的相关人员生产生活更加便捷化和智能化以及人性化，充分做到人与科技的完美融合。

目前的林业教育系统是对所有的学员进行统一的测试评定，并且课程的设置也是比较单一化，无法做到对每一位学员做到评判的公平性和学习的高效性。在未来的林业线上课堂移动应用之中，系统后台会根据每一位学员的知识基础和学习特点通过数据分析定制专属的个人林业学习课程以及学习模式。另外还会通过图文、语音讲解、视频播放和 3D 立体展示等多种方式让学员更快更好地获取林业知识。通过这种方式可以有效地避免学习者因为长时间枯燥的学习方式而产生的疲惫感与压迫感。同时，建立起完备的考试测试机制，通过分析所有相关学员的林业学习情况来合理地设计测试系统，保证测试的公平性。

在这种大数据分析技术支持下，林业学员的每一个学习信息都会得到合理的分析，包括每天的学习时间、每次的做题速度、每次测试的成绩以及学习状态等，这些看似冗余的数据，通过计算机技术的分析判断后，可以提取出很多关于学员的高价值信息，然后系统再根据这些信息为每位学员根据不同情况进行个性化和合理化的学习方式制定，可以大大提升每位学员的学习效率，让林业教育变得更加智能。

3. 林业移动线上课堂的建设。林业人员可以通过移动设备连接林业线上课堂的课程库，从中下载自己感兴趣的各种林业课程。同时，林业人员还可以在林业智能答疑系统中与在线老师进行实时的视频提问答疑，用户的各种提问还会集中储存到学员自己的账户信息中，便于用户以后的查看。系统还会通过用户以往关注的林业课程智能判断学员的兴趣点，进而不断为用户提供智能的林业课程推送。另外，系统还会为相同兴趣爱好的学员构建虚拟的讨论社区，学员可以找到附近相同兴趣爱好的学员面对面交流，或选择在线上进行语音、文字甚至是视频的交流，这种方式极大地促进了林业知识的传递和获取，同时也为林业学员的交流学习提供了极大的便利。

在信息及通信技术快速发展的未来，林业线上课堂的建设将会引发教学模式与课程模式变革，打破传统形式的时空限制，为学习者提供方便快捷的学习途径，通过与移动端的结合，使随时随地学习成为可能。其多种多样的知识学习方式，对于每一位学习者智能合理的学习模式设计以及学习者与老师、学习者与学习者之间的多种形式的有效互动，将使林业移动线上课堂具有十分广阔的应用前景。

（二）林业图书馆移动应用

随着移动互联网的普及和应用，网络已经极大地改变了人们的阅读习惯，根据2015年4月发布的《第十二次全国国民阅读调查报告》显示，移动端的阅读经过几年的飞速发展，已经成为目前人们最主要的阅读方式。图书馆文化指的是在其存在和发展过程中由图书馆员和读者共同创造、认同并自觉效仿和奉行的各种文化形态的总和，而在当前形势下，越来越多的学者认为图书馆的传统功能在不断弱化，相对于电子阅读方式，传统图书馆在更新速度、图书检索速度、图书借还手续、图书种类数量等方面的劣势不断显现。林业图书馆将在不远的未来顺势而生，为读者提供多种形式下的阅读服务，从而满足不断增长的多样化阅读需求。

1. 完全虚拟化的图书阅读体验。现今的图书馆由于受到场馆大小的制约，图书的存储量受到了很大的限制，人们经常会遇到自己想看的图书在图书馆查询不到的现象。这很大程度上降低了人们的用户体验，同时，由于图书被人们不断借阅使用，纸质图书的损毁情况也很普遍，这对于图书馆来说也是不可避免的损耗。另外，由于如今图书馆所拥有的相同图书只有几本，当某本图书很受欢迎时经常会出现全部外借、没有库存的情况，对人们的借阅产生了很多的不便。

未来的林业图书馆全部实行虚拟化图书，将实体图书的内容全部存储到图书馆的虚拟数据库中，人们可以在林业图书馆通过语音输入的方式对图书进行检索，由于图书全部虚拟化，同时各个林业图书馆在云端相互进行了连接，因此，在一个林业图书馆中就可以检索到世界各地林业图书馆中的图书，完全不会受到图书馆实际大小的影响。读者可以在林业图书馆的指定地点通过全息投影仪以多种的形式阅读各种书籍，如文字、语音甚至是视频等方式。另外还在全息投影仪旁边放置了手势识别的仪器，读者可以通过不同的手势对呈现在眼前的虚拟图书进行一系列的操作，如翻页、换书、做标记等。图书的虚拟化可以对同一本书的内容进行无限制的复制，使读者不用担心由于借阅量大而发生阅读不到书籍的情况。超快的网络处理速度，超大容量的图书存储系统以及高技术的图书服务形式将会最大程度地提高用户的阅读体验。可参见图 8-4 所示。

图 8-4 未来虚拟化图书馆

（来源：中国作家网，2016.02）

2. 林业移动图书馆 App 的建设。现今的图书馆应该加强与第三方的合作，发挥 App 建设的主体作用。虽然图书馆在新技术的跟进上步伐很快，对新技术的应用也很有敏锐的嗅觉，但由于技术实力缺陷等原因，目前移动图书馆 App 建设的主要推动者还是第三方，图书馆主体作用还未充分展现，在建设中参与的地方很少，处于被动的接受，所能控制的范围并不多，不能按照图书馆的实际需求、目标等进行个性化建设。移动图书馆 App 不仅仅是实体图书馆的转移，也是一种精神文化建设，图书馆应该与第三方密切合作，将读者的需求放在首位，提供更好的服务。

未来的移动端林业图书馆 App 将会与林业图书馆的图书数据库进行全面连接，当人们需要进行图书查阅时，打开手机、平板等智能媒体设备，通过林业图书馆 App 进行图书的搜索与借阅，林业移动图书馆 App 会对每一位读者创建用户空间，用来存储用户的借阅和使用信息，后台管理系统根据这些信息判别用户的身份与感兴趣的内容、了解用户使用习惯等，然后将其分门别类，为每一位用户提供个性化的书目推荐。同时，系统还将对相同兴趣爱好的读者创建虚拟的林业读书社区，让同类型的读者可以相互交流各自的见解，起到相互促进、相互学习的效果。

林业移动图书馆 App 集多平台于一身，建立起"图书馆 + 用户"、"用户 + 用户"的交流、学习、分享平台，在这个平台上会定期组织各种的线上虚拟交流活动，读者们可以在各种场所通过移动设备参加活动，在活动中可以通过语音、视频甚至使用 VR 设备在一个公共的虚拟空间中进行实时的相互交流。

林业移动图书馆 App 还可以为用户智能地搜索距离用户最近的林业图书馆位置以及路线，同时为用户提供林业图书馆阅读预约服务，极大地提升用户的服务体验。

（三）林业移动网络博物馆应用

计算机的普及、网络技术及虚拟现实技术的发展为我们开辟了一条通向数字化世界的道路，网络博物馆(on-line museum)作为数字化博物馆的重要内容日益受到众人瞩目。网络博物馆是建立在博物馆丰富的藏品数据库基础之上，借Internet的媒介，向世人介绍博物馆的藏品、展览、历史等各方面，不仅是一种，更是一种展示，一种新型的人文关怀。网络博物馆的实时性、可及性、沟通的便利性已经被人们接受。在形式上，网络博物馆也不同于博物馆网站。在普通网站上观看文物，只能是平面的，而网络博物馆则是一个三维空间，可以选择从不同角度观看。这种网络虚拟空间在网络博物馆领域的运用，带来的将是革命性的全新感受。

1. 智能移动终端导览。传统形式的博物馆导览是看导览图自己参观，由讲解员引导讲解参观，通过语音导览机辅助参观等。每一种模式都有自己的弊端：看图参观基本上没有多少引导的价值，只是指引了大体的方向，并不能为观众参观带来更多的帮助。讲解员引导参观通常是最好的方式，但一群人围着一名讲解员听解说，不能兼顾看和听的关系，而且不能根据个人的喜好选择路线和停留时间。语音导览机使用起来并不是非常智能，操作起来并不方便，也不直观，只能听不能看，并且容纳内容有限不能全方位辅助展览参观。所以传统的引导参观展览的形式已经不能很好地适应现在观众的实际需求。

通过智能移动终端进行导览已经在一些展览中应用，并取得了很好的效果。随着网络建设的普及，很多博物馆的展厅中已经覆盖了无线网络方便观众使用，观众可以在观看展览的同时，利用博物馆提供的免费网络辅助参观，比如看到感兴趣的内容可以立即通过手机在网上查询相关知识，拍摄参观照片和朋友第一时间分享。这只发挥了网络的部分作用，还有很多价值可以挖掘，比如开发导览App。观众到了展厅参观，连接网络后，通过手机安装导览App，就可以直接用手机来为自己的参观进行引导和讲解，而无须借助其他的工具。利用每个观众都随身携带和习惯使用的手机来进行导览非常便利，不需要预约，也不需要等待，更不需要成本。手机导览App导览具有传统导览方式所不具备的优点，能够成为现在效果最好的导览方式。导览App是可视化的展览讲解系统，这是任何传统导览方式所不具备的，视觉化的导览最大的好处是通过手机可以看到和展览一致的文字与图片。导览App的另一大好处是使用简便，无论是顺序参观，还是有选择性的参观，都可以通过导览App完成，视觉化的导览和便捷的操作为观众参观创造了极大的便利。可以说智能移动终端导览App将成为未来博物馆引导展览的重要方式。

2. 移动网络博物馆服务支持。通过观众移动终端和管理人员手持智能设备的发布，可以实现对观众的智慧服务，包括票务管理、智能终端服务推送、车辆管理、人员定位等，以及博物馆的智慧安防，包括门禁报警、环境监控、视频监控、展品管理等。

移动购票预约服务。林业博物馆入馆第一项就是购买门票，免费的要进行预约登记，这也是林业博物馆直接面对观众的第一个窗口。如何为观众提供便捷而省时的入馆服务是博物馆首先要考虑的。传统的排队买票或者排队登记入馆会让观众量大、参观集中的博物馆前排起长龙，严重影响观众的参观情绪和参观时间。为了更好地解决入馆问题，林业博物馆可以开通网上购票或者网上预约的服务，观众可以通过手机借助网络购票或者通过手机进行参观预约，为观众参观节省了大量的时间和精力，也为观众营造了良好的参观氛围。

移动信息获取服务。林业博物馆不仅可以将二维码应用于门票，还可以将此应用拓展到展品说明，观众只需用手机终端读取展品的二维码便可以获取展品的相关信息，而且能够包含图片、文字、音频等多种类信息，使观众更立体地了解林业展品，是林业博物馆展览说明的有益补充。

3. 虚拟林业移动网络博物馆。博物馆参观是了解博物馆的最直接方式，但不是每一个观众都能走进博物馆参观，这就需要为观众提供一种新的了解博物馆的方式。在时间碎片化、服务泛在化环境下，越来越多的博物馆开始提供基于虚拟现实、网络技术的各种移动访问途径，它突破了传统参观时间、有限馆藏展出等限制，用户只需通过移动终端即可免费浏览博物馆的展览信息、活动日程安排、参观者服务信息以及视频和音频内容等。

林业虚拟博物馆手机 App 则脱离了计算机屏幕将虚拟博物馆送到了观众的手边，方便观众不受空间和时间的限制自由观看林业博物馆展览，更为不方便来林业博物馆参观的观众提供了参观博物馆的平台。观众可以直接在任何时间和地点参观林业博物馆，做到随时随地参观，既节约了时间也节省了成本。林业博物馆可以应用虚拟现实技术(VR)、增强现实技术(AR)通过文字、图片、录音解说、立体 flash、虚拟漫游、高空俯瞰等多种方式，全景展现林业博物馆的全部信息，极大丰富了用户的感官体验。

虚拟现实技术应用。头戴式显示器，凭借其产生的较好虚实融合效果，易于携带，可以多人参与交互的优点被广泛应用于增强现实系统中。参观者戴上头盔显示器进入林业博物馆，可在展厅任意漫游，通过虚拟互动技术，与展品实时互动，近距离全方位参观展品模型、展板、展台以及主题橱窗。林业 VR 博物馆突破传统林业博物馆在展馆建设、展品保存、访问用户等方面的局限，打破了时间、空间的限制，为参观者带来全新的体验。通过技术力量的革新，不断提升信息传播效率，让林业文化得以快速共享，广泛传播。

林业 VR 博物馆可以建设各种林业展厅，如：湿地文化展区。在实际生活中建设湿地博物馆，对场馆的环要求非常高，而且后期维护的任务也很重。而 VR 博物馆只需前期进行实地拍摄并制作后，即可逼真地展现出实体博物馆可以展现的所有效果，参观者甚至可以进入湿地，清晰地观赏每一株植物，获得与众不同的体验。

增强现实技术应用。增强现实技术通过对实时视频图像进行信息传输和处理，形成交互式的三维图像画面，给观众带来更真实的全新体验与感受，可以使博物馆越来越走向开放，为观众提供越来越多的个性化服务，帮助参观者用新的视角看待周围的世界。增强现实的交互性特点使观众在博物馆的参观和学习充满互动、好奇和兴趣，从而构建新的理解并激活潜在的数据。动态进程、海量数据库及体量特殊、难以操作的物件，都能够以一定的比例和易于理解、操作的形式被引入参观者的个人空间。可参见图 8-5 所示。

图 8-5　体验百度百科 VR 博物馆

（来源：光明网，《百度百科 VR 博物馆引爆关注》，2016. 06）

移动增强现实推送具备传统推送的现场性，同时还能提供一些现场不方便或无法提供的信息，保持信息的丰富、及时和有效。通过增强现实技术，游客借助移动终端对着林业博物馆中的展品进行拍摄时，系统能够通过物体识别技术确定当前游客所拍摄的是哪件展品，当系统成功识别出游客当前所拍摄的展品时，能够在移动终端的屏幕上显示该展品的具体信息，显示形式包括：声音、图片、动画、模型、链接等；同时支持游客与虚拟文物的交互，允许游客旋转文物角度、缩放文物大小等，帮助游客更加生动形象地了解林业展品，如图 8-6 所示。

图 8-6　东京水族馆的 PenguinNavi 导航程序

（来源：数英网，《日本东京阳光水族馆呆萌小企鹅变身 GPS》，2013. 10）

三、林业移动文化旅游

文化旅游产业是旅游产业的一个重要组成部分，是由人文旅游资源所开发出来的旅游产业，是为满足人们的文化旅游消费需求而产生的旅游产业。它的目的就是提高人们的旅游活动质量。文化旅游的核心是创意。特别强调"创造一种文化符号，然后销售这种文化和文化符号"，并强调文化旅游的"文化"是一种生活形态，"产业"是一种生产行销模式，两者的连接点就是"创意"。因此，文化旅游可以理解为"蕴含人为因素创造的生活文化的创意产业"。

林业文化旅游是一个最具发展潜力的阳光产业。随着轻经济的发展，林业生态文化旅游在整个国民经济中的地位和作用日益突出，政府也将旅游业列为经济发展的支柱产业和新的经济增长点。丰富的林业生态资源、悠久灿烂的历史文化以及便利的出行交通优势，同时再融入飞速提升的科技支持，林业文化旅游将成为未来人们感悟文化的重要方式。

移动互联技术的蓬勃发展给旅游业带来了"二次革命"，将旅游业与移动互联技术相结合，旅客就可以随时随地享受方便快捷的实时服务，主动感知旅游资源、旅游行程等方面的信息，也可以实现与亲友实时进行旅游时的感悟交流，丰富旅行体验，提高旅行品质。

（一）智能林业公园推送应用

智能林业公园推送应用可以整合全国特色林业公园以及地方林业公园，其内容则包含了林业公园景区介绍、电子导游服务、电子相册、掌上游戏、演艺再现等。可以让用户在手机上随时了解林业公园的四季美景以及当季活动，利用高效的移动互联平台实现高体验服务，从而满足旅游者的需求。

在旅游者体验过林业公园旅游之后系统还会让用户对每一个旅游地点进行全方面的评分和评价，系统会通过数据挖掘技术汇总来自不同用户的评价信息，再将这些信息进行智能分析为正在思考去何处旅游的用户提供合理化的旅行地点推荐。另外，移动互联技术也会让思考去某处旅游的用户较快地与已经完成该处旅游的用户建立联系，通过相互之间对于旅游地点的交流为用户决定是否选择去该地点旅游提供重要参考。

应用还会将全国各地所有的林业公园根据林业资源、相关旅游服务以及用户选择去旅游时的季节进行林野公园推荐评级，同时，由于一些林业旅游公园在特定时间经常会出现旅游人数爆满的情况，应用还会利用大数据分析技术根据往年林业公园的参观人数智能预测出当年的参观人数，这些信息都会很直观地呈献给游客供其进行参考。另外，应用还会根据已经报名游客的游览时间智能地为后来的游客安排游览规划，有效避免林业公园游客爆满的情况，提升用户的游览体验。

除了上述功能，掌上智能推送应用还会在游客选取某个林业公园进行旅游之后智能地为用户预订旅游当天的门票、饭馆座位以及住宿酒店客房等，同时还会设计好游客去往该地点最便捷的旅游路线，让游客体验最人性化的旅游服务。

掌上林业公园推送应用还具备以下几种新体验：

可以利用3D全息投影技术在用户的移动设备上呈现用户想要去旅游的林业公园3D立体图像，用户可以通过手势将图像进行放大缩小操作来360°观察自己所要去的公园的所有细节，让用户更快地了解林业公园的大体信息。

保证信息的丰富性和完整性，展示动植物从出生到死亡的一系列动态过程，游客可以亲身参与其中（浇水、施肥、捉虫）。不但可以更好地发挥教育功能，使游客获得知识，还能激起人们的环保意识。

可以通过移动端参与到植树造林中，增强全民义务植树意识，共同推进绿色公益事业。

参考案例：典型的例子是由北京市园林绿化局和首都之窗共同合作开发的"北京公园"手机客户端服务（图8-7），这项服务从公园四季游览日历上可以随时了解北京公园四季美景和当季活动，"北京公园"手机客户端又被称为"掌上公园"，整合了全市300多家公园的资源，可以向市民实时播报各个公园的动态信息，提供便民服务。

图8-7　北京公园App

（二）林业公园旅游掌上应用

林业公园旅游掌上应用，就是利用云计算、物联网等新技术，通过互联网（移动互联网），借助便携的终端设备，主动感知旅游资源、旅游经济、旅游活动、旅游者等方面的信息，及时发布，让人们能够及时了解这些信息、及时安排和调整工作与旅游计划，从而达到对各类旅游信息的智能感知、方便利用的效果。其强调的是旅游信息化，并非一种机械的、智能的、孤立的服务，而是通过对各种技术手段的高效整合来主动感知和数据积累，主动发现游客的需求。相较于以往的旅游活动中旅游者的主动地位，林业公园旅游掌上应用能够主动搜集和分析旅游者的喜好，有针对性地提供贴心、便利的服务。

移动互联技术的飞速发展以及智能移动终端的迅速普及为传统行业带来了巨大的发展机会，移动互联网的"SoLoMo"模式为传统行业创造了更加丰富的应用服务，改善了人们的日常生活，旅游业也正在寻找与移动互联网的最佳融合点，利用智能移动终端，开创更广阔的旅游信息服务平台，提高旅行类服务的服务水平及管理水平。

1. 智能化出行方式。在现今社会，高速的交通工具的出现虽然在一定程度上提高了人们出行的便利性，但是仍存在诸多的不足：

景点信息的不完整：现在的手机旅游App中虽然有很多旅游景点的推荐，但是人们在对某一个景点进行了解时，App 中的景点信息还并不能够为用户提供全面的信息展示，游客在景点中经常会遇到自己所亲眼看到的和手机旅游 App 中所描述的不相符的情况。

出行交通的不方便：在用户出发去某处旅游时经常会在出行途中遇到交通拥堵、班机滞留、火车延期到达等情况，经常会使游客产生焦躁的情绪，在很大程度上降低了游客的旅游体验。

景点相关服务的不完善：在游客到达旅游景点准备开始参观时，常常会出现排长队等候买票的情况，非常耽误游客的旅游时间。另外，在一天的游览结束时，附近旅馆订购难的问题也很凸显。

未来，用户在客户端通过智能推送查看了解全国各地的旅游资源，通过 3D 全息投影技术将旅游景点的所有细节很直观地呈现在用户面前，并附有详细的旅游景点信息介绍。在选择好旅游地点之后，系统会根据用户所在地与目的地之间的距离以及交通、天气等情况为用户设计最佳的出行方案。另外，应用还会根据计算出的用户将会到达旅游地点的时间自动提前进行景点的参观购票、订购附近旅馆以及安排其他旅游相关的服务，真正实现一体化服务模式。

2. 移动信息服务。与一般风景区的导游相比，林业公园的导游需要增加植物学、林学、生态学、地貌学、自然地理学等多学科的知识积累，导游在向旅游者提供讲解服务时，应注重唤起游人的环境保护意识，使之在游览过程中自觉或不自觉地接受环境保护的教育。在实际游览活动中，导游只是简要地介绍一下相关知识，并不能满足游客的求知欲望，而且要是导游真正达到上述要求，也必须支付较高的培训费用。因此，游客只需用手机下载林业公园旅游掌上应用的有声讲解软件，即可获得主要动植物的详细信息，可以在不打扰他人的情况下，通过听讲解、实地观察来获取知识。软件配有语音识别器，可以转换成游客所需要的语种，充分满足外国游客的需求。

另外，社交网络分享（Social Networking Services，SNS）是建立人与人之间社会关系的网络平台。很多互联网应用利用 SNS 社交平台来增强用户黏性，林业公园旅游掌上应用也将会整合 SNS 社交平台，通过互联网（移动互联网）游客可以直接连接到人人、微博、微信等其他 SNS 平台，发布即时状态、图片、视频甚至 3D 实景信息等，分享给朋友或拥有相同兴趣的网友；游客还可以在系统自身的 SNS 平台上发布旅游攻略、游览体验、旅游日志等，分享给固定的亲友。

3. 导航、导览、导游服务。基于位置服务（Location Based Service，LBS）是指通过移动网络或外部定位的方式，获取移动端用户的位置信息，为用户提供相应服务的一种增值业务。

将 LBS 应用到林业公园旅游掌上应用中，可以实现实时定位、反馈周边信息、智慧路线计算、搜索服务等功能。这就相当于为用户提供了一个完全可控的旅游环境，用户可以在十分安全智能化的环境中享受文化旅游所带来的乐趣。智慧公园二维码扫描可参见图 8-8。

图 8-8　智慧公园游客扫描二维码

导航。导航让旅游定位成为可能。游客在旅途中，遇到的是陌生的环境和陌生的人、事，最怕找不到方向。导航功能可以为游客提供移动位置服务。游客通过应用软件，查询位置，查询路线，查询停车场，查询交通状况（交通是否拥堵、是否有交通管制、是否存在交通事故等），查询附近的餐馆、宾馆等。并可以为安全救援服务提供准确的位置，以便相关部门更好地把握住救援时间。当导航的位置产生变化时，上述的相关信息也随之变化和更新，由于导航的信息源自于互联网，所以无需经常下载更新，极大地方便了用户。这也体现了智慧旅游的便捷性。

导游。对于游客确定的游览位置，怎样形成最佳的游览路线，这就提到了掌上公园应用中的导游功能。在设定的线路中可包含相关旅游信息，如餐馆的位置、特色菜品、人均消费水平等信息；酒店的位置、地理优势、星级、房间信息等；特色购物店的特色产品和价位等；设定位置的娱乐活动等。游客可以根据自身需要选择最佳线路，自行规划行走的路线，为自己导游。

导览。林业公园旅游掌上应用的另一个功能是导览功能。游客只需借助移动网络，在移动终端设备的含有定位、地图功能的 App 等客户端上选择起点及终点，设定最佳路线条件：步行最少、换乘最少、时间最短等，便可以获得客户端为游客提供的最佳线路。这些客户端还提供“搜附近”的功能，功能包含美食和酒店推荐。同时，每条线路上有哪些景区景点、景区目前的娱乐、节庆活动等也包含其中。

（三）线上旅游应用

随着现今社会节奏的加快，大多数人很难抽出一段闲暇时间出去旅游，或者因为旅途中的奔波劳累而感到苦恼，又或者恰逢假期旅游的人又特别多。线上旅游应用可以让用户足不出户就能体验到完全逼真的林业公园旅游服务。虽然眼前的事物并不能触摸到，但是在少有的闲暇时间能够逛逛心仪的风景名胜，看看特有的风土民情也从很大程度上满足了人们的旅游需求。另外，对于一些不方便出行的老人、孕妇等人群，线上旅游应用的出现很好地解决了他们的旅游需求。

1. 逼真的实时景象呈现。线上旅游应用采用虚拟现实（VR）技术和移动互联网络直播技术在林业公园的各个景点全方位地布置好网络直播的摄像头，实时采集景点的图像信息，再将图像信息经过3D建模传输到VR设备中，用户只需要佩戴上相关的应用设备就可以在眼前看到此时此刻景点的360°立体图像，景色还会随着游客移动、抬头或转身，人机交互地随之做出反应，从而实现人在“画”中游的震撼效果。另外，林业公园中的实时声音采集设备也会将景点的声音根据用户的行为实时地传入到用户的耳朵中去，甚至设备中的气味模拟系统会根据用户在线上林业公园中的位置产生与景点位置相同的气味，如泥土的清香、花草的芬芳以及周边特色小食的香味等，从而为用户提供“沉浸式”的旅游体验。

线上旅游应用通过听觉、视觉、嗅觉等感官为用户模拟了一个近乎逼真的实时旅游景象，用户可以在虚拟林业公园中的湖边散步，充分地放松身心；可以在景点中的小吃摊久坐，观看美食的制作过程，了解当地的美食文化；还可以参观当地对外开放的住户家庭，切身感受当地的民俗民风。

参考案例：故宫在业界较早地推出VR旅游项目，也许人们没有时间去游览故宫，或者进入故宫也无法细细欣赏海量的珍贵藏品，但是只要借助VR设备就能神游偌大故宫的每个角落，尽情端详平日里只可远观的国宝。专家认为：“随着社会发展，旅游和科技相结合的领域越来越多，比如工业旅游、研学旅游等，大大拓展了旅游的范围和内容。因此，旅游产业要想做大做强，就应该大胆应用人类文明和科技进步的最新成果。”

2. 新颖的用户线上交互。移动互联网技术的迅速推广改变了人们的生活方式和消费习惯，人们可以随时随地通过移动设备对自己感兴趣的信息进行查询和资讯，近年来网络社交媒体迅速发展，人们开始越来越多受到网络交互的影响。目前已经有学者发现了线上评论和销售量之间的关联。由于线上交互和线上意见的重要性，越来越多的应用也开始重视用户的线上交互，一个良好的用户线上交互功能可以大大提高用户的使用体验，另外，有效地分析和处理大量用户的反馈意见也可以对服务企业产生很好的积极作用。

在线上旅游应用中，用户可以享受置身真实旅游场景的切身体验，同时，随着通过线上旅游这个平台进行线上旅游用户的增多，用户相互之间的交互也变得更加智能化。系统会将同时在线上旅游的用户进行标记以便于将其与在真实景点中的游客进行区分，几个同为线上旅游的游客就可以很方便地在虚拟现实的场景中相互辨认并进行互动。他们可一起在虚拟林业公园中进行观光游览，在参观的过程中相互交换对这个林业旅游景点的看法，增加应用的互动性。

在用户进行线上林业景点的虚拟游览之后，系统会要求用户对这个景点进行点评，并将点评内容发布到应用的评论区，让更多想要参加到这个林业景点线上旅游的用户进行参考，同时，用户提出的一些对于林业景点的意见和建议系统会智能地进行筛选和分析，并将有用的建议进行提交，便于林业旅游景点的管理者可以方便地获取这些建议并对这些建议进行有效的实行。

四、林业移动文化娱乐

林业文化娱乐作为林业文化发展很重要的一部分，其所包含的文化娱乐产业有着巨大的创新空间和经济效益，在吸收、调整城市就业以及劳动力资源的合理配置和创造新的消费市场并引领产业升级换代方面起到了非常重要的作用。正如有学者指出的那样，“在现代化和现代化背景下，文化娱乐实质上是现代性的重要标准之一”，其所蕴含的不仅仅是个体的一种新的生活方式、生活态度和生活理念，也是衡量一个国家经济发展水平、发展质量和生产力高低的重要标志和尺度。在互联网(移动互联网)经济时代，文化娱乐正在改变着传统的消费方式、生活方式、购物方式和支付方式，甚至也在改变传统的生产方式和创新创业方式。

未来的人们可以在 i-咖啡馆、i-茶馆、i-社区等休闲娱乐场所谈论创意、碰撞思想火花、分享技术和经验；人们可以宅在家里通过订购的林业食材和农作物自主设计制作个性化糕点饮料和手工服饰制品；人们还可以通过自主拍摄的影像作品在网上进行分享交流等。移动互联网使人们的生活娱乐方式变得多样化，更好地促进了林业文化娱乐的发展。

(一)握在掌心上的电影院

电影是当今社会文化娱乐的一种极其普遍的娱乐方式，它通过画面呈现的方式最直观地将大量信息传播给台下的观众。电影不仅是一种商业盈利的方式，还是一种提升人们文化素养的有效方式。艺术具有着教育功能、认识功能和娱乐功能，由于电影艺术可以综合运用音乐、舞蹈、摄影等多种艺术形式，同时基于移动互联技术它可以方便地在各种时间、地点来播放，具有最广泛的群众基础，因此电影具有超出其他艺术的巨大功能。

1. 微型电影院移动设备。现今的电影院虽然可以进行电影的 3D 显示，但是声音和画面的播放质量在不同电影院的体现各不相同。另外，每部电影的放映期很短，观众需要在放映期内到指定的影院才能观看自己喜欢的电影。

随着现代科技的迅猛发展，让体积逐渐“微型”已经不再是一件难事。见微知著，诸如打电话的大哥大变成了手机，而手机又被智能手机所取代；诸如办公、打游戏的台式机变成了笔记本，而笔记本又演化成超极本、超薄本、平板等。未来电影院的大小将缩小至手掌那么大，但是性能却会变得无比强悍，超高的音质、3D 全息投影的影片播放以及虚拟现实(VR)技术的融入，可以让使用者完全“沉浸式”地融入到电影所设置的场景中，打造近乎真实的电影体验，这一切只需要 VR 设备和掌上电影院的无线连接便可以实现。林业文化电影在微型电影院设备上的放映可以让用户切身地置身于林业文化中，通过多种感官去体验和了解林业文化知识。

2. 身临其境的电影体验。现今的电影全部都是在场馆内设立屏幕，在屏幕上放映画面的播放模式，观众在观看电影的过程中只是作为接收者的角色单一地接受电影中的内容。而在未来，基于 VR 技术和人工智能技术的支持，人们观看电影的方式将不再仅限于看，而是参与到电影的内容中去，与电影进行有效的互动。在林业电影进行播放时，虚拟现实的场景刻画使人们置身电影所讲述的林业场景之中，观众可以与电影中的主角进行互动，一起完成剧情任务，同时人工智能技术会根据观众在电影中不同时刻的表现调整电影本身的剧情设置，使电影对每一位观众都能够提供个性化的体验，每一位观众参与同一部林业电影的最终结局都会不一样，大大增强了电影的可参与性，提高了人们对于电影的参与度。

另外，基于移动互联技术，人们在参与林业电影之后，还可以在共享平台上写下对于本部电影的评价供还未体验过本部电影的人们进行参考。大数据分析技术还会将喜欢同类型林业电影的观众连接到一起，建立电影交流社区，促进用户之间更多的交互。

（二）林业虚拟现实游戏空间

现在人们所接触到的电子游戏大多是在计算机显示屏上进行呈现的，这种游戏体验方式比较单一，主要是通过视觉来接收游戏信息，再通过双手操作键盘来对屏幕上的游戏人物进行相应操作。这种游戏模式对于玩家来说自由度较低，比较容易使玩家丧失新鲜感，游戏本身的可玩性也比较低。

随着虚拟现实技术的不断进步，人们不断探索着基于此技术的全新应用，而林业虚拟现实游戏空间就是基于此技术的一个娱乐游戏应用。人们可以随时随地通过移动互联技术相互连接进入到林业虚拟现实游戏空间，在这里可以进行多人虚拟游戏体验，在不断地完成系统布置的游戏任务过程中，体验林业文化带给人们的乐趣。

1. 虚拟场景建模。虚拟现实技术是近年来在计算机领域引起广泛关注的技术，虚拟现实技术是 21 世纪高科技发展的一个重要方向。三维建模技术是虚拟现实中最重要的技术领域，也是虚拟现实技术中的关键技术之一。三维建模技术是整个虚拟现实系统建立的基础，是所有应用中的一个关键的步骤和技术。设计人员运用计算机图像学技术根据预先设计好的物理模型在虚拟世界中搭建一个全新的游戏世界。

在林业虚拟现实游戏空间中，所有场景全部采集于现实的林业环境，同时再通过现实增强技术的融入，可以让玩家在虚拟世界也能看到、听到、闻到，甚至触摸到与真实世界完全一样的事物。场景的高逼真度会大大提高玩家的游戏体验，使玩家快速达到身临其境的状态。在进行游戏的过程中，玩家可以在虚拟游戏空间自由地进行移动，同时，玩家在游戏中对虚拟物体的每一个动作都会有一个相应的反馈，做到近乎于真实。这种基于虚拟现实技术搭建的游戏空间可以使玩家深刻地感受到林业文化的丰富内涵，同时，在游戏中人们还会学习到很多林业知识用来帮助自身完成游戏任务，为林业知识的推广起到了积极作用。如图 8-9 所示。

图 8-9　林业虚拟现实游戏空间

（来源：网展资讯，《旅博会：聚焦虚拟现实旅游》，2016. 05）

2. 便捷的玩家信息交互。交互性是一个游戏是否成功的重要衡量指标，如果玩家在游戏的过程中不能与其他玩家进行信息的交互，那么将会使玩家产生一种孤独感，“如此庞大的世界，只有我一人”的寂寞感会大大降低玩家的游戏热情。另外，如果缺少玩家间的游戏互动，游戏的可玩性也会降低，很多诸如工会组建、物品交易、组队闯关等游戏模式也将不复存在。因此，在游戏中流畅的玩家信息交互是必需的。

移动互联技术使玩家之间可以进行畅通无阻的游戏信息交互，玩家在游戏中或许是一名农民，也或许是一名林产品供应商，在游戏中不同角色相互协作才能让玩家自身发展得更快，游戏中玩家还可以去建设一个公会来组建有相同兴趣爱好的群体，一起完成游戏任务，相互分享游戏心得。这种玩家间的信息交互极大地丰富了游戏模式，有效地增强了游戏对于玩家的新鲜感，玩家在游戏过程中一起耕作、一起收获，很好地锻炼了玩家间的团队协作能力，更好地提升了玩家的文化素养。通过这种方式，玩家们可以一起去感受林业文化的独特魅力，共同在休闲娱乐的过程中学习很多有趣的林业文化知识，真正做到寓教于乐。

(三)其他丰富多彩的文化娱乐形式

清华教授沈阳说，未来 5 到 10 年，互联网会从移动互联网时代真正进入智能互联网时代，伴随着身临其境的体验、全能充沛的服务、现实与虚拟的结合以及无处不在的互联网基因渗透，相关生产和需求都可能出现爆炸性增长。可以说，互联网与社会生活之间的共振作用、互动作用会更加强烈，互联网在改变人们生活方式的同时，人们的新需求也将不断催生新的互联网技术和文化。

1.“互联网+”背景下的林业文艺演出。“互联网+”背景下的文艺晚会变革是互联网思维、文化产品升级和良性商业生态构建共同作用的结果。当前的文艺晚会拥有广泛的群众基础，文艺晚会数量激增，各种主题层出不穷，但其质量和影响力参差不齐。大众媒介的普及使得民众能够便利地收看、收听形式多样的文娱节目，文艺晚会不再是过去的节日“专属福利”。尤其是互联网和移动互联网的发展催生了大量社会化媒体，互动方式日益多元化，改变了日常娱乐的方式，促使观众群的喜好趋于分化。文字、图像、音频、视频等多媒体技术的广泛应用，使信息呈现形式更加多样化。与之相比，传统的文艺晚会的组织模式趋于僵化，节目质量出现了一定程度的下滑，观众口碑两极分化，已经不能满足民众的需要。

在现如今科技飞速发展的背景下，人们对于文艺晚会的娱乐服务有了更多的新需求，传统的文艺晚会形式已经不能满足普通大众的胃口，所以做出技术上的创新是未来发展所需要的。

林业文艺晚会正是在这种强烈需求的背景下所产生的。它包含以下特点：

跨界联合趋于常态化：“互联网+”文艺晚会最大的贡献在于重构了“消费+娱乐”的模式，晚会背后则是来自不同行业的跨界联合。这种崭新的晚会形态成功实现了营销与互动的结合，对互联网消费起到了推波助澜的作用。在林业文艺晚会的过程中，许多林业企业将自己的产品融入到晚会的节目中去，人们在观看节目的同时可以更好地去了解林业企业推出的全新的产品，实现媒介影响力和企业品牌的双丰收。

线上线下趋于融合化：未来“互联网+”林业文艺晚会模式在传统晚会的基础上融入了大量的互联网元素，移动互联技术的应用实现了线上与线下的实时互动、移动互联使得现实社会与网络社会的边界日益模糊，线上和线下趋于融合。传统媒介与互联网之间，更多的是相互依赖与相互促进。

观众互动趋于多元化：未来的林业文艺晚会中，观众的互动趋于多元化，包括线上互动与线下互动、场内互动与场外互动。一方面是从观众角度出发，增强观众的参与度，强化体验感；另一方面则是为了增加观众黏度，提升晚会的整体效果。未来基于虚拟现实（VR）技术和移动互联技术的发展可以让观众在任何地点都能看到晚会360°全景呈现，让观众感觉仿佛就在晚会现场，将互动发挥得淋漓尽致，消除了观众物理空间缺席的影响，模糊了行为与场所之间的紧密联系。

2. 科技共享的林业文学。黑龙江林业报社社长王宏波说过：“文学，从森林开始。”森林不仅孕育了人类，也孕育了文学。森林给人们的无尽欢乐，使人们产生一种强烈的想用色彩、文字表现森林浩瀚和雄阔的冲动，赞美森林的绿色和奉献。

科学技术的发展改变了人们的生产方式和生活方式，人类社会进入到知识经济时代并将继续按照此趋势发展下去是必然的。随着移动互联技术的广泛普及，文学形态也随之发生变化。

文学物质载体的有形性到无形性：随着科学技术特别是网络信息技术的发展，文学的网络传播将成为未来文学传播的主流方式，文学的物质载体也将由纸质的有形载体过渡到网络的无形载体。它打破了空间的限制，实现了文学作品的共享。我们将不需要去图书馆或者书店去专程购买图书，只需要手指一动，就可以通过网络快速找到自己想看的林业文学作品，并且内容表现的形式也将变得多样化，我们可以通过文字、语音甚至3D视频的方式去感受一部林业文学作品，更加深刻地感受林业人的生活状态以及学习林业文化知识。

文学创作主体的职业化到非职业化：移动网络的盛行使得未来文学作品的门槛降低了，在移动互联的共享平台上，只要你愿意去创作，人人都可以成为作家，把自己的林业文学作品放到平台上，供大众去浏览，对林业文学的创作有着很好的促进作用，也对林业文学的传播有着积极作用。

文学的教化功能到娱乐功能：传统文学注重的是教化功能，比如中国的“四书五经”，是对读者进行的教化，让他们学到为人处世的道理，这是精英文学，即雅文学。而未来随着科技互联技术使人们能够越来越方便地去分享，文学将会更加趋向于娱乐功能的发展，娱乐休闲属于大众的通俗文学范畴。在知识经济时代，随着信息消费的不断推进，大众的通俗文学在现代社会中呈现出越来越大的受众市场，因为这类文学本身能够满足受众获取有用信息，促进身心愉悦。未来的林业文学也将跟随时代的脚步，有效地促进林业文化的传播。

战略保障

ZHANLUE BAOZHANG

林业信息化
Forestry Informatization

第九章 中国林业移动互联网安全研究

移动互联网的快速发展造就了中国最大的信息消费市场、最活跃的创新领域，同时也带来了发展过程中一系列的问题。这些问题主要表现在：一是安全，个人、社会以及国家安全在移动互联网环境下受到了越来越严峻的挑战；二是治理，移动网络空间既是社会现实的反映，又是虚拟社会，其治理既与现实社会的治理有相通之处，又有较大区别。中共中央网络安全和信息化领导小组办公室的成立，标志着网络安全上升为国家战略，维护网络安全、加强对网络空间的治理已经成为社会共识，中国林业移动互联网的发展同样也需要重视安全建设。

一、移动互联网安全

移动互联网是移动通信网和传统互联网深度融合的产物，是在现有移动通信网和传统互联网基础上，为用户提供移动互联网业务的网络与服务体系。传统互联网具有强大的信息库和创新业务能力，但无法做到随时随地移动接入和缺乏良好管理控制的特性。移动通信网具有强大的管理控制和随时随地的接入能力。而移动互联终端具有完全不同于平台互联网终端的移动特性、个性化特征。

（一）移动互联网特性

随着人类社会和科学技术的发展，通信移动化、信息网络化发展已势不可挡。在这样的背景下，移动互联网作为二者新的结合体，应运而生并迅速发展。移动互联网涵盖了三个方面的含义，即：网络接入、终端互联、网络服务。然而绝不能简单地认为移动互联网只是用户通过移动终端对互联网络进行的访问，亦不是专门为用户建立了一个独立的互联网络，它是将移动网与互联网融合在一起并在此基础上建构的服务体系和架构，由移动通信技术与互联技术融合形成，具有以下特点：

1. 便捷性。与传统互联网的固定地点接入方式不同，移动互联网可以通过移动通讯网络随时随地地进行接入，而且可以保持实时在线的状态。随着智能终端设备的发展，体积越来越小，容量越来越大、处理能力越来越强，这样人们不仅能在完整的时间使用，更可以在一些零碎的时间使用。便捷性更催生出了一个基于位置服务的巨大市场，例如移动地图的应用、打车软件的使用等。

2. 个性化。传统网络条件下，用户访问的内容都是相同的，例如同样的新闻、同样的图片。用户只能够在这些相同的内容中人为地选取自己感兴趣的内容。而移动互联网则不同，在接入的终端网络和使用的App都是不相同的。安装App软件可以依据用户之前的使用习惯，对网络上如同洪水般的信息进行过滤和分类，挑选出符合用户兴趣的内容提供给用户。终端个性化和网络个性化相互结合，使个性化效应极大释放。

3. 私密性。在现阶段，移动互联网用户对应着一个实体的移动语音用户，电话通讯、移动互联网访问都是通过同一个移动终端进行。因为移动通讯的一个特性是私密性，所以在同样设备上访问的移动互联网也是具有私密性的属性。

4. 融合性。首先，移动话音和移动互联网业务的一体化导致了业务融合；其次，手机终端趋向于变成人们随身携带的唯一的电子设备，其功能集成度越来越高。

5. 智能感知性。未来的移动设备具有感知性，例如，未来的手表可以检测你的血压和心跳，在你身体出现问题之前提前获取相关信息，并且将这些信息发给你和你的医生，在发病之前就给予治疗。

（二）传统互联与移动互联安全比较

移动互联网与传统互联网在安全性的要求上具有一定的差异性。在外在表现形式上，传统互联网免费、开放，并拥有丰富的可访问资源。其开放性的设计原则决定了在传统互联网上进行身份验证不具有必要性，也难以操作。而移动互联网却十分严格地强调对用户隐私和用户行为的保护，因此，它比传统互联网具有更高的安全性要求。表9-1通过列表形式给出了传统互联网与移动互联网安全比较。

但现实并不乐观，直至今天，移动互联网在其业务应用和移动层面依然存在不可忽视的安全漏洞和风险，伴随着多种智能终端的日益普及，其安全面临着更为严峻的考验。移动互联网的魅力之一在于其丰富多样的业务应用，享有这些服务的移动互联网用户就不可避免地会收到来自各种渠道的垃圾信息（如：Email、短信、WAP等），或在订购和体验某些业务应用时泄露或被盗取了用户信息。相对而言，在这一方面传统互联网的终端防范机制较为成熟完善，外部威胁通过杀毒软件、防火墙，内部风险通过安全补丁对终端数据和业务信息加以保护，而移动互联网目前在这方面欠缺成熟的技术手段。

表 9-1 传统互联网与移动互联网安全比较

	传统互联网安全	移动互联网安全
安全漏洞	传统计算机操作系统、应用程序、网络设备都存在漏洞	同样问题也存在于移动互联网中，例如 IKEE. B 蠕虫是利用 iPhone 越狱后的 sshd 弱口令进行传输
恶意代码	大量蠕虫、病毒、木马、僵尸网络程序泛滥	专门针对基于各种操作系统的智能手机的病毒已超过千种，还将进一步激增
DDOS 攻击	传统互联网发动的 DDOS 攻击很难防范	移动互联网同样出现相应的手机僵尸软件，例如 BotSMS. A 利用控制手机软件发送大量的垃圾短信
钓鱼欺诈	钓鱼网站协同网络木马共同窃取网游、网银账号，非法谋利	通过短信/彩信欺骗用户安装软件实现恶意订购，例如 21 CNread. A 诱导用户下载欺诈软件，让用户无意识情况下订购 21 世纪手机报业务
垃圾信息	垃圾邮件常年泛滥，已经成为互联网的常态现象	垃圾短信方兴未艾，感染病毒的手机成为批量发送垃圾短信、彩信的新平台
信息窃取	大量木马在伺机切取个人隐私、企业敏感数据甚至国家秘密	手机病毒不仅让手机成为窃听器，可将通话记录、短信内容、记事本内容全部偷走，效果更显著
恶意扣费	尚难以从终端电脑上直接扣费，危害较小	移动服务自动带计费功能，传播、上网、恶意订购都会被扣费，这一特点备受灰色经济关注

（三）移动互联网终端安全缺陷

随着移动通信 IP 化、移动终端智能化以及 3G 的启用，移动互联网用户和终端飞速增长，移动互联网可提供的服务及用途呈高度增长，在巨大的经济利益驱使下，一些地下的黑色产业亦向移动互联网快速蔓延，庞大的移动网终端——手机的极度私密性同样吸引了各种“间谍”和“卧底”入住。移动智能终端作为未来“无所不在”服务和个人信息的载体，具有移动性、多样性和智能性的特点，而附属于其上的各种应用则呈现出类型复杂、实现机制不公开、数量庞大的特点，这些因素叠加起来，导致其面临的威胁远大于以往。

1. 终端安全缺陷分层

（1）硬件层面。智能移动终端面临的安全威胁主要包括：终端丢失、硬件损坏、移动数据复制、芯片安全等。其中终端丢失后，可能会面临终端上的个人信息泄漏，而硬件损坏则导致设备无法正常工作；移动数据复制是指通过接触或近距离接近相关人员移动设备复制其内部的相关信息，以冒充该用户；芯片安全则是移动智能终端的计算核心安全，黑客通过电路分析、芯片漏洞等方式，获取芯片内部数据，从而达到攻击目的。

（2）系统层面。操作系统是智能移动终端的控制核心，因此由操作系统漏洞引起的安全问题往往会导致严重的后果。目前智能移动终端的操作系统一般分为两类：Android 和 iOS。Android 系统是开放开源模式，各个公司可以根据自身产品特点进行深度定制，但是存在碎片化的特点，由此引起的安全问题更加复杂。而苹果公司的 iOS 系统则采取封闭的端到端模式，由苹果公司自身开发操作系统、应用平台，并对第三方开发的支持移动设备的应用进行检测、审查。

(3)网络层面。智能移动终端的广泛应用离不开无处不在的移动互联网。特别是目前速度最快的4G网络，使得智能移动终端被越来越多的人所接受。而目前伪基站带来的电信诈骗、移动广告和垃圾短信大大影响了用户对4G网络的体验。而另一种更为严重的威胁就是无线局域网WiFi的安全隐患。目前越来越多的用户通过WiFi接入移动互联网，统计表明，约80%的移动数据流量来自WiFi，而WiFi的安全性却没有这么乐观，目前公共场所覆盖的WiFi大多存在安全隐患，容易泄漏个人隐私甚至是关键的财务信息。

(4)应用层面。移动互联网带来了功能强大、种类多样的应用服务，而这也使得某些恶意应用得以鱼龙混杂，以隐秘的方式进入用户的移动智能终端。目前，存在于Android系统的恶意应用最多，主要攻击行为有：远程控制、恶意吸费、隐私窃取和系统破坏等。而这些恶意应用的主要来源有两个，分别是移动互联设备应用商店和移动互联论坛。恶意软件通常是没有经过安全认证的，可以在用户不知情的情况下在后台运行，对用户造成极大的危害和损失。特别是“越狱”和root过的移动互联设备。

2. 典型终端安全缺陷。在表现形式上，移动智能终端的安全问题主要聚焦在以下几个方面：其一是非法内容传播；其二是恶意吸费；其三是用户隐私窃取；其四是移动终端病毒以及非法刷机导致的黑屏、系统崩溃等问题。

(1)移动恶意代码问题。由于移动智能终端操作系统在设计及实现上存在的疏忽，导致其或多或少都存在系统漏洞或者脆弱性，有可能会被恶意代码利用。尤其是随着移动互联网黑客技术的不断成熟，以移动智能终端为攻击目标的恶意代码已对其安全构成重大威胁。移动恶意代码是一种具有破坏性的恶意移动智能终端程序，一般利用短信、彩信、电子邮件和浏览网站等方式在移动通信网内传播；同时可利用红外、蓝牙等方式在移动智能终端间传播。

随着智能终端操作系统的日趋统一，恶意代码将加速扩张，并由简单吸费向复杂的诱骗欺诈和流氓行为进化，呈现出多发趋势。而且随着移动智能终端与银行账号、第三方支付等金融业务绑定的增加，手机病毒制作和传播正加速向资费消耗、恶意扣费和隐私信息窃取等方向发展。尤其是随着Android操作系统的快速发展，使用该操作系统的移动智能终端日渐成为黑客攻击的主要目标。

(2)用户隐私窃取问题。伴随着移动互联网的普及和发展，用户对个人信息和网络隐私安全的关注程度也越来越高。与传统的个人计算机安全相比较，移动智能终端对用户的重要性更大。一般用户会将其私密、位置、金融等信息存储在移动智能终端中，由于这类信息的敏感性，使其遭受攻击的诱惑性更大，给用户隐私的保护带来了严峻挑战。相当多的移动智能终端在出厂时就被默认捆绑了很多应用，其中部分应用会在用户不知情的情况下收集用户的敏感信息和隐私信息，并且具有向其后门自动上传所收集用户信息的能力。

导航应用几乎是每个智能移动终端用户必用的服务，但是用户在使用这类服务发布一些位置数据时也可能会泄露其位置隐私。如果这些信息被不法分子得到，有可能会危及用户的财产和人身安全。在基于位置的服务中，还存在轨迹隐私泄露的问题。所谓轨迹，是指某个对象按时间顺序排列的位置序列。通过大数据技术来分析对用户看似毫无用处的轨迹数据进行分析，就可能会泄露这些轨迹中含有的敏感位置信息，而依据这类敏感位置可能会得出令人吃惊的结果，比如可能会披露出用户的家庭住址、工作单位，甚至行为习惯、健康状况等更敏感的信息。另外，某些移动智能终端为了保护用户的通信隐私所采用的应用层加密技术，也给信息安全监管工作造成很大的挑战。

（四）无线通信网络安全缺陷

无线网络和有线网络基本相同，其目的都是为了帮助人类完成网络通信。故而，网络本身及其应用当中所存在的问题，也是无线通信网络当中存在的问题，如网络被入侵或网络出现病毒等。然而，由于无线网络自身所具有的部分特点，相较有线网络，无线网络的安全问题更为严重。一般而言无线和有效链路上的安全隐患是随着网络结构的复杂程度几何式增加的。这本身就给无线链路的安全维护带来了更多的困难。同时，无线网络的安全隐患还体现在部分不法人员可以通过无线链路上存在的漏洞对信息进行截取，并且在此基础上进一步窃听用户的电话或者是修改、删除使用者重要的数据与信息。

1. 数据传输过程中的安全问题。无线通信技术上的无线网络安全隐患首先体现在数据传输的不确定上。无线通信技术本身具有传输效率高、覆盖范围广、稳定性高等优越性。但是在这一过程中需要注意的是，这一通信系统本身的安全性能还存在着不容忽视的问题。举例来说，在信息传输的过程中有时存在着部分重要数据丢失、篡改的问题。移动通信技术是通信网络与网络相结合的产物，同时是现代化移动通信技术不断发展的趋势，但是正是因为与网络服务的结合，在一定程度上受到网络黑客的威胁。黑客可以通过破解网络协议的手段，将用户信息盗取，形成信息的泄露，给用户带来安全威胁。并且网络系统是一把双刃剑，能够被应用到通信等具有社会意义工作上，同时也能被不法分子利用，通过网络系统截取用户信息，影响用户的使用。

2. 开放性带来的安全问题。相比有线网络，无线网络更为特殊，其具有一定开放性。有线网络虽然具有局限性，但相比无线网络，其连接较为固定，且有明确的物理边界。人类利用有线网络进行访问时，需使用如边缘交换机以及集线器等实体接入设备方能完成，网络可利用对接入端口的管理，以达到对管理非法用户访问的目的。无线网络则有所不同，如人们日常使用的 WLAN，WLAN 接入点信号会通过定向天线或全向天线向空中发射，在其所覆盖的无线范围之内，若没有对接入设备进行管理措施，则凡是能够达到接收频率的用户都可以获得接入点所发出的信息，或是借助接入点对上级网络进行访问。所以，无线网络自身所具备的开放性，引发了非法信息截取以及信息服务未授权等多个网络信息安全问题。

钓鱼 WiFi 通常是攻击者在公共场合架设的与公共 WiFi 名称相同或相似的 WiFi 网络，

诱骗用户将移动设备接入该网络，一般会在接入互联网时要求用户输入身份证号、手机号、姓名等敏感信息或直接对接入用户的设备进行信息交互，监听用户提交的信息，在用户不知情的情况下窃取其个人信息。当接入钓鱼 WiFi 网络后，用户设备的流量信息均在攻击者监控之下，如果用户在此期间使用 HTTP 协议传输账号密码，则会因为 HTTP 协议的明文传输过程致使账号密码泄露，并可能在此基础上产生更严重的财产损失。除此之外，钓鱼 WiFi 还可以引发 DNS 劫持，JS 注入等安全问题，严重损害用户的信息安全。

3. 移动性带来的安全问题。无线网络的特殊性还体现于其具有一定移动性。有线网络用户需通过线缆将接入设备与终端相连，终端活动范围不得超过线缆长度，此时对用户的管理较为便利。然而无线网路终端并不受线缆限制，使得用户终端能够进行大范围活动，甚至可以实现跨区域漫游。因此，网络终端管理难度也随之提高，各方面相关问题也随之而来。

由于对无线网络不进行加密处理会导致严重的信息泄露问题，所以对无线网络进行加密是必要的。但目前仍较大范围使用的 WEP 加密方法存在严重的安全问题，使用 WEP 加密的无线网络，对于攻击者而言就是一扇开启的大门。WEP(Wired Equivalent Privacy)即为有线等效保密协议，使用 RC4 加密算法(Rivest Cipher 4)实现机密性，使用 CRC32 算法检验数据完整性。WEP 通过 40 位或 104 位的密钥与 24 位的初始向量(IV)连接在一起组合成为 64 位或 128 位的 KEY。由于 WEP 加密中初始向量 IV 始终为 24 位，所以当抓取到足够多的密钥流信息时，就可以通过结合 RC4 算法特点破解得到共享密码的明文。所以使用 WEP 对无线网络加密形同虚设，无论密码本身有多复杂，只要抓取到足够的密钥流数据都可以对其进行破解。

4. 独特的信道安全问题。相比有线网络，无线网络没有较为稳定的传输信道，且传输信道容易产生变化。有线网络传输信道稳定，传输环境也已然确定，信号质量高。无线网络并非如此，随着用户移动，传输信道特征也会产生相应变化。用户终端移动过程中，信号难免会受到干扰，或是出现多径以及衰弱等现象，使得信号质量时好时坏，严重时甚至无法维持通信。故而，由于无线网络传输信号的不稳定，无线通信网络也出现了鲁棒性问题。

用具有监听功能的无线网卡等设备监听相应信道时，就可以对该信道的信息传输进行监控，如果该无线通信网络本身处于无加密的开放状态或不安全的加密状态，攻击者则会轻易获取用户发起的网络流量，对用户的信息安全产生严重危害，如果在此期间存在账号密码等敏感信息提交，将会导致更严重的信息泄露，如用户在开放无线通信网络中下载邮件附件中的文件，则攻击者可以通过监听得到的流量数据还原用户下载的文件。同时当攻击者获取了用户流量后，还可以进行信息修改后的重传，严重影响用户的正常通信及安全。

（五）移动互联网业务安全缺陷

服务是具有无形特征却可给人带来某种利益或满足感的可供有偿转让的一种或一系列活动。移动互联网作为移动网络与互联网相结合的产物，其业务提供的服务具有多样化和丰富性的特点。

狭义来讲，移动互联网业务安全即服务平台上所提供的业务的安全问题，即用户获得的服务是否能够稳定、持续运行，不会受到非法的数据破坏及运行影响。业务安全相对于信息安全而言，由对信息系统的静态保护过程转变为动态保护过程，更强调业务服务过程中动态的安全属性。移动互联网上的业务是一个复杂的交互过程，特别是业务中的应用服务需要基于底层的基础服务来完成。一个完整的移动互联网业务需要在多方之间传输信息，通过多个服务接口的协作，依赖多种底层设备和软件共同完成。同时，移动互联网业务涉及多方的交互过程，包括服务提供商、移动运营商、移动用户等。移动互联网业务安全必须保证参与服务各方的隐私安全、数据安全以及访问安全等问题。因此，移动互联网业务的安全，就必须考虑业务中采用的接口、协议以及加密算法等安全措施的安全性。

业务的多样化、过程化，以及业务与提供服务的设备之间的松或合也都带来了移动互联网业务的安全需求不同于传统网络的安全需求。移动互联网中承载了多种业务系统，而且各种业务系统具有各自的特点，为移动互联网带来了多样的安全威胁。同时，移动互联网业务的安全威胁不同于传统互联网，其在传统互联网威胁基础之上，具有针对移动特性的安全威胁。

1. 未授权型业务安全。未授权型业务安全可分为未授权业务数据访问、未授权业务数据操作和未授权业务访问。未授权业务数据访问是指未授权者对移动终端、服务器或传输网络上的业务信息、用户数据等内容的非法获取。未授权业务信息访问包括窃听、肩窥、伪装、病毒、泄露、流量分析、移动终端偷窃、用户信息诈骗等手段。未授权业务数据操作是指未授权者对移动终端、服务器或传输网络上的业务信息、用户数据等内容的非法注入、修改及删除。其实现可通过非法入侵并操作网络中的传输消息、用户终端或服务器上存储的数据实现。未授权业务访问是指未授权者通过非法手段获得业务的使用权，其利用服务系统本身的漏洞，伪装或窃取合法移动终端及用户信息以获得服务。

2. 攻击型业务安全。攻击型业务安全又可划分为业务破坏和否认两块内容。业务破坏是指对正常业务过程的破坏，包括拒绝服务攻击、服务滥用、误用、毁坏硬件设备、切断通信电缆等影响业务正常进行的破坏事件。否认是指合法用户对已使用业务内容、时间、流量等信息的否认。业务否认破坏了服务提供商和运营商的正常工作机制，是业务安全中必须考虑的重要问题。

移动互联网的实现，主要依靠以往传统的移动通讯技术，通过有机结合基于计算机技术、电子信息网络技术的 Internet 来运行，由此即造成了移动互联网络安全的复杂性、变化性，可将其具体划分为无线通信设备及运行环境的安全、业务应用安全、信息安全。其中，无线通信设备与终端系统的运行环境，在空气湿度、温度、防尘等方面，必须符合相关的物理安全标准，而一些操作系统、数据库等运行模块必须具备一定的防攻击、防病毒、防入侵能力；业务应用安全，其主要是建立在互联网络的基础之上，当以网络为渠道来进行服务的租赁与提供、数据信息的传输、口令的下达与执行时，往往存在服务滥用、非授权使用、服务否认等安全问题；信息安全，可大致分为信息自身的安全与内容安全，具体包括信息的完整性、机密性、不可否认性以及合法性，对于信息自身的安全，可利用报文鉴别机制、加密机制、密钥分发数字签名等技术来提供保障，而对于信息内容安全，应注意违背我国传统文化、法律制度、社会公德以及侵犯民众个人隐私的垃圾信息、病毒等。

二、移动互联网安全模型

在现有三层模型的基础上，根据目前移动互联网安全问题的现状和发展趋势，对现有模型进行细化和丰富，给出一种扩展的移动互联网安全模型，如图 9-1 所示。

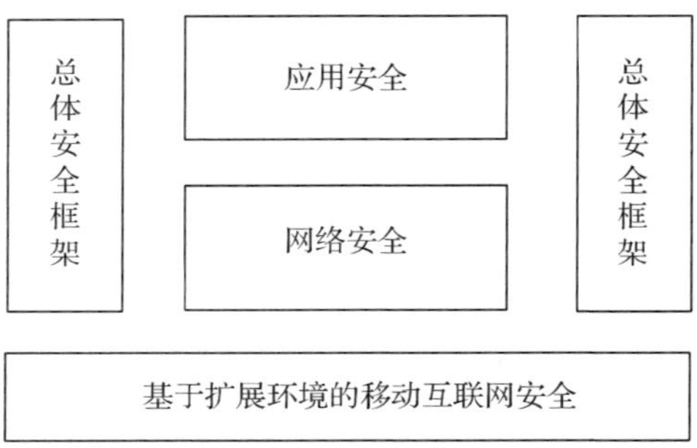

图 9-1　移动互联网安全模型

1. 总体安全框架。根据对移动互联网络所面临的威胁（来自外部）与风险（来自内部）的系统分析，而提出的移动互联网安全防护体系技术要求，作为移动互联网安全防护系统规划、开发、建设和维护各阶段的理论依据。总体安全框架包括移动互联网安全威胁、风险分析、防护体系架构、防护技术要求和关键技术等方面，并应随着安全技术及移动互联网的不断发展，不断补充和完善移动互联网防护体系。

2. 网络安全。在移动互联网中，网络结构主要分两部份，接入网及 IP 承载网/互联网。采用移动通信网作为接入网时，接入网就包含基站（BTS）、基站控制器（（BSC）、无线网络控制器（RNC）、移动交换中心（MSC）、媒体网关（MGW）、服务通用分组无线业务支持节点（SGSN）、网关通用分组无线业务支持节点（GGSN）等设备以及相关链路；采用 WiFi 作接入网时就包含接入（AP）设备。IP 承载网/互联网涉及路由器、交换机、接入服务器等设备以及相关链路。网络安全也应从以上两方面考虑。

3. 应用安全。移动互联网的"应用"主要指用户通过移动互联网络提供的多样化数据业务，来获取各种信息服务的帮助或者根据自身需求构建应用系统。"应用"在网络之上，将网络作为通道为用户提供的服务。应用可按服务的对象、目的、类型、场合等分类。保护移动互联网的应用安全，就需要重点关注身份管理、文档和内容安全、访问控制和SP管理等与应用密切相关的安全领域，提出相应的解决方案。

4. 业务安全。业务一般是指与网络捆绑紧密、由网络向用户提供的服务，代表了网络为用户提供数据服务的能力。"业务"是传送信息的手段，可按数据的形式、类型、属性、接入和传送方式等分类。业务安全通常指业务正常提供、计费等管理信息安全、信令等控制信息安全，防止服务滥用、服务盗用、服务否认，阻止消除侵犯公民隐私的个人敏感信息、垃圾信息、病毒等。

5. 基于扩展环境的移动互联网安全。随着信息社会发展，新技术新应用环境不断出现，包括物联网、云计算和移动工业网络为代表的应用环境为移动互联网的应用提供了新的机遇和挑战。在这些扩展环境中，对移动互联网的安全有了更高更细的要求，如何让移动互联网安全技术能适应这些环境的要求，是亟待解决的问题。

现代移动互联网的实现，主要依靠以往传统的移动通讯技术，通过有机结合基于计算机技术、电子信息网络技术的Internet来运行，由此即造成了移动互联网络安全的复杂性、变化性，可将其具体划分为无线通信及运行环境的安全、业务应用安全、信息安全。

三、移动互联网终端安全

对于无线通信设备、计算机系统等设施的物理安全，应严格控制运行环境，尽可能地避免在高温、高压、强磁场以及污染的环境中运行，同时加大检修、维护力度，以保证设备运行的安全、稳定。在使用终端系统、设备时，对于各种资源、业务应用的访问，可通过操作输入、关卡的认证加以控制，具体包括口令认证、身份验证、智能卡、实体鉴别等多种方式；对于数据信息的安全，一般采用访问控制的方法来保证其完整、安全，在进行终端内部的数据存储时，可通过信息数据检测、分级存储、隔离的方式进行控制。

（一）平台建设

1. 可信移动平台。可信移动平台MTM（Mobile Trusted Modules），包括硬件、软件、信道及协议三个部分，主要思路是在硬件平台上引入具有安全存储和加密功能并且可抵制篡改的可信平台模块（Trusted Platform Module），通过其提供的安全功能使非法用户无法更改其内部数据，从而确保身份认证和数据加密的安全性，提高终端系统的安全，如图9-2所示。

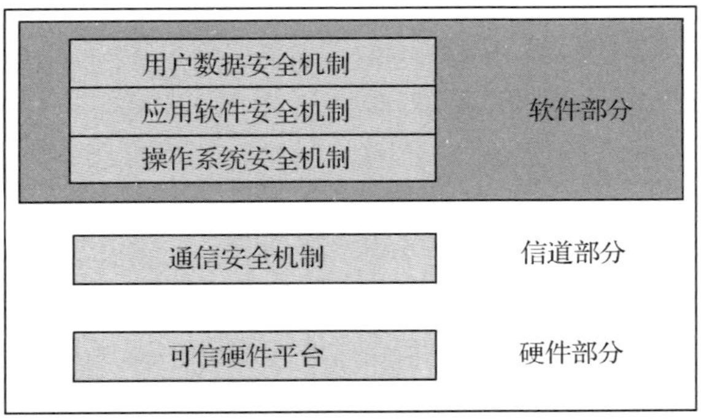

图 9-2　可信移动平台

可信移动平台的可信计算是通过在终端上绑定一个可信计算模块 TPM 来保证现有终端的安全性，其主要手段是进行身份确认，使用加密进行存储保护及使用完整性度量进行完整性保护。其基本思想是在系统中首先建立一个信任根，再建立一条信任链，一级测量认证一级，一级信任一级，把信任关系扩大到整个系统，从而确保系统的可信。TPM 实际上就是在系统里面加入了一个可信第三方，通过可信第三方对系统的度量和约束来保证系统可信。

一个可信平台要达到可信，最基本的原则是必须真实报告系统的状态，同时决不暴露密钥和尽量不表露自己的身份。这就需要三个必要的基础特征：保护能力（Protected Capabilities）、证明（Attestation）、完整性度量存储和报告（Integrity Measurement，Storage and Reporting）。

2. 移动终端安全管理控制平台。移动终端安全管理控制平台是为客户打造的一个终端安全及管理的综合服务平台，帮助用户解决操作系统漏洞安全问题、移动终端远程信息安全管理问题，同时可以为终端厂家、运营商等提供可用于决策的数据。移动终端安全管理控制平台包括三部分：

服务平台，包括客户门户、客服门户、管理门户和厂商门户，主要是供客户、客服人员、厂家人员以及管理人员登录的门户。

终端安全平台，包括设备管理、网络安全、应用管理、统计管理、遗失管理和界面管理等业务实现平台，是整体安全功能的实现平台，与客户端配合实现各项功能。

客户端，是运行在终端中直接与客户进行交互的软件。安装客户端后，终端就具备自动注册、信息采集、固件更新、遗失管理、设置管理、统计管理、界面管理、故障诊断和应用管理等功能，每个功能作为一个独立的功能模块存在，并且可以进行扩充；对用户来说，用户可以根据客户端提供的菜单项使用相应的安全功能。客户端与终端安全平台配合实现各项功能。

3. 用户卡的安全业务平台。终端使用的用户卡是全球唯一的，每张卡仅对应一个用户，所以用户卡可以成为终端用户天然的身份识别工具。可以通过用户卡卡号识别用户身份，并且可以利用用户卡存储用户的银行帐号、数字证书等标识用户身份的有效凭证。不仅如此，用户卡还可以用来实现加密算法、数字签名、公钥认证等移动支付领域必备的安全手段。由于用户卡是可控并且安全的，所以可以基于用户卡为移动支付等业务提供安全平台，解决移动支付等业务应用过程中的一系列安全问题。

(二)网络安全云

基于移动运营商数据网关、移动终端两方面采用多层架构来实时监控用户上网行为。通过互联网络安全云的实时大数据处理能力，及时分析、提醒、处理网络安全威胁，为用户保驾护航。

1. 实时网络监测分析。在移动运营商的数据网关侧，通过监测分析系统来实现实时网络监测，主要包括以下四个方面的监测分析，结构如图 9-3 所示。

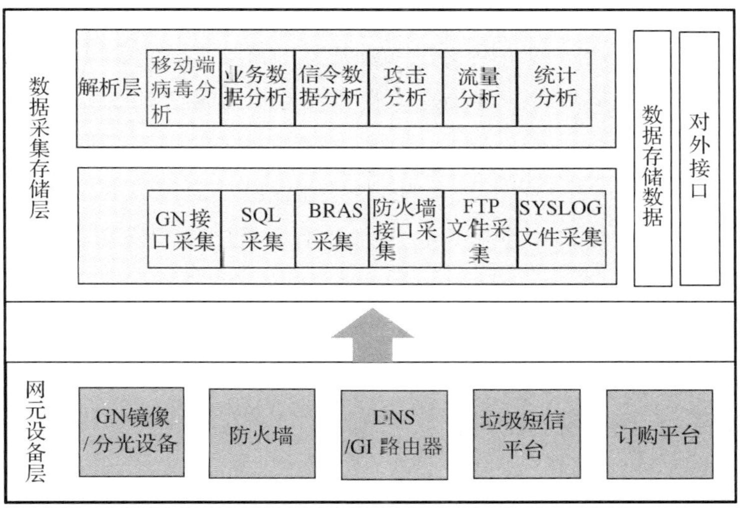

图 9-3　数据网关侧监测分析系统结构

移动终端病毒监测代理。作为前端处理功能，支持相关协议采集 GPRS 网络 GTP 协议分析；支持 GTP、GRE 协议分析；支持 MMS、HTTP、WAP、POP3、FTP、Telnet 等协议分析。

终端病毒监测管理平台，支持实时显示恶意事件、特定号码监测、彩信内容监测、WAppUSH、地下运营商监测等。

终端病毒控制与封堵平台，主要用于在移动数据核心网 GI 口进行病毒控制和拦截。

终端病毒黑白名单特征库。它为轻量级的病毒特征库，定期与云端服务的特征库进行同步。该特征库维护手机应用和网址的黑白名单，用于手机病毒监测代理模块通过多模式码流匹配引擎算法进行实时匹配，从而在网络侧发现用户手机中的恶意软件。

2. 全方位网络安全云。网络安全云的功能以病毒特征库、安全文件信息库、恶意网址信息库为基础，运用沙箱和虚拟化技术，对来自不同平台、不同站点的代码进行分析，并将代码段的特征分类归纳给予唯一的身份特征。该平台包含以下五个模块(图9-4)：

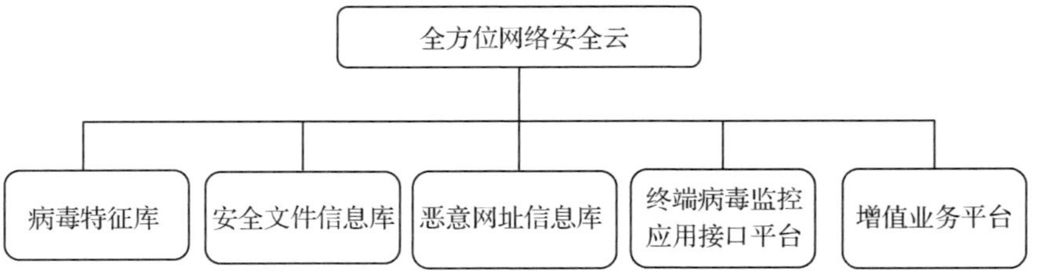

图9-4　全方位网络安全云

病毒特征库。支持病毒库在线更新、策略下发和在线病毒云分析。目前，运营商收集了近千种移动互联网病毒样本，且病毒样本的数量会继续不断积累和更新。

安全文件信息库。此库等同于白名单库，主要存放一些特殊的文件。

恶意网址信息库。是通过网络侧及客户侧提交的恶意网址而汇总的信息库。

终端病毒监控应用接口平台。主要提供并开发与不良信息监控平台接口、提供并开发与现网流控系统接口、提供并开发网管等接口、支持并开发短信网关接口、支持并开发BOSS/垃圾短信接口、支持并开发其他系统必要扩展接口。

增值业务平台。主要提供中毒用户疏导，包括手机中毒用户短信提示、WAP网站查询和相关杀毒软件推荐。

3. 轻量级安全客户端。本方案还提供轻量级客户端为终端侧的防护主体。轻量级客户端将支持安卓、苹果等通用的手机平台，支持快速检查、实时监控以及用户反馈等功能。客户端能够和后台网络安全云查杀系统通讯，一旦发现可疑代码，经过手机用户许可后，即可进行卸载和查杀。同时，客户端可以回传可疑代码到云端的服务处理平台，通过沙箱技术运行可疑代码，分析其行为过程，进行自动化的AP工扫描，自动生成恶意代码的威胁等级，产生威胁预警。同时，将可疑代码转给在线的病毒分析专家，手工验证后，判断结果将被更新到移动互联网网络侧平台的数据库以及云端服务平台的病毒数据库中，必要时下发给客户端。

(三)检测与加密

1. 检测。终端系统平台具有多层次的安全机制，但恶意程序仍有机可乘，加上智能移动终端用户对手机恶意程序的防范意识仍较薄弱，为了安装软件或是更新系统而破解root权限或是刷系统，导致系统本身的安全机制受到破坏。因此除了加强系统自身的被动的安全防护之外，对恶意代码检测方法的研究也是十分重要的。现有的恶意软件检测技术多是借鉴计算机领域的恶意软件检测技术，主要分为静态检测与动态检测。

2. 加密。移动通信系统的主要安全威胁来自网络协议和系统的弱点，攻击者可以利用这些弱点非授权访问/处理敏感数据、干扰/滥用网络服务。所以有必要建立一种机制，为所有的数据和语音通信提供完整的端到端加密（在发送端使用加密算法对语音/数据进行加密，在接收端使用解密算法对语音/数据进行解密），保证加密后的用户信息在移动网内的任意中间节点（基站、基站控制器、交换机等）均以密文传输，避免在链路加密中出现的密文在通信节点落地的情况，从而有效防止通信双方的信息被窃听、篡改，安全性将大大优于采用链路加密的保密通信系统。

目前在国内三大运营商中，中国电信已经推出基于语音加密的加密通信业务，其基本原理就是在终端中增加加密模块，实现对语音的加解密；并且采用加密短信的方式交互密钥，通话一次一密，密钥通过密钥管理中心来分发。除了语音加密，还可以利用该系统，或者重开发新系统对数据类信息（SMS、MMS 等）进行加密，从而实现语音/数据的端到端加密。

四、移动互联网无线通信网络安全

对于移动互联网的接入网，无论是基于传统计算机技术与网络技术的 Internet，还是移动通信的 3G、4G 均建立了相应完整、系统、专业的安全机制。其中，4G 技术不仅具有常规 3G 系统安全的特点、功能及优势，同时也针对其自身特性，有针对性地建立了安全服务机制，进一步提高了移动互联网络的安全性、稳定性、完善性。采用的无线通信网络安全策略，如图 9-5 所示。

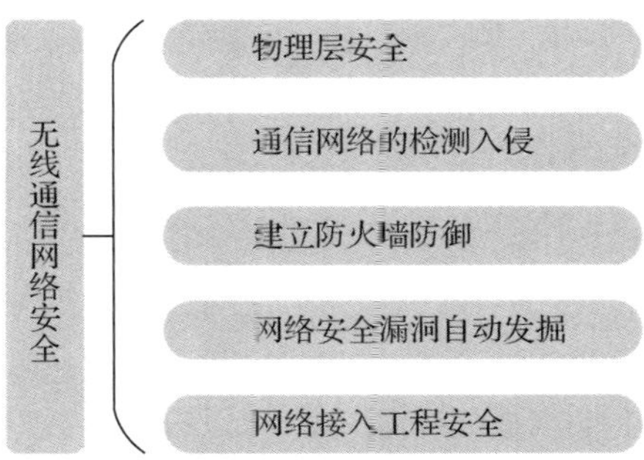

图 9-5 无线通信网络安全策略

（一）物理层安全

物理层安全的研究主要从两个方面进行着手：一是基于信号处理的物理层安全；二是基于安全编码的物理层安全。物理层安全编码是实现安全传输的基础，其通过主窃信道之差，从信息论的角度，来避免信息的窃听，在主信道传输质量优于窃听信道传输质量时，可以从理论上确保完美的安全传输；另外，通过信号处理手段，可以有效利用无线通信系统的各种资源来进一步地提高主窃链路的差异性，为安全编码的实现提供坚实的基础。本文着重从信号处理的角度，对物理层安全相关的技术进行介绍和展望，其主要包括多天线分集技术、协作干扰技术和信道估计技术等(图 9-6)。

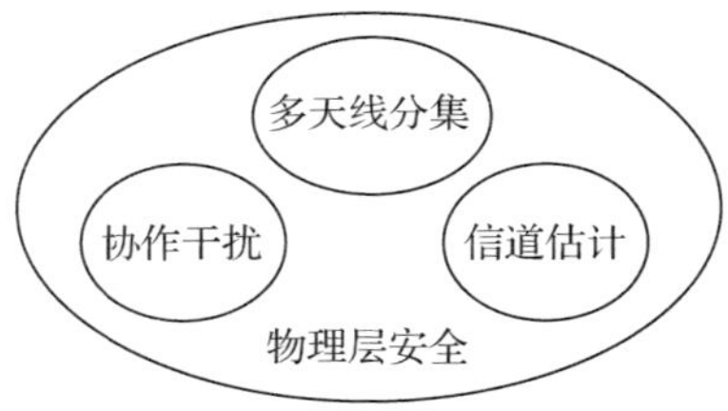

图 9-6　物理层安全

1. 多天线分集。随着无线多人多出(MIMO)技术的应用，终端往往具有多根发送和收天线。多天线技术主要利用空间自由度来实现安全。对于发送端的多天线技术，主要有最大比传输(MRT)、空时编码传输(OSTBC)和发送天线选择(TAS)等方案。最大比传输技术又称为波束成型技术，其通过对多根发射天线进行系数的加权处理，增强接收端的信号强度；空时编码技术则利用发端多天线带来的空间维度和信息传输的时间维度来提高信息传输的安全可靠性；发送天线选择技术通过选择最优的一根发射天线，使得接收端收到的瞬时信噪比最大，而该最优天线对于窃听用户端而言却是随机的，从而使得主信道质量优于窃听信道质量。

对于接收端的天线分集，由于每根天线均收到信号的一个副本，可以利用多天线技术如最大比合并(MRC)、选择合并(SC)和等增益合并(EGC)等相关技术来提高终端的接收能力，从而提高合法链路的传输质量。多人多出无线通信系统中，发端和收端天线数目对系统安全传输能力的示意图，从图中可以看到，随着发端天线选择数目的增加，系统安全传输能力明显提高，而终端天线数目的增加则进一步地提高数据传输的安全性。

2. 协作干扰。协作干扰技术是实现物理层安全传输的重要手段之一，在不影响合法终端正常通信的前提下，通过在传输信道的零空间上叠加人工噪声和干扰信号来扰乱窃听节点对信号的接收。人工噪声或者干扰信号可以分别在发送端、接收端和协作终端上进行叠加。在多入单出无线通信系统中，利用发端天线在传输信息的同时，发送干扰信号来提高传输的安全性能。在放大转发中继系统中，利用目的节点发送干扰来实现安全通信，并通过干扰功率分配的优化，实现最优的安全传输；协作干扰技术恶化了窃听信道传输质量，同时也避免了对合法用户的干扰，能够有效地满足信息的安全可靠传输。随着主窃链路差异的增大，安全传输能力不断提高，而干扰机和发送天线数目的增加都可以提高系统的守令性。

3. 信道估计。信号传输之前往往需要先对信道状态信息进行估计。通过干扰、限制窃听用户对信道状态信息的估计能力，可以恶化窃听用户在数据传输阶段的有效信噪比以及对信息的破译能力，因此，差异化信道估计（DCE）也是实现物理层安全的重要手段之一。

在多入多出信道中，设计了合法用户与窃听用户之间差异化信道质量的估计方案，该方案中通过巧妙地将人工噪声合理地加入到训练信号的零空间中，并优化合法用户的信道估计性能，限制窃听用户的估计能力，提升了系统的传输安全性。该方案的不足在于信道估计过程需要多个阶段的反馈与再训练，使得数据帧报头过长，效率低下。为此，进行了方法改进，提出了双向训练的方案，其利用目的节点而不是基站来发送初始训练信号，窃听用户收到的信号仅仅包含合法用户到窃听用户之间的信息，而不是基站到窃听用户之间的信息，从而巧妙地避免了窃听端对初始训练阶段的估计。

（二）通信网络的检测入侵

防火墙防御技术可以保护通信网络内部不受到外边网络攻击，但防火墙防御技术在通信网络内部非法活动监控方面还存在一些漏洞，检测入侵技术可以很好地填补这个漏洞，和防火墙相互配合，积极应对外部的攻击、内部的攻击以及操作失误带来的信息损坏。它在通信网络系统受到危害前拦截入侵，使通信网络信息的安全性得到有效提高。如图 9-7 所示。

基于主机的入侵检测防治
基于网络的入侵检测防治
分布式网络入侵检测防治

图 9-7　通信网络的检测入侵

1. 基于主机的入侵检测防治。基于主机的入侵检测防治技术，在计算机网络中的应用是比较早的，在判断是否存在网络入侵现象时，所使用的参考数据主要是计算机系统的审计、跟踪日志，对其进行分析之后生成报告，将具体网络行为表示出来。在利用该项网络入侵技术时，可根据主机数量而定，如果主机数量较少，则不需要增加专门的硬件平台，技术成本较低，同时，能够明确区分每个主机，对存在于主机系统中的网络入侵行为进行集中检测，并且可以根据网络协议，及时发现网络入侵迹象。

2. 基于网络的入侵检测防治。以网络为基础发展而来的入侵检测技术，是利用嗅探器等专业工具软件，来监听网络传输流量，对截获、采集得到的网络数据进行分析，结合已知网络入侵行为特征或者正常网络行为特征，来判断是否出现网络入侵现象。同时，还可以通过在重要网络节点上安装入侵检测工具，便可以对数据包载荷进行分析，准确识别网络入侵行为，并做出防御反应。该网络入侵检测防治技术具有适用性强、配置简单、检测类型多等优点，不必从操作系统中获取数据源，但是无法实现对主机系统的入侵检测，只能够进行网段检测，很难保证网络入侵检测的精准性。

3. 分布式网络入侵防治。随着网络入侵检测防治技术的不断发展，以分布式结构为基础形成的入侵检测防治技术应用越来越广泛，有效提高了入侵检测系统的协调性，解决了传统入侵检测防治技术在异构系统和大规模网络中应用的局限性。分布式网络入侵防治技术是基于主机和网络的入侵检测防治技术的融合，即主机上采用主机入侵检测，重要网络节点上采用网络入侵检测，然后利用所得网络数据的分析结果，判断是否出现网络入侵行为，进而采取相应的预防措施，提高网络安全系数。

（三）建立防火墙防御

防火墙设计的理念是防止通信网络信息泄露，它通过既定的网络安全策略，对网内外通信实施强制性的访问控制，借此来保护通信网络安全。它对网络间传输的数据包进行安全检查，监视通信网络的运行状态。一个完整的防火墙保护体系可以很好地阻止威胁用户及其数据的程序，阻止黑客通过病毒程序访问自己的通信网络，防止不安全因素扩散到通信网络所在的局域网络。通过将通信网络用户的使用账户密码设置得高级些，禁用或者删除无用的账号，不定期进行账号密码的修改都可以很好地防止病毒侵入。由于网络入侵者的实时性、动态性，所以在通信网络中防火墙软件要做到实时监控的要求。防火墙的实时监控技术通过过滤在调用前的所有程序，发现含有破坏网络安全的程序文件，并发出警报，对可疑程序进行查杀，将网络入侵者阻拦，采用多种技术查杀病毒使通信网络免受其害。

防火墙技术往往能够在较短的时间内，检测到当前网络可能遭受的攻击行为，并能够在合理的时间内采取相应的措施，保护计算机网络不被攻击。防火墙技术不仅能够对计算机网络系统的安全进行防护，还能强化网络机构，对系统的整体性能的提升提供帮助。

（四）通信网络安全漏洞自动发掘

网络安全漏洞自动发掘是在总结之前的漏洞经验基础上，使程序能够自己发现漏洞。漏洞挖掘的方法：静态挖掘法和动态挖掘法。

静态挖掘法的核心其实是源代码。David Wagner 等人之前提出了整数范围限制的挖掘方法。他们把字符串比作抽象数据集合，把缓冲区比作整数范围对。当然，这里包括使用范围与分配范围，然后对这两个值所出现的整数范围给予限制，把漏洞的发掘问题变成对整数范围的记录，最后再做好收集分析工作。系统的调用也会导致系统漏洞的出现。针对这个问题，Vinod Ganapathy 等人根据已存在的调用问题进行了深入研究。而 Jan K. Rutkowski 对这个问题进行了细致分析。除此之外，还有一种经常会用到的漏洞挖掘研究的方法——图像法。在不少文献中都有利用图形去分析漏洞，从而挖掘漏洞，解决系统安全问题。补丁分析也是发现漏洞的一种有效办法。它主要有两种：可执行代码补丁和源码补丁。当一个系统或者软件出现问题时，我们一般都会使用补丁来解决。我们可以在打完补丁后去比较前后的文件源码，然后了解基本的漏洞问题，并予以解决。

另一种方法就是动态挖掘法。它主要是缺陷陷入、FUZZ 测试和污点传播分析。缺陷陷入，顾名思义就是给软件加入一些存在缺陷的数据。如果最后它不能正常处理，那就说明这个软件可能存在缺陷。FUZZ 测试主要是用来测试 UNIX 系统。通过测试，它会产生一系列的消息和字符，然后把它们输入到软件中，从而去测试软件是否有漏洞的存在。污点传播分析主要的特点是模拟，它会模拟系统真实的环境，从而发现新的系统漏洞。

（五）移动互联网接入安全

在移动互联网接入场景中，用户使用移动智能终端通过移动互联网接入。由移动公网安全接入平台进行安全防护。VPN 接入网关是移动智能终端从移动互联网访问部署在总公司或铁路局外部服务网移动应用的唯一访问接入点，当用户从互联网访问时，避免每个移动应用都暴露在互联网上，减少遭到攻击的风险。

1. 传输数据加密。当远程用户通过 VPN 访问企业内网服务器时，数据的传输路径可以划分为三段：一是从客户端到 VPN 网关（经过公网）；二是从 VPN 网关到互联网网络完全平台；三是互联网网络安全平台到内网应用服务器，最后一段属于内网数据传输。由于内网网络出入口通过网络安全平台，因而内网的数据传输被视为是安全的。而客户端到 VPN 网关之间的数据传输则而临着诸多的安全威胁，因此就需要一种强有力的措施来保护机密数据不被窃取或是篡改。VPN 安全接入网关支持多种 SSI 二加密算法，对传输数据进行强加密，确保了数据传输的真实性、完整性。

2. 接入身份认证。移动互联网接入安全认证，依托计算机网络安全平台的统一用户目录服务系统。计算机统一用户目录服务系统是铁路信息系统的核心基础设施，在全国互联网组织部署，通过各数据节点之间的同步复制实现了全路用户信息的共享和同步。对于移动互联网用户，可以在任何一个有权限的移动公网安全接入平台使用同一个用户名登录，保证了用户身份的唯一性。

首先，在安全平台统一用户目录服务系统的内网目录服务器中，创建一个用于移动互联网访问的用户组，并将有权限访问的用户加入到移动互联网访问组中，从而实现对移动互联网用户的授权。其次，在统一用户目录服务系统中的内网目录服务器中创建移动互联网访问组管理员用户，通过设置访问控制策略，使该用户可以管理移动互联网访问组。再次，通过目录同步复制机制，将在内网目录服务器中创建的信息同步复制到外网目录服务器，如果是铁路全局用户，通过各路局节点之间的同步复制机制实现数据全路同步。

VPN 接入网关和 MDM 服务器分别使用移动互联网访问组管理员用户，从统一用户目录服务系统的外网目录服务器移动互联网访问组中获取用户，存到本地数据库，称为

LDAP 用户。当移动智能终端访问移动终端设备时，移动智能终端通过安全防护软件与 VPN 接入网关建立应用级的 SSIVPN 隧道。在隧道建立过程中，首先，对用户进行身份认证，支持数字证书、用户名/口令绑定设备标识码等方式的身份认证。以数字证书认证为例，数字证书由中铁 C´A 颁发，并对 X 509 数字证书的扩展字段进行了扩展，增加 UID 字段，该 UID 字段在全路唯一。安全防护软件读取数字证书中的 UID 字段，用户输入 PIN 码进行登录，VPN 接入网关验证客户端提交的证书，然后提取出用户 UID 字段，与 LDAP 用户进行匹配，如果比对成功，则认证成功。

用户通过身份认证后，经过移动终端管理（MDM）安全策略和应用权限检查后，即可访问移动终端设备。如果终端违反安全策略，阻断其接入网络。通过与 MDM 联动，只有通过身份认证和授权，并且符合安全策略的移动智能终端，才可以访问外部服务网的移动应用。

五、移动互联网业务安全

移动互联网上的业务是一个复杂的交互过程，特别是业务中的应用服务需要基于底层的基础服务来完成。一个完整的移动互联网业务需要在多方之间传输信息，通过多个服务接口的协作，依赖多种底层设备和软件共同完成。同时，移动互联网业务涉及多方的交互过程，包括服务提供商、移动运营商、移动用户等。移动互联网业务安全必须保证参与服务各方的隐私安全、数据安全以及访问安全等问题。因此，移动互联网业务的安全，就必须考虑业务中采用的接口、协议以及加密算法等安全措施的安全性。业务的多样化、过程化，以及业务与提供服务的设备之间的松或合也都带来了移动互联网业务的安全需求不同于传统网络的安全。如图 9-8 所示。

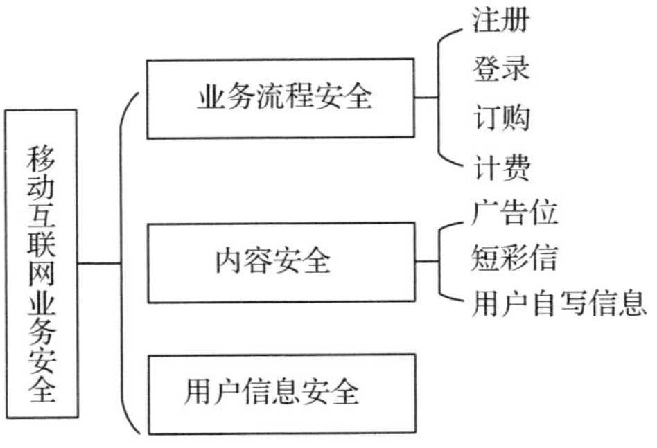

图 9-8 移动互联网业务安全

（一）业务流程安全

业务流程安全风险是移动互联网业务最直观的风险。若某业务在注册页面未加载图形验证码，这可能会导致该业务被批量注册；在登录的时候未采用未成功尝试次数限制，可能会导致账户被暴力破解。所以在移动互联网业务的设计过程中，为了保证业务的正常运转，首先要考虑的就是设计一个全面、完整、安全的业务流程，防范因流程不完善造成的风险。最典型的流程包括注册、登录、订购和计费。

在用户注册过程中，一些业务由其业务特性决定了必须采用实名注册的方式方可使用（如微博），但业务流程未强制要求用户输入手机号、身份证号等实名信息。这可能导致信息发布不可控、用户行为不可追溯等风险。在注册过程中，图形验证码、短信验证码、电子邮件验证是防范批量注册风险的重要手段。与此同时，业务还需要对使用同一手机号、邮箱地址注册的用户做出注册次数限制，否则有可能会造成短信炸弹或者邮件炸弹。另外，业务还需要对用户的密码强度进行限制，防范弱密码风险。

在登录过程中，很多业务通过下发短信验证码或者邮件验证码的方式保证账号的安全性。但是需要注意的是，业务也需要对短信验证码和邮件验证码的下发次数做出限制，否则也可能造成短信炸弹或邮件炸弹。除此之外，登录过程最常见的风险之一就是账户的暴力破解、字典攻击。为了克服此类风险，除了在注册阶段强制用户使用强密码以外，还需要为用户账户和 IP 地址设置登录尝试次数的限制。

订购和计费是用户使用过程中产生费用、业务获得收入的主要步骤。它面临多个方面的安全风险，首先，在订购关系的产生过程中，需要保证该订购出自于用户的真实意愿。这就需要业务通过各种手段（如上行消息确认、上行短信确认等）二次确认用户的订购意愿。这样一来，一可以防止用户因客户端病毒造成恶意订购或者不知情订购的现象；二可以保证订购结果的可追溯性和不可否认性。其次，订购关系在用户客户端产生并上传后必须实时同步到业务系统中的相关模块。这可以避免因同步不及时造成的运营风险。最后，订购关系无论在传输还是存储的过程中，都应该根据实际情况考虑该类数据传输及存储的机密性和完整性。因为对于任何一种业务来说，订购关系数据的丢失或者不准确就意味着该业务的收入无法对账和确认。

（二）内容安全

内容安全风险源于对内容管控的不利，大量违规内容（如宗教、种族、政治、色情等）的扩散会引起恶劣的社会反响。前不久中央电视台曝光的微博“大 V”用户利用个人影响力左右舆论的案例表明，移动互联网业务内容安全风险需要进行大力防范。违规内容可能来自业务本身的运营团队，也可能来自用户。内容安全的目标就在于保证该业务的所有内容扩散渠道没有违规内容出现。

广告位。广告位一般位于业务醒目的位置以方便将此位置的内容广而告之。若它被恶意利用作为扩散违规信息的载体，则会给业务带来灾难性的后果。这就要求业务运营团队在发布、更新广告位内容时遵循“编”、“审”、“发”分离的原则，即广告内容的编辑、审核和发布必须分离，且由不同人来完成，这样可以很好地克服单人操作的风险。除此之外，如果业务运营团队能够搭建一个内容发布平台将此流程固化到平台中，则可以保证所有的操作人员严格地执行“编”、“审”、“发”分离的要求；平台也能够记录每一步操作的日志，保证了操作的可追溯性和不可否认性。

短彩信。租用运营商的短彩信端口，并将短彩信发送能力提供给用户是很多移动互联网业务的重要功能之一。当然，业务运营团队也可以利用该短彩信端口开展业务营销。所以移动互联网业务短彩信内容的安全风险一般需要从两个角度去考量：业务运营团队营销短彩信的内容安全和用户自写短彩信的安全。对于营销短彩信的安全来说，内容合规以及对发送对象的管控是主要管控目标。与广告位内容合规一样，营销短彩信的内容合规性可以通过遵循“编”、“审”、“发”分离的原则达成。对于短信发送对象的管控则比较复杂。近年来，垃圾短信的现象日益严重。

用户自写信息(UGC)。它的种类多种多样，包括微博发文、论坛发帖、评论、昵称、头像、个人文件共享、短彩信等。它可以以文字、图片、音频、视频、文件等多种形态出现。UGC 内容安全面临的最大挑战是业务运营团队必须保证用户自写内容的合规性，不能让业务成为非法传播违规内容的手段和渠道。实现 UGC 内容合规的主要手段有两个：自动化过滤和人工审核。自动化过滤是通过过滤引擎自动识别非法内容。到目前为比，自动化文字过滤相对比较成熟，但是图片和视频过滤准确度较低，音频、文件等内容尚无自动化过滤手段。所以，业务运营团队可以通过人工审核的方式为自动化过滤进行修正和补充。

恶意应用和行为的检测与识别技术主要包括两大类：基于特征值匹配技术和基于行为的启发式检测技术。基于特征值匹配技术是目前反病毒公司普遍采用的恶意代码检测技术。该技术主要通过将手机应用与恶意代码数据库进行匹配的方式判定该应用是否包含恶意代码或者感染病毒。它主要包含两类方案：第一，通过扫描引擎将手机应用的安装包进行解压，逐一对单个文件计算特征值，并与恶意代码特征库中的特征值逐一比对，从而判断应用中是否包含恶意性代码。第二，扫描引擎将安装包反编译成虚拟机识别的 Dalvik 字节码，以每个语句单元的“操作码”为主特征码，以细节信息为辅助特征码，与恶意代码特征库进行匹配，若发现匹配项则可判断该应用包含恶意代码或感染了病毒。

基于行为的启发式扫描是基于特征值匹配技术的升级，与后者相比有着对未知恶意代码和病毒进行防御的优点。由于恶意代码要达到感染和破坏的目的，具备一定的行为特征，因此可以通过动态的分析和监测手机应用的代码与行为来判断其是否具有恶意性，而不依赖恶意代码特征库。

(三)用户信息安全

在移动互联网时代，移动端逐渐演变为用户的个人辅助性数字终端，它包含了用户非常多的个人信息，如位置信息、各类账户密码信息等。个人信息和隐私保护问题变得愈发重要。

信息保密的原则在于信息的产生、传输、存储、处理的各个环节的保密。典型的信息产生阶段是用户的注册阶段，用户密码显然就是敏感的、需要被保护的信息。除此之外，一些有实名注册需求的业务(如微博)要求输入用户的手机号码和身份证号码。这些信息在用户提交给系统的时候，可以采用加密通道传输的方式防止信息在传输的过程中被截获和窃听，如 SSL VPN、IPSEC VPN。当用户敏感信息上传到系统中以后，可采用加密存储的方式保证信息的机密性。当业务系统需要访问、处理这些信息的时候，可采用多人操作的模式，通过遵循“授权小操作、操作小授权”的原则防止个人权限过大带来的信息泄露风险。

但是在实际的业务运营过程中，是很难达到这种理论的效率的。从用户角度来说，一旦其敏感信息被业务运营方获取以后，他们很难相信业务方能够真正地保障其隐私信息的机密性。基于这种需求，近些年学术界兴起了一个新的研究方向：如何使得业务方在并不真正拥有用户隐私信息的情况下顺利地开展业务。比如业务方只拥有用户的地理位置的加密信息，不了解用户真实的地理位置(如经纬度)，却能够为用户提供类似“附近的人”等信息。但是这一类技术尚在理论研究的阶段，并没有大规模的商业应用。另外，大数据挖掘技术能够从一些看似不包含隐私信息的公开数据中挖掘出非常有用的隐私信息。

—第十章—

中国林业移动互联网保障措施

随着林业移动互联网各项营养的发展，资源的类型与信息的数量在快速增加，其使用环境也变得越来越复杂，必须要利用严格的安全认证手段来防止出现没有经过授权的访问与没有经过手段的访问对手控制资源。应用程序访问控制系统需要提供统一的标识与基于数字证书的身份验证机制。同时还需要使用安全隧道技术在客户端与服务器应用程序之间构建安全隧道。对于移动互联网公共信息的安全保障措施，不仅仅是关系到移动互联网用户的数据安全与体验，同时还与国家安全有着相当密切的关系。因此在大力发展的过程中，还必须要紧扣最新的移动互联网技术来提供有效的安全保障措施。

林业移动互联网发展是林业信息化的重要组成部分，目前还处于打好基础、全面起航的阶段，与全球信息化大潮、国家创新发展要求和林业现代化建设需求还存在一定差距。“十三五”期间，要采取有力措施，齐抓共建，形成合力，确保林业移动互联网发展各项任务圆满完成。

一、做好统筹指导

林业移动互联网发展是林业信息化建设的重要基础性工作，同时也是实现林业现代化的关键性手段，需要提前谋划，创造宽松有序的发展环境。

（一）加强组织指导

按照林业移动互联网发展战略的思路和目标，加强组织领导，统一力量，规划、组织、管理、协调林业移动互联网建设工作。各地各单位要同时建立本地本单位负责林业移动互联网工作机构，按照国家的统一规划、统一领导、统一标准，积极谋划本地本单位林业移动互联网建设任务，如图 10-1 所示。

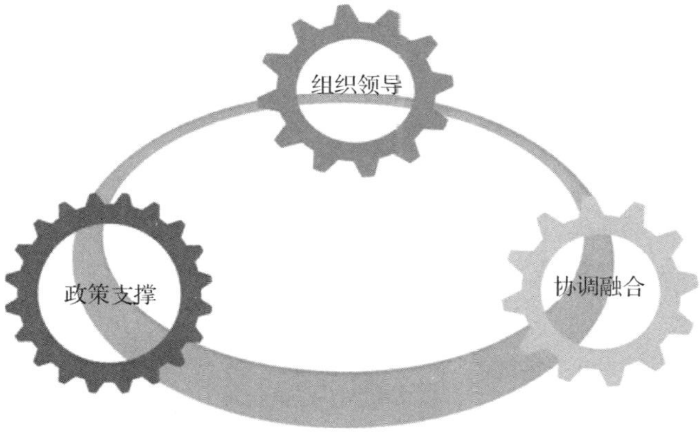

图 10-1　移动互联网统筹指导

（二）完善政策支撑

以林业信息化“十三五”发展规划为指导，以林业建设实际为依据，以解决突出问题为目标，按照林业移动互联网发展战略，加强新一代信息技术应用需求调研，科学谋划先进信息技术应用策略，切实增强林业移动互联网相关建设的前瞻性、科学性和实用性。根据林业移动互联网发展的新形势和新任务等要求，适时出台一些扶持政策和指导政策，包括投融资政策、信息共享政策、信息开发利用政策、服务外包政策、信息安全政策等。认真执行国家现行法律法规，并逐步完善有关制度，为林业移动互联网的发展创造良好的政策环境。

（三）加强协调融合

各有关部门要按照职责分工，结合自身实际，做好与战略规划提出的发展思路和主要目标的衔接，同时加强协调配合，保持全国步调一致。各有关部门要加强林业移动互联网的宣传推介、协调服务和业务指导，充分调动社会力量参与林业移动互联网建设。在适当的时候，成立林业移动互联网产业联盟，开展各地林业移动互联产业及国内外动态研究，组织行业活动，搭建公共服务平台，为产业发展提供支撑，推动林业移动互联网国内外技术交流及联盟内部成员间的横向合作以及产业链上下游间的纵向合作。

二、加强基础保障

（一）加强科技创新

完善激励政策，为自主创新提供强有力的制度保障。树立全方位创新理念，推进领导决策层的创新观念，塑造自上而下的创新意识。博采众长，营造“鼓励开拓，宽容失败”的良好氛围。形成政府、企业、科研院所、高等院校协同创新机制，发挥企业对技术研发方向、路线选择和各类创新资源配置的导向作用，发挥科学技术研究对创新驱动的引领和支撑作用，增强林业高等院校、科研院所原始创新能力和转制科研院所的共性技术研发能力。通过不断进行技术更新，研究出一个综合有效科学的林业移动互联网体系，利用移动互联技术支撑林业信息化建设。

（二）统一数据共享

推进信息资源开放共享，实施林业大数据战略，建成准确、完整、权威的林业数据库和开放共享平台。各地各单位除涉密数据外，所有信息资源都要放在统一平台上共享。建设林业大数据中心，实现数据大集中；建设林业数据共享平台，实现数据大应用；建设林业数据灾备中心，确保林业移动互联网信息安全。

（三）加大财政扶持

加强国家和各省级林业主管部门的联动，积极争取各级政府关于林业移动互联网产业的相关政策资源，为林业移动互联网产业发展提供有力支持。一是研究建立林业移动互联网经费保障长效机制。科学制定发展规划，将林业移动互联网纳入本地区、本部门的发展规划之中。在各级政府财政预算中设立林业移动互联网建设专项资金。加强林业移动互联网发展建设项目立项审查、预算管理和绩效评估，确保林业移动互联网建设内容和资金投入合理合规。坚持项目带动原则，以重大林业移动互联网建设项目，带动各级林业部门加大对移动互联网的资金投入。二是积极拓宽林业信息化投融资渠道。在坚持财政投入为主的前提下，充分发挥市场在资源配置中的基础性作用，在经济效益明显的领域，积极吸收社会投资，构建多元移动互联网投入机制。三是加强资金监管。强化林业信息化建设资金统一管理、统筹协调和审计监督，切实提高投资效益。

三、加强智力建设

林业移动互联网发展是高新技术行业，需要专职管理机构和专业化队伍才能将各项建设落到实处，进而使各项应用取得实效，如图 10-2 所示。

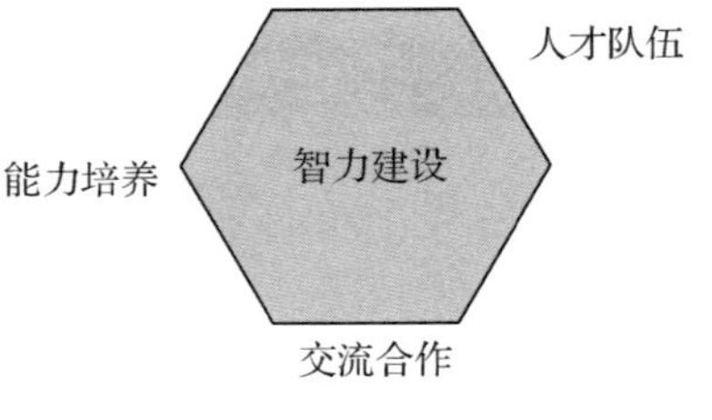

图 10-2　移动互联网智力建设

（一）充实人才队伍

加强林业移动互联网人才保障，积极争取扩大林业移动互联网发展专职人员，将人才奖励政策向移动互联网领域倾斜。配备强有力的领导班子，注重德才兼备，优先选配具有专业知识、爱岗敬业的人才担任主要领导，选出能谋事、会干事的最强领导团队。同时将政治素质好，责任心强，熟悉业务，有一定移动互联网应用水平的同志选配到相应的工作岗位上。大力培养能够适用于移动互联网时代的创新型人才，以人才成长推动林业移动互联网的建设的跨越，实现林业产业新升级。

（二）加大能力培养

做好面向各层级、各领域的林业移动互联网业务培训，持续提高理论水平和业务素质，确保担当起林业移动互联网建设重任。根据工作需要不定期地以视频会议的形式举行专题学习讨论会，及时学习掌握最新态势，加强沟通协调；加大培训力度，改变培训方式，减少集中培训，深入基层，扩大信息化培训的覆盖面，增加视频会议、远程培训等形式。对已经在岗的同志加强培训，形成一支相对稳定、业务精干的专业人才队伍，保障林业移动互联建设健康发展。

（三）加强交流合作

坚持“走出去、请进来”的方针，鼓励林业移动互联网从业人员通过开展技术交流活动，拓宽信息化视野。与知名咨询公司、中介机构和平台企业合作，瞄准国内外知名移动互联网企业、国内移动互联网新兴潜力企业、高端人才和团队，重点引进移动互联网核心技术人才和产业领军人才；搭建林业移动互联网人才公共服务平台，为人才引进、培育等提供专业服务。加强政府、企业、高等院校、职业学校、培训机构、产业联盟的合作，完善林业移动互联网产业人才支撑体系。

四、加强安全规范

（一）完善安全体系

加快构建移动互联网信息安全保障体系，提升网络安全管理、态势感知和风险防范能力，加强移动互联网信息网络基础设施安全防护和用户个人信息保护。按照信息安全等级保护等制度和网络安全国家标准的要求，加强移动互联网林业关键领域重要信息系统的安全保障。重视融合带来的安全风险，完善网络数据共享、利用等的安全管理和技术措施，确保数据安全。针对移动互联网技术和业务特点探索针对性更强的监管手段。结合移动互联网新技术、新业务，建立健全网络与信息安全评估机制。

（二）保障应用安全

随着林业移动互联网上资源的类型与信息的数量在快速增加，其使用环境也变得越来越复杂，林业移动应用必须要利用严格的安全认证手段来防止出现没有经过授权的访问。应用程序访问控制系统需要提供统一的标识与基于数字证书的身份验证机制，同时还需要使用安全隧道技术在客户端与服务器应用程序之间构建安全隧道，并实施内容过滤。

（三）健全应急机制

建立林业移动互联网信息安全风险评估机制，建设和完善林业移动互联网信息安全监控体系，提高对网络安全事件的应对和防范能力，建设林业移动互联网信息安全应急处置机制，不断完善移动互联网信息安全应急处置预案，重视灾难备份建设，增强林业移动互联网基础设施和重要移动互联网系统的抗毁能力与灾难恢复能力。

（四）加强标准建设

加强林业标准化建设，从林业的社会化、生态化、系统化、知识化和现代化入手，通过制定和实施相关标准，对林业的产前、产中和产后全过程进行科学化控制和管理，使生产过程规范化、系统化，从而保障林业各方面生产建设有条不紊地运行实施，确保取得最佳经济、社会和生态效益。

第十一章 中国林业移动互联网效益分析

信息时代的到来，使依据移动互联发展行业的手段越来越频繁运用，移动互联的包罗万象、涵盖广泛、应用便捷、高效传输使之成为当今强有力的竞争模式。林业作为国民经济的支柱产业，一直受到人们的广泛关注，林业要想在社会发展中走在各行业的前列，就必须加快信息化建设，实现产业结构的优化升级、用崭新的战略化目标大力开展基于移动互联的行业建设。

一、效益分析理论

对移动互联网进行效益评价的理论和方法很多，依据目前移动互联网效益评价方法的理论基础及其发展脉络，结合业界实践经验，有以下几种可以参考借鉴。

（一）财务分析理论

在对移动互联网建设效益评价上，因需要资金的投入，常用财务理论来分析建设的效益。财务分析理论主要是采用企业财务会计基本方法来分析企业信息化投资及效益在财务上的体现，资金的时间价值理论是其基础。以下两个假设条件是此理论基础：①可以确定并计算出的现期，具体来说就是信息化投资未来的成本与收益，信息化投资所产生的效益的体现的时间是确定的；②只考虑企业信息化投资内部成本与效益，忽略其外部社会成本与效益。此方法以一合理的折现率对信息化建设整个周期内的各种投资（建设费用、维护费用、更新改造费用等）和收益等现金流进行折现，计算其净现值或信息化建设的投资回报率、内部收益率等，然后采用相应的财务评价准则来评价并判断信息化建设投资价值的大小。财务分析理论直观明了，容易从企业中得出各种数据来直接对投资效益进行分析，但人们在分析中很快发现存在"生产力悖论"现象。1987 年，诺贝尔经济学奖得主罗伯特·索洛说过一段广为流传但备受争议的话即形象地道出了生产力悖论现象，他说："你可以在世界任何角落和生活的各个领域看到'计算机时代'的影子，但是在经济统计年鉴上除外。"意思是说，信息化投入的影响随处可见，就是在产出中看不到。实践中人们发现移动互联投资与企业财务业绩存在正相关，也存在负相关。有时候，信息化的投入和产出是负相关的，而有时候的分析中得出的是正相关的结论。存在上述现象的原因在于此理论的假设条件与实际不相符，实际中基于信息化投资未来的成本与收益是难以确定的，信息化投资所产生的效益的体现的时间也是难以确定的；另外信息化投资存在外部社会成本和效益。尽管存在"生产力悖论"现象，但对一些简单的、规模较小、效益明显的信息化投资项目常常采用财务分析理论，也通常可得到比较满意的效果。企业信息经理也通常喜欢用此理论来评价信息化效益，一方面是因为评价数据充分，可直观明了地得出结论；另一方面是因为财务分析理论中常常采用的投资回报率容易在财务年报上体现，也容易获得股东或资本市场的理解，从而获得企业高层对信息化投资的理解和批准。总体来说，此理论适合简单的、小规模信息化建设效益评估，对于大型的信息化效益难以评估。

（二）过程分析理论

由于财务分析理论只评价资金的投入与回报，相当于"黑箱"式的考察，随着研究的深入，人们开始研究信息化对企业具体业务过程的影响是如何实现的，因此产生了过程分析理论。此理论认为信息技术的导入必然对企业原有的结构和管理产生影响，因此可通过对企业的组织结构、业务流程和管理的变革来实现信息技术对企业效益的影响；因此，对于信息化效益的评价应包括企业效益与企业管理变革和流程改善两个方面。此理论主张把"黑箱"打开，系统研究信息化效益在企业中形成的过程，全面评价信息化后产生的效益与其产生过程中的因素。

信息化投资和各种相关费用提供了一种潜力创造了信息化效益。但是这种潜力向实现价值的转换可能性取决于进行信息化建设企业高层对信息化建设的支持，企业信息化管理水平，信息系统运行的有效性，与信息化有关的员工培训是否到位等。因受各方面因素的影响，信息化建设的结果往往只实现了部分潜力向实现价值的转换，因此投资往往也只能得到应得回报的一部分。

（三）资源分析理论

资源分析理论认为企业是一个资源集合体，每种资源都可以用在不同方面，根据实际情况和研究需要，可将资源分为土地、厂房、设备等有形资源和人力、知识、信息等无形资源，其中信息资源是考察重点。此理论认为企业在特定的环境下运行会产生独特的资源，这种独特资源是企业区别于竞争对手的独特之处，是企业可获得持续竞争优势的潜在源泉，是使企业成本低于行业平均水平，从而使收益高于行业平均水平，甚至达到比较高水平的保证。

从资源的角度来看，信息技术已经成为重要的战略资源，应用信息技术可带来持续的竞争优势。

二、效益分析思路

（一）效益分析内容

1. 经济效益

（1）有利于实现信息化作业，提高工作效率，节约人工成本。通过林业资源综合监管系统的建设，不仅为国家林业局和重点示范省提供了林业资源综合信息服务，而且通过信息资源的整合和共享，增加决策的准确性和科学性。实现国家林业资源数据的整合以及两级林业资源信息的同步，展现林业资源信息，可以灵活地进行统计分析查询，节约汇总上报时间，极大提高工作效率和降低成本。

（2）有利于整合资源，依据统一的技术标准，进行统一建设。在林业系统内部资源的整合与共享下，同时与其他领域的信息资源进行交换。依据统一的技术标准，将各级基础性、公共性、对全局性影响起关键作用的内容进行统一建设，形成各级林业移动互联建设基础平台，可以有效地节约投资、避免重复建设。进一步加强信息资源的整合利用，加强林业部门之间的信息资源互联共享。并针对森林资源监管系统，基于基础平台，通过统筹规划采集系统、统一数据资源存储、统一交换体系、统一安全管理、统一指标体系等办法，达到资源的充分整合利用和信息共享，有效减少重复建设。

2. 社会效益

（1）有利于提升决策支持能力，提高办公效率。信息化是当今世界的重要时代特征，是推动经济社会变革的重要力量。林业移动互联资源管理信息化全面推进，应用范围从林业资源清查逐步拓展到林业资源监管及决策支持等重点业务领域，大大提高了林业资源监管能力和工作效率，为政府决策提供全面有力的信息支撑，使政府有效地掌握全面信息，科学分析信息，快速做出决策，及时采取应对措施。整合政务信息和服务资源，推进政务公开、改善政府服务、优化发展环境，使林业信息服务水平不断提升，在线办事服务成效显现，网上互动服务日益增强。

（2）有利于改善人民生活环境，提高人民生活质量。进一步加强我国林业资源的管理，加快林业工程项目的建设，有利于提高我国林业覆盖率，从而改善人民生活环境。同时，各项办事费用的降低和林业产业的增收也有利于增加林农的经济收入，提高人民生活质量，如图 11-1 所示。

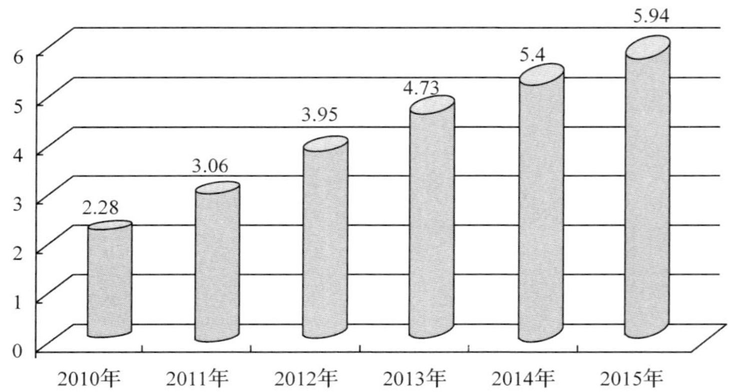

图 11-1　林业收入变化

（来源：http：www. chyxx. com）

3. 生态效益

（1）有利于促进人与自然的和谐发展，创建和谐社会环境。在管理好林业资源的同时，也使林业生态环境得到有效改善，不仅保护了人类赖以生存的生活环境，对于保护濒危野生动植物生存环境也起到重要作用。因此，从长远来看，有利于促进人与自然的和谐发展，也有利于创建和稳定和谐的社会环境。

（2）有利于更好更科学地进行林业的开发与保护，构建稳定的林业生态系统。森林的生态效益是多方面的，且是巨大的，远远大于它的经济效益，据计算，森林的生态效益是经济效益的几倍、十几倍，甚至几十倍。从现代科学技术发展的角度来认识，森林已成为人类社会生存和发展不可缺少的环境条件，保护森林生态系统，是保证人类有美好生态环境的有效措施。实现我国森林资源规划调查和辅助决策信息化管理，可使各级林业部门更有效地进行林业管理工作，有助于林业部门更好更科学地进行森林的开发与保护，构建稳定的森林生态系统，实现净化空气，美化环境，缓解地球"温室效应"。

（二）效益分析目标

国家林业局提出的新形势下林业工作的基本思路，要求以现代林业思想为指导、以建立比较完备的林业生态体系和比较发达的林业产业体系为目标，以保护和改善生态环境为重点，深化分类经营改革实施。最终是实现经济效益目标、生态效益目标和社会效益目标的协调和统一，但这并不是一种目标间的均衡或同时获得几个目标的最大化，而是在具体操作时按照在社会效益、经济效益和生态效益作为约束条件满足需求的条件下，考虑综合效益的最大化。

1. 生态效益最大化。林业发展直接关乎人民群众的生态需求和福祉。要紧扣生态建设与保护这一主题，深入分析林业移动互联建设的功能，科学安排林业移动互联建设项目，因此必然会产生良好的生态效益。通过建设林业移动互联，可以提高林业资源保护、监督、管理水平；通过开展营造林业移动互联应用，可以促进营造林管理与服务；通过开展林业移动互联灾害监测预警与应急防控物联网应用，可以有效降低林业灾害损失，保护生态建设成果；通过开展林业生态监测与评估林业移动互联应用，可以提高林业生态监测水平，为国家生态建设决策及履行有关国际公约提供有力支撑。

2. 良好的经济效益。移动互联是未来经济科技发展的高地，林业是移动互联应用的重要领域，具有巨大的发展潜力和广阔的市场前景。通过发展林业移动互联应用，可以直接促进林业资源经济发展，带动交通、旅游、食宿等第三产业，并将促进产品检验检测、软件开发、信息服务等多种业态的发展，产生巨大的经济效益。

3. 良好的社会效益。林业移动互联的全面加快发展将会产生巨大的科技研发需求，促进我国科技创新工作，提升科技创新能力，增强我国国际竞争力。将会创造大量就业机会，带动人们就业增收，促进社会和谐稳定，为全面建成小康社会做出贡献。将会拓展林业发展空间，拓宽交流合作渠道，提高发展质量和效益，提升国内国际影响力，促进林业建设。

（三）效益分析原则

按照有关要求，结合林业移动互联工作实际，效益分析工作遵循以下基本原则：

1. 综合效益最大化。社会效益、经济效益、生态效益的综合效益最大化。以林业移动互联建设、质量、生态保护协调统一为目的，不能仅注重经济效益，还要注重社会和生态效益。

2. 可比性。是指确立的指标含义明确，计算口径一致，核算方法统一，从而达到静态和动态、不同地区之间、不同时期具有可比性，以保证比较结果的合理性和科学性。

3. 定性与定量相结合。指标进行选取时，定性与定量要相互结合。

4. 可操作性。指标体系应该具有很强的可操作性，因此要尽可能选用现有的统计数据和易于收集的资料对难以统计和收集的数据暂时不列入指标体系，从而减少数据收集的困难。

5. 可参考性。通过效益分析，对拟建项目的经济效果做出预测，综合评价项目在生产上是否可行、技术上是否先进、经济上是否有利社会和生态上是否有益及市场风险大小等，为项目的开发建设决策提供科学依据。

6. 完全性。完全性原则是指所建立的因子体系应能全面反映建设的各方面特性，要克服重定量因子轻定性因子、重直接影响轻间接影响、重近期效果轻远期效果的倾向。

7. 非相容性。是指完全相同或一个同另一个因子间只差一个常系数的因子中只选取一个。

（四）效益分析方法

通过对国家林业局现有信息资源的整合，实现多专业林业资源地理空间基础信息的标准化空间集成，将全面提升我国基础性、战略性林业资源地理空间信息的标准化程度和信息共享水平。通过标准化、系列化林业资源地理空间信息标准产品及综合信息库的建设和共享使用，在节省信息采集、处理费用，减少国家损失，拉动产业多个方面产生巨大的经济效益。林业移动互联将推进我国林业领域的信息化进程，提高林业科学规划、管理和决策的水平，加快全社会的信息化进程，帮助国家及时、全面地了解林业生态环境建设的整体状况，进行科学决策，为国家制定生态环境宏观规划提供可靠的依据，对国民经济建设起促进作用。林业数据分中心建设也可以带动其他科学技术的进步，为其他科学技术的研究和开发提供新的技术手段，产生可观的社会效益。

对于社会效益和经济效益的分析，一般采用成本—效益分析的方法。

从事物的质和量的角度划分，可以是定性分析，也可以是定量分析。从评价所涉及的工具划分，可以是传统的方法，也可以是现代的方法。因此，分析可以采用以下方法：

1. 对比分析法。这种方法主要是通过林业移动互联实施前后结果的对比进行分析。例如，通过移动互联实施前后的一系列指标进行对比，可以导出移动互联实施的效果是否有效的结论。

2. 问卷调查法或访谈法。通过散发和回收有效调查问卷，根据问卷的调查结果对移动互联实施结果进行评价的一种方法，这种调查方法更注重现在的效果。我们可以通过设计一些问卷，主要对工程区的分管领导、实际操作人员、主要受益者等进行访问调查，可以从主观上反映出林业移动互联政策的实施是否有效。

3. 费用(成本)—效益分析法。在确定了一个目标之后，投入越小效益就越大。任何建设都是旨在推行某种改革、重组某种资源或解决某个特定的问题，任何建设的实施都是有成本的，林业移动互联也不例外。成本分析是林业移动互联建设分析的核心。林业移动互联成本包括间接成本、直接成本、机会成本、边际成本。林业移动互联的效益要比企业的投资效益复杂得多。因为林业移动互联效益有直接的、有间接的；有短期的、有长期的；有有形的、有无形的；有货币化的、有非货币化的，要综合分析这些效益。成本—效益分析的一个重要衍生体是费用—有效性分析，即在不确定项目的货币价值的情况下，把费用和特定的项目输出水平值进行对照测算。林业移动互联费用(成本)应当包括：

(1)决策制定费用，它是决策主体从提出问题到林业移动互联出台生效过程的投入。

(2)衔接成本，即在新旧林业移动互联建设的衔接期间所要付出的代价。

(3)摩擦损失，新的林业移动互联建设所产生的摩擦造成的损失和社会价值浪费。林业移动互联建设对象为追求自身利益最大化时，当建设不利于自己利益时，用各种手段抵制和削弱政建设行效率，从而导致投入的加大。

(4)操作费用，即林业移动互联建设实际执行部门在实施政策中因宣传、解释、传达、监控及成立专门的机构、配备专门人员操作等所消耗的资源。当林业移动互联建设效益不能用货币来衡量的时候，则要进行指标化或者指数化，就是根据林业移动互联建设对象所具有的指标特征，提出一定的指数进行社会测量。林业移动互联建设效益(有效性)和成本(费用)的比率越大越好。

投资产生的净收益流，分布于若干连续时期中。要计算出净收益流的总值，就必须把每一时期的净收益转化为现值。需要采用贴现的方法。项目的净收益总现值，就是各期的成本和收益现值的代数和。当面临着若干可供选择的投资项目，并要求选择其中之一时，理性的追求效用最大化的个人，就会选择净收益现值最大的项目，当然这必须以满足预算约束线为条件。体现在投资项目中利用稀缺资源的机会成本，就是放弃这些资源用于其他次优项目时所得净收益的现值，也就是说在选择某一种项目而不是另一种时，其实是对一种消费流和另一种消费流进行比较。权衡各个选项的收益和成本现值、选择边际收益等于边际成本(即效用最大化的要求)的活动水平，是对资源有效配置的标准方法。在完全竞争市场经济条件下，给定资源的初始分配，就会发生自愿交换，直到形成一组均衡价格为止，在这个均衡点上，资源得到有效配置，即帕累托最佳配置状态。由于环境资源利用没有市场或市场不完备，可以通过替代市场或模拟市场功能的状况，以使资源的配置达到帕累托最优状态。

4. 统计抽样分析法。从被观察调查的对象总体中抽取出一部分样本进行统计推断的一种方法。根据抽样调查的资料对林业移动互联建设效果进行统计推断。

5. 模糊综合评价法。模糊分析作为定性与定量分析之间的一种手段，使定性问题向定量问题分析方向发展前进了一步。因为在林业移动互联建设效果分析中，经常会遇到的问题是不少指标因不易精确描述，具有极大的模糊性，难以计量，在这种情况下，可以应用模糊数学手段进行量化。

6. 层次分析法。层次分析法是美国运筹学家 Saaty 教授于 20 世纪 80 年代提出的一种实用的多方案或多目标的决策方法。其主要特征是，它合理地将定性与定量的决策结合起来，按照思维、心理的规律把决策过程层次化、数量化。也就是将与决策有关的元素分解成目标、准则、方案等层次，在此基础之上进行定性和定量分析的决策方法。这种方法的特点是在对复杂的决策问题的本质、影响因素及其内在关系等进行深入分析的基础上，利用较少的定量信息使决策的思维过程数学化，从而为多目标、多准则或无结构特性的复杂决策问题提供简便的决策方法。尤其适合于对决策结果难于直接准确计量的场合。层次分析法的整个过程体现了人的决策思维的基本特征，即分解、判断与综合，易学易用，而且定性与定量相结合，便于决策者之间彼此沟通，是一种十分有效的系统分析方法，广泛地应用在经济管理规划、能源开发利用与资源分析、城市产业规划、人才预测、交通运输、水资源分析利用等方面。对于我国林业移动互联建设的分析也可以采用这样一种方法来进行评价。对我国林业移动互联建设的评价可以采用问卷调查和数据统计分析的方法来进行一手资料的取得，采用对比分析法、问卷调查法或者费用—成本分析法进行分析评价。

三、经济效益分析

随着互联网跨界融合创新模式进入林业领域，利用移动互联网、物联网、大数据、云计算等技术推动信息化与林业深度融合，开启了“智慧林业”大门，我国林业信息化建设逐步走上了有序、快步发展的轨道，并推动各地实践探索，不断取得新的成果。例如，北京市园林绿化局集成二维码、传感器、无线自组织网络等技术，在园博园开展了“中国信息林”建设，此后又将二维码标签应用到公园及苗圃的树木管理工作中。河南三门峡二仙坡绿色果业有限公司利用物联网、自动控制等技术，打造了现代化的智慧果园，取得了良好的经济和社会效益。四川温江通过“一个平台、四大应用系统、一个信息中心”建设，打造了“智慧花木”信息化品牌，极大地活跃了西南花木交易市场，促进了区域经济发展。安徽舒城金桥农林科技有限公司利用物联网技术建设了智慧育苗系统，提高了设施育苗的智能化水平，取得了经济效益的极大发展。林业移动互联网建设注重资源整合，建成后可在以下四方面带来较大的经济效益。

（一）提高行业资源利用效率

利用林业云的建设，向各级林业部门共享林业资源，向公众开放经过脱密的结构化数据，提高了林业资源利用效率。在共享经济背景下，林业企业要做的不再是为用户生产资源，而是让一部分用户成为林业企业的资源，在适当的时机将此资源的使用权临时让渡给有需求的另一部分用户。在此过程中，用户并非一成不变，价值共创结构也在不断变化。在服务接触前，林业企业应该致力于供需的链接，让一部分用户的需求成为满足另一部分用户需求的供给。搭建好一个有利于交流对话和信息共享的平台是林业企业的首要任务。在服务接触阶段，企业应该适时撤离价值共创过程，让用户们自己去创造价值，这样不仅节省了管理成本，还为用户营造了一个平等、互惠的价值共创环境。最后，在服务接触后，企业应该为扮演不同角色的用户提供一个有利于透明交易、相互客观评价的平台环境，使得用户更愿意参与互动，从而获取更多的用户价值。在移动互联网背景下，随着共享内容的增多，加上其自身环保、高效的理念以及广阔的前景，吸引了很多创业者的加入，带来了很大的社会效益和经济效益。

目前交通领域是我国共享经济的重头戏，并开始慢慢拓展到生活服务领域，渗透到人们生活的方方面面。2016 年我国的共享经济市场规模为 34520 亿元，比上年增长 103%，预计未来共享经济仍将以 40% 的速度保持增长，到 2020 年共享经济交易规模占 GDP 比重将达到 10% 以上，到 2025 年占比将攀升到 20% 左右。共享经济在飞速发展的同时也改变了传统的就业方式，以灵活的就业机会改变了整个就业市场，且就业弹性系数明显高于传统行业。人们可以依照自己的兴趣、技能、时间及其他资源，参与分享活动，以自雇型劳动者身份灵活就业。2016 年我国参与共享经济活动的人数超过 6 亿，比上年增加 1 亿人左右，参与提供服务者人数约为 6000 万人，比上年增加 1000 万人，其中平台员工数约 585 万人，比上年增加 85 万人。其中，交通出行、房屋住宿、生活服务等领域分享经济的就业贡献表现突出。

随着智能手机的普及以及移动用户的数量激增，包括共享单车在内的共享经济得以快速发展。作为城市慢行、共享公交系统的重要组成部分，同时兼具绿色低碳、方便快捷、经济环保等特点的共享单车行业在 2016 年突然蓬勃发展，全国用户总量达到 2030 万人，运营市场规模达到 11.5 亿元。

2017 年将是各大运营商的爆发年，预计全年共享单车用户将达 6170 万人，增加约 2 倍；运营市场规模达到 88.6 亿元，同比增长 670.4%。预计到 2021 年，中国共享单车用户数将达 1.98 亿，运营市场规模有望达到 290.5 亿元，分别较 2016 年年均复合增长约 57.7% 以及 90.8%。

未来林业共享经济发展也将成为林业产业发展的重要方向。

（二）节约办公和人员成本

利用办公网工程的建设，整合各项办公资源，提供随时随地的办公；以立体的感知体系和各项资源的整合，改变林业工作人员巡护、清查资源、监测的工作方式，从而节约办公和人员成本。如太原移动公司采用电子办公流程后，用户协议、身份证复印件，可直接通过扫描完成，用户签名直接在 PAD 上即可完成，非常便捷。对于移动公司来说，原来这些纸质的合同需要租赁专门的库房保存，专人看护，防潮防火，每年的成本要在 600 万元以上。无纸化办公，不仅仅是节约了纸张，比较环保，对公司来说，也节约库存等人工成本。林业移动办公将变革传统公文办公模式，企业内外部的收发文、呈批件、文件管理、档案管理、报表传递、会议通知等均采用电子起草、传阅、审批、会签、签发、归档等电子化流转方式，提高办公效率。不用拿着各种文件、申请、单据在各部门跑来跑去，等候审批、签字、盖章，而是利用快速而廉价的网络传递手段，发挥信息共享功能来协调单位内各部门的工作，减少工作中复杂环节，做到随时随地处理。

（三）促进林业产业的多方位发展

新兴产业的发展，使林业产业横纵化多方位交织；智慧生态旅游整合森林公园、森林城镇、森林小屋等，使林业旅游多元化，从而带动林业经济发展多元化。

2012—2014 年旅游行业研究报告显示，2012 年，我国智慧旅游市场规模年增长率超过 46%，所产生市场价值高达 900 亿元，而在 2014 年，智慧旅游所带来的市场总价值高达1450亿元。智慧旅游建设，极大地激励了政府、涉旅企业加快创新步伐，提升管理、运营能力，并为广大游客提供了更便利、智能化的服务，极大地提高了旅游行业的整体收入，拉动了旅游经济的发展。与此同时，智慧旅游产业的关联性与带动作用，进一步拓展了当地市场空间，为景区、酒店、旅游企业以及其他服务行业带来了更多市场及商机，为带动整个区域经济的发展发挥了巨大的作用。智慧旅游的运营，实现了传统产业结构的优化与升级，由于智慧旅游建设需要技术、设施，产品、设备的生产、建设，因而涉及制造业的参与与融合，逐步构建起了智慧制造产业链，推动传统产业链朝着纵、深方向发展。与此同时，智慧旅游所提供的现代化技术，为传统制造业的创新提供了技术支持，推动了制造业新型发展模式的形成。智慧旅游系统中充分渗透了各种经济价值，虽然智慧旅游建设耗资巨大，但投入运营之后能够带来显著的经济效益。2012—2013年旅游行业研究报告显示：2012年，我国在线旅游市场创造了1.709万亿元效益，同比增长30%；截至2013年中旬，我国在线预订酒店、旅游行程、机票、火车票等用户量高达1.33亿，占所有网民量的1/5。总而言之，智慧旅游运营有效改善了旅游行业的发展环境，推动了经济增长方式的逐步优化，加快了信息产业高速发展，并成为经济发展的重要增长点。

未来通过林业移动应用发展智慧旅游有助于提升风景区的核心吸引力和亲和力，为林业产业及景区创造更高的经济效益。

(四)提高林业总收入

在林业资源监管、预警与防控、资源合理开发等方面，如林业监管及监测设备、林业软件的开发，都将带动林业行业内一批高科技企业的崛起，从而为林业总收入增加GDP。如图11-2所示。

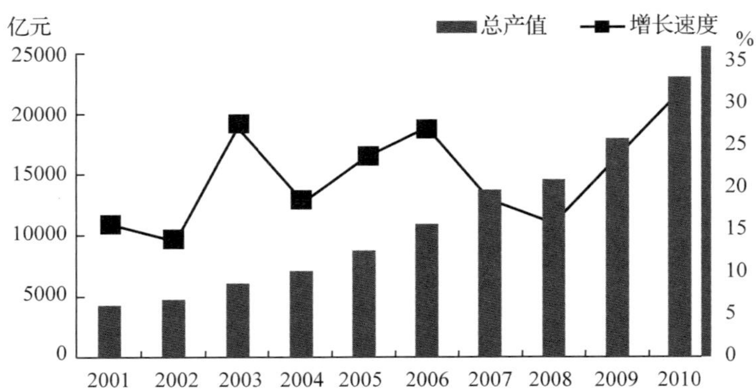

全国林业产业总产值及其增长速度

全国林业产业总产值及其增长速度

图11-2 林业总产值分析

（来源：http：www.lwzg.net.cn）

四、社会效益分析

林业移动互联网建设强调林业发展模式的变革，通过区域级信息资源整合，实现更广泛深入的林业与人的互存互动、互促互补，促进林业快速、健康发展。

结合国家智能林业物联网应用示范工程，吉林森工研发出了"森林眼"林火监测预警系统、木材专用电子标签和读写设备，神州数码研发出了野外无线组网设备、游客智能定位胸卡、地面坐标设备、温湿度传感器及相应的管理软件，苍穹数码等单位研发出了基于GPS/北斗双模定位的移动智能终端，中国电子器材总公司研发出了IPv6无线传感网网络协议一致性测试智能仪表，中国电信集团研发出了集管理和服务于一体的旅游移动客户端和基于5G技术的林区无线覆盖解决方案，这些研究成果不仅解决了示范工程建设的关键技术难题，而且在未来的林业物联网和智慧林业建设中必将大显身手。

在林业信息化的推动下，不少林业企业改变了"无围墙企业、露天仓库、粗放管理"的传统经营模式，实现了快速发展。智能管控使林企生产效率大幅提升。位于三明市将乐县的福建金森林业公司，是福建省农业产业化龙头企业。2013年6月，福建金森林业与中国电信将乐分公司合作实施"智慧林业"建设，在林业管理、森林防护、智能办公等方面开展深层次合作，运用云计算、大数据、物联网、可视化等技术，建设包含林业"三防"一体化信息化平台、综合监测监控系统、业务信息实时共享平台、智能办公等信息化项目，实现智能办公、视频监控（含无人遥感飞机视频接入）、林业资源、扑火指挥、远程调度、空间分析、疫区管理、位置服务、整合信息等多项智能应用。

据智慧林业项目负责人介绍："根据企业初步统计数据来看，'智慧林业'系统初步实现后，能减少直接作业人员50%以上，生产经营效率可提高30%以上，安全效率可提高80%以上。"对普通务林人而言，智慧林业就在身边。普及率已经很高的智能手机就可以在工作中派上大用场。在智能手机中下载安装木材材积计算器软件，可进行锯材材积计算、原木材积计算、杉原条材积计算。林业工作人员在林区山场，可根据不同材种、不同规格、不同数量的木材，用手机在现场算出它们的材积。告别繁琐的对照和计算工作，输入长、宽、厚、径等数据就能自动计算出该规格的材积以及总材积。下载安装软件，下载离线地图，护林员巡山骑行轨迹能准确记录，可实时显示和分享运动距离、海拔、运动时间、平均时速等数据。离线骑行，不论手机有无网络，都将记录骑行过程，直播方式，别人可实时了解他们的轨迹。在林业执法办案、分组工作，测面积（造林、火灾、病害等）、距离、巡逻查岗等方面十分好用。通过林业移动互联网建设的发展，能够促进社会效益进一步发挥，主要体现在以下几个方面：

（一）促进林业科技创新

通过信息化技术与新兴产业的结合，将智慧化的应用渗透到制造、运输、销售等各个环节，攻克林业发展中的关键技术，促进林业科技创新，使高新技术产业化发展。

（二）提高林区人民生活质量

林业移动互联网的发展会降低各项办事费用，利用新兴产业的培育、综合信息服务平台的搭建，帮助林农拓展收入来源，增加经济收入，从而提高林区人民生活质量。同时在共享经济背景下林业移动互联网的发展，也改变了林区人民的生活方式、娱乐方式、学习方式等，给林区人生活带了发展和便捷。

（三）提升林业决策支持能力

林业移动互联网发展，改变了林业工作人员的办公方式，将为政府决策提供更加全面有力的信息支撑，使政府有效地掌握全面的信息，科学地分析信息，快速地做出决策，及时采取应对措施。同时，整合政府先关信息和服务资源，简化各类事项办事流程，更加有力地夯实了林业行业的信息化服务能力，促进了政企、政民、企民的相互沟通。

（四）提高林业社会化服务水平

林业移动互联网的发展建设为林农提供更多更全面的林业资源信息服务，林业信息化服务将会使林业产业增强国际竞争优势，减少生产经营的盲目性，有效规避市场风险，提高林产品质量和市场竞争力，能够为各级相关部门、各单位提供相关的林业资源信息服务。

（五）引导人们积极参与生态文明建设

通过林业工程的建设，使人们更加清楚地认识林业在生态中的重要地位，提高人们的生态保护意识，转变人们的消费观念，引导人们积极参与生态文明建设。

五、生态效益分析

林业的发展直接对应着社会公众对生态建设的需求，其行业本身即提供了大量的生态产品，是生态建设的主要行业。从长远发展来，林业移动互联网建设有利于林业生态文明的建设。林业移动互联网建设可通过物联网等信息化平台，对林区风速、雨量、空气湿度、土壤温度等多个气象要素进行全天候现场监测，数据和图像参数实时传回指挥中心，由平台自动计算。总体来讲，林业移动互联网的建设，对林业生态效益发挥起到至关重要的作用，并促进生态建设的有效开展。

（一）促进生态建设成果的保护

生态建设成果的保护，有助于人与自然的平衡。通过林业移动互联网建设的大力发展，在林业灾害及应急防控方面，通过应急感知工程的建设，有效降低林业灾害损失；在野生动植物保护方面，通过立体的感知监测，对野生动植物及时救治，从而保护生态建设成果。

（二）构建更加稳定的森林生态系统

森林的生态效益包含了各方各面，其产生的价值远远超过其森林资源带来的经济方面的价值。无论从人类文明史的发展还是现代社会建设来讲，森林一直以来都是人类社会赖以生存和发展的根本资源，保护和发展好现有的森林生态系统，是维护人类自身生存环境安全的重要手段。林业在信息化建设中，利用立体的感知体系帮助林业工作者实时获取森林生态信息，通过决策平台的开发，帮助林业工作者更好地判断森林开发的合理性，从而使林业部门更科学地进行森林开发与保护，构建稳定的森林生态系统。

（三）提升公众生态素养

移动互联网在林业建设中的推广，对于普通民众了解林业、林区以及林业资源都有很重要的意义，而且有利于展开各种生态环境、生态资源的保护建设工作，对非林业人员普及生态资源保护的知识，动员全民爱护环境，保护生活的环境，避免对林业资源如森林、湿地等进行有破坏性的活动，具有很深远的影响。

参考文献

360 互联网安全中心．2016 年第三季度中国互联网安全报告．http：//zt. 360. cn/1101061855. php? dtid = 1101062370&did = 210083336. 2016. 11. 15.

百度在线网络技术（北京）有限公司．移动互联网发展趋势报告 2013 年 Q1. https：//wenku. baidu. com/view/63d156f4561252d380eb6ed2. html. 2013. 05. 14.

白珍，戴瑶．试论旅游业 B2B 发展现状分析[J]. 电子商务，2016(5).

蔡浪宁，刘潇，陈彦润．新时期移动互联现状及安全技术策略分析[J]. 网络安全技术与应用，2017 年 03 期．

蔡自兴，徐光祐．人工智能及其应用．北京：清华大学出版社，2010．

陈诚．面向移动电子商务的企业信息化经营管理模式的创新[C]. 电子商务，2012(24).

陈佳俐．移动政务发展综述[J]. 计算机光盘软件与应用，2013(14)：272 – 273.

陈健峰，叶敏．建设可弹性伸缩的智慧办公云平台[J]. 有线电视技术，2012(10)：74 – 77.

陈萍，夏俊杰．移动互联网安全现状及应对策略[J]. 电信网技术，2010，2.

陈全忠．共享饭桌，将邻家美食搬上网[J]. 就业与保障，2016(6)：41 – 42.

陈尚义．移动互联网安全技术研究[J]. 信息安全与通信保密，2010，08：34 – 37.

陈淑珍，杨敏维，何峣．基于 TEE 的移动终端数据安全研究与实现[J]. 电信科学，2017(3).

陈薇．移动新政务助力新湖南[N]. 湖南日报，2016-08-16(006).

程涛，徐冬寅，白红武，等．基于移动互联的农产品质量安全监管执法系统[J]. 黑龙江畜牧兽医，2017 年 04 期．

陈盈锦，王雨婷．浅析移动互联网的三大商业模式[J]. 经济视野，2014(9).

代蕾．G2C 移动政务的公众持续使用意愿研究[D]. 上海交通大学，2011.

邓智华．移动通信网络的安全与策略[D]. 北京邮电大学．

丁佐治．移动互联的商业变革[J]. 行业，2012(2).

杜崇铭，林湖彬，张姿，等．3D 打印设备的发展及应用[J]. 科技视界，2015(4).

段淑芬，彭哨．分享经济背景下“小猪短租”商业模式的优劣势分析[J]. 产业与科技论坛，2017(5)：116 – 117.

范渊．智慧城市与信息安全（第 2 版）[M]. 北京：电子工业出版社，2016.

封会娟，闫旭，唐彦峰，等．3D 打印技术综述[J]. 数字技术与应用，2014(9).

封顺天．可穿戴设备发展现状及趋势[J]. 信息通信技术，2014(3).

格日乐朝格图．林业工程建设的保障措施探析[J]. 农业与技术，2016(12)：208.

耿怡，安晖，李扬，江华．可穿戴设备发展现状和前景探析[J]. 电子科学技术，2014(2).

耿振民．未来云计算安全所面临的挑战[J]. 信息安全与通信保密，2012(9).

龚传洋．林业生态效益和社会效益估算[D]. 福州大学，2005.

龚强．云计算安全优势比较研究[J]. 信息技术，2014(5).

国家林业局．关于加快中国林业大数据发展的指导意见．中国林业网 www. forestry. gov. cn，2016 年 7 月 14 日．

国家林业局．关于推进中国林业物联网发展的指导意见．中国林业网 www. forestry. gov. cn，2016 年 6 月 6 日．

国家林业局．“互联网 + ”林业行动计划——全国林业信息化“十三五”发展规划．中国林业网 www. forestry. gov. cn，2016 年 3 月 23 日．

国家林业局．建设生态文明，建设美丽中国[M]．北京：中国林业出版社，2014.

国家林业局．中国的绿色增长：党的十六大以来中国林业的发展[M]．北京：中国林业出版社，2012.

国脉互联网技术研究中心．物联网 100 问[M]．北京：北京邮电大学出版社，2010.

郭宁．移动互联时代的品牌社会化营销研究[J]．营销策略，2016(11).

郭启全．信息安全等级保护政策培训教程[M]．北京：电子工业出版社，2016.

国务院．“十三五”国家信息化规划．中央政府门户网站 www. gov. cn，2016 年 12 月 27 日．

国务院．关于加快推进“互联网 + 政务服务”工作的指导意见．中央政府门户网站 www. gov. cn，2016 年 9 月 29 日．

国务院．关于推进物联网有序健康发展的指导意见．中央政府门户网站 www. gov. cn，2013 年 2 月 17 日．

国务院．国务院关于积极推进“互联网 + ”行动的指导意见．中央政府门户网站 www. gov. cn，2015 年 7 月 4 日．

洪振宇．中国移动互联网商业模式研究[J]．经济与法，2013(9).

侯钟燕，通信工作中的网络安全防护关键技术分析与阐述[J]．电子世界，2017(1).

黄慧，王欢．论移动政务的应用和发展[J]．重庆邮电大学学报(社会科学版)，2010(2)：112 - 115.

黄晓玲，杨建州，谢志忠．林业企业实施森林认证的成本效益分析[J]．林业经济问题，2009(6)：549 - 555.

黄旖靖，冉元元．共享经济下的移动出行[J]．生产力研究，2016(12)：58 - 61.

贾赫．移动互联时代下的信息安全问题及其对策研究[J]．电子制作，2014(19).

贾铁军．网络安全实用技术[M]．北京：清华大学出版社，2011.

贾铁军．网络安全技术及应用(第 2 版)[M]．北京：机械工业出版社，2014.

贾铁军．网络安全技术与实践[M]．北京：高等教育出版社，2014.

贾心恺，顾庆峰．移动互联网安全研究[J]．移动通信，2011，10：66 - 70.

蒋宏．互联网 + 创新创业 + 休闲：未来城市生活方式思考[J]．城市理论前沿，2015(6).

寇晓蕤，王清贤．网络安全协议：原理、结构与应用[M]．北京：高等教育出版社，2016.

黎纲榭．中国网络安全产业现状剖析与对策建议从产业之“火”到应对之“策”[J]．信息安全与通信保密，2016(4)：22 - 31.

李佳．移动互联网的信息安全研究[D]．首都经济贸易大学，2014.

李莉．浅析移动互联网环境下的微信电子商务发展与应用[J]．现代经济信息，2015(7)：178.

李力，王虹．国内外网络安全问题现状及相关建议[J]．医疗卫生备，2009，30(5)：108 - 109.

李世东，陈幸良，马凡强，等．新中国生态演变 60 年[M]．北京：科学出版社，2010.

李世东，樊宝敏，林震，等．现代林业与生态文明[M]．北京：科学出版社，2011.

李世东，李文华．中国森林生态治理方略研究[M]．北京：科学出版社，2008.

李世东，林震，杨冰之．信息革命与生态文明[M]．北京：科学出版社，2013.

李世东．论第六次信息革命[J]．中国新通信，2014(14)．

李世东．凝聚智慧，成就梦想[EB/OL]．中国林业网 www. forestry. gov. cn，2013 年 3 月 7 日．

李世东．人类正迈入“六个第一”的信息时代[N]．学习时报．2014(756)．

李世东．融合与创新[EB/OL]．中国林业网 www. forestry. gov. cn，2012 年 8 月 3 日．

李世东．我们有一个梦想[EB/OL]．中国林业网 www. forestry. gov. cn，2012 年 1 月 10 日．

李世东．中国林业大数据［M］．北京：中国林业出版社，2016.
李世东．中国智慧林业［M］．北京：中国林业出版社，2015.
李世东．中国林业网［M］．北京：中国林业出版社，2015.
李世东．中国林业信息化标准规范［M］．北京：中国林业出版社，2014.
李世东．中国林业信息化顶层设计［M］．北京：中国林业出版社，2012.
李世东．中国林业信息化发展战略［M］．北京：中国林业出版社，2012.
李世东．中国林业信息化绩效评估［M］．北京：中国林业出版社，2014.
李世东．中国林业信息化建设成果［M］．北京：中国林业出版社，2012.
李世东．中国林业信息化决策部署［M］．北京：中国林业出版社，2012.
李世东．中国林业信息化示范案例［M］．北京：中国林业出版社，2012.
李世东．中国林业信息化示范建设［M］．北京：中国林业出版社，2014.
李世东．中国林业信息化政策解读［M］．北京：中国林业出版社，2014.
李世东．中国林业信息化政策研究［M］．北京：中国林业出版社，2014.
李世东．中国林业信息化政策制度［M］．北京：中国林业出版社，2012.
李世东．中国林业电子政务［M］. 北京：中国林业出版社，2007.
李炜键，孙飞．基于4G通信技术的无线网络安全通信分析［J］. 电力信息与通信技术，2014(1).
李析，廖志恒．云计算的关键技术及发展现状［J］. 九江职业技术学院学报，2011(2)：24－25.
李向宇．清水江文书所见林业生产投资之效益分析［J］. 民族论坛，2014(3)：73－76.
李小丽，马剑雄，李萍等．3D打印技术及应用趋势［J］. 自动化仪表，2014(1).
联合国经济和社会事务部．联合国2014年电子政务调查报告．联合国经济和社会事务部网站 www. un. org/desa，2014.
联合国经济和社会事务部．联合国2012年电子政务调查报告．联合国经济和社会事务部网站 www. un. org/desa，2012.
梁亚声，汪永益，刘京菊，汪生．计算机网络安全教程(第2版)［M］. 北京：机械工业出版社，2014.
梁云杰．移动互联网手机应用安全分析［J］. 网络安全技术与应用，2017(1).
林金华，谢文军，戴波．移动互联融通共享，文化科技融合共生［N］，中国文化报，2014-12-3(007).
蔺思涛．基于公众需求的移动政务建设［J］. 中国行政管理，2015(4)：52－56.
林素珍．初探移动互联下的数据通信安全技术应用［J］. 通讯世界，2017(4).
林璇．SaaS关键技术研究［J］. 电脑知识与技术，2010，11：2647－2649.
梁亚声，汪永益，刘京菊，等．计算机网络安全教程(第2版)［M］. 北京：机械工业出版社，2014.
刘晨晖．人工智能与机器人［J］. 西部皮革，2016(20)：128.
刘成军．谈谈林业生态工程建设的保障措施［J］. 黑龙江科技信息，2012(20)：239.
刘东明．移动互联网发展分析［J］. 信息通信技术，2010(4)：59－62.
刘建伟，毛剑，胡荣磊．网络安全概论［M］. 北京：电子工业出版社，2009.
刘江林，袁宏彦．基于决策树算法的移动终端数据安全检测技术研究［J］. 现代电子技术，2017(5).
刘兰英，大数据时代无线通信网络遭遇的挑战及对策［J］. 电子技术与软件工程，2017(7).
刘鹏．云计算［M］. 北京：电子工业出版社，2010.
刘鹏飞，齐思慧，叶德恒，等．政务微信发展报告2016. 人民网舆情监测中心微信公号，2017(4).
刘颖．移动互联网发展趋势研究［J］. 电子技术与软件工程，2014，14：34－35.
刘云浩．物联网导论．北京：科学出版社，2011.

刘志硕，魏凤，柴跃廷，沈喜生．关于我国物联网发展的思考．综合运输，2010(2)．
吕臣．信息技术在林业中应用的现状及发展路径研究[J]．电子世界，2014(01)：112－113.
卢妙娜，王润．人工智能综述[J]．电脑学习，2010(02).
罗衡．林业营造林技术与效益分析[J]．吉林农业，2014(03)：65－66.
马卫，李俊楼．移动互联网时代旅游业发展趋势分析与思考[J]．现代服务业，2013(5).
毛欣雨．林业行业电子商务平台建设研究[D]．吉林大学，2014.
毛彤，周开宇．可穿戴设备综合分析及建议[J]．电信科学，2014(10).
糜正琨．移动 IP 技术[J]．中兴通讯技术，2008(6)：54－58.
欧登．扎实做好党的新闻宣传文化工作[N]，博尔塔拉报，2016-11-10(001).
彭力．基于案例的物联网导论．北京：化学工业出版社，2012.
乔治娜·拉弗尔斯，刘富国．美食界的 Airbnb[J]．走向世界，2016(28)：66－67.
邱克，陈刚．论手机博物馆及其教育功能的发挥[C]．中国博物馆协会博物馆学专业委员会 2013 年“博物馆与教育”学术研讨会论文集．
饶胜，张强，牟雪洁．划定生态红线，创新生态系统管理[J]．环境经济，2012(06)：57－60.
人民网研究院．中国移动互联网发展报告(2017)．人民网 IT 频道 it. people. com. cn/，2017 年 6 月 28 日．
工业和信息化部电信研究院．2011 年移动互联网白皮书．2011.
邵青，纪方，仇士春．铁路移动互联网安全接入技术方案研究[J]．铁道通信信号，2017(3).
邵玉河．移动图书馆 App 建设研究[J]．情报资料工作，2014(1).
沈洁，胡金初．P2P 搜索新技术：智能搜索技术[J]．微机发展，2005(11)：93－95.
石莎．移动互联网络安全认证及安全应用中若干关键技术研究[D]．北京邮电大学．2012.
邵鹏．互联网＋背景下文艺晚会新趋势[J]．中国广播电视期刊，2016(8).
石志国，王志良，丁大伟．物联网技术与应用．北京：清华大学出版社，2012.
石志国，薛为民，江俐．计算机网络安全教程(第 2 版)[M]．北京：清华大学出版社，2012.
斯托林斯 操作系统：精髓与设计原理[M] 北京：机械工业出版社，2010.
宋金沙．移动互联网安全技术探析[J]．中国新通信，2017(3).
宋俐静．隐性需求下在线短租需求链设计[D]．吉林大学，2016.
苏锦．云计算安全问题及其技术对策[J]．信息与电脑(理论版)，2014(12).
苏菁，徐乔鹏．未来信息社会新时尚[J]．中国无线电管理，2001(5).
孙雷．面向特定领域的智能搜索技术研究[D]．哈尔滨工程大学，2007.
孙伟．林业资源信息云计算服务体系研究[D]．中国林业科学研究院，2012.
唐乐．论移动互联背景下营销传播模式的升级[M]．媒介经营与管理，2015(7).
覃宇阁，混合云环境下移动互联网安全体系探析[J]．通讯世界，2017(4).
田权．互联网时代下的园林业发展新思路[J]．吉林农业，2015，12：98.
涂子沛．大数据[M]．南宁：广西师范大学出版社，2013.
涂子沛．数据之巅[M]．北京：中信出版社，2014.
王长林．国内外移动政务研究进展及热点述评[J]．管理学刊．2016(2)：50－56.
王达．深入理解计算机网络[M] 北京：机械工业出版社，2013.
王冬．数据挖掘在造林作业分析与预测中的应用[D]．中南林业科技大学，2013.
王慧涛．移动政务公众持续使用研究综述[J]．山西科技，2016(4)：18－21＋26.
王雷，吕静．智慧林业信息化应用的探讨[J]．通信管理与技术，2013(6)：17－18＋21.

王丽慧，王玮．移动政务：人人都可享用的政府服务[J]．长白学刊，2009(5)：71－73.
王令朝．“电子保姆”走进百姓家[J]．创新科技，2005(12)：46－47.
王明松．绿色崛起之移动智慧旅游的价值和潜质[J]．科技文汇，2014(6).
王鹏．走近云计算[M]．北京：人民邮电出版社，2009.
王庆刚，张林，张剑．移动互联网探究及农业移动电子商务应用[J]．电脑知识与技术，2015(10).
王太忠，吕叶．人工智能浅析[J]．科教文汇(上旬刊)，2012(9).
王武军．中国移动互联网产业地图白皮书（2011）．南北呼应西部崛起格局初步形成[J]．中国科技产业，2011(9).
王瑛敏，宋辉．移动互联时代微课程的发展与应用探析[J]．继续教育，2016(4).
王志良，王粉花．物联网工程概论．北京：机械工业出版社，2011.
威尔·奈特．在未来十年或二十年中，退休后你可能由机器保姆来照顾[J]．科技创业，2014，(Z2)：32.
魏亮．移动互联网安全框架[J]．中兴通讯技术，2009(4)：28－31.
魏林，徐佳丽．基于移动互联网的微信电子商务发展研究[J]．价格月刊，2014，11：59－61.
卫严喜．3G技术下移动政务服务模式的特点浅析[J]．现代商业，2013(3)：126.
维克托·迈尔-舍恩伯格．大数据时代[M]．浙江：浙江人民出版社，2013.
吴功宜，吴英．物联网工程导论．北京：高等教育出版社，2012.
吴明礼，陈斌．移动互联环境下数据通信安全技术的应用研究[J]．计算机技术与发展，2016(11).
吴苡婷．上海科学家成功实现“灯光上网”[N]．上海科技报，2013-10-18（001）.
巫细波，杨再高．智慧城市理念与未来城市发展[J]．城市发展研究，2010(11).
伍佑明，杨国良，丁圣勇．IPv6技术及其在移动互联网中的应用[J]．电信科学，2009(6)：18－23.
肖斌，薛丽敏，赵顺．对人工智能发展新方向的思考．南京：海军指挥浦口分院，2009.
谢俊祥，张琳．智能可穿戴设备及其应用[J]．中国医疗器械信息，2015(3).
熊智宏．现代办公的“智慧大脑”[J]．办公自动化，2006(18)：10.
邢浚鹏．移动政务信息平台的设计与实现[D]．大连理工大学，2016.
徐晨．论移动商务在企业信息化中的应用[J]．情报科学，2006(1).
徐曼．国外机器人新闻写手的发展与思考[J]．中国报业，2015(23)：32－34.
杨栋梁．移动互联网发展趋势的研究[J]．电脑知识与技术，2012(5)：1039－1042.
杨海燕．林业管理及可持续发展的方法探讨[J]．现代园艺，2015，16：223.
杨恒．人工智能技术在计算机中的发展和应用[J]．电子世界，2013(24).
杨华．林业垂直细分商务网站的探索[D]．北京林业大学，2009.
杨建强，李学锋．JavaME技术在移动政务中的应用探讨[J]．电脑知识与技术，2009(27)：7800－7802.
杨莉．基于ASP模式的移动政务办公系统研究与实现[D]．湖南大学，2007.
杨立伟，侯聪．基于白光LED的可见光通信技术研究[J]．电信网技术，2013(12).
杨明辉．基于人工智能的智能搜索算法的研究与实现[D]．武汉理工大学，2008.
杨颖卓．移动互联网时代信息安全的矛与盾[J]．网络安全技术与应用，2017(2).
叶强．林业经营综合效益分析[J]．科技创新与应用，2014(7)：264.
易北辰．移动互联网时代[M]．北京：企业管理出版社，2014.
移动互联网白皮书．工业和信息化部电信研究院．http://www.miit.gov.cn/n1146312/n1146909/n1146991/n1648536/c3489473/content.html. 2011.05.

移动互联网白皮书．工业和信息化部电信研究院．http：//www.miit.gov.cn/n1146312/n1146909/n1146991/n1648536/c3489497/content.html.2013.03.

移动互联网白皮书．工业和信息化部电信研究院．http：//www.miit.gov.cn/n1146312/n1146909/n1146991/n1648536/c3489513/content.html.2014.05.

应亚丁，诸炜荣．浅谈林业文化建设[J]．中国农业信息，2013，17：173－174.

游宗泽，郭学义，张亚龙．试论移动互联网时代信息安全新技术的展望[J]．中国新通信，2017年02期．

余冬梅，方奥，张建斌．3D打印：技术和应用[J]．金属世界，2013(6).

余妹兰，张永晖．人工智能的历史和未来[J]．信息与电脑(理论版)，2010(2).

俞木发．舌尖上的手机玩转美食[J]．电脑爱好者，2014(19)：54－57.

曾丽霞，蒋晓，戴传庆．可穿戴设备中手势交互的设计原则[J]．包装工程，2015(20).

曾雪峰．论人工智能的研究与发展[J]．现代工业，2009(13).

扎克·林奇．第四次革命[M]．北京：科学出版社，2011.

詹姆斯·格雷克．信息简史[M]．北京：人民邮电出版社，2013.

詹青龙，刘建卿．物联网工程导论．北京：清华大学出版社，2012.

张华，鲁贾玙，张天兵，周忠冉．电力企业移动信息化实施方案[J]．电信科学，2017(2).

张健．云计算概念和影响力解析[J]．电信网技术，2009(1)：15－18.

张静静．移动互联网信息安全管理研究——以江西电信移动互联网为例[D]．江西师范大学．

张凯，张雯婷．物联网导论．北京：清华大学出版社，2012.

张科程．移动智能终端网络安全解决方案[J]．通信技术，2017(1).

张力平．可见光通信异彩将现[J]．声屏世界，2014(1).

张力伟．中国3D打印技术与产业的发展及前景[J]．中小企业管理与科技(下旬刊)，2013(5).

张理想，李跃波．VR旅游　真实体验虚拟世界[N]．安徽日报，2016-7-15(011).

张璐．浅析移动互联技术在商业企业的研究与应用[J]．商业研究，2016(24).

张楠．办公可以更智慧[N]．中国计算机报，2015-01-12(028).

张楠，李飞．3D打印技术的发展与应用对未来产品设计的影响[J]．机械设计，2013(7).

张楠．智慧办公从文印服务管理开始[N]．中国计算机报，2015-06-22(010).

张萍．短租管家系统的设计与实现[D]．山东大学，2015.

张绍晨．林农信息需求研究[D]．北京林业大学，2010.

张习科，张贵．林业信息系统定制技术的研究[J]．中南林业科技大学学报，2013，05：35－40＋84.

赵斌．可穿戴设备设计趋势及策略研究[J]．包装工程，2015(2).

赵秋云，楚恩惠．3D打印机在各领域的发展前景[J]．软件导刊(教育技术)，2015(5).

赵文晶，李传莉．移动政务构筑新一代电子政务[J]．办公自动化，2005(12)：22－23.

赵新宇．移动互联时代下的大学图书馆文化建设新举措[J]．山东社会科学，2015(2).

钟雄辉，王明宇．浅析移动互联网的发展趋势与未来[J]．中国商贸，2014，13：204－205.

周宏仁．信息化论[M]．北京：人民出版社，2008.

周俊宇．林业移动商务的探索——移动杨树商务网的研建[D]．北京林业大学，2010.

周莉，温亚利，侯波．我国林业基本建设投资的效益分析[J]．北京林业大学学报(社会科学版)，2005(4)：34－36.

周卫宁，刘友刚．移动互联网发展技术与安全问题[J]．科技传播，2012(3).

周源，刘禹鑫，林富明，等．基于微信公众平台的智慧旅游系统的开发与实现[J]．测绘与空间地理信息，2015(12).
《中国林业信息化发展报告》编撰委员会．2010 中国林业信息化发展报告[M] 北京：中国林业出版社，2010.
《中国林业信息化发展报告》编撰委员会．2011 中国林业信息化发展报告[M] 北京：中国林业出版社，2011.
《中国林业信息化发展报告》编撰委员会．2012 中国林业信息化发展报告[M] 北京：中国林业出版社，2012.
《中国林业信息化发展报告》编撰委员会．2013 中国林业信息化发展报告[M] 北京：中国林业出版社，2013.
《中国林业信息化发展报告》编撰委员会．2014 中国林业信息化发展报告[M] 北京：中国林业出版社，2014.
《中国林业信息化发展报告》编撰委员会．2015 中国林业信息化发展报告[M] 北京：中国林业出版社，2015.
《中国林业信息化发展报告》编撰委员会．2016 中国林业信息化发展报告[M] 北京：中国林业出版社，2016.
《中国林业信息化发展报告》编撰委员会．2017 中国林业信息化发展报告[M] 北京：中国林业出版社，2017.
中国电子信息产业发展研究院．2014 年中国信息化发展水平评估报告．赛迪网 www. ccidgroup. com，2015 年 1 月．
中国互联网络信息中心．中国互联网络发展状况统计报告．中国互联网络信息中心网站 www. cnnic. cn，2015 年 1 月．
中国互联网络信息中心．第 39 次中国互联网络发展状况统计报告，2017.
中国互联网络信息中心．中国社交类应用用户行为研究报告．中国互联网络信息中心网站 www. cnnic. cn，2014 年 7 月．
中国互联网络信息中心．中国移动互联网调查报告．中国互联网络信息中心网站 www. cnnic. cn，2014 年 8 月．
《中国林业工作手册》编纂委员会．中国林业工作手册[M]．北京：中国林业出版社，2006.
中国卫星导航系统管理办公室．"北斗"卫星导航系统发展报告[J]．国际太空，2014.
中国软件评测中心 . 2015 年中国政府网站绩效评估总报告．中国评测网 www. cstc. org. cn，2015 - 12.
中国软件评测中心 . 2014 年中国政府网站绩效评估总报告．中国评测网 www. cstc. org. cn，2014 年 12 月．
朱美云．基于移动互联网下服装品牌的推广及应用研究[J]．江南大学 . 2017.
朱明，王俊普，蔡庆生．一种互联网信息智能搜索新方法[J]．计算机研究与发展，2001(1)：116 - 120.
朱中毅，王家珂，孙晨熙．基于大数据的动态出行管理平台研究[J]．河南科技，2016(1)：56 - 59.
邹捷．移动互联网引领电子商务未来[J]．现代经济信息，2012(8).
Burke K，Sewake K. Adoption of Computer and Internet Technologies in Small Firm Agriculture：A Study of Flower Growers in Hawaii[J]. Journal of Contemporary Physics，2008，42(6)：261 - 263.
Jensen L A，Sørensen C G，Jørgensen R N. Advances in labour and machinery management for a profitable agriculture and forestry Real-time internet-based traceability unit for mobile payload vehicles[C]// Advances in labour and machinery management for a profitable agriculture and forestry 17. - 19. september 2006，Slovak University of Agriculturel，Nitra，Slovakia. 2006.

Lebedys A. Trends and current status of the contribution of the forestry sector to national economies[J]. Forest Finance Working Paper, 2004.

Mccaffery J P, Miller A H D, Allison. C. Virtual Worlds as a Platform for 3D Application Development[J]. Researching Learning in Virtual Environments Conference. 2011.

Pitis O T, Vlosky R P. Forest products exporting and the internet: current use figures and implementation issues. [J]. Forest Products Journal, 2000, 50(10): 23 -29.

Rui P, Dias D, Prendinger H, et al. Fostering Agriculture Environmental Awareness[C]// Second International Conference on Games and Virtual Worlds for Serious Applications. IEEE Computer Society, 2010: 37 -44.

Vlosky R P, Gazo R. The Internetand the forest products community: the role of the Forest Products Society. [J]. Forest Products Journal, 1996.

Vlosky R P, Fontenot R. The Internet and the forest products industry: current status and projected trends. [J]. Forest Products Journal, 1997, 47: 33 -40.

Winistorfer P M. Associations and organizations in the forest products arena understanding the landscape[J]. Forest Products Society Audience, 2003, 144(8): A2.

附　录

中共中央办公厅　国务院办公厅印发《关于促进移动互联网健康有序发展的意见》

厅字〔2016〕52号

随着信息网络技术迅猛发展和移动智能终端广泛普及，移动互联网以其泛在、连接、智能、普惠等突出优势，有力推动了互联网和实体经济深度融合，已经成为创新发展新领域、公共服务新平台、信息分享新渠道。为深入贯彻落实习近平总书记网络强国战略思想，促进我国移动互联网健康有序发展，现提出如下意见。

一、重要意义和总体要求

1. 重要性和紧迫性。党的十八大以来，以习近平同志为核心的党中央高度重视网络安全和信息化工作，成立中央网络安全和信息化领导小组，作出一系列重大决策部署，有力推动了网信事业特别是移动互联网健康发展，对方便人民群众生产生活、促进经济社会发展、维护国家安全发挥了重要作用。当前，随着互联网技术、平台、应用、商业模式与移动通信技术紧密结合，移动互联网新技术快速演进、新应用层出不穷、新业态蓬勃发展，工具属性、媒体属性、社交属性日益凸显，生态系统初步形成、加速拓展，越来越成为人们学习、工作、生活的新空间。与此同时，移动互联网安全威胁和风险日渐突出，并向经济、政治、文化、社会、生态等领域传导渗透。面对新形势新挑战，移动互联网发展管理工作还存在一些短板：体制机制有待完善，法治建设仍显滞后，政策扶持力度不够，自主创新能力不足，核心技术亟需突破，管理基础相对薄弱，企业主体责任落实不到位，安全策略不完备等。这些问题已经制约移动互联网健康有序发展，必须高度重视、抓紧解决。

2. 指导思想。全面贯彻党的十八大和十八届三中、四中、五中、六中全会精神，以邓小平理论、“三个代表”重要思想、科学发展观为指导，深入贯彻习近平总书记系列重要讲话精神和治国理政新理念新思想新战略，紧紧围绕统筹推进“五位一体”总体布局和协调推进“四个全面”战略布局，积极践行新发展理念，坚持以人民为中心的发展思想，坚持鼓励支持和规范发展并行、政策引导和依法管理并举、经济效益和社会效益并重，凝聚共识、防范风险、争取人心、保障安全、促进发展，鼓励和支持技术创新，激发和保护企业活力，不断增强发展内生动力，全方位推进移动互联网健康有序发展，更好服务党和国家事业发展大局，让移动互联网发展成果更好造福人民。

3. 基本原则。坚持发展为民，充分发挥移动互联网优势，缩小数字鸿沟，激发经济活力，为人民群众提供用得上、用得起、用得好的移动互联网信息服务；坚持改革引领，完善市场准入，规范竞争秩序，优化发展环境，全面释放创新活力和市场能量；坚持创新为要，强化目标导向、问题导向、效果导向，发挥管理主体、运营主体、使用主体作用，全方位推进理念、机制、手段等创新；坚持内容为本，创新内容生产，拓展分享渠道，净化交互生态；坚持分类指导，对移动互联网信息服务实行分类管理；坚持安全可控，全面排查、科学评估、有效防范和化解移动互联网迅猛发展带来的风险隐患，切实保障网络数据、技术、应用等安全。

二、推动移动互联网创新发展

4. 完善市场准入制度。深入推进简政放权、放管结合、优化服务，进一步取消和下放相关行政审批事项，加快落实由先证后照改为先照后证，简化审批流程、提高审批效率。建立完善与移动互联网演进发展相适应的市场准入制度，健全电信业务分级分类管理制度，健全移动互联网新业务备案管理、综合评估等制度。在确保安全的前提下，引导多元化投融资市场发展，积极稳妥推进电信市场开放，推动形成多种资本成分和各类市场主体优势互补、相互竞争、共同发展的市场新格局。

5. 加快信息基础设施演进升级。全面推进第四代移动通信(4G)网络在城市地区深度覆盖、在农村地区逐步覆盖、在贫困地区优先覆盖。加快第五代移动通信(5G)技术研发，统筹推进标准制定、系统验证和商用部署。增强网络服务能力，简化电信资费结构，实现网络资费合理下降，提升服务性价比和用户体验。创新投资和运营模式，扩大用户宽带接入网普及范围，加快民航客机、高速铁路、城市交通等公共场所无线局域网建设和应用，带动引导商业性服务场所实现无线局域网覆盖和免费开放。加快建设并优化布局内容分发网络、云计算及大数据平台等新型应用基础设施。开放民间资本进入基础电信领域竞争性业务，深入推进移动通信转售业务发展，形成基础设施共建共享、业务服务相互竞争的市场格局。改善互联网骨干网网间互联质量，优化互联架构，探索建立以长期增量成本为基础的网间结算长效机制，更好满足用户携号转网需求，营造良好市场竞争环境。

6. 实现核心技术系统性突破。坚定不移实施创新驱动发展战略，在科研投入上集中力量办大事，加快移动芯片、移动操作系统、智能传感器、位置服务等核心技术突破和成果转化，推动核心软硬件、开发环境、外接设备等系列标准制定，加紧人工智能、虚拟现实、增强现实、微机电系统等新兴移动互联网关键技术布局，尽快实现部分前沿技术、颠覆性技术在全球率先取得突破。落实企业研发费用加计扣除政策，创新核心技术研发投入机制，探索关键核心技术市场化揭榜攻关，着力提升我国骨干企业、科研机构在全球核心技术开源社区中的贡献和话语权，积极推动核心技术开源中国社区建设。

7. 推动产业生态体系协同创新。统筹移动互联网基础研究、技术创新、产业发展与应用部署，加强产业链各环节协调互动。鼓励和支持企业成为研发主体、创新主体、产业主体，加快组建产学研用联盟，推动信息服务企业、电信企业、终端厂商、设备制造商、基础软硬件企业等上下游融合创新。推动信息技术、数字创意等战略性新兴产业融合发展。提高产品服务附加值，加速移动互联网产业向价值链高端迁移。完善覆盖标准制定、成果转化、测试验证和产业化投融资评估等环节的公共服务体系。加快布局下一代互联网技术标准、产业生态和安全保障体系，全面向互联网协议第六版(IPv6)演进升级。统筹推进物联网战略规划、科技专项和产业发展，建设一批效果突出、带动性强、关联度高的典型物联网应用示范工程。

8. 加强知识产权运用和保护。开展移动互联网领域专利导航工作，制定专利布局方向建议清单，鼓励企业面向战略前沿、交叉融合领域开展知识产权战略布局，充实核心技术专利储备。推进知识产权运营交易和服务平台建设，加快推进专利信息资源开放共享，鼓励大型移动互联网企业共同组建专利池，建立资源共享和利益分配机制。建立知识产权风险管理体系，加强知识产权预警和跨境纠纷法律援助。加大对移动互联网技术、商业模式等创新成果的知识产权保护，研究完善法律法规，规范网络服务秩序，提高侵权代价和违法成本，有效威慑侵权行为。

三、强化移动互联网驱动引领作用

9. 激发信息经济活力。加快制定完善信息经济发展政策措施，将发展移动互联网纳入国家信息经济示范区统筹推进，鼓励移动互联网领先技术和创新应用先行先试，扶持基于移动互联网技术的创新创业，促进经济转型升级、提质增效。加快实施“互联网＋”行动计划、国家大数据战略，大力推动移动互联网和农业、工业、服务业深度融合发展，以信息流带动技术流、资金流、人才流、物资流，促进资源优化配置，促进全要素生产率提升。创新信息经济发展模式，增强安全优质移动互联网产品、服务、内容有效供给能力，积极培育和规范引导基于移动互联网的约车、租房、支付等分享经济新业态，促进信息消费规模快速增长、信息消费市场健康活跃。

10. 支持中小微互联网企业发展壮大。充分运用国家相关政策措施推动中小微互联网企业在移动互联网领域创新发展，支持和促进大众创业、万众创新。进一步发挥国家中小企业发展基金、国家创新基金等政策性基金引导扶持作用，落实好税费减免政策，在信用担保、融资上市、政府购买服务等方面予以大力支持，消除阻碍和影响利用移动互联网开展大众创业、万众创新的制度性限制。积极扶持各类中小微企业发展移动互联网新技术、新应用、新业务，打造移动互联网协同创新平台和新型孵化器，发展众创、众包、众扶、众筹等新模式，拓展境内民间资本和风险资本融资渠道。充分发挥基础电信企业、大型互联网企业龙头带动作用，通过生产协作、开放平台、共享资源等方式，积极支持上下游中小微企业发展。遏制企业滥用市场支配地位破坏竞争秩序，营造公平有序的市场竞争环境。

11. 推进信息服务惠及全民。依托移动互联网加强电子政务建设，完善国家电子政务顶层设计，加快推进“互联网＋政务服务”。在保障数据安全和个人隐私的前提下，推动公共信息资源开放利用，优先推进民生保障服务领域政府数据集向社会开放。加快实施信息惠民工程，构建一体化在线服务平台，分级分类推进新型智慧城市建设，促进移动互联网与公共服务深度融合，重点推动基于移动互联网的交通、旅游、教育、医疗、就业、社保、养老、公安、司法等便民服务，依托移动互联网广泛覆盖和精准定位等优势加快向街道、社区、农村等延伸，促进基本公共服务均等化。推动各级党政机关积极运用移动新媒体发布政务信息，提高信息公开、公共服务和社会治理水平。

12. 实施网络扶贫行动计划。按照精准扶贫、精准脱贫要求，加大对中西部地区和农村贫困地区移动互联网基础设施建设的投资力度，充分发挥中央财政资金引导作用，带动地方财政资金和社会资本投入，加快推进贫困地区网络全覆盖。鼓励基础电信企业针对贫困地区推出优惠资费套餐，探索推出“人、机、卡、号”绑定业务，精准减免贫困户网络通信资费。以远程医疗服务、在线教育培训等为重点，大力推动移动互联网新技术新应用为贫困地区农产品销售、乡村旅游、生产指导、就业服务、技能培训等提供更加优质便捷的服务。依托网络公益扶贫联盟等各方力量，推动网信企业与贫困地区结对帮扶，组织知名电商平台为贫困地区开设扶贫频道，积极开发适合民族边远地区特点和需求的移动互联网应用。坚持经济效益和社会效益并重，在深入开展项目论证基础上，充分发挥中国互联网投资基金作用，大力推动基于移动互联网的教育、医疗、公共文化服务等民生保障项目落地和可持续实施。

13. 繁荣发展网络文化。把握移动互联网传播规律，实施社会主义核心价值观、中华优秀文化网上传播等内容建设工程，培育积极健康、向上向善的网络文化。加大中央和地方主要新闻单位、重点新闻网站等主流媒体移动端建设推广力度，积极扶持各类正能量账号和应用。加强新闻媒体移动端建设，构建导向正确、协同高效的全媒体传播体系。在互联网新闻信息服务、网络出版服务、信息网络传播视听节目服务等领域开展特殊管理股试点。大力推动传统媒体与移动新媒体深度融合发展，加快布局移动互联网阵地建设，建成一批具有强大实力和传播力、公信力、影响力的新型媒体集团。

四、防范移动互联网安全风险

14. 提升网络安全保障水平。牢固树立正确的网络安全观和动态、综合防护理念，坚持以安全保发展、以发展促安全，全方位、全天候感知移动互联网安全态势，不断强化移动互联网基础信息网络安全保障能力，大力推广具有自主知识产权的网络空间安全技术和标准应用。增强网络安全防御能力，落实网络安全责任制，制定完善关键信息基础设施安全、大数据安全等网络安全标准，明确保护对象、保护层级、保护措施。全面加强网络安全检查，摸清家底、认清风险、找出漏洞、督促整改，建立统一高效的网络安全风险报告机制、情报共享机制、研判处置机制。

15. 维护用户合法权益。完善移动互联网用户信息保护制度，严格规范收集使用用户身份、地理位置、联系方式、通信内容、消费记录等个人信息行为，保障用户知情权、选择权和隐私权。督促移动互联网企业切实履行用户服务协议和相关承诺，完善服务质量管理体系，健全投诉处理机制，提供更加安全、优质、便捷、实用的产品和服务。加大对利用"伪基站"、非法网站、恶意软件等侵害用户权益行为的打击力度，切实维护消费者权益和行业秩序。

16. 打击网络违法犯罪。坚决打击利用移动互联网鼓吹推翻国家政权、煽动宗教极端主义、宣扬民族分裂思想、教唆暴力恐怖等违法犯罪活动。严厉查处造谣诽谤、电信网络诈骗、攻击窃密、盗版侵权、非法售卖个人信息等违法犯罪行为。全面清理赌博、传销、非法集资、淫秽色情、涉枪涉爆等违法违规信息。

17. 增强网络管理能力。强化网络基础资源管理，规范基础电信服务，落实基础电信业务经营者、接入服务提供者、互联网信息服务提供者、域名服务提供者的主体责任。创新管理方式，加强新技术新应用新业态研究应对和安全评估。完善信息服务管理，规范传播行为，维护移动互联网良好传播秩序。

五、深化移动互联网国际交流合作

18. 拓展国际合作空间。围绕"一带一路"国家战略，推进网上丝绸之路国际合作，促进移动互联网基础设施互联互通，大力发展跨境移动电子商务。在第五代移动通信(5G)、下一代互联网、物联网、网络安全等关键技术和重要领域，积极参与国际标准制定和交流合作。支持移动互联网企业走出去，鼓励通过多种方式开拓国际市场，加大移动互联网应用、产品、服务海外推广力度，构建完善跨境产业链体系，不断拓展海外发展空间。

19. 参与全球移动互联网治理。全面参与全球移动互联网治理相关组织、机制和活动，加强各类双边、多边对话合作。深入参与、积极推动移动互联网领域规则和标准制定。充分发挥世界互联网大会等平台作用，大力宣介中国治网主张。建立健全信息共享机制，积极参与国际联合打击移动互联网违法犯罪行动。

20. 加强国际传播能力建设。深化中外人文交流，积极利用各类社交平台，有效运用各种传播渠道，采用融通中外的概念、范畴、表述，讲好中国故事，展现中国形象。打造具有较强影响力的国际传播媒体，创新开展多语种、跨平台互动传播，不断提升移动互联网国际传播影响力。

六、加强组织领导和工作保障

21. 完善管理体制。在中央网络安全和信息化领导小组统一领导下，中央网信办要进一步强化移动互联网管理的统筹协调、督促检查，建立健全联席会议、工作例会等制度，研究处理各地区各部门移动互联网发展管理重大事项和情况，督促指导各地区各部门有效落实领导小组决定事项、工作部署和有关要求；工业和信息化、公安、文化、新闻出版广电等有关部门和军队要根据职责切实负起责任，依法加强对移动互联网相关业务的监督管理，制定出台支持和促进移动互联网技术、产业发展的政策措施。明确地方网信部门承担互联网信息内容的监督管理执法职责，健全中央、省、市三级管理体系，加大人员、经费、技术等保障力度。

22. 扩大社会参与。鼓励社会各界广泛参与移动互联网治理，加快移动互联网社会组织建设，支持中国互联网发展基金会、中国互联网协会等各方力量积极开展网络公益活动。引导广大移动互联网用户文明上网，积极参与净化网络环境、维护网络秩序。健全行业信用评价体系和服务评议制度，完善行业管理、企业自律、社会监督联动机制。

23. 推进人才队伍建设。加强网信战线人才培养体系建设，不断提升业务能力和综合素质，注重培养、选拔、任用熟悉移动互联网发展管理工作的领导干部。坚持先行先试，创新人才引进、评价、流动、激励机制，将各方面优秀人才凝聚到网信事业中来。着力打造高端智库群，为移动互联网发展管理工作提供智力支持。采取特殊政策，建立适应网信特点的人事制度和薪酬制度。

24. 强化法治保障。加快网络立法进程，完善依法监管措施，化解网络风险。全面贯彻实施网络安全法，加快推进电子商务法等基础性立法，制定修订互联网信息服务管理办法、关键信息基础设施安全保护条例、未成年人网络保护条例等行政法规。完善司法解释和政策解读，推动现有法律法规延伸适用于移动互联网管理。建立健全网络数据管理、个人信息保护等重点管理制度。完善移动互联网管理多部门执法协调机制，加快执法信息技术系统建设，提高对网络违法犯罪识别、取证、联动查处打击等能力。加强网络普法，强化网民法治观念，提升全民网络素养。

中共中央办公厅　国务院办公厅

2016 年 12 月 30 日

（摘自中国政府网 www. gov. cn）

国务院关于积极推进"互联网+"行动的指导意见

国发〔2015〕40号

各省、自治区、直辖市人民政府，国务院各部委、各直属机构：

"互联网+"是把互联网的创新成果与经济社会各领域深度融合，推动技术进步、效率提升和组织变革，提升实体经济创新力和生产力，形成更广泛的以互联网为基础设施和创新要素的经济社会发展新形态。在全球新一轮科技革命和产业变革中，互联网与各领域的融合发展具有广阔前景和无限潜力，已成为不可阻挡的时代潮流，正对各国经济社会发展产生着战略性和全局性的影响。积极发挥我国互联网已经形成的比较优势，把握机遇，增强信心，加快推进"互联网+"发展，有利于重塑创新体系、激发创新活力、培育新兴业态和创新公共服务模式，对打造大众创业、万众创新和增加公共产品、公共服务"双引擎"，主动适应和引领经济发展新常态，形成经济发展新动能，实现中国经济提质增效升级具有重要意义。

近年来，我国在互联网技术、产业、应用以及跨界融合等方面取得了积极进展，已具备加快推进"互联网+"发展的坚实基础，但也存在传统企业运用互联网的意识和能力不足、互联网企业对传统产业理解不够深入、新业态发展面临体制机制障碍、跨界融合型人才严重匮乏等问题，亟待加以解决。为加快推动互联网与各领域深入融合和创新发展，充分发挥"互联网+"对稳增长、促改革、调结构、惠民生、防风险的重要作用，现就积极推进"互联网+"行动提出以下意见。

一、行动要求

（一）总体思路。

顺应世界"互联网+"发展趋势，充分发挥我国互联网的规模优势和应用优势，推动互联网由消费领域向生产领域拓展，加速提升产业发展水平，增强各行业创新能力，构筑经济社会发展新优势和新动能。坚持改革创新和市场需求导向，突出企业的主体作用，大力拓展互联网与经济社会各领域融合的广度和深度。着力深化体制机制改革，释放发展潜力和活力；着力做优存量，推动经济提质增效和转型升级；着力做大增量，培育新兴业态，打造新的增长点；着力创新政府服务模式，夯实网络发展基础，营造安全网络环境，提升公共服务水平。

（二）基本原则。

坚持开放共享。营造开放包容的发展环境，将互联网作为生产生活要素共享的重要平台，最大限度优化资源配置，加快形成以开放、共享为特征的经济社会运行新模式。

坚持融合创新。鼓励传统产业树立互联网思维，积极与"互联网+"相结合。推动互联网向经济社会各领域加速渗透，以融合促创新，最大程度汇聚各类市场要素的创新力量，推动融合性新兴产业成为经济发展新动力和新支柱。

坚持变革转型。充分发挥互联网在促进产业升级以及信息化和工业化深度融合中的平台作用，引导要素资源向实体经济集聚，推动生产方式和发展模式变革。创新网络化公共服务模式，大幅提升公共服务能力。

坚持引领跨越。巩固提升我国互联网发展优势，加强重点领域前瞻性布局，以互联网融合创新为突破口，培育壮大新兴产业，引领新一轮科技革命和产业变革，实现跨越式发展。

坚持安全有序。完善互联网融合标准规范和法律法规，增强安全意识，强化安全管理和防护，保障网络安全。建立科学有效的市场监管方式，促进市场有序发展，保护公平竞争，防止形成行业垄断和市场壁垒。

（三）发展目标。

到 2018 年，互联网与经济社会各领域的融合发展进一步深化，基于互联网的新业态成为新的经济增长动力，互联网支撑大众创业、万众创新的作用进一步增强，互联网成为提供公共服务的重要手段，网络经济与实体经济协同互动的发展格局基本形成。

——经济发展进一步提质增效。互联网在促进制造业、农业、能源、环保等产业转型升级方面取得积极成效，劳动生产率进一步提高。基于互联网的新兴业态不断涌现，电子商务、互联网金融快速发展，对经济提质增效的促进作用更加凸显。

——社会服务进一步便捷普惠。健康医疗、教育、交通等民生领域互联网应用更加丰富，公共服务更加多元，线上线下结合更加紧密。社会服务资源配置不断优化，公众享受到更加公平、高效、优质、便捷的服务。

——基础支撑进一步夯实提升。网络设施和产业基础得到有效巩固加强，应用支撑和安全保障能力明显增强。固定宽带网络、新一代移动通信网和下一代互联网加快发展，物联网、云计算等新型基础设施更加完备。人工智能等技术及其产业化能力显著增强。

——发展环境进一步开放包容。全社会对互联网融合创新的认识不断深入，互联网融合发展面临的体制机制障碍有效破除，公共数据资源开放取得实质性进展，相关标准规范、信用体系和法律法规逐步完善。

到 2025 年，网络化、智能化、服务化、协同化的“互联网 +”产业生态体系基本完善，“互联网 +”新经济形态初步形成，“互联网 +”成为经济社会创新发展的重要驱动力量。

二、重点行动

（一）“互联网 +”创业创新。

充分发挥互联网的创新驱动作用，以促进创业创新为重点，推动各类要素资源聚集、开放和共享，大力发展众创空间、开放式创新等，引导和推动全社会形成大众创业、万众创新的浓厚氛围，打造经济发展新引擎。（发展改革委、科技部、工业和信息化部、人力资源社会保障部、商务部等负责，列第一位者为牵头部门，下同）

1. 强化创业创新支撑。鼓励大型互联网企业和基础电信企业利用技术优势和产业整合能力，向小微企业和创业团队开放平台入口、数据信息、计算能力等资源，提供研发工具、经营管理和市场营销等方面的支持和服务，提高小微企业信息化应用水平，培育和孵化具有良好商业模式的创业企业。充分利用互联网基础条件，完善小微企业公共服务平台网络，集聚创业创新资源，为小微企业提供找得着、用得起、有保障的服务。

2. 积极发展众创空间。充分发挥互联网开放创新优势，调动全社会力量，支持创新工场、创客空间、社会实验室、智慧小企业创业基地等新型众创空间发展。充分利用国家自主创新示范区、科技企业孵化器、大学科技园、商贸企业集聚区、小微企业创业示范基地等现有条件，通过市场化方式构建一批创新与创业相结合、线上与线下相结合、孵化与投资相结合的众创空间，为创业者提供低成本、便利化、全要素的工作空间、网络空间、社交空间和资源共享空间。实施新兴产业"双创"行动，建立一批新兴产业"双创"示范基地，加快发展"互联网+"创业网络体系。

3. 发展开放式创新。鼓励各类创新主体充分利用互联网，把握市场需求导向，加强创新资源共享与合作，促进前沿技术和创新成果及时转化，构建开放式创新体系。推动各类创业创新扶持政策与互联网开放平台联动协作，为创业团队和个人开发者提供绿色通道服务。加快发展创业服务业，积极推广众包、用户参与设计、云设计等新型研发组织模式，引导建立社会各界交流合作的平台，推动跨区域、跨领域的技术成果转移和协同创新。

（二）"互联网+"协同制造。

推动互联网与制造业融合，提升制造业数字化、网络化、智能化水平，加强产业链协作，发展基于互联网的协同制造新模式。在重点领域推进智能制造、大规模个性化定制、网络化协同制造和服务型制造，打造一批网络化协同制造公共服务平台，加快形成制造业网络化产业生态体系。（工业和信息化部、发展改革委、科技部共同牵头）

1. 大力发展智能制造。以智能工厂为发展方向，开展智能制造试点示范，加快推动云计算、物联网、智能工业机器人、增材制造等技术在生产过程中的应用，推进生产装备智能化升级、工艺流程改造和基础数据共享。着力在工控系统、智能感知元器件、工业云平台、操作系统和工业软件等核心环节取得突破，加强工业大数据的开发与利用，有效支撑制造业智能化转型，构建开放、共享、协作的智能制造产业生态。

2. 发展大规模个性化定制。支持企业利用互联网采集并对接用户个性化需求，推进设计研发、生产制造和供应链管理等关键环节的柔性化改造，开展基于个性化产品的服务模式和商业模式创新。鼓励互联网企业整合市场信息，挖掘细分市场需求与发展趋势，为制造企业开展个性化定制提供决策支撑。

3. 提升网络化协同制造水平。鼓励制造业骨干企业通过互联网与产业链各环节紧密协同，促进生产、质量控制和运营管理系统全面互联，推行众包设计研发和网络化制造等新模式。鼓励有实力的互联网企业构建网络化协同制造公共服务平台，面向细分行业提供云制造服务，促进创新资源、生产能力、市场需求的集聚与对接，提升服务中小微企业能力，加快全社会多元化制造资源的有效协同，提高产业链资源整合能力。

4. 加速制造业服务化转型。鼓励制造企业利用物联网、云计算、大数据等技术，整合产品全生命周期数据，形成面向生产组织全过程的决策服务信息，为产品优化升级提供数据支撑。鼓励企业基于互联网开展故障预警、远程维护、质量诊断、远程过程优化等在线增值服务，拓展产品价值空间，实现从制造向"制造+服务"的转型升级。

（三）"互联网+"现代农业。

利用互联网提升农业生产、经营、管理和服务水平，培育一批网络化、智能化、精细化的现代"种养加"生态农业新模式，形成示范带动效应，加快完善新型农业生产经营体系，培育多样化农业互联网管理服务模式，逐步建立农副产品、农资质量安全追溯体系，促进农业现代化水平明显提升。（农业部、发展改革委、科技部、商务部、质检总局、食品药品监管总局、林业局等负责）

1. 构建新型农业生产经营体系。鼓励互联网企业建立农业服务平台，支撑专业大户、家庭农场、农民合作社、农业产业化龙头企业等新型农业生产经营主体，加强产销衔接，实现农业生产由生产导向向消费导向转变。提高农业生产经营的科技化、组织化和精细化水平，推进农业生产流通销售方式变革和农业发展方式转变，提升农业生产效率和增值空间。规范用好农村土地流转公共服务平台，提升土地流转透明度，保障农民权益。

2. 发展精准化生产方式。推广成熟可复制的农业物联网应用模式。在基础较好的领域和地区，普及基于环境感知、实时监测、自动控制的网络化农业环境监测系统。在大宗农产品规模生产区域，构建天地一体的农业物联网测控体系，实施智能节水灌溉、测土配方施肥、农机定位耕种等精准化作业。在畜禽标准化规模养殖基地和水产健康养殖示范基地，推动饲料精准投放、疾病自动诊断、废弃物自动回收等智能设备的应用普及和互联互通。

3. 提升网络化服务水平。深入推进信息进村入户试点，鼓励通过移动互联网为农民提供政策、市场、科技、保险等生产生活信息服务。支持互联网企业与农业生产经营主体合作，综合利用大数据、云计算等技术，建立农业信息监测体系，为灾害预警、耕地质量监测、重大动植物疫情防控、市场波动预测、经营科学决策等提供服务。

4. 完善农副产品质量安全追溯体系。充分利用现有互联网资源，构建农副产品质量安全追溯公共服务平台，推进制度标准建设，建立产地准出与市场准入衔接机制。支持新型农业生产经营主体利用互联网技术，对生产经营过程进行精细化信息化管理，加快推动移动互联网、物联网、二维码、无线射频识别等信息技术在生产加工和流通销售各环节的推广应用，强化上下游追溯体系对接和信息互通共享，不断扩大追溯体系覆盖面，实现农副产品"从农田到餐桌"全过程可追溯，保障"舌尖上的安全"。

（四）"互联网＋"智慧能源。

通过互联网促进能源系统扁平化，推进能源生产与消费模式革命，提高能源利用效率，推动节能减排。加强分布式能源网络建设，提高可再生能源占比，促进能源利用结构优化。加快发电设施、用电设施和电网智能化改造，提高电力系统的安全性、稳定性和可靠性。（能源局、发展改革委、工业和信息化部等负责）

1. 推进能源生产智能化。建立能源生产运行的监测、管理和调度信息公共服务网络，加强能源产业链上下游企业的信息对接和生产消费智能化，支撑电厂和电网协调运行，促进非化石能源与化石能源协同发电。鼓励能源企业运用大数据技术对设备状态、电能负载等数据进行分析挖掘与预测，开展精准调度、故障判断和预测性维护，提高能源利用效率和安全稳定运行水平。

2. 建设分布式能源网络。建设以太阳能、风能等可再生能源为主体的多能源协调互补的能源互联网。突破分布式发电、储能、智能微网、主动配电网等关键技术，构建智能化电力运行监测、管理技术平台，使电力设备和用电终端基于互联网进行双向通信和智能调控，实现分布式电源的及时有效接入，逐步建成开放共享的能源网络。

3. 探索能源消费新模式。开展绿色电力交易服务区域试点，推进以智能电网为配送平台，以电子商务为交易平台，融合储能设施、物联网、智能用电设施等硬件以及碳交易、互联网金融等衍生服务于一体的绿色能源网络发展，实现绿色电力的点到点交易及实时配送和补贴结算。进一步加强能源生产和消费协调匹配，推进电动汽车、港口岸电等电能替代技术的应用，推广电力需求侧管理，提高能源利用效率。基于分布式能源网络，发展用户端智能化用能、能源共享经济和能源自由交易，促进能源消费生态体系建设。

4. 发展基于电网的通信设施和新型业务。推进电力光纤到户工程，完善能源互联网信息通信系统。统筹部署电网和通信网深度融合的网络基础设施，实现同缆传输、共建共享，避免重复建设。鼓励依托智能电网发展家庭能效管理等新型业务。

（五）"互联网＋"普惠金融。

促进互联网金融健康发展，全面提升互联网金融服务能力和普惠水平，鼓励互联网与银行、证券、保险、基金的融合创新，为大众提供丰富、安全、便捷的金融产品和服务，更好满足不同层次实体经济的投融资需求，培育一批具有行业影响力的互联网金融创新型企业。（人民银行、银监会、证监会、保监会、发展改革委、工业和信息化部、网信办等负责）

1. 探索推进互联网金融云服务平台建设。探索互联网企业构建互联网金融云服务平台。在保证技术成熟和业务安全的基础上，支持金融企业与云计算技术提供商合作开展金融公共云服务，提供多样化、个性化、精准化的金融产品。支持银行、证券、保险企业稳妥实施系统架构转型，鼓励探索利用云服务平台开展金融核心业务，提供基于金融云服务平台的信用、认证、接口等公共服务。

2. 鼓励金融机构利用互联网拓宽服务覆盖面。鼓励各金融机构利用云计算、移动互联网、大数据等技术手段，加快金融产品和服务创新，在更广泛地区提供便利的存贷款、支付结算、信用中介平台等金融服务，拓宽普惠金融服务范围，为实体经济发展提供有效支撑。支持金融机构和互联网企业依法合规开展网络借贷、网络证券、网络保险、互联网基金销售等业务。扩大专业互联网保险公司试点，充分发挥保险业在防范互联网金融风险中的作用。推动金融集成电路卡（IC 卡）全面应用，提升电子现金的使用率和便捷性。发挥移动金融安全可信公共服务平台（MTPS）的作用，积极推动商业银行开展移动金融创新应用，促进移动金融在电子商务、公共服务等领域的规模应用。支持银行业金融机构借助互联网技术发展消费信贷业务，支持金融租赁公司利用互联网技术开展金融租赁业务。

3. 积极拓展互联网金融服务创新的深度和广度。鼓励互联网企业依法合规提供创新金融产品和服务，更好满足中小微企业、创新型企业和个人的投融资需求。规范发展网络借贷和互联网消费信贷业务，探索互联网金融服务创新。积极引导风险投资基金、私募股权投资基金和产业投资基金投资于互联网金融企业。利用大数据发展市场化个人征信业务，加快网络征信和信用评价体系建设。加强互联网金融消费权益保护和投资者保护，建立多元化金融消费纠纷解决机制。改进和完善互联网金融监管，提高金融服务安全性，有效防范互联网金融风险及其外溢效应。

（六）"互联网＋"益民服务。

充分发挥互联网的高效、便捷优势，提高资源利用效率，降低服务消费成本。大力发展以互联网为载体、线上线下互动的新兴消费，加快发展基于互联网的医疗、健康、养老、教育、旅游、社会保障等新兴服务，创新政府服务模式，提升政府科学决策能力和管理水平。（发展改革委、教育部、工业和信息化部、民政部、人力资源社会保障部、商务部、卫生计生委、质检总局、食品药品监管总局、林业局、旅游局、网信办、信访局等负责）

1. 创新政府网络化管理和服务。加快互联网与政府公共服务体系的深度融合，推动公共数据资源开放，促进公共服务创新供给和服务资源整合，构建面向公众的一体化在线公共服务体系。积极探索公众参与的网络化社会管理服务新模式，充分利用互联网、移动互联网应用平台等，加快推进政务新媒体发展建设，加强政府与公众的沟通交流，提高政府公共管理、公共服务和公共政策制定的响应速度，提升政府科学决策能力和社会治理水平，促进政府职能转变和简政放权。深入推进网上信访，提高信访工作质量、效率和公信力。鼓励政府和互联网企业合作建立信用信息共享平台，探索开展一批社会治理互联网应用试点，打通政府部门、企事业单位之间的数据壁垒，利用大数据分析手段，提升各级政府的社会治理能力。加强对"互联网＋"行动的宣传，提高公众参与度。

2. 发展便民服务新业态。发展体验经济，支持实体零售商综合利用网上商店、移动支付、智能试衣等新技术，打造体验式购物模式。发展社区经济，在餐饮、娱乐、家政等领域培育线上线下结合的社区服务新模式。发展共享经济，规范发展网络约租车，积极推广在线租房等新业态，着力破除准入门槛高、服务规范难、个人征信缺失等瓶颈制约。发展基于互联网的文化、媒体和旅游等服务，培育形式多样的新型业态。积极推广基于移动互联网入口的城市服务，开展网上社保办理、个人社保权益查询、跨地区医保结算等互联网应用，让老百姓足不出户享受便捷高效的服务。

3. 推广在线医疗卫生新模式。发展基于互联网的医疗卫生服务，支持第三方机构构建医学影像、健康档案、检验报告、电子病历等医疗信息共享服务平台，逐步建立跨医院的医疗数据共享交换标准体系。积极利用移动互联网提供在线预约诊疗、候诊提醒、划价缴费、诊疗报告查询、药品配送等便捷服务。引导医疗机构面向中小城市和农村地区开展基层检查、上级诊断等远程医疗服务。鼓励互联网企业与医疗机构合作建立医疗网络信息平台，加强区域医疗卫生服务资源整合，充分利用互联网、大数据等手段，提高重大疾病和突发公共卫生事件防控能力。积极探索互联网延伸医嘱、电子处方等网络医疗健康服务应用。鼓励有资质的医学检验机构、医疗服务机构联合互联网企业，发展基因检测、疾病预防等健康服务模式。

4. 促进智慧健康养老产业发展。支持智能健康产品创新和应用，推广全面量化健康生活新方式。鼓励健康服务机构利用云计算、大数据等技术搭建公共信息平台，提供长期跟踪、预测预警的个性化健康管理服务。发展第三方在线健康市场调查、咨询评价、预防管理等应用服务，提升规范化和专业化运营水平。依托现有互联网资源和社会力量，以社区为基础，搭建养老信息服务网络平台，提供护理看护、健康管理、康复照料等居家养老服务。鼓励养老服务机构应用基于移动互联网的便携式体检、紧急呼叫监控等设备，提高养老服务水平。

5. 探索新型教育服务供给方式。鼓励互联网企业与社会教育机构根据市场需求开发数字教育资源，提供网络化教育服务。鼓励学校利用数字教育资源及教育服务平台，逐步探索网络化教育新模式，扩大优质教育资源覆盖面，促进教育公平。鼓励学校通过与互联网企业合作等方式，对接线上线下教育资源，探索基础教育、职业教育等教育公共服务提供新方式。推动开展学历教育在线课程资源共享，推广大规模在线开放课程等网络学习模式，探索建立网络学习学分认定与学分转换等制度，加快推动高等教育服务模式变革。

（七）“互联网+”高效物流。

加快建设跨行业、跨区域的物流信息服务平台，提高物流供需信息对接和使用效率。鼓励大数据、云计算在物流领域的应用，建设智能仓储体系，优化物流运作流程，提升物流仓储的自动化、智能化水平和运转效率，降低物流成本。（发展改革委、商务部、交通运输部、网信办等负责）

1. 构建物流信息共享互通体系。发挥互联网信息集聚优势，聚合各类物流信息资源，鼓励骨干物流企业和第三方机构搭建面向社会的物流信息服务平台，整合仓储、运输和配送信息，开展物流全程监测、预警，提高物流安全、环保和诚信水平，统筹优化社会物流资源配置。构建互通省际、下达市县、兼顾乡村的物流信息互联网络，建立各类可开放数据的对接机制，加快完善物流信息交换开放标准体系，在更广范围促进物流信息充分共享与互联互通。

2. 建设深度感知智能仓储系统。在各级仓储单元积极推广应用二维码、无线射频识别等物联网感知技术和大数据技术，实现仓储设施与货物的实时跟踪、网络化管理以及库存信息的高度共享，提高货物调度效率。鼓励应用智能化物流装备提升仓储、运输、分拣、包装等作业效率，提高各类复杂订单的出货处理能力，缓解货物囤积停滞瓶颈制约，提升仓储运管水平和效率。

3. 完善智能物流配送调配体系。加快推进货运车联网与物流园区、仓储设施、配送网点等信息互联，促进人员、货源、车源等信息高效匹配，有效降低货车空驶率，提高配送效率。鼓励发展社区自提柜、冷链储藏柜、代收服务点等新型社区化配送模式，结合构建物流信息互联网络，加快推进县到村的物流配送网络和村级配送网点建设，解决物流配送“最后一公里”问题。

（八）“互联网+”电子商务。

巩固和增强我国电子商务发展领先优势，大力发展农村电商、行业电商和跨境电商，进一步扩大电子商务发展空间。电子商务与其他产业的融合不断深化，网络化生产、流通、消费更加普及，标准规范、公共服务等支撑环境基本完善。（发展改革委、商务部、工业和信息化部、交通运输部、农业部、海关总署、税务总局、质检总局、网信办等负责）

1. 积极发展农村电子商务。开展电子商务进农村综合示范，支持新型农业经营主体和农产品、农资批发市场对接电商平台，积极发展以销定产模式。完善农村电子商务配送及综合服务网络，着力解决农副产品标准化、物流标准化、冷链仓储建设等关键问题，发展农产品个性化定制服务。开展生鲜农产品和农业生产资料电子商务试点，促进农业大宗商品电子商务发展。

2. 大力发展行业电子商务。鼓励能源、化工、钢铁、电子、轻纺、医药等行业企业，积极利用电子商务平台优化采购、分销体系，提升企业经营效率。推动各类专业市场线上转型，引导传统商贸流通企业与电子商务企业整合资源，积极向供应链协同平台转型。鼓励生产制造企业面向个性化、定制化消费需求深化电子商务应用，支持设备制造企业利用电子商务平台开展融资租赁服务，鼓励中小微企业扩大电子商务应用。按照市场化、专业化方向，大力推广电子招标投标。

3. 推动电子商务应用创新。鼓励企业利用电子商务平台的大数据资源，提升企业精准营销能力，激发市场消费需求。建立电子商务产品质量追溯机制，建设电子商务售后服务质量检测云平台，完善互联网质量信息公共服务体系，解决消费者维权难、退货难、产品责任追溯难等问题。加强互联网食品药品市场监测监管体系建设，积极探索处方药电子商务销售和监管模式创新。鼓励企业利用移动社交、新媒体等新渠道，发展社交电商、“粉丝”经济等网络营销新模式。

4. 加强电子商务国际合作。鼓励各类跨境电子商务服务商发展，完善跨境物流体系，拓展全球经贸合作。推进跨境电子商务通关、检验检疫、结汇等关键环节单一窗口综合服务体系建设。创新跨境权益保障机制，利用合格评定手段，推进国际互认。创新跨境电子商务管理，促进信息网络畅通、跨境物流便捷、支付及结汇无障碍、税收规范便利、市场及贸易规则互认互通。

（九）“互联网+”便捷交通。

加快互联网与交通运输领域的深度融合，通过基础设施、运输工具、运行信息等互联网化，推进基于互联网平台的便捷化交通运输服务发展，显著提高交通运输资源利用效率和管理精细化水平，全面提升交通运输行业服务品质和科学治理能力。（发展改革委、交通运输部共同牵头）

1. 提升交通运输服务品质。推动交通运输主管部门和企业将服务性数据资源向社会开放，鼓励互联网平台为社会公众提供实时交通运行状态查询、出行路线规划、网上购票、智能停车等服务，推进基于互联网平台的多种出行方式信息服务对接和一站式服务。加快完善汽车健康档案、维修诊断和服务质量信息服务平台建设。

2. 推进交通运输资源在线集成。利用物联网、移动互联网等技术，进一步加强对公路、铁路、民航、港口等交通运输网络关键设施运行状态与通行信息的采集。推动跨地域、跨类型交通运输信息互联互通，推广船联网、车联网等智能化技术应用，形成更加完善的交通运输感知体系，提高基础设施、运输工具、运行信息等要素资源的在线化水平，全面支撑故障预警、运行维护以及调度智能化。

3. 增强交通运输科学治理能力。强化交通运输信息共享，利用大数据平台挖掘分析人口迁徙规律、公众出行需求、枢纽客流规模、车辆船舶行驶特征等，为优化交通运输设施规划与建设、安全运行控制、交通运输管理决策提供支撑。利用互联网加强对交通运输违章违规行为的智能化监管，不断提高交通运输治理能力。

（十）“互联网+”绿色生态。

推动互联网与生态文明建设深度融合，完善污染物监测及信息发布系统，形成覆盖主要生态要素的资源环境承载能力动态监测网络，实现生态环境数据互联互通和开放共享。充分发挥互联网在逆向物流回收体系中的平台作用，促进再生资源交易利用便捷化、互动化、透明化，促进生产生活方式绿色化。（发展改革委、环境保护部、商务部、林业局等负责）

1. 加强资源环境动态监测。针对能源、矿产资源、水、大气、森林、草原、湿地、海洋等各类生态要素，充分利用多维地理信息系统、智慧地图等技术，结合互联网大数据分析，优化监测站点布局，扩大动态监控范围，构建资源环境承载能力立体监控系统。依托现有互联网、云计算平台，逐步实现各级政府资源环境动态监测信息互联共享。加强重点用能单位能耗在线监测和大数据分析。

2. 大力发展智慧环保。利用智能监测设备和移动互联网，完善污染物排放在线监测系统，增加监测污染物种类，扩大监测范围，形成全天候、多层次的智能多源感知体系。建立环境信息数据共享机制，统一数据交换标准，推进区域污染物排放、空气环境质量、水环境质量等信息公开，通过互联网实现面向公众的在线查询和定制推送。加强对企业环保信用数据的采集整理，将企业环保信用记录纳入全国统一的信用信息共享交换平台。完善环境预警和风险监测信息网络，提升重金属、危险废物、危险化学品等重点风险防范水平和应急处理能力。

3. 完善废旧资源回收利用体系。利用物联网、大数据开展信息采集、数据分析、流向监测，优化逆向物流网点布局。支持利用电子标签、二维码等物联网技术跟踪电子废物流向，鼓励互联网企业参与搭建城市废弃物回收平台，创新再生资源回收模式。加快推进汽车保险信息系统、“以旧换再”管理系统和报废车管理系统的标准化、规范化和互联互通，加强废旧汽车及零部件的回收利用信息管理，为互联网企业开展业务创新和便民服务提供数据支撑。

4. 建立废弃物在线交易系统。鼓励互联网企业积极参与各类产业园区废弃物信息平台建设，推动现有骨干再生资源交易市场向线上线下结合转型升级，逐步形成行业性、区域性、全国性的产业废弃物和再生资源在线交易系统，完善线上信用评价和供应链融资体系，开展在线竞价，发布价格交易指数，提高稳定供给能力，增强主要再生资源品种的定价权。

（十一）“互联网+”人工智能。

依托互联网平台提供人工智能公共创新服务，加快人工智能核心技术突破，促进人工智能在智能家居、智能终端、智能汽车、机器人等领域的推广应用，培育若干引领全球人工智能发展的骨干企业和创新团队，形成创新活跃、开放合作、协同发展的产业生态。（发展改革委、科技部、工业和信息化部、网信办等负责）

1. 培育发展人工智能新兴产业。建设支撑超大规模深度学习的新型计算集群，构建包括语音、图像、视频、地图等数据的海量训练资源库，加强人工智能基础资源和公共服务等创新平台建设。进一步推进计算机视觉、智能语音处理、生物特征识别、自然语言理解、智能决策控制以及新型人机交互等关键技术的研发和产业化，推动人工智能在智能产品、工业制造等领域规模商用，为产业智能化升级夯实基础。

2. 推进重点领域智能产品创新。鼓励传统家居企业与互联网企业开展集成创新，不断提升家居产品的智能化水平和服务能力，创造新的消费市场空间。推动汽车企业与互联网企业设立跨界交叉的创新平台，加快智能辅助驾驶、复杂环境感知、车载智能设备等技术产品的研发与应用。支持安防企业与互联网企业开展合作，发展和推广图像精准识别等大数据分析技术，提升安防产品的智能化服务水平。

3. 提升终端产品智能化水平。着力做大高端移动智能终端产品和服务的市场规模，提高移动智能终端核心技术研发及产业化能力。鼓励企业积极开展差异化细分市场需求分析，大力丰富可穿戴设备的应用服务，提升用户体验。推动互联网技术以及智能感知、模式识别、智能分析、智能控制等智能技术在机器人领域的深入应用，大力提升机器人产品在传感、交互、控制等方面的性能和智能化水平，提高核心竞争力。

三、保障支撑

（一）夯实发展基础。

1. 巩固网络基础。加快实施"宽带中国"战略，组织实施国家新一代信息基础设施建设工程，推进宽带网络光纤化改造，加快提升移动通信网络服务能力，促进网间互联互通，大幅提高网络访问速率，有效降低网络资费，完善电信普遍服务补偿机制，支持农村及偏远地区宽带建设和运行维护，使互联网下沉为各行业、各领域、各区域都能使用，人、机、物泛在互联的基础设施。增强北斗卫星全球服务能力，构建天地一体化互联网络。加快下一代互联网商用部署，加强互联网协议第6版（IPv6）地址管理、标识管理与解析，构建未来网络创新试验平台。研究工业互联网网络架构体系，构建开放式国家创新试验验证平台。（发展改革委、工业和信息化部、财政部、国资委、网信办等负责）

2. 强化应用基础。适应重点行业融合创新发展需求，完善无线传感网、行业云及大数据平台等新型应用基础设施。实施云计算工程，大力提升公共云服务能力，引导行业信息化应用向云计算平台迁移，加快内容分发网络建设，优化数据中心布局。加强物联网网络架构研究，组织开展国家物联网重大应用示范，鼓励具备条件的企业建设跨行业物联网运营和支撑平台。（发展改革委、工业和信息化部等负责）

3. 做实产业基础。着力突破核心芯片、高端服务器、高端存储设备、数据库和中间件等产业薄弱环节的技术瓶颈，加快推进云操作系统、工业控制实时操作系统、智能终端操作系统的研发和应用。大力发展云计算、大数据等解决方案以及高端传感器、工控系统、人机交互等软硬件基础产品。运用互联网理念，构建以骨干企业为核心、产学研用高效整合的技术产业集群，打造国际先进、自主可控的产业体系。（工业和信息化部、发展改革委、科技部、网信办等负责）

4. 保障安全基础。制定国家信息领域核心技术设备发展时间表和路线图，提升互联网安全管理、态势感知和风险防范能力，加强信息网络基础设施安全防护和用户个人信息保护。实施国家信息安全专项，开展网络安全应用示范，提高"互联网+"安全核心技术和产品水平。按照信息安全等级保护等制度和网络安全国家标准的要求，加强"互联网+"关键领域重要信息系统的安全保障。建设完善网络安全监测评估、监督管理、标准认证和创新能力体系。重视融合带来的安全风险，完善网络数据共享、利用等的安全管理和技术措施，探索建立以行政评议和第三方评估为基础的数据安全流动认证体系，完善数据跨境流动管理制度，确保数据安全。（网信办、发展改革委、科技部、工业和信息化部、公安部、安全部、质检总局等负责）

（二）强化创新驱动。

1. 加强创新能力建设。鼓励构建以企业为主导，产学研用合作的“互联网＋”产业创新网络或产业技术创新联盟。支持以龙头企业为主体，建设跨界交叉领域的创新平台，并逐步形成创新网络。鼓励国家创新平台向企业特别是中小企业在线开放，加大国家重大科研基础设施和大型科研仪器等网络化开放力度。（发展改革委、科技部、工业和信息化部、网信办等负责）

2. 加快制定融合标准。按照共性先立、急用先行的原则，引导工业互联网、智能电网、智慧城市等领域基础共性标准、关键技术标准的研制及推广。加快与互联网融合应用的工控系统、智能专用装备、智能仪表、智能家居、车联网等细分领域的标准化工作。不断完善“互联网＋”融合标准体系，同步推进国际国内标准化工作，增强在国际标准化组织（ISO）、国际电工委员会（IEC）和国际电信联盟（ITU）等国际组织中的话语权。（质检总局、工业和信息化部、网信办、能源局等负责）

3. 强化知识产权战略。加强融合领域关键环节专利导航，引导企业加强知识产权战略储备与布局。加快推进专利基础信息资源开放共享，支持在线知识产权服务平台建设，鼓励服务模式创新，提升知识产权服务附加值，支持中小微企业知识产权创造和运用。加强网络知识产权和专利执法维权工作，严厉打击各种网络侵权假冒行为。增强全社会对网络知识产权的保护意识，推动建立“互联网＋”知识产权保护联盟，加大对新业态、新模式等创新成果的保护力度。（知识产权局牵头）

4. 大力发展开源社区。鼓励企业自主研发和国家科技计划（专项、基金等）支持形成的软件成果通过互联网向社会开源。引导教育机构、社会团体、企业或个人发起开源项目，积极参加国际开源项目，支持组建开源社区和开源基金会。鼓励企业依托互联网开源模式构建新型生态，促进互联网开源社区与标准规范、知识产权等机构的对接与合作。（科技部、工业和信息化部、质检总局、知识产权局等负责）

（三）营造宽松环境。

1. 构建开放包容环境。贯彻落实《中共中央国务院关于深化体制机制改革加快实施创新驱动发展战略的若干意见》，放宽融合性产品和服务的市场准入限制，制定实施各行业互联网准入负面清单，允许各类主体依法平等进入未纳入负面清单管理的领域。破除行业壁垒，推动各行业、各领域在技术、标准、监管等方面充分对接，最大限度减少事前准入限制，加强事中事后监管。继续深化电信体制改革，有序开放电信市场，加快民营资本进入基础电信业务。加快深化商事制度改革，推进投资贸易便利化。（发展改革委、网信办、教育部、科技部、工业和信息化部、民政部、商务部、卫生计生委、工商总局、质检总局等负责）

2. 完善信用支撑体系。加快社会征信体系建设，推进各类信用信息平台无缝对接，打破信息孤岛。加强信用记录、风险预警、违法失信行为等信息资源在线披露和共享，为经营者提供信用信息查询、企业网上身份认证等服务。充分利用互联网积累的信用数据，对现有征信体系和评测体系进行补充和完善，为经济调节、市场监管、社会管理和公共服务提供有力支撑。（发展改革委、人民银行、工商总局、质检总局、网信办等负责）

3. 推动数据资源开放。研究出台国家大数据战略，显著提升国家大数据掌控能力。建立国家政府信息开放统一平台和基础数据资源库，开展公共数据开放利用改革试点，出台政府机构数据开放管理规定。按照重要性和敏感程度分级分类，推进政府和公共信息资源开放共享，支持公众和小微企业充分挖掘信息资源的商业价值，促进互联网应用创新。（发展改革委、工业和信息化部、国务院办公厅、网信办等负责）

4. 加强法律法规建设。针对互联网与各行业融合发展的新特点，加快“互联网＋”相关立法工作，研究调整完善不适应“互联网＋”发展和管理的现行法规及政策规定。落实加强网络信息保护和信息公开有关规定，加快推动制定网络安全、电子商务、个人信息保护、互联网信息服务管理等法律法规。完善反垄断法配套规则，进一步加大反垄断法执行力度，严格查处信息领域企业垄断行为，营造互联网公平竞争环境。（法制办、网信办、发展改革委、工业和信息化部、公安部、安全部、商务部、工商总局等负责）

（四）拓展海外合作。

1. 鼓励企业抱团出海。结合“一带一路”等国家重大战略，支持和鼓励具有竞争优势的互联网企业联合制造、金融、信息通信等领域企业率先走出去，通过海外并购、联合经营、设立分支机构等方式，相互借力，共同开拓国际市场，推进国际产能合作，构建跨境产业链体系，增强全球竞争力。（发展改革委、外交部、工业和信息化部、商务部、网信办等负责）

2. 发展全球市场应用。鼓励“互联网＋”企业整合国内外资源，面向全球提供工业云、供应链管理、大数据分析等网络服务，培育具有全球影响力的“互联网＋”应用平台。鼓励互联网企业积极拓展海外用户，推出适合不同市场文化的产品和服务。（商务部、发展改革委、工业和信息化部、网信办等负责）

3. 增强走出去服务能力。充分发挥政府、产业联盟、行业协会及相关中介机构作用，形成支持“互联网＋”企业走出去的合力。鼓励中介机构为企业拓展海外市场提供信息咨询、法律援助、税务中介等服务。支持行业协会、产业联盟与企业共同推广中国技术和中国标准，以技术标准走出去带动产品和服务在海外推广应用。（商务部、外交部、发展改革委、工业和信息化部、税务总局、质检总局、网信办等负责）

（五）加强智力建设。

1. 加强应用能力培训。鼓励地方各级政府采用购买服务的方式，向社会提供互联网知识技能培训，支持相关研究机构和专家开展“互联网＋”基础知识和应用培训。鼓励传统企业与互联网企业建立信息咨询、人才交流等合作机制，促进双方深入交流合作。加强制造业、农业等领域人才特别是企业高层管理人员的互联网技能培训，鼓励互联网人才与传统行业人才双向流动。（科技部、工业和信息化部、人力资源社会保障部、网信办等负责）

2. 加快复合型人才培养。面向“互联网＋”融合发展需求，鼓励高校根据发展需要和学校办学能力设置相关专业，注重将国内外前沿研究成果尽快引入相关专业教学中。鼓励各类学校聘请互联网领域高级人才作为兼职教师，加强“互联网＋”领域实验教学。（教育部、发展改革委、科技部、工业和信息化部、人力资源社会保障部、网信办等负责）

3. 鼓励联合培养培训。实施产学合作专业综合改革项目，鼓励校企、院企合作办学，推进“互联网＋”专业技术人才培训。深化互联网领域产教融合，依托高校、科研机构、企业的智力资源和研究平台，建立一批联合实训基地。建立企业技术中心和院校对接机制，鼓励企业在院校建立“互联网＋”研发机构和实验中心。（教育部、发展改革委、科技部、工业和信息化部、人力资源社会保障部、网信办等负责）

4. 利用全球智力资源。充分利用现有人才引进计划和鼓励企业设立海外研发中心等多种方式，引进和培养一批“互联网＋”领域高端人才。完善移民、签证等制度，形成有利于吸引人才的分配、激励和保障机制，为引进海外人才提供有利条件。支持通过任务外包、产业合作、学术交流等方式，充分利用全球互联网人才资源。吸引互联网领域领军人才、特殊人才、紧缺人才在我国创业创新和从事教学科研等活动。（人力资源社会保障部、发展改革委、教育部、科技部、网信办等负责）

（六）加强引导支持。

1. 实施重大工程包。选择重点领域，加大中央预算内资金投入力度，引导更多社会资本进入，分步骤组织实施“互联网＋”重大工程，重点促进以移动互联网、云计算、大数据、物联网为代表的新一代信息技术与制造、能源、服务、农业等领域的融合创新，发展壮大新兴业态，打造新的产业增长点。（发展改革委牵头）

2. 加大财税支持。充分发挥国家科技计划作用，积极投向符合条件的“互联网＋”融合创新关键技术研发及应用示范。统筹利用现有财政专项资金，支持“互联网＋”相关平台建设和应用示范等。加大政府部门采购云计算服务的力度，探索基于云计算的政务信息化建设运营新机制。鼓励地方政府创新风险补偿机制，探索“互联网＋”发展的新模式。（财政部、税务总局、发展改革委、科技部、网信办等负责）

3. 完善融资服务。积极发挥天使投资、风险投资基金等对“互联网＋”的投资引领作用。开展股权众筹等互联网金融创新试点，支持小微企业发展。支持国家出资设立的有关基金投向“互联网＋”，鼓励社会资本加大对相关创新型企业的投资。积极发展知识产权质押融资、信用保险保单融资增信等服务，鼓励通过债券融资方式支持“互联网＋”发展，支持符合条件的“互联网＋”企业发行公司债券。开展产融结合创新试点，探索股权和债权相结合的融资服务。降低创新型、成长型互联网企业的上市准入门槛，结合证券法修订和股票发行注册制改革，支持处于特定成长阶段、发展前景好但尚未盈利的互联网企业在创业板上市。推动银行业金融机构创新信贷产品与金融服务，加大贷款投放力度。鼓励开发性金融机构为“互联网＋”重点项目建设提供有效融资支持。（人民银行、发展改革委、银监会、证监会、保监会、网信办、开发银行等负责）

（七）做好组织实施。

1. 加强组织领导。建立“互联网＋”行动实施部际联席会议制度，统筹协调解决重大问题，切实推动行动的贯彻落实。联席会议设办公室，负责具体工作的组织推进。建立跨领域、跨行业的“互联网＋”行动专家咨询委员会，为政府决策提供重要支撑。（发展改革委牵头）

2. 开展试点示范。鼓励开展“互联网＋”试点示范，推进“互联网＋”区域化、链条化发展。支持全面创新改革试验区、中关村等国家自主创新示范区、国家现代农业示范区先行先试，积极开展“互联网＋”创新政策试点，破除新兴产业行业准入、数据开放、市场监管等方面政策障碍，研究适应新兴业态特点的税收、保险政策，打造“互联网＋”生态体系。（各部门、各地方政府负责）

3. 有序推进实施。各地区、各部门要主动作为，完善服务，加强引导，以动态发展的眼光看待“互联网＋”，在实践中大胆探索拓展，相互借鉴“互联网＋”融合应用成功经验，促进“互联网＋”新业态、新经济发展。有关部门要加强统筹规划，提高服务和管理能力。各地区要结合实际，研究制定适合本地的“互联网＋”行动落实方案，因地制宜，合理定位，科学组织实施，杜绝盲目建设和重复投资，务实有序推进“互联网＋”行动。（各部门、各地方政府负责）

国务院

2015 年 7 月 1 日

国务院关于大力推进大众创业万众创新若干政策措施的意见

国发〔2015〕32号

各省、自治区、直辖市人民政府，国务院各部委、各直属机构：

推进大众创业、万众创新，是发展的动力之源，也是富民之道、公平之计、强国之策，对于推动经济结构调整、打造发展新引擎、增强发展新动力、走创新驱动发展道路具有重要意义，是稳增长、扩就业、激发亿万群众智慧和创造力，促进社会纵向流动、公平正义的重大举措。根据2015年《政府工作报告》部署，为改革完善相关体制机制，构建普惠性政策扶持体系，推动资金链引导创业创新链、创业创新链支持产业链、产业链带动就业链，现提出以下意见。

一、充分认识推进大众创业、万众创新的重要意义

——推进大众创业、万众创新，是培育和催生经济社会发展新动力的必然选择。随着我国资源环境约束日益强化，要素的规模驱动力逐步减弱，传统的高投入、高消耗、粗放式发展方式难以为继，经济发展进入新常态，需要从要素驱动、投资驱动转向创新驱动。推进大众创业、万众创新，就是要通过结构性改革、体制机制创新，消除不利于创业创新发展的各种制度束缚和桎梏，支持各类市场主体不断开办新企业、开发新产品、开拓新市场，培育新兴产业，形成小企业“铺天盖地”、大企业“顶天立地”的发展格局，实现创新驱动发展，打造新引擎、形成新动力。

——推进大众创业、万众创新，是扩大就业、实现富民之道的根本举措。我国有13亿多人口、9亿多劳动力，每年高校毕业生、农村转移劳动力、城镇困难人员、退役军人数量较大，人力资源转化为人力资本的潜力巨大，但就业总量压力较大，结构性矛盾凸显。推进大众创业、万众创新，就是要通过转变政府职能、建设服务型政府，营造公平竞争的创业环境，使有梦想、有意愿、有能力的科技人员、高校毕业生、农民工、退役军人、失业人员等各类市场创业主体“如鱼得水”，通过创业增加收入，让更多的人富起来，促进收入分配结构调整，实现创新支持创业、创业带动就业的良性互动发展。

——推进大众创业、万众创新，是激发全社会创新潜能和创业活力的有效途径。目前，我国创业创新理念还没有深入人心，创业教育培训体系还不健全，善于创造、勇于创业的能力不足，鼓励创新、宽容失败的良好环境尚未形成。推进大众创业、万众创新，就是要通过加强全社会以创新为核心的创业教育，弘扬“敢为人先、追求创新、百折不挠”的创业精神，厚植创新文化，不断增强创业创新意识，使创业创新成为全社会共同的价值追求和行为习惯。

二、总体思路

按照“四个全面”战略布局，坚持改革推动，加快实施创新驱动发展战略，充分发挥市场在资源配置中的决定性作用和更好发挥政府作用，加大简政放权力度，放宽政策、放开市场、放活主体，形成有利于创业创新的良好氛围，让千千万万创业者活跃起来，汇聚成经济社会发展的巨大动能。

不断完善体制机制、健全普惠性政策措施，加强统筹协调，构建有利于大众创业、万众创新蓬勃发展的政策环境、制度环境和公共服务体系，以创业带动就业、创新促进发展。

——坚持深化改革，营造创业环境。通过结构性改革和创新，进一步简政放权、放管结合、优化服务，增强创业创新制度供给，完善相关法律法规、扶持政策和激励措施，营造均等普惠环境，推动社会纵向流动。

——坚持需求导向，释放创业活力。尊重创业创新规律，坚持以人为本，切实解决创业者面临的资金需求、市场信息、政策扶持、技术支撑、公共服务等瓶颈问题，最大限度释放各类市场主体创业创新活力，开辟就业新空间，拓展发展新天地，解放和发展生产力。

——坚持政策协同，实现落地生根。加强创业、创新、就业等各类政策统筹，部门与地方政策联动，确保创业扶持政策可操作、能落地。鼓励有条件的地区先行先试，探索形成可复制、可推广的创业创新经验。

——坚持开放共享，推动模式创新。加强创业创新公共服务资源开放共享，整合利用全球创业创新资源，实现人才等创业创新要素跨地区、跨行业自由流动。依托“互联网+”、大数据等，推动各行业创新商业模式，建立和完善线上与线下、境内与境外、政府与市场开放合作等创业创新机制。

三、创新体制机制，实现创业便利化

（一）完善公平竞争市场环境。进一步转变政府职能，增加公共产品和服务供给，为创业者提供更多机会。逐步清理并废除妨碍创业发展的制度和规定，打破地方保护主义。加快出台公平竞争审查制度，建立统一透明、有序规范的市场环境。依法反垄断和反不正当竞争，消除不利于创业创新发展的垄断协议和滥用市场支配地位以及其他不正当竞争行为。清理规范涉企收费项目，完善收费目录管理制度，制定事中事后监管办法。建立和规范企业信用信息发布制度，制定严重违法企业名单管理办法，把创业主体信用与市场准入、享受优惠政策挂钩，完善以信用管理为基础的创业创新监管模式。

（二）深化商事制度改革。加快实施工商营业执照、组织机构代码证、税务登记证“三证合一”、“一照一码”，落实“先照后证”改革，推进全程电子化登记和电子营业执照应用。支持各地结合实际放宽新注册企业场所登记条件限制，推动“一址多照”、集群注册等住所登记改革，为创业创新提供便利的工商登记服务。建立市场准入等负面清单，破除不合理的行业准入限制。开展企业简易注销试点，建立便捷的市场退出机制。依托企业信用信息公示系统建立小微企业名录，增强创业企业信息透明度。

（三）加强创业知识产权保护。研究商业模式等新形态创新成果的知识产权保护办法。积极推进知识产权交易，加快建立全国知识产权运营公共服务平台。完善知识产权快速维权与维权援助机制，缩短确权审查、侵权处理周期。集中查处一批侵犯知识产权的大案要案，加大对反复侵权、恶意侵权等行为的处罚力度，探索实施惩罚性赔偿制度。完善权利人维权机制，合理划分权利人举证责任，完善行政调解等非诉讼纠纷解决途径。

（四）健全创业人才培养与流动机制。把创业精神培育和创业素质教育纳入国民教育体系，实现全社会创业教育和培训制度化、体系化。加快完善创业课程设置，加强创业实训体系建设。加强创业创新知识普及教育，使大众创业、万众创新深入人心。加强创业导师队伍建设，提高创业服务水平。加快推进社会保障制度改革，破除人才自由流动制度障碍，实现党政机关、企事业单位、社会各方面人才顺畅流动。加快建立创业创新绩效评价机制，让一批富有创业精神、勇于承担风险的人才脱颖而出。

四、优化财税政策，强化创业扶持

（五）加大财政资金支持和统筹力度。各级财政要根据创业创新需要，统筹安排各类支持小微企业和创业创新的资金，加大对创业创新支持力度，强化资金预算执行和监管，加强资金使用绩效评价。支持有条件的地方政府设立创业基金，扶持创业创新发展。在确保公平竞争前提下，鼓励对众创空间等孵化机构的办公用房、用水、用能、网络等软硬件设施给予适当优惠，减轻创业者负担。

（六）完善普惠性税收措施。落实扶持小微企业发展的各项税收优惠政策。落实科技企业孵化器、大学科技园、研发费用加计扣除、固定资产加速折旧等税收优惠政策。对符合条件的众创空间等新型孵化机构适用科技企业孵化器税收优惠政策。按照税制改革方向和要求，对包括天使投资在内的投向种子期、初创期等创新活动的投资，统筹研究相关税收支持政策。修订完善高新技术企业认定办法，完善创业投资企业享受70%应纳税所得额税收抵免政策。抓紧推广中关村国家自主创新示范区税收试点政策，将企业转增股本分期缴纳个人所得税试点政策、股权奖励分期缴纳个人所得税试点政策推广至全国范围。落实促进高校毕业生、残疾人、退役军人、登记失业人员等创业就业税收政策。

（七）发挥政府采购支持作用。完善促进中小企业发展的政府采购政策，加强对采购单位的政策指导和监督检查，督促采购单位改进采购计划编制和项目预留管理，增强政策对小微企业发展的支持效果。加大创新产品和服务的采购力度，把政府采购与支持创业发展紧密结合起来。

五、搞活金融市场，实现便捷融资

（八）优化资本市场。支持符合条件的创业企业上市或发行票据融资，并鼓励创业企业通过债券市场筹集资金。积极研究尚未盈利的互联网和高新技术企业到创业板发行上市制度，推动在上海证券交易所建立战略新兴产业板。加快推进全国中小企业股份转让系统向创业板转板试点。研究解决特殊股权结构类创业企业在境内上市的制度性障碍，完善资本市场规则。规范发展服务于中小微企业的区域性股权市场，推动建立工商登记部门与区域性股权市场的股权登记对接机制，支持股权质押融资。支持符合条件的发行主体发行小微企业增信集合债等企业债券创新品种。

（九）创新银行支持方式。鼓励银行提高针对创业创新企业的金融服务专业化水平，不断创新组织架构、管理方式和金融产品。推动银行与其他金融机构加强合作，对创业创新活动给予有针对性的股权和债权融资支持。鼓励银行业金融机构向创业企业提供结算、融资、理财、咨询等一站式系统化的金融服务。

（十）丰富创业融资新模式。支持互联网金融发展，引导和鼓励众筹融资平台规范发展，开展公开、小额股权众筹融资试点，加强风险控制和规范管理。丰富完善创业担保贷款政策。支持保险资金参与创业创新，发展相互保险等新业务。完善知识产权估值、质押和流转体系，依法合规推动知识产权质押融资、专利许可费收益权证券化、专利保险等服务常态化、规模化发展，支持知识产权金融发展。

六、扩大创业投资，支持创业起步成长

（十一）建立和完善创业投资引导机制。不断扩大社会资本参与新兴产业创投计划参股基金规模，

做大直接融资平台，引导创业投资更多向创业企业起步成长的前端延伸。不断完善新兴产业创业投资政策体系、制度体系、融资体系、监管和预警体系，加快建立考核评价体系。加快设立国家新兴产业创业投资引导基金和国家中小企业发展基金，逐步建立支持创业创新和新兴产业发展的市场化长效运行机制。发展联合投资等新模式，探索建立风险补偿机制。鼓励各地方政府建立和完善创业投资引导基金。加强创业投资立法，完善促进天使投资的政策法规。促进国家新兴产业创业投资引导基金、科技型中小企业创业投资引导基金、国家科技成果转化引导基金、国家中小企业发展基金等协同联动。推进创业投资行业协会建设，加强行业自律。

（十二）拓宽创业投资资金供给渠道。加快实施新兴产业“双创”三年行动计划，建立一批新兴产业“双创”示范基地，引导社会资金支持大众创业。推动商业银行在依法合规、风险隔离的前提下，与创业投资机构建立市场化长期性合作。进一步降低商业保险资金进入创业投资的门槛。推动发展投贷联动、投保联动、投债联动等新模式，不断加大对创业创新企业的融资支持。

（十三）发展国有资本创业投资。研究制定鼓励国有资本参与创业投资的系统性政策措施，完善国有创业投资机构激励约束机制、监督管理机制。引导和鼓励中央企业和其他国有企业参与新兴产业创业投资基金、设立国有资本创业投资基金等，充分发挥国有资本在创业创新中的作用。研究完善国有创业投资机构国有股转持豁免政策。

（十四）推动创业投资“引进来”与“走出去”。抓紧修订外商投资创业投资企业相关管理规定，按照内外资一致的管理原则，放宽外商投资准入，完善外资创业投资机构管理制度，简化管理流程，鼓励外资开展创业投资业务。放宽对外资创业投资基金投资限制，鼓励中外合资创业投资机构发展。引导和鼓励创业投资机构加大对境外高端研发项目的投资，积极分享境外高端技术成果。按投资领域、用途、募集资金规模，完善创业投资境外投资管理。

七、发展创业服务，构建创业生态

（十五）加快发展创业孵化服务。大力发展创新工场、车库咖啡等新型孵化器，做大做强众创空间，完善创业孵化服务。引导和鼓励各类创业孵化器与天使投资、创业投资相结合，完善投融资模式。引导和推动创业孵化与高校、科研院所等技术成果转移相结合，完善技术支撑服务。引导和鼓励国内资本与境外合作设立新型创业孵化平台，引进境外先进创业孵化模式，提升孵化能力。

（十六）大力发展第三方专业服务。加快发展企业管理、财务咨询、市场营销、人力资源、法律顾问、知识产权、检验检测、现代物流等第三方专业化服务，不断丰富和完善创业服务。

（十七）发展“互联网+”创业服务。加快发展“互联网+”创业网络体系，建设一批小微企业创业创新基地，促进创业与创新、创业与就业、线上与线下相结合，降低全社会创业门槛和成本。加强政府数据开放共享，推动大型互联网企业和基础电信企业向创业者开放计算、存储和数据资源。积极推广众包、用户参与设计、云设计等新型研发组织模式和创业创新模式。

（十八）研究探索创业券、创新券等公共服务新模式。有条件的地方继续探索通过创业券、创新券等方式对创业者和创新企业提供社会培训、管理咨询、检验检测、软件开发、研发设计等服务，建立和规范相关管理制度和运行机制，逐步形成可复制、可推广的经验。

八、建设创业创新平台，增强支撑作用

（十九）打造创业创新公共平台。加强创业创新信息资源整合，建立创业政策集中发布平台，完

善专业化、网络化服务体系，增强创业创新信息透明度。鼓励开展各类公益讲坛、创业论坛、创业培训等活动，丰富创业平台形式和内容。支持各类创业创新大赛，定期办好中国创新创业大赛、中国农业科技创新创业大赛和创新挑战大赛等赛事。加强和完善中小企业公共服务平台网络建设。充分发挥企业的创新主体作用，鼓励和支持有条件的大型企业发展创业平台、投资并购小微企业等，支持企业内外部创业者创业，增强企业创业创新活力。为创业失败者再创业建立必要的指导和援助机制，不断增强创业信心和创业能力。加快建立创业企业、天使投资、创业投资统计指标体系，规范统计口径和调查方法，加强监测和分析。

（二十）用好创业创新技术平台。建立科技基础设施、大型科研仪器和专利信息资源向全社会开放的长效机制。完善国家重点实验室等国家级科研平台（基地）向社会开放机制，为大众创业、万众创新提供有力支撑。鼓励企业建立一批专业化、市场化的技术转移平台。鼓励依托三维（3D）打印、网络制造等先进技术和发展模式，开展面向创业者的社会化服务。引导和支持有条件的领军企业创建特色服务平台，面向企业内部和外部创业者提供资金、技术和服务支撑。加快建立军民两用技术项目实施、信息交互和标准化协调机制，促进军民创新资源融合。

（二十一）发展创业创新区域平台。支持开展全面创新改革试验的省（区、市）、国家综合配套改革试验区等，依托改革试验平台在创业创新体制机制改革方面积极探索，发挥示范和带动作用，为创业创新制度体系建设提供可复制、可推广的经验。依托自由贸易试验区、国家自主创新示范区、战略性新兴产业集聚区等创业创新资源密集区域，打造若干具有全球影响力的创业创新中心。引导和鼓励创业创新型城市完善环境，推动区域集聚发展。推动实施小微企业创业基地城市示范。鼓励有条件的地方出台各具特色的支持政策，积极盘活闲置的商业用房、工业厂房、企业库房、物流设施和家庭住所、租赁房等资源，为创业者提供低成本办公场所和居住条件。

九、激发创造活力，发展创新型创业

（二十二）支持科研人员创业。加快落实高校、科研院所等专业技术人员离岗创业政策，对经同意离岗的可在3年内保留人事关系，建立健全科研人员双向流动机制。进一步完善创新型中小企业上市股权激励和员工持股计划制度规则。鼓励符合条件的企业按照有关规定，通过股权、期权、分红等激励方式，调动科研人员创业积极性。支持鼓励学会、协会、研究会等科技社团为科技人员和创业企业提供咨询服务。

（二十三）支持大学生创业。深入实施大学生创业引领计划，整合发展高校毕业生就业创业基金。引导和鼓励高校统筹资源，抓紧落实大学生创业指导服务机构、人员、场地、经费等。引导和鼓励成功创业者、知名企业家、天使和创业投资人、专家学者等担任兼职创业导师，提供包括创业方案、创业渠道等创业辅导。建立健全弹性学制管理办法，支持大学生保留学籍休学创业。

（二十四）支持境外人才来华创业。发挥留学回国人才特别是领军人才、高端人才的创业引领带动作用。继续推进人力资源市场对外开放，建立和完善境外高端创业创新人才引进机制。进一步放宽外籍高端人才来华创业办理签证、永久居留证等条件，简化开办企业审批流程，探索由事前审批调整为事后备案。引导和鼓励地方对回国创业高端人才和境外高端人才来华创办高科技企业给予一次性创业启动资金，在配偶就业、子女入学、医疗、住房、社会保障等方面完善相关措施。加强海外科技人才离岸创业基地建设，把更多的国外创业创新资源引入国内。

十、拓展城乡创业渠道，实现创业带动就业

（二十五）支持电子商务向基层延伸。引导和鼓励集办公服务、投融资支持、创业辅导、渠道开

拓于一体的市场化网商创业平台发展。鼓励龙头企业结合乡村特点建立电子商务交易服务平台、商品集散平台和物流中心，推动农村依托互联网创业。鼓励电子商务第三方交易平台渠道下沉，带动城乡基层创业人员依托其平台和经营网络开展创业。完善有利于中小网商发展的相关措施，在风险可控、商业可持续的前提下支持发展面向中小网商的融资贷款业务。

（二十六）支持返乡创业集聚发展。结合城乡区域特点，建立有市场竞争力的协作创业模式，形成各具特色的返乡人员创业联盟。引导返乡创业人员融入特色专业市场，打造具有区域特点的创业集群和优势产业集群。深入实施农村青年创业富民行动，支持返乡创业人员因地制宜围绕休闲农业、农产品深加工、乡村旅游、农村服务业等开展创业，完善家庭农场等新型农业经营主体发展环境。

（二十七）完善基层创业支撑服务。加强城乡基层创业人员社保、住房、教育、医疗等公共服务体系建设，完善跨区域创业转移接续制度。健全职业技能培训体系，加强远程公益创业培训，提升基层创业人员创业能力。引导和鼓励中小金融机构开展面向基层创业创新的金融产品创新，发挥社区地理和软环境优势，支持社区创业者创业。引导和鼓励行业龙头企业、大型物流企业发挥优势，拓展乡村信息资源、物流仓储等技术和服务网络，为基层创业提供支撑。

十一、加强统筹协调，完善协同机制

（二十八）加强组织领导。建立由发展改革委牵头的推进大众创业万众创新部际联席会议制度，加强顶层设计和统筹协调。各地区、各部门要立足改革创新，坚持需求导向，从根本上解决创业创新中面临的各种体制机制问题，共同推进大众创业、万众创新蓬勃发展。重大事项要及时向国务院报告。

（二十九）加强政策协调联动。建立部门之间、部门与地方之间政策协调联动机制，形成强大合力。各地区、各部门要系统梳理已发布的有关支持创业创新发展的各项政策措施，抓紧推进“立、改、废”工作，将对初创企业的扶持方式从选拔式、分配式向普惠式、引领式转变。建立健全创业创新政策协调审查制度，增强政策普惠性、连贯性和协同性。

（三十）加强政策落实情况督查。加快建立推进大众创业、万众创新有关普惠性政策措施落实情况督查督导机制，建立和完善政策执行评估体系和通报制度，全力打通决策部署的“最先一公里”和政策落实的“最后一公里”，确保各项政策措施落地生根。

各地区、各部门要进一步统一思想认识，高度重视、认真落实本意见的各项要求，结合本地区、本部门实际明确任务分工、落实工作责任，主动作为、敢于担当，积极研究解决新问题，及时总结推广经验做法，加大宣传力度，加强舆论引导，推动本意见确定的各项政策措施落实到位，不断拓展大众创业、万众创新的空间，汇聚经济社会发展新动能，促进我国经济保持中高速增长、迈向中高端水平。

国务院
2015 年 6 月 11 日

国务院关于印发“十三五”国家信息化规划的通知

国发〔2016〕73号

各省、自治区、直辖市人民政府，国务院各部委、各直属机构：

现将《“十三五”国家信息化规划》印发给你们，请认真贯彻执行。

国务院

2016年12月15日

“十三五”国家信息化规划

“十三五”时期是全面建成小康社会的决胜阶段，是信息通信技术变革实现新突破的发轫阶段，是数字红利充分释放的扩展阶段。信息化代表新的生产力和新的发展方向，已经成为引领创新和驱动转型的先导力量。围绕贯彻落实“五位一体”总体布局和“四个全面”战略布局，加快信息化发展，直面“后金融危机”时代全球产业链重组，深度参与全球经济治理体系变革；加快信息化发展，适应把握引领经济发展新常态，着力深化供给侧结构性改革，重塑持续转型升级的产业生态；加快信息化发展，构建统一开放的数字市场体系，满足人民生活新需求；加快信息化发展，增强国家文化软实力和国际竞争力，推动社会和谐稳定与文明进步；加快信息化发展，统筹网上网下两个空间，拓展国家治理新领域，让互联网更好造福国家和人民，已成为我国“十三五”时期践行新发展理念、破解发展难题、增强发展动力、厚植发展优势的战略举措和必然选择。

本规划旨在贯彻落实“十三五”规划纲要和《国家信息化发展战略纲要》，是“十三五”国家规划体系的重要组成部分，是指导“十三五”期间各地区、各部门信息化工作的行动指南。

一、发展现状与形势

（一）发展成就

党中央、国务院高度重视信息化工作。“十二五”时期特别是党的十八大之后，成立中央网络安全和信息化领导小组，通过完善顶层设计和决策体系，加强统筹协调，作出实施网络强国战略、大数据战略、“互联网+”行动等一系列重大决策，开启了信息化发展新征程。各地区、各部门扎实工作、开拓创新，我国信息化取得显著进步和成就。

1. 信息基础设施建设实现跨越式发展，宽带网络建设明显加速。截至2015年年底，我国网民数达到6.88亿，互联网普及率达到50.3%，互联网用户、宽带接入用户规模位居全球第一。第三代移动通信网络（3G）覆盖全国所有乡镇，第四代移动通信网络（4G）商用全面铺开，第五代移动通信网络（5G）研发步入全球领先梯队，网络提速降费行动加快推进。三网融合在更大范围推广，宽带广播电视和有线无线卫星融合一体化建设稳步推进。北斗卫星导航系统覆盖亚太地区。

2. 信息产业生态体系初步形成，重点领域核心技术取得突破。集成电路实现 28 纳米（nm）工艺规模量产，设计水平迈向 16/14nm。“神威·太湖之光”超级计算机继“天河二号”后蝉联世界超级计算机 500 强榜首。高世代液晶面板生产线建设取得重大进展，迈向 10.5 代线。2015 年，信息产业收入规模达到 17.1 万亿元，智能终端、通信设备等多个领域的电子信息产品产量居全球第一，涌现出一批世界级的网信企业。

3. 网络经济异军突起，基于互联网的新业态新模式竞相涌现。2015 年，电子商务交易额达到 21.79 万亿元，跃居全球第一。“互联网 +”蓬勃发展，信息消费大幅增长，产业互联网快速兴起，从零售、物流等领域逐步向一二三产业全面渗透。网络预约出租汽车、大规模在线开放课程（慕课）等新业态新商业模式层出不穷。

4. 电子政务应用进一步深化，网络互联、信息互通、业务协同稳步推进。统一完整的国家电子政务网络基本形成，基础信息资源共享体系初步建立，电子政务服务不断向基层政府延伸，政务公开、网上办事和政民互动水平显著提高，有效促进政府管理创新。

5. 社会信息化水平持续提升，网络富民、信息惠民、服务便民深入发展。信息进村入户工程取得积极成效，互联网助推脱贫攻坚作用明显。大中小学各级教育机构初步实现网络覆盖。国家、省、市、县四级人口健康信息平台建设加快推进，电子病历普及率大幅提升，远程会诊系统初具规模。医保、社保即时结算和跨区统筹取得新进展，截至 2015 年年底，社会保障卡持卡人数达到 8.84 亿人。

6. 网络安全保障能力显著增强，网上生态持续向好。网络安全审查制度初步建立，信息安全等级保护制度基本落实，网络安全体制机制逐步完善。国家关键信息基础设施安全防护水平明显提升，国民网络安全意识显著提高。发展了中国特色社会主义治网之道，网络文化建设持续加强，互联网成为弘扬社会主义核心价值观和中华优秀传统文化的重要阵地，网络空间日益清朗。

7. 网信军民融合体系初步建立，技术融合、产业融合、信息融合不断深化。网信军民融合顶层设计、战略统筹和宏观指导得到加强，实现了集中统一领导和决策，一批重大任务和重大工程落地实施。军民融合式网信产业基础进一步夯实，初步实现网络安全联防联控、网络舆情军地联合管控，信息基础设施共建合用步伐加快。

8. 网络空间国际交流合作不断深化，网信企业走出去步伐明显加快。成功举办世界互联网大会、中美互联网论坛、中英互联网圆桌会议、中国—东盟信息港论坛、中国—阿拉伯国家网上丝绸之路论坛、中国—新加坡互联网论坛。数字经济合作成为多边、双边合作新亮点。一批网信企业加快走出去，积极参与“一带一路”沿线国家信息基础设施建设。跨境电子商务蓬勃发展，年增速持续保持在 30% 以上。

“十二五”信息化发展基本情况

指　标	规划目标		实现情况	
	2015 年	年均增长（%）	2015 年	年均增长（%）
总体发展水平				
1. 信息化发展指数	>79	—	72.45	—

（续）

指　标	规划目标		实现情况	
	2015 年	年均增长（%）	2015 年	年均增长（%）
信息技术与产业				
2. 集成电路芯片规模生产工艺（纳米）	32/28	—	28	—
3. 信息产业收入规模（万亿元）	16	10	17.1	13
信息基础设施				
4. 网民数量（亿）	8.5	13.2	6.88	8.5
5. 固定互联网宽带接入用户（亿户）	>2.7	>15.7	2.1	10.1
6. 光纤入户用户数（亿户）	>0.77	>103.6	1.2	126.8
7. 城市家庭宽带接入能力（Mbps）	20	38.0	20	38.0
8. 农村家庭宽带接入能力（Mbps）	4	14.9	4	14.9
9. 县级以上城市有线广播电视网络实现双向化率（%）	80	〔55〕	53	〔28〕
10. 互联网国际出口带宽（Tbps）	6.5	42.7	3.8	37.5
信息经济				
11. 制造业主要行业大中型企业关键工序数（自）控化率（%）	>70	>6.08	70	6.08
12. 电子商务交易规模（万亿元）	>18	>31.7	21.79	35.5
信息服务				
13. 中央部委和省级政务部门主要业务信息化覆盖率（%）	>85	〔>15〕	90.8	〔20.8〕
14. 地市级政务部门主要业务信息化覆盖率（%）	70	〔30〕	76.8	〔36.8〕
15. 县级政务部门主要业务信息化覆盖率（%）	50	〔25〕	52.5	〔27.5〕
16. 电子健康档案城乡居民覆盖率（%）	>70	〔>30〕	75	〔35〕
17. 社会保障卡持卡人数（亿）	8	50.7	8.84	53.7

注：〔 〕表示五年累计数，单位为百分点。

（二）发展形势

“十三五”时期，全球信息化发展面临的环境、条件和内涵正发生深刻变化。从国际看，世界经济在深度调整中曲折复苏、增长乏力，全球贸易持续低迷，劳动人口数量增长放缓，资源环境约束日益趋紧，局部地区地缘博弈更加激烈，全球性问题和挑战不断增加，人类社会对信息化发展的迫切需求达到前所未有的程度。同时，全球信息化进入全面渗透、跨界融合、加速创新、引领发展的新阶段。信息技术创新代际周期大幅缩短，创新活力、集聚效应和应用潜能裂变式释放，更快速度、更广范围、更深程度地引发新一轮科技革命和产业变革。物联网、云计算、大数据、人工智能、机器深度学习、区块链、生物基因工程等新技术驱动网络空间从人人互联向万物互联演进，数字化、网络化、智能化服务将无处不在。现实世界和数字世界日益交汇融合，全球治理体系面临深刻变革。全球经济体普遍把加快信息技术创新、最大程度释放数字红利，作为应对“后金融危机”时代增长不稳定性和不确定性、深化结构性改革和推动可持续发展的关键引擎。

从国内看，我国经济发展进入新常态，正处于速度换挡、结构优化、动力转换的关键节点，面临传统要素优势减弱和国际竞争加剧双重压力，面临稳增长、促改革、调结构、惠民生、防风险等多重挑战，面临全球新一轮科技产业革命与我国经济转型、产业升级的历史交汇，亟需发挥信息化覆盖面广、渗透性强、带动作用明显的优势，推进供给侧结构性改革，培育发展新动能，构筑国际竞争新优势。从供给侧看，推动信息化与实体经济深度融合，有利于提高全要素生产率，提高供给质量和效率，更好地满足人民群众日益增长、不断升级和个性化的需求；从需求侧看，推动互联网与经济社会深度融合，创新数据驱动型的生产和消费模式，有利于促进消费者深度参与，不断激发新的需求。

同时，我国信息化发展还存在一些突出短板，主要是：技术产业生态系统不完善，自主创新能力不强，核心技术受制于人成为最大软肋和隐患；互联网普及速度放缓，贫困地区和农村地区信息基础设施建设滞后，针对留守儿童、残障人士等特殊人群的信息服务供给薄弱，数字鸿沟有扩大风险；信息资源开发利用和公共数据开放共享水平不高，政务服务创新不能满足国家治理体系和治理能力现代化的需求；制约数字红利释放的体制机制障碍仍然存在，与先进信息生产力相适应的法律法规和监管制度还不健全；网络安全技术、产业发展滞后，网络安全制度有待进一步完善，一些地方和部门网络安全风险意识淡薄，网络空间安全面临严峻挑战。

综合研判，"十三五"时期是信息化引领全面创新、构筑国家竞争新优势的重要战略机遇期，是我国从网络大国迈向网络强国、成长为全球互联网引领者的关键窗口期，是信息技术从跟跑并跑到并跑领跑、抢占战略制高点的激烈竞逐期，也是信息化与经济社会深度融合、新旧动能充分释放的协同迸发期。必须认清形势，树立全球视野，保持战略定力，增强忧患意识，加强统筹谋划，着力补齐短板，主动顺应和引领新一轮信息革命浪潮，务求在未来五到十年取得重大突破、重大进展和重大成果，在新的历史起点上开创信息化发展新局面。

二、总体要求

（一）指导思想

全面贯彻党的十八大和十八届三中、四中、五中、六中全会精神，深入贯彻习近平总书记系列重要讲话精神，认真落实党中央、国务院决策部署，按照"五位一体"总体布局和"四个全面"战略布局，牢固树立创新、协调、绿色、开放、共享的发展理念，着力补齐核心技术短板，全面增强信息化发展能力；着力发挥信息化对经济社会发展的驱动引领作用，培育发展新动能，拓展网络经济空间，壮大网络信息等新兴消费，全面提升信息化应用水平；着力满足广大人民群众普遍期待和经济社会发展关键需要，重点突破，推动信息技术更好服务经济升级和民生改善；着力深化改革，激发创新活力，主动防范和化解风险，全面优化信息化发展环境。坚定不移走中国特色信息化发展道路，实施网络强国战略，让信息化更好造福国家和人民，为如期全面建成小康社会提供强大动力。

（二）主要原则

1. 坚持以惠民为宗旨。把增进人民福祉、促进人的全面发展作为信息化发展的出发点和落脚点，着力发挥信息化促进公共资源优化配置的作用，以信息化提升公共治理和服务水平，促进人民生活水平和质量普遍提高。

2. 坚持全面深化改革。正确处理政府和市场关系，坚持发挥市场在资源配置中的决定性作用，更好发挥政府作用，破除不利于信息化创新发展的体制机制障碍，激发创新活力，加强法治保障，释放数字红利，为经济社会发展提供持续动力。

3. 坚持服务国家战略。围绕推进"一带一路"建设、京津冀协同发展、长江经济带发展等国家战略和经济、政治、文化、社会、生态、国防等重大需求，发挥信息化引领和支撑作用，做到国家利益在哪里、信息化就覆盖到哪里。

4. 坚持全球视野发展。把握全球信息技术创新发展趋势和前沿动态，增强我国在全球范围配置人才、资金、技术、信息的能力，超前布局、加速赶超，积极推动全球互联网治理体系变革，提高我国国际话语权。

5. 坚持安全与发展并重。树立科学的网络安全观，正确处理安全和发展的关系，坚持安全和发展双轮驱动，以安全保发展，以发展促安全，推动网络安全与信息化发展良性互动、互为支撑、协调共进。

（三）发展目标

到 2020 年，"数字中国"建设取得显著成效，信息化发展水平大幅跃升，信息化能力跻身国际前列，具有国际竞争力、安全可控的信息产业生态体系基本建立。信息技术和经济社会发展深度融合，数字鸿沟明显缩小，数字红利充分释放。信息化全面支撑党和国家事业发展，促进经济社会均衡、包容和可持续发展，为国家治理体系和治理能力现代化提供坚实支撑。

1. 核心技术自主创新实现系统性突破。信息领域核心技术设备自主创新能力全面增强，新一代网络技术体系、云计算技术体系、端计算技术体系和安全技术体系基本建立。集成电路、基础软件、核心元器件等关键薄弱环节实现系统性突破。5G 技术研发和标准制定取得突破性进展并启动商用。云计算、大数据、物联网、移动互联网等核心技术接近国际先进水平。部分前沿技术、颠覆性技术在全球率先取得突破，成为全球网信产业重要领导者。

2. 信息基础设施达到全球领先水平。"宽带中国"战略目标全面实现，建成高速、移动、安全、泛在的新一代信息基础设施。固定宽带家庭普及率达到中等发达国家水平，城镇地区提供 1000 兆比特/秒（Mbps）以上接入服务能力，大中城市家庭用户带宽实现 100Mbps 以上灵活选择；98% 的行政村实现光纤通达，有条件的地区提供 100Mbps 以上接入服务能力，半数以上农村家庭用户带宽实现 50Mbps 以上灵活选择；4G 网络覆盖城乡，网络提速降费取得显著成效。云计算数据中心和内容分发网络实现优化布局。国际网络布局能力显著增强，互联网国际出口带宽达到 20 太比特/秒（Tbps），通达全球主要国家和地区的高速信息网络基本建成，建成中国—东盟信息港、中国—阿拉伯国家等网上丝绸之路。北斗导航系统覆盖全球。有线、无线、卫星广播电视传输覆盖能力进一步增强，基本实现广播电视户户通。

3. 信息经济全面发展。信息经济新产业、新业态不断成长，信息消费规模达到 6 万亿元，电子商务交易规模超过 38 万亿元，信息化和工业化融合发展水平进一步提高，重点行业数字化、网络化、智能化取得明显进展，网络化协同创新体系全面形成。打破信息壁垒和孤岛，实现各部门业务系统互联互通和信息跨部门跨层级共享共用，公共数据资源开放共享体系基本建立，面向企业和公民的一体化公共服务体系基本建成，电子政务推动公共服务更加便捷均等。电信普遍服务补偿机制进一步完善，网络扶贫成效明显，宽带网络覆盖 90% 以上的贫困村。

4. 信息化发展环境日趋优化。网络空间法治化进程全面推进，网络空间法律法规体系日趋完善，与信息社会相适应的制度体系基本建成，网信领域军民深度融合迈上新台阶。信息通信技术、产品和互联网服务的国际竞争力明显增强，网络空间国际话语权大幅提升。网络内容建设工程取得积极进展，媒体数字化建设成效明显。网络违法犯罪行为得到有力打击，网络空间持续清朗。信息安全等级保护制度得到全面落实。关键信息基础设施得到有效防护，网络安全保障能力显著提升。

“十三五”信息化发展主要指标

指　标	2015 年	2020 年	年均增速(%)
总体发展水平			
1. 信息化发展指数	72.45	88	—
信息技术与产业			
2. 信息产业收入规模(万亿元)	17.1	26.2	8.9
3. 国内信息技术发明专利授权数(万件)	11.0	15.3	6.9
4. IT 项目投资占全社会固定资产投资总额的比例(%)	2.2	5	〔2.8〕
信息基础设施			
5. 光纤入户用户占总宽带用户的比率(%)	56	80	〔24〕
6. 固定宽带家庭普及率(%)	40	70	〔30〕
7. 移动宽带用户普及率(%)	57	85	〔28〕
8. 贫困村宽带网络覆盖率(%)	78	90	〔12〕
9. 互联网国际出口带宽(Tbps)	3.8	20	39.4
信息经济			
10. 信息消费规模(万亿元)	3.2	6	13.4
11. 电子商务交易规模(万亿元)	21.79	>38	>11.8
12. 网络零售额(万亿元)	3.88	10	20.8
信息服务			
13. 网民数量(亿)	6.88	>10	>7.8
14. 社会保障卡普及率(%)	64.6	90	〔25.4〕
15. 电子健康档案城乡居民覆盖率(%)	75	90	〔15〕
16. 基本公共服务事项网上办理率(%)	20	80	〔60〕
17. 电子诉讼占比(%)	<1	>15	〔>14〕

注：〔 〕表示五年累计数，单位为百分点。

三、主攻方向

统筹实施网络强国战略、大数据战略、“互联网+”行动，整合集中资源力量，紧密结合大众创业万众创新、“中国制造2025”，着力在引领创新驱动、促进均衡协调、支撑绿色低碳、深化开放合作、推动共建共享、主动防范风险等方面取得突破，为深化改革开放、推进国家治理体系和治理能力现代化提供数字动力引擎。

(一)引领创新驱动，培育发展新动能

1. 全面助力创新型国家建设。聚焦构筑国家先发优势，发挥信息化引领创新的先导作用，全面推进技术创新、产业创新、业态创新、产品创新、市场创新和管理创新。推动信息技术与制造、能源、材料、生物等技术融合渗透，催生新技术，打造新业态。构建跨行业、跨区域、跨部门的创新网络，建立线上线下结合的开放式创新服务载体，整合利用创新资源，增强创新要素集聚效应。

2. 拓展网络经济空间。建设高速、移动、安全、泛在的新一代信息基础设施，打通经济社会发展信息“大动脉”。解放和发展信息生产力，以信息流带动技术流、资金流、人才流、物资流，激发创业就业，优化资源配置，提升全要素生产率，提高经济发展质量和效益，推动经济持续增长。

3. 创造激励创新的发展环境。加快构建适应信息时代跨界创新、融合创新和迭代创新的体制机制，打破部门和行业信息壁垒，推进简政放权、放管结合、优化服务改革，降低制度性交易成本，优化营商环境，夯实企业创新主体、研发主体地位。完善人才激励机制，赋予创新领军人才更大的人财物支配权和技术路线决定权，激发创新活力。

（二）促进均衡协调，优化发展新格局

1. 驱动新旧动能接续转换。以信息化改造提升传统动能，促进去产能、去库存、去杠杆、降成本、补短板，提高供给体系的质量和效率。以信息化培育新动能，加快基于互联网的各类创新，构建现代产业新体系，用新动能推动新发展。建立公平、透明、开放、诚信、包容的数字市场体系，促进新兴业态和传统产业协调发展，推动社会生产力水平整体提升。

2. 支撑区域协调发展。依托区域优势，强化区域间信息基础设施互联互通和信息资源共建共享，促进要素跨地区跨部门跨行业有序流动、资源优化配置和环境协同治理，优化区域生产力布局，促进区域协调发展。立足西部开发、东北振兴、中部崛起和东部率先的区域发展总体战略和“一带一路”建设、京津冀协同发展、长江经济带发展等重大国家战略，实施区域信息化一体化发展行动，提高区域协同治理和服务水平。

3. 推动基本公共服务城乡覆盖。发挥信息化辐射和带动作用，以远程化、网络化等提高基本公共服务的覆盖面和均等化水平。重点围绕教育文化、医疗卫生、社会保障、住房保障等民生领域，构筑立体化、全方位、广覆盖的信息服务体系，扩大公共服务和产品供给，创新服务方式和手段，为城乡居民提供均等、高效、优质的公共服务。

4. 促进经济建设和国防建设融合发展。建设军民一体、平战结合、攻防兼备的网络安全体系，夯实军地资源优化配置、合理共享、技术兼容、优势互补的信息化发展基础，以信息化促进经济领域和国防领域技术、人才、资金等要素交流，构建全要素、多领域、高效益的军民深度融合发展格局。

（三）支撑绿色低碳，构建发展新模式

1. 发展绿色生产模式。加快信息化和生态文明建设深度融合，利用新一代信息技术，促进产业链接循环化、生产过程清洁化、资源利用高效化、能源消耗清洁化、废物回收网络化。推广智能制造、绿色制造、能源互联网、智慧物流等，发展循环经济，促进一二三产业朝高端、智能、绿色的方向发展。积极推广节能减排新技术在信息通信行业的应用，加快推进数据中心、基站等高耗能信息载体的绿色节能改造。

2. 推广绿色生活方式。以信息化促进资源节约集约循环利用，加强信息化与绿色化在城市管理、公共服务、居民生活等方面的融合应用，倡导可持续发展理念，发展分享经济，促进绿色消费。加快普及网络购物、在线教育、远程医疗、智慧交通、数字家庭、全民健身信息服务等，壮大信息消费，倡导绿色低碳、文明健康的生活方式，促进人与自然和谐共生。

3. 创新生态环境治理模式。以解决生态环境领域突出问题为重点，深化信息技术在生态环境综合治理中的应用，促进跨流域、跨区域联防联控，实现智能监管、及时预警、快速响应，提升突发生态环境事件应对能力。全面推进环境信息公开，支持建立政府、企业、公众共同参与的生态环境协同治理体系。

（四）深化开放合作，拓展发展新空间

1. 促进双向开放合作。发挥互联网在促进国际国内要素有序流动、资源高效配置、市场深度融合中的作用，建立企业全球化发展信息服务体系，提供全球政策法规、财税、金融、投融资、风险评估等信息服务，支持企业全球化发展。有序扩大网信开放领域，有效引进境外资金和先进技术，强化互利共赢。

2. 服务"一带一路"建设。坚持共商共建共享，促进网络互联、信息互通，推动共建网上丝绸之路，推进数字经济、信息技术等合作，促进沿线国家和地区政策沟通、设施联通、贸易畅通、资金融通、民心相通。支持港澳地区网络基础设施建设和信息经济发展，发挥港澳地区在推进"一带一路"建设中的重要作用。

3. 推动全球互联网治理体系变革。坚持尊重网络主权、维护和平安全、促进开放合作、构建良好秩序，积极参与全球网络基础设施建设，打造网上文化交流共享平台，推动网络经济创新发展，保障网络安全，推动建立多边、民主、透明的全球互联网治理体系。主动提出中国方案，加快共同制定国际信息化标准和规则。

（五）推动共建共享，释放发展新红利

1. 增强特殊类型地区发展后劲。大力推进革命老区、民族地区、边疆地区、贫困地区的网络基础设施建设，为人民群众提供用得上、用得起、用得好的信息服务。发挥互联网在助推脱贫攻坚中的作用，以信息化推进精准扶贫、精准脱贫，培育特色优势产业，增强造血功能，促进人民生活明显改善。

2. 构建面向特殊人群的信息服务体系。针对孤寡老人、留守儿童、困境儿童、残障人士、流动人口、受灾人员、失独家庭等特殊人群的实际需求，整合利用网络设施、移动终端、信息内容、系统平台、公共服务等，积极发展网络公益，统筹构建国家特殊人群信息服务体系，提供精准优质高效的公共服务。

3. 提升边疆地区互联网服务能力。利用互联网充分宣传国家方针政策，丰富信息内容服务，确保及时传递到边疆、基层和每一个居民。普及农业科技、文化、商务、交通、医疗、教育等信息化应用，优化边疆地区生产力布局，打造一批有特色、可持续发展的"数字走廊"，促进边疆地区开发开放。

（六）防范安全风险，夯实发展新基石

1. 主动防范和化解新技术应用带来的潜在风险。正确认识网络新技术、新应用、新产品可能带来的挑战，提前应对工业机器人、人工智能等对传统工作岗位的冲击，加快提升国民信息技能，促进社会就业结构调整平滑过渡。提高网络风险防控能力，以可控方式和节奏主动释放互联网可能引发的经济社会风险，维护社会和谐稳定。

2. 提升网络安全保障能力。落实网络安全责任制，促进政府职能部门、企业、社会组织、广大网民共同参与，共筑网络安全防线。加强国家网络安全顶层设计，深化整体、动态、开放、相对、共同的安全理念，提升网络安全防护水平，有效应对网络攻击。

3. 构建网络空间良好氛围。牢牢把握正确导向，创新舆论引导新格局，完善网络生态综合治理机制，加强网络内容建设，增强网络文化产品和服务供给能力，构建向上向善的网上舆论生态。坚持依法治网、依法办网、依法上网，加强网络违法犯罪监控和查处能力建设，依法严格惩治网络违法犯罪行为，建设健康、绿色、安全、文明的网络空间。

4. 促进互联网企业健康发展。坚持鼓励支持和规范发展并重，引导互联网企业维护国家利益，坚守社会道德底线，加快自身发展，服务人民群众。依法防范和治理互联网市场恶性竞争、滥用市场支配地位、损害群众利益等问题，强化对互联网企业数据监管，确保数据安全，保障广大网民合法权益。

四、重大任务和重点工程

着力增强以信息基础设施体系为支撑、信息技术产业生态体系为牵引、数据资源体系为核心的国家信息化发展能力，着力提高信息化在驱动经济转型升级、推进国家治理体系和治理能力现代化、推动信息惠民、促进军民深度融合发展等重点领域的应用水平，着力优化支持网信企业全球化发展、网络空间治理、网络安全保障等的发展环境，加快推动我国信息化水平和安全支撑能力大幅提升。

（一）构建现代信息技术和产业生态体系

1. 打造自主先进的技术体系。制定网络强国战略工程实施纲要，以系统思维构建新一代网络技术体系、云计算体系、安全技术体系以及高端制造装备技术体系，协同攻关高端芯片、核心器件、光通信器件、操作系统、数据库系统、关键网络设备、高端服务器、安全防护产品等关键软硬件设备，建设战略清晰、技术先进、产业领先、安全可靠的网络强国。统筹经济、政治、文化、社会、生态文明等领域网络安全和信息化发展，增强自主创新能力。

2. 强化战略性前沿技术超前布局。立足国情，面向世界科技前沿、国家重大需求和国民经济主要领域，坚持战略导向、前沿导向和安全导向，重点突破信息化领域基础技术、通用技术以及非对称技术，超前布局前沿技术、颠覆性技术。加强量子通信、未来网络、类脑计算、人工智能、全息显示、虚拟现实、大数据认知分析、新型非易失性存储、无人驾驶交通工具、区块链、基因编辑等新技术基础研发和前沿布局，构筑新赛场先发主导优势。加快构建智能穿戴设备、高级机器人、智能汽车等新兴智能终端产业体系和政策环境。鼓励企业开展基础性前沿性创新研究。

专栏 1　核心技术超越工程

制定网络强国工程实施纲要。列出核心技术发展的详细清单和规划，实施一批重大项目，加快科技创新成果向现实生产力转化，形成梯次接续的系统布局。攻克高端通用芯片、集成电路装备、基础软件、宽带移动通信等方面的关键核心技术，形成若干战略性先导技术和产品。

大力推进集成电路创新突破。加大面向新型计算、5G、智能制造、工业互联网、物联网的芯片设计研发部署，推动32/28nm、16/14nm工艺生产线建设，加快10/7nm工艺技术研发，大力发展芯片级封装、圆片级封装、硅通孔和三维封装等研发和产业化进程，突破电子设计自动化（EDA）软件。

提升云计算设备和网络设备的核心竞争力。重点突破高端处理器、存储芯片、I/O芯片等核心器件，以及计算资源虚拟化、软件定义网络、超高速远程智能光传输等关键技术。大力推进高端服务器、智能终端设备、存储设备、网络与通信设备、工控设备及安全防护设备等的开发与产业化。

提高基础软件和重点应用软件自主研发水平。推进云操作系统、智能终端操作系统、嵌入式操作系统及相关领域的应用软件研发。面向重点工业领域，研制工控操作系统以及涵盖全生命周期的行业应用软件。

推进智能硬件、新型传感器等创新发展。提升可穿戴设备、智能家居、智能车载等领域智能硬件技术水平。加快高精度、低功耗、高可靠性传感器的研发和应用。

建立国家信息领域重大项目及关键技术引进报告制度。统筹信息化领域重大项目、重大科技攻关、重大技术引进的管理。

3. 推动产业协同创新。统筹基础研究、技术创新、产业发展、市场应用、标准制定与网络安全各环节联动协调发展，强化创新链整合协同、产业链协调互动和价值链高效衔接，打通技术创新成果应用转化通道。引导和支持产学研用深度融合，推动龙头企业和科研机构成立开源技术研发团队，支持科技型中小企业发展，构建产学研用协同创新集群。加快新一代信息技术相关标准制定和专利布局。探索完善资本型协作机制，建立核心技术研发投资公司，发挥龙头企业优势，带动中小企业发展，增强上游技术研发与下游推广应用的协同互动效应。深化安全可靠应用部署，加快构建开放自主的产业生态，培育一大批龙头企业，夯实产业基础。

专栏2　信息产业体系创新工程

构建先进、安全、可控的核心技术与产品体系。围绕云计算与大数据、新一代信息网络、智能终端及智能硬件三大领域，提升体系化创新能力。

完善开发核心技术的生态环境。增强底层芯片、核心器件与上层基础软件、应用软件的适配性，全面布局核心技术的知识产权，发挥资本市场对技术产业的积极作用。

创新核心技术突破的激励机制。探索关键核心技术的市场化揭榜攻关机制。加强产学研用协调，统筹利用国家科技计划(专项、基金等)、信息领域重大科学基础设施，按规定支持关键核心技术研发和重大技术试验验证，强化关键共性技术研发供给。

支持开源社区创新发展。鼓励我国企业积极加入国际重大核心技术的开源组织，从参与者发展为重要贡献者，在优势技术领域争当发起者，积极维护我国相关标准专利在国际开源组织中的权益。

培育核心技术创新企业。培育一批核心技术能力突出、集成创新能力强、引领重要产业发展的创新型企业，力争一批企业进入全球500强。

(二)建设泛在先进的信息基础设施体系

1. 加快高速宽带网络建设。加快光纤到户网络改造和骨干网优化升级，扩大4G网络覆盖，开展5G研发试验和商用，主导形成5G全球统一标准。推进下一代互联网演进升级，加快实施下一代互联网商用部署。全面推进三网融合，基本建成技术先进、高速畅通、安全可靠、覆盖城乡、服务便捷的宽带网络基础设施体系，消除宽带网络接入“最后一公里”瓶颈，进一步推进网络提速降费。推进下一代广播电视网建设和有线无线卫星融合一体化建设，推进广播电视融合媒体制播云、服务云建设，构建互联互通的广播电视融合媒体云。

2. 建设陆海空天一体化信息基础设施。建立国家网络空间基础设施统筹协调机制，推动信息基础设施建设、应用和管理。加快空间互联网部署，整合基于卫星的天基网络、基于海底光缆的海洋网络和传统的陆地网络，实施天基组网、地网跨代，推动空间与地面设施互联互通，构建覆盖全球、无缝连接的天地空间信息系统和服务能力。持续推进北斗系统建设和应用，加快构建和完善北斗导航定位基准站网。积极布局浮空平台、低轨卫星通信、空间互联网等前沿网络技术。加快海上和水下通信技术的研发和推广，增强海洋信息通信能力、综合感知能力、信息分析处理能力、综合管控运维能力、智慧服务能力，推动智慧海洋工程建设。

专栏3　陆海空天一体化信息网络工程

陆地网络设施建设。继续加快光纤到户网络改造，推进光网城市建设，加快推进光缆到行政村，加快4G网络的深度覆盖和延伸覆盖。探索推进互联网交换中心试点，进一步优化互联网骨干网络架构，推动网间带宽持续扩容。适度超前部署超大容量光传输系统、高性能路由设备和智能管控设备。推动广播电视宽带骨干网、接入网建设，采取有线、无线、卫星相结合的方式，推进广播电视宽带网向行政村和有条件的自然村延伸。

海基网络设施建设。统筹海底光缆网络与陆地网络协调发展，构建连接海上丝绸之路战略支点城市的海底网络。加强大型海洋岛屿海底光电缆连接建设。积极研究推动海洋综合观测网络由近岸向近海和中远海拓展，由水面向水下和海底延伸。推进海上公用宽带无线网络部署，发展中远距水声通信装备。

空天网络设施建设。综合利用北斗导航、卫星、浮空平台和飞机遥感遥测系统，积极推进地面配套设施协调建设和军民融合发展，尽快形成全球服务能力。加快高轨和低轨宽带卫星研发和部署，积极开展卫星空间组网示范，构建覆盖全球的天基信息网络。

海外网络设施布局。畅通“一带一路”信息通道，连接经巴基斯坦、缅甸等国到印度洋、经中亚到西亚、经俄罗斯到中东欧国家的陆地信息通道。积极参与面向美洲、欧洲、东南亚和非洲方向海底光缆建设，完善海上信息通道布局，鼓励在“一带一路”沿线节点城市部署数据中心、云计算平台和内容分发网络(CDN)平台等设施。

3. 统筹应用基础设施建设和频谱资源配置。适度超前布局、集约部署云计算数据中心、内容分发网络、物联网设施，实现应用基础设施与宽带网络优化匹配、有效协同。支持采用可再生能源和节能减排技术建设绿色云计算数据中心。推进信息技术广泛运用，加快电网、铁路、公路、水利等公共设施和市政基础设施智能化转型。建设完善国家应急通信保障体系。加强无线电频谱管理，维护安全有序的电波秩序。合理规划利用卫星频率和轨道资源，提高频率使用率，满足国家重大战略和相关行业用频需求。

4. 加快农村及偏远地区网络覆盖。充分发挥中央财政资金引导作用，深入开展电信普遍服务试点工作，引导企业承担市场主体责任，推进未通宽带行政村光纤建设，对已通宽带但接入能力低于12Mbps的行政村进行光纤升级改造。利用中央基建投资，实施宽带乡村和中西部地区中小城市基础网络完善工程，加大对边远地区及贫困地区的网络覆盖与投资力度，通过移动蜂窝、光纤、低轨卫星等多种方式，完善边远地区及贫困地区的网络覆盖。

专栏4　乡村及偏远地区宽带提升工程

推进宽带乡村建设。加快推进电信普遍服务试点。实施宽带乡村工程。持续加强光纤到村建设，完善4G网络向行政村和有条件的自然村覆盖，到2020年，中西部农村家庭宽带普及率达到40%。推进农村基层政务信息化应用，发展满足农户农业、林业、畜牧技术需求的内容服务，推广农村电商、远程教育、远程医疗、金融网点进村等信息服务。

完善中西部地区中小城市基础网络。加快推进县城仅有铜缆接入宽带小区的光纤到户改造，完善乡镇驻地家庭用户光纤接入覆盖，大力推进城域网优化扩容，实现中西部城镇家庭用户宽带接入能力达到50Mbps以上，有条件地区可提供100Mbps以上接入服务能力，大力发展面向中小城市的信息化应用普及服务。

（三）建立统一开放的大数据体系

1. 加强数据资源规划建设。加快推进政务数据资源、社会数据资源、互联网数据资源建设。全面推进重点领域大数据高效采集、有效整合、安全利用，深化政府数据和社会数据关联分析、融合利用，提高宏观调控、市场监管、社会治理和公共服务精准性和有效性。建立国家关键数据资源目录体系，统筹布局区域、行业数据中心，建立国家互联网大数据平台，构建统一高效、互联互通、安全可靠的国家数据资源体系。探索推进离岸数据中心建设，建立完善全球互联网信息资源库。完善电子文件管理服务设施。加强哲学社会科学图书文献、网络、数据库等基础设施和信息化建设，提升国家哲学社会科学文献在线共享和服务能力。

专栏5　国家大数据发展工程

统筹国家基础数据资源建设。全面建成人口、法人、自然资源和地理空间、法律法规、宏观经济、金融、信用、文化、统计、科技等基础信息数据库。整合各类政府信息平台、信息系统和数据中心资源，依托现有平台资源，集中构建统一的互联网政务数据服务平台和信息惠民服务平台。

建立国家治理大数据中心。统筹利用政府和社会数据资源，推动宏观调控决策支持、市场监督管理、社会信用、风险预警大数据应用，建设社会治理和公共服务大数据应用体系。

加强大数据关键技术及产品研发。支持数据存储、分析处理、信息安全与隐私保护等领域技术产品研发，突破大数据关键技术瓶颈。加强大数据基础研究，探索建立数据科学的学科体系。

提升大数据产业支撑能力。加快培育大数据龙头骨干企业，建立政产学研用联动、大中小企业协调发展的大数据产业体系。建立完善大数据产业公共服务支撑体系。

深化大数据应用。建设统一开放平台，逐步实现公共数据集开放，鼓励企业和公众挖掘利用。推动政府治理、公共服务、产业发展、技术研发等领域大数据创新应用。推进贵州等大数据综合试验区建设。

2. 推动数据资源应用。完善政务基础信息资源共建共享应用机制，依托政府数据统一共享交换平台，加快推进跨部门、跨层级数据资源共享共用。稳步推进公共数据资源向社会开放。支持各类市场主体、主流媒体利用数据资源创新媒体制作方式，深化大数据在生产制造、经营管理、售后服务等各环节创新应用，支撑技术、产品和商业模式创新，推动大数据与传统产业协同发展。

3. 强化数据资源管理。建立健全国家数据资源管理体制机制，建立数据开放、产权保护、隐私保护相关政策法规和标准体系。制定政府数据资源管理办法，推动数据资源分类分级管理，建立数据采集、管理、交换、体系架构、评估认证等标准制度。加强数据资源目录管理、整合管理、质量管理、安全管理，提高数据准确性、可用性、可靠性。完善数据资产登记、定价、交易和知识产权保护等制度，探索培育数据交易市场。

专栏6　国家互联网大数据平台建设工程

建立互联网大数据的采集机制。制定互联网数据管理办法，促进政府企业良好合作，制定国家或行业大数据平台技术标准，形成统一的数据采集、分析处理、安全访问等机制。

建设覆盖全国、链接畅通的数据中心。合理规划布局国家互联网大数据平台，考虑现有数据中心布局情况，选择条件适宜的地方建设区域性数据中心，依托安全可靠的通信网络，汇聚政府部门、电信运营商、互联网企业、各地区数据中心、大数据交易所、专业机构等渠道平台的数据，构建汇聚网民、企业和政府三类数据的大数据资源中心，提高信息的及时性、全面性和准确性。

互联网数据展示及应用。通过可视化和虚拟现实等技术，建立我国信息化、经济运行、环境保护、交通运输、综合监管、公共卫生等实时状况和趋势的统一视图，推进互联网大数据在国家治理、社会转型、产业升级等方面的广泛应用，服务科学决策。

4. 注重数据安全保护。实施大数据安全保障工程，加强数据资源在采集、传输、存储、使用和开放等环节的安全保护。推进数据加解密、脱密、备份与恢复、审计、销毁、完整性验证等数据安全技术研发及应用。切实加强对涉及国家利益、公共安全、商业秘密、个人隐私、军工科研生产等信息的保护，严厉打击非法泄露和非法买卖数据的行为。建立跨境数据流动安全监管制度，保障国家基础数据和敏感信息安全。出台党政机关和重点行业采购使用云计算服务、大数据相关规定。

（四）构筑融合创新的信息经济体系

1. 推进信息化和工业化深度融合。在推进实施“中国制造2025”过程中，深化制造业与互联网融合发展，加快构建自动控制与感知技术、工业软硬件、工业云与智能服务平台、工业互联网等制造业新基础，建立完善智能制造标准体系，增强制造业自动化、数字化、智能化基础技术和产业支撑能力。组织实施“芯火”计划和传感器产业提升工程，加快传感器、过程控制芯片、可编程逻辑控制器等研发和产业化。加快计算机辅助设计仿真、制造执行系统、产品全生命周期管理等工业软件的研发和产业化，加强软件定义和支撑制造业的基础性作用。支持开展关键技术、网络、平台、应用环境的兼容适配、互联互通和互操作测试验证，推动工业软硬件与工业大数据平台、工业网络、工业信息安全系统、智能装备的集成应用。积极推进制造企业“双创”以及工业云、工业大数据、工业电子商务等服务平台建设和服务模式创新，全面提升行业系统解决方案能力。推动工业互联网研发应用，制定工业互联网总体体系架构方案，组织开展工业互联网关键资源管理平台和核心技术试验验证平台建设，加快形成工业互联网健康发展新生态。组织实施企业管理能力提升工程，加快信息化和工业化融合管理体系标准制定和应用推广。

专栏7　制造业与互联网融合发展应用与推广工程

培育一批制造企业"双创"平台。组织开展制造业与互联网融合发展试点示范，推动工业云、工业大数据、工业电子商务等技术的集成应用，培育众包研发、协同制造、精益管理、远程服务等新模式，发展面向制造环节的分享经济，促进供给与需求的精准匹配。 提升"双创"服务能力。培育一批支持制造业发展的"双创"示范基地。支持大型互联网企业、基础电信企业建设一批面向制造业中小企业的"双创"服务平台，鼓励大型制造企业开放"双创"平台聚集的各类资源，发展专业咨询、人才培训、检验检测、投融资等线上服务。 提升企业管理能力。加强两化融合管理体系标准制定和应用推广，推动业务流程再造和组织方式变革。依托中国两化融合服务平台，全面开展企业自评估、自诊断和自对标，建设全国两化融合发展数据地图。 强化核心技术研发及产业化。推动实施国家重点研发计划，加快推动自动控制与感知技术、核心工业软硬件、工业互联网、工业云与智能服务平台等新型基础设施和平台设施建设。支持建设信息物理系统监测验证平台，构建参考模型和综合技术标准体系。组织开展行业系统解决方案应用试点示范，培育一批系统解决方案供应商。 提高工业信息系统安全水平。开展工业企业信息安全保障试点示范，支持系统仿真测试、评估验证等关键共性技术平台建设，推动访问控制、追踪溯源、商业信息及隐私保护等核心技术产品产业化。建设国家工业信息安全保障中心，提升工业信息安全监测、评估、验证和应急处理能力。

2. 推进农业信息化。实施"互联网＋现代农业"行动计划，着力构建现代农业产业体系、生产体系、经营体系。推动信息技术与农业生产管理、经营管理、市场流通、资源环境融合。推进种植、畜牧、兽医、渔业、种子、农机、农垦、农产品加工、动植物检验检疫、农村集体资产财物管理、农业资源环境保护、农村污水、农村能源，以及水利设施、水资源、节水灌溉、饮水保障等行业和领域的在线化、数据化。加快补齐农业信息化短板，全面加强农村信息化能力建设，建立空间化、智能化的新型农村统计信息综合服务系统。着力发展精准农业、智慧农业，提高农业生产智能化、经营网络化、管理数据化、服务在线化水平，促进农业转型升级和农民持续增收，为加快农业现代化发展提供强大的创新动力。

专栏8　农业农村信息化工程

发展智慧农业。推进智能传感器、卫星导航、遥感、空间地理信息等技术应用，增强对农业生产环境的精准监测能力。组织实施农业物联网区域试验，开展农作物大田种植、设施农业、畜牧水产规模养殖等领域物联网技术应用试点。推进农机精准作业示范和北斗导航技术在农业生产中的应用。 发展农业农村电子商务。推进互联网技术在农业生产、加工、流通等各环节的应用与推广，促进农村和农产品现代市场体系建设，培育多元化农村电子商务市场主体。结合农产品现代流通体系建设，开展农业电子商务试点示范，支持农产品电子商务平台应用。 推动农业农村大数据应用。整合构建国家涉农大数据中心和国家农业云。打造农业走出去公共服务平台，开展全球农业数据调查分析系统建设，建立农业全产业链信息监测分析预警系统。建立国家农产品质量安全监管追溯管理信息平台，不断扩大信息化监管追溯覆盖面。建立农村集体资产监管平台，推动农村集体资产财务管理制度化、规范化、信息化，全面提升农业政务信息化能力和水平。 提升农业信息综合服务能力。大力推进信息进村入户，拓展"12316"的"三农"综合信息服务。推进农村社区信息化建设，开展农民手机应用技能培训，提升农民信息化应用能力，推动城乡信息服务均等化，缩小城乡数字鸿沟。建立水利大数据分析与应用服务工程，提升水利设施和水资源对农业生产及农村发展的支撑保障服务能力。开展农业信息经济示范区建设，完善现代农业信息服务体系。 增强农业信息化发展支撑能力。以应用为导向，推进农业信息基础设施智能化建设。推进农业信息化科技创新能力跨越，构建政产学研用紧密结合的农业信息化科技创新体系，有效支撑农业信息化产业发展。

3. 发展电子商务。全方位规范电子商务市场竞争，加快电子商务模式、市场服务方式创新和科技水平提升，支持移动电商、社区电商、农村电商和跨境电商等新型电商模式发展，促进电子商务提质升级。大力推进"互联网＋流通"，加强智慧流通基础设施建设，探索网络化定制、全渠道营销、服务到户等多种线上线下融合发展方式，推进电子商务与传统产业深度融合。健全电子商务要素配

套服务产业链，大力发展电子商务人才和信息服务业、技术服务业、物流服务业，鼓励发展垂直类、专业类、行业类电子商务，进一步完善电子商务支撑体系，强化电子商务民生服务体系建设，扩大电子商务在医疗、健康、养老、家政服务等领域的应用。

4. 培育发展新兴业态。推进"互联网+"行动，促进互联网深度广泛应用，带动生产模式和组织模式变革，形成网络化、智能化、服务化、协同化的产业发展形态。大力发展基于互联网的众创、众包、众扶和众筹，推进产业组织、商业模式、供应链创新。推动生产性服务业向专业化和价值链高端延伸，促进生活性服务业向精细化和高品质转变。鼓励企业利用互联网推动服务型制造发展，开展个性化定制、按需设计、众包设计等服务，创新生产制造和经营销售环节，提供网络化协同制造、全生命周期管理等业务。发展以开放、便捷、节约、绿色为特征的分享经济。推动宽带网络、移动互联网、物联网、云计算、大数据、三网融合等新一代信息技术融合发展，促进信息消费。积极规范发展互联网金融，促进金融信息服务业健康发展。逐步完善数字版权公共服务体系，促进数字内容产业健康发展。推动互联网在旅游各领域的融合与应用，培育智慧旅游、智慧休闲等创新业态。

专栏9　信息经济创新发展工程

设立信息经济示范区。深化信息技术在现代农业、先进制造、创新创业、金融等领域集成应用，依托现有新技术产业园区、创新园区，面向云计算、大数据、物联网、机器深度学习与新一代信息技术创新，探索形成一批示范效应强、带动效益好的国家级信息经济示范区。

发展分享经济。支持网约车、家庭旅馆借宿、办公场地短租和人人参与的在线知识技能互助等民生领域共享服务发展。探索建立分享经济网上信用平台。

发展电子商务。支持电子商务共性基础设施建设，加快构建电商诚信体系，促进重点领域电子商务创新和融合应用，推进农业、工业、服务业等领域的电子商务应用，大力培育电子商务服务业。推动实施电子商务综合通关提速工程和电子商务国际大通道建设工程。推动杭州等跨境电子商务综合试验区建设，稳步实施综合试验区扩围。

促进创业创新。完善中小企业公共服务平台网络，鼓励行业领军企业、高等院校、科研院所等依托互联网平台向全社会提供专业化创新创业服务，共助中小微企业和创业者成长。支持各类产业创新和商务合作平台发展，开展市场化、专业化、集成化、网络化的众创空间基地试点建设，加强创新创业项目的孵化培育和产业对接能力。

推进智慧物流。推动电子口岸、道路运输危险品监管平台和邮政业监管信息平台等公共信息平台建设。建立跨区域、跨行业的物流信息平台，形成开放、透明、共享的供应链协作模式。打造智能化的物流公共配送中心、中转分拨站，加强物流车辆的规范管理以及社区自提点、服务点的共建共享。

促进质量和品牌建设。实施质量提升行动，以信息化促进质量治理，推进国家质量基础能力建设，保障国民消费质量安全、国门生物安全和特种设备安全。建立国家宏观质量安全监测评价体系、国家质量信息公共服务体系和国家质量安全监测、分析、预警机制，提高国家质量公共服务信息化水平。

（五）支持善治高效的国家治理体系构建

1. 服务党的建设工作。推动"互联网+党建"，支持统筹建设全国党员信息库和党员管理信息系统、党员教育信息化平台，提高党组织建设、党员教育管理服务工作网络化、智能化水平。推动整合基层党建信息化工作平台和网上民生服务，促进基层服务型党组织建设。支持建设监督执纪问责信息化平台，完善群众监督和宣传平台，丰富党风廉洁建设和反腐败工作数据资源，助力全面从严治党。

2. 统筹发展电子政务。建立国家电子政务统筹协调机制，完善电子政务顶层设计和整体规划。统筹共建电子政务公共基础设施，加快推进国家电子政务内网建设和应用，支持党的执政能力现代化工程实施，推进国家电子政务内网综合支撑能力提升工程。完善政务外网，支撑社会管理和公共服务应用。支持各级人大机关信息化建设，有效满足立法和监督等工作需求，为人民代表大会及其常委会履职提供信息技术支撑。支持政协信息化建设，推进协商民主广泛多层制度化发展。支持“智慧法院”建设，推行电子诉讼，建设完善公正司法信息化工程。实施“科技强检”战略，积极打造“智慧检务”。创新电子政务投资、建设及服务模式，探索建立第三方建设运行维护机制。完善国家电子政务标准体系，建立电子政务绩效评估监督制度。加强国家电子文件管理，促进电子文件规范应用。

3. 创新社会治理。以信息化为支撑，加强和创新社会治理，推进社会治理精细化、精准化。加快建设安全生产隐患排查治理体系、风险预防控制体系和社会治安立体防控体系，推进网上综合防控体系建设，建立和完善自然灾害综合管理信息系统、重大和重要基础设施综合管理信息系统、安全生产监管信息系统、国家应急平台、社会治安综合治理信息系统和公安大数据中心，加强公共安全视频监控联网应用，提升对自然灾害等突发事件和安全生产、社会治安的综合治理水平。推进多元矛盾纠纷化解信息化平台建设，有效预防和妥善化解各类矛盾纠纷，为社会风险防控提供支撑。完善全国信用信息共享平台，整合金融、工商、税收缴纳、交通违法、安全生产、质量监管等领域信用信息，发挥平台在信用信息共享中的“总枢纽”作用，逐步实现跨部门、跨地区信用信息共享与应用。推行网上受理信访、举报制度，拓展网上政民互动，畅通群众利益协调和权益保障渠道。推进智慧社区建设，完善城乡社区公共服务综合信息平台，建立网上社区居委会，发展线上线下结合的社区服务新模式，提高社区治理和服务水平。

（六）形成普惠便捷的信息惠民体系

1. 拓展民生服务渠道。深入实施信息惠民工程，加快推进信息惠民国家试点城市建设。全面开展“互联网＋政务服务”，大力推进政务服务“一号申请、一窗受理、一网通办”，构建方便快捷、公平普惠、优质高效的政务服务信息体系，简化群众办事环节，让信息多跑路、群众少跑腿。全面推进政务公开，加强政民互动交流，建立政府同群众交流沟通的互联网平台，推动各级政府部门通过互联网了解群众，贴近群众，为群众排忧解难。基于互联网建立发扬人民民主、接受人民监督的新渠道，促进政府公共服务“一站式”网上办理及行政权力全流程监督。

2. 创新民生服务供给模式。利用信息化手段不断扩大优质教育资源覆盖面，构建网络化、数字化、个性化、终身化的教育体系，建设学习型社会。深入推进社会保障一卡通工程，统筹推进全面覆盖城乡的社会保障、社会救助系统，实现基本医疗保险异地就医直接结算、社会保险关系网上转移接续。推广在线医疗卫生新模式。推进就业、养老、教育、职业培训、技能人才评价、工伤、生育、法律服务等信息全国联网，构建线上线下相衔接的信息服务体系。积极推进网络公益事业发展。推进交通一卡通互通，实现跨区（市）域、跨交通方式的互联互通，开展交通一卡通在出租汽车、长途客运、城际轨道、水上客运、公共自行车及停车场等交通运输领域的应用，方便居民出行。

专栏 10 信息惠民工程

全面开展“互联网＋政务服务”。大力推进政务服务“一号申请、一窗受理、一网通办”，构建线上线下一体化政务服务体系，简化优化群众办事流程，提升政府行政效能，增强政务服务的主动性、精准性、便捷性，提高群众办事的满意度。

全面提升民生服务均等普惠水平。围绕当前群众广泛关注和亟待解决的医疗、教育、社保、就业、养老服务等民生问题，进一步推动跨部门、跨层级信息共享，促进公共服务的多方协同合作、资源共享、政策对接、制度创新，加快构建全人群覆盖、全天候受理、公平普惠的民生公共服务体系，增强民生服务有效供给能力，提升信息便民惠民利民水平。

全面推进政务公开。提高权力运行的信息化监督能力，推动法治政府、创新政府、廉洁政府和服务型政府建设。依托“信用中国”网站，全面推进行政许可和行政处罚等信息自作出行政决定之日起 7 个工作日内上网公开工作。支持各级政府有效利用政府网站、社交媒体、移动互联网等新型手段，建设政务新媒体矩阵。重视网络民意表达，畅通民主监督和参政议政渠道，在医疗、健康、养老、教育、社会保障等民生领域，提供实时在线互动的政务服务。

（七）打造网信军民深度融合发展体系

1. 建立健全网信军民融合机制。健全领导管理体制和工作机制，加快网信军民融合立法进程、促进标准兼容，整合利用军民两方面优势，推动制度创新、管理创新、技术创新。加强网信军民融合评估和风险管理，完善网信动员体系，构建国家网信动员机制，常态化推进军地联合演训，推进网信建设项目贯彻国防要求联审联验，实施军地网信人才融合发展计划，完善接力培养机制。

2. 推进信息基础设施共建共用共享。统筹军地信息传输网络建设，构建军民共用的国家光缆网。深化天基通信系统融合发展，加快推动军民共用全球移动通信卫星系统建设。推进电磁频谱管理专项工程建设，构建军民协同合作的电磁频谱监测、检测和探测网系。加强军民共用信息系统建设，鼓励军队以购买、外包等方式从市场获取高质量、低成本的信息产品，充分挖掘利用民间优势数据资源和数据开发能力。实施军民融合信息资源开发利用工程，完善安全可靠的军地信息资源共享交换平台，规范军事信息资源向社会开放，探索利用企业互联网平台和社会科技资源为军队服务。加强国防科技工业综合管理信息化建设。

3. 加快军民技术双向转化。加大对相关核心关键信息技术科研项目的支持力度，鼓励开展联合攻关。孵化和支持一批具有重大潜在军事应用价值的项目，通过在军事领域的率先突破实现军事需求牵引技术创新。有序推动军民重点实验室相互开放。支持各类社会科技资源参与国防和军队网信建设。发展军民一体信息产业。

专栏 11　网信军民深度融合工程

开展军民融合试点示范。统筹推进航天领域军民融合，构建天地一体网络空间基础设施。建设军民一体航海管制系统，推动国家航海管制信息融合共享，形成全国统一的航海管制格局。为军队使用互联网提供便捷用网、规范用网、安全用网服务。统筹推进军警民一体指挥系统、军民兼容的国家大型计算存储和灾备设施、量子通信网络发展等重大工程建设。

实施网信军民融合协同创新中心建设，在体制机制、重大政策制度、融合发展重点工作等方面，选择基础条件好的区域开展创新试验，提升军地网信技术协同创新能力。

推动网信军民融合理论创新。聚合军地资源，重点建设战略性、综合性的高端智库，加强国际交流与合作，提升网信军民融合软实力。

（八）拓展网信企业全球化发展服务体系

1. 建立开放共赢的国际合作体系。建立全球信息化合作服务平台，积极推动网信企业国际拓展，加快建设中国—东盟信息港、中国—阿拉伯国家等网上丝绸之路。建立网信企业走出去服务联盟，引导联盟成员在融资融智、技术创新等方面协同合作，拓展国际信息化交流合作渠道。加强主流媒体网站及新媒体的国际传播能力建设，准确阐述“一带一路”共商、共建、共赢理念，营造良好国际舆论氛围。

专栏 12　信息化国际枢纽工程

建设中国—东盟信息港。以广西为支点，加快建立面向东盟、服务西南中南的国际通信网络体系和信息枢纽，与东盟国家共同建设基础设施平台、技术合作平台、经贸服务平台、信息共享平台、人文交流平台。

建设中国—阿拉伯国家网上丝绸之路宁夏枢纽工程。以宁夏为支点构建中阿国际网络大通道，加快区域网络设施、通信光缆建设步伐，优化网络基础资源配置，推动4G、公共 WiFi 等普及，开展跨境电子商务合作。

建立企业走出去数据库。动态收集、滚动更新“一带一路”沿线国家和地区信息化发展水平、政治环境、经济开放程度、双边关系、当地税制等信息，服务企业走出去。

滚动支持一批合作项目。建立一批信息化合作项目库，支持网信企业积极参与“一带一路”沿线国家和地区的信息基础设施、重大信息系统和数据中心建设。围绕推进“一带一路”建设，编制网信领域海外研发基地建设行动方案，明确整体布局、建设规则、推进计划，优先启动建设一批海外研发基地，充分发挥其示范效应和带动作用。

2. 鼓励和支持网信企业走出去。加大对网信企业走出去的政策支持力度，积极搭建对外投资金融和信息服务平台，构建信息服务体系。制定鼓励和引导跨境并购的扶持政策，引导网信企业采取贸易、绿地投资、海外并购等多种方式走出去，利用多边、双边投资贸易协定和财政担保措施，增强获取全球资源的能力。支持企业拓展海外业务布局，增设海外机构和业务网点，鼓励企业在科技资源密集的国家和地区设立海外研发中心，加快融入国际创新体系。推动区域数字经济合作，共建产业园区，结合网信企业全球化重点需求并综合考虑国际科技合作总体布局，建设一批高水平的海外大科学研究基地。实施网信援外计划，帮助发展中国家建设信息技术产业园区和网络空间实验室，实现技术研发合作、技术转移示范与技术培训相结合。发挥骨干企业和网络社会组织积极性，加快推进中国标准走出去，积极参与制定国际标准，组建跨国标准联盟。

3. 健全企业走出去境外服务体系。完善领事保护机制，建立和完善海外应急及快速响应机制，最大限度地保护中国企业和公民的利益与安全。强化企业知识产权意识，加强对国外行业技术、知识产权等法律法规以及行业标准、评定程序和检验检疫规则的跟踪研判和分析评议，建立公益性专利信息服务平台，为我国企业提供必要的境外专利诉讼和代理、知识产权保护援助服务。

（九）完善网络空间治理体系

1. 加强互联网基础资源管理。进一步推进互联网域名、IP 地址、网站等基础资源和网络互动平台真实身份信息注册登记工作。建设网络可信体系，探索建立全国统一的网络证照服务体系，推进网络身份可溯源和信息保护工作。

2、依法加强网络空间治理。加强网上正面宣传，用社会主义核心价值观、中华优秀传统文化和人类优秀文明成果滋养人心、滋养社会，做到正能量充沛、主旋律高昂，为广大网民特别是青少年营造一个风清气正的网络空间。推进依法办网，加强对所有从事新闻信息服务、具有媒体属性和舆论动员功能的网络传播平台的管理。健全网络与信息突发安全事件应急机制，完善网络安全和信息化执法联动机制。顺应广大人民群众呼声，重点加大对网络电信诈骗等违法行为打击力度，开展打击网络谣言、网络敲诈、网络诈骗、网络色情等专项行动。加强网络空间精细化管理，清理违法和不良信息，防范并严厉打击利用网络空间进行恐怖、淫秽、贩毒、洗钱、诈骗、赌博等违法犯罪活动，依法惩治网络违法犯罪行为，让人民群众安全放心使用网络。

专栏 13　网络内容建设工程

发挥互联网优势和特点，创新宣传形式，打造宣传平台，扩大宣传覆盖面，鼓励网民、网络社会组织互动，健全宣传支撑体系，推进国际传播、少数民族语种传播、媒体融合等项目。

网上理论传播。强化马克思主义中国化最新理论成果网上传播，推动基础理论鲜活化传播。持续加强网上理论宣传平台建设，突出抓好经济理论网上传播，加快推进理论传播国际化进程。

网络新闻传播。加快推动重点新闻网站建设，增强重点新闻网站在重大主题宣传、典型宣传、形势宣传和成就宣传等方面的能力。拓宽新闻传播渠道，提升传播技术，支持重点新闻网站做大做强，让党的主张成为网络空间最强音。

网络文艺。鼓励推出优秀网络原创作品，推动网络文学、网络音乐、网络剧、微电影、网络演出、网络动漫等新兴文艺类型繁荣发展，促进传统文艺与网络文艺创新性融合，鼓励作家、艺术家积极运用网络创作传播优秀作品。维护网络文艺创作传播秩序，举办网络文艺优秀作品进校园、进社区、进企业等活动。

3. 创新网络社会治理。加强对互联网企业的引导，促进互联网企业健康发展。健全网络社会组织管理，规范和引导网络社团发展，鼓励多元主体参与网络治理，促进互联网行业自律自治。提升网络媒介素养，推进网络诚信建设制度化和互联网领域信用建设。完善全国网络违法信息举报工作体系，畅通公众参与网络治理渠道。加强网络伦理、网络文明建设。

专栏 14 网络文明建设工程

开展网上"讲文明树新风"活动。开展网络伦理、网络道德宣传，深化文明礼仪知识教育，打造一批"中国好网民"品牌项目，建设一批网络文明示范基地，引导人们文明办网、文明上网。推动文明城市、文明村镇、文明单位、文明家庭、文明校园等创建活动向互联网延伸，扩大覆盖面和影响力。

开展网络公益活动。推动各类网站广泛开展扶贫帮困、慈善捐助、支教助学、义务献血等公益活动，吸引网民广泛参与，让公益精神照亮网络。加快建设网上志愿服务招募注册、培训管理、服务对接、褒奖回馈等工作平台，大力推动完善志愿服务制度，全面提升志愿服务的运作水平和服务能力。

开展网络文化活动。鼓励网民创作格调健康的网络文化作品，制作适合互联网和移动端新兴媒体传播的文化精品佳作。加强网络诚信宣传，组织开展网络诚信宣传日活动。分系统分领域培养一批高素质、高水平、敢担当、负责任的网民，使网络空间进一步清朗起来。

4. 深度参与国际网络空间治理。把世界互联网大会打造成网络空间合作最重要的国际平台之一，广泛传播我国治网主张，推动建立多边、民主、透明的国际互联网治理体系，构建网络空间命运共同体。完善网络空间多双边对话协商机制。深度参与互联网治理规则和技术标准制定，积极参加互联网名称和数字地址分配机构、互联网工程任务组等国际互联网技术和管理机构的活动。实施网络社会组织走出去战略，建立打击网络犯罪国际合作机制，共同防范和反对利用网络空间进行商业窃密、黑客攻击、恐怖犯罪等活动。

（十）健全网络安全保障体系

1. 强化网络安全顶层设计。制定实施国家网络空间安全战略。完善网络安全法律法规体系，推动出台网络安全法、密码法、个人信息保护法，研究制定未成年人网络保护条例。建立完善国家网络安全相关制度，健全完善国家网络与信息安全信息通报预警机制，健全网络安全标准体系。加强网络空间安全学科专业建设，创建一流网络安全学院。

2. 构建关键信息基础设施安全保障体系。实施网络安全审查制度，防范重要信息技术产品和服务网络安全风险。建立国家关键信息基础设施目录，制定关于国家关键信息基础设施保护的指导性文件，进一步明确关键信息基础设施安全保护要求。落实国家信息安全等级保护制度，全力保障国家关键信息基础设施安全。加强金融、能源、水利、电力、通信、交通、地理信息等领域关键信息基础设施核心技术装备威胁感知和持续防御能力建设，增强网络安全防御能力和威慑能力。加强重要领域密码应用。

3. 全天候全方位感知网络安全态势。加强网络安全态势感知、监测预警和应急处置能力建设。建立统一高效的网络安全风险报告机制、情报共享机制、研判处置机制，准确把握网络安全风险发生的规律、动向、趋势。建立政府和企业网络安全信息共享机制，加强网络安全大数据挖掘分析，更好感知网络安全态势，做好风险防范工作。完善网络安全检查、风险评估等制度。加快实施党政机关互联网安全接入工程，加强网站安全管理，加强涉密网络保密防护监管。

专栏 15 网络安全监测预警和应急处置工程

网络安全信息共享。建立政府、行业、企业网络安全信息共享机制，制定国家网络安全信息共享指南，制定信息共享标准和规范，建设国家网络安全信息共享平台和网络安全威胁知识库，建立统一高效的网络安全风险报告机制、情况共享机制、研判处置机制。

网络安全态势感知。建立国家网络安全态势感知平台，利用大数据技术对网络安全态势信息进行关联分析、数据挖掘和可视化展示，绘制关键信息基础设施网络安全态势地图。建设工业互联网网络安全监测平台，感知工业互联网网络安全态势，为保障工业互联网安全提供有力支持。

重大网络安全事件应急指挥。建立国家重大网络安全事件应急指挥体系，建立政府部门协同、政企联动、全民参与的应急处置机制，研制分类分级网络安全事件应急处置预案。建立网络安全风险预警系统，提高网络安全事件

（续）

的协同应对水平。 建设网络安全威胁监测处置平台，实现对国际出入口、境内骨干网络核心节点的网络安全威胁监测，提高对各类网络攻击威胁和安全事件的及时发现、有效处置和准确溯源能力。 建设互联网域名安全保障系统，加强对根及 .cn 等重要顶级域名服务器异常事件的监测和应急处置，保障在根及重点顶级域服务系统异常状态下我国大陆境内域名服务体系的正常运行。

4. 强化网络安全科技创新能力。实施国家信息安全专项，提高关键信息基础设施、重要信息系统和涉密信息系统安全保障能力及产业化支撑水平。实施国家网络空间安全重大科技项目，全面提升网络信息技术能力，构建国家网络空间安全技术体系。加快推进安全可靠信息技术产品创新研发、应用和推广，形成信息技术产品自主发展的生态链，推进党政机关电子公文系统安全可靠应用。建立有利于网络安全产业良性发展的市场环境，加快培育我国网络安全龙头企业。加强对新技术、新应用、新业务的网络安全保障和前瞻布局。

专栏 16　网络安全保障能力建设工程

关键信息基础设施安全防护。组织实施信息安全专项，建立关键信息基础设施安全防护平台，支持关键基础设施和重要信息系统，整体提升安全防御能力。强化安全监管、综合防护的技术手段支撑，提升我国域名体系的网络安全和应急处置能力。 网络安全审查能力建设。开展网络安全审查关键技术研究，统筹建立网络设备、大数据、云计算等重点实验室。 网络安全标准能力提升。加强我国网络安全标准专业队伍建设，建设网络安全标准验证和检测平台，重点构建基于芯片和操作系统的安全评测，完善网络安全标准信息共享和实施情况跟踪评估机制。 党政机关信息系统安全防护。完善党政机关互联网信息汇聚平台，扩建网络安全态势感知系统、失泄密监管系统和防窃密技术支持系统，推进基层党政机关网站向安全可靠云服务平台迁移的试点示范。

五、优先行动

遵循信息化发展规律，区分轻重缓急、实现循序渐进，把现代基础设施建设、农村人口脱贫、社会事业发展、生态环境保护、人民生活改善等领域信息化摆在优先位置，积极回应各方诉求，让人民群众在信息化发展中有更多获得感。

（一）新一代信息网络技术超前部署行动

到 2018 年，开展 5G 网络技术研发和测试工作，互联网协议第 6 版（IPv6）大规模部署和商用；到 2020 年，5G 完成技术研发测试并商用部署，互联网全面演进升级至 IPv6，未来网络架构和关键技术取得重大突破。

1. 加快推进 5G 技术研究和产业化。统筹国内产学研用力量，推进 5G 关键技术研发、技术试验和标准制定，提升 5G 组网能力、业务应用创新能力。着眼 5G 技术和业务长期发展需求，统筹优化 5G 频谱资源配置，加强无线电频谱管理。适时启动 5G 商用，支持企业发展面向移动互联网、物联网的 5G 创新应用，积极拓展 5G 业务应用领域。

2. 加快推进下一代广播电视网建设与融合。统筹有线无线卫星协调发展，提升广播电视海量视频内容和融合媒体创新业务的承载能力，推动有线无线卫星融合一体化及与互联网的融合发展，构建天地一体、互联互通、宽带交互、智能协调、可管可控的广播电视融合传输覆盖网，支持移动、宽带、交互、跨屏广播电视融合业务的开展。

3. 推动下一代互联网商用进程。加快网络基础设施全面向 IPv6 演进升级，提升内容分发网络对 IPv6 内容的快速分发能力。加快 IPv6 终端和应用系统研发，推动智能终端支持 IPv6，实现 4G 对

IPv6 的端到端支持。加快推动基于 IPv6 的移动互联网商用进程，积极引导商业网站、政府及公共企事业单位网站向 IPv6 迁移。

4. 超前布局未来网络。布局未来网络架构，加快工业互联网、能源互联网、空间互联网等新型网络设施建设，推动未来网络与现有网络兼容发展。加快构建未来网络技术体系，加快建立国家级网络试验床，推进未来网络核心技术重点突破和测试验证。加强未来网络安全保障，积极防范未来网络安全风险。

（二）北斗系统建设应用行动

到 2018 年，面向"一带一路"沿线及周边国家提供基本服务；到 2020 年，建成由 35 颗卫星组成的北斗全球卫星导航系统，为全球用户提供服务。

1. 统筹推进北斗建设应用。进一步完善北斗卫星导航产业的领导协调机制，持续推进北斗系统规划、建设、产业、应用等各层面发展。加快地基增强系统建设，搭建北斗高精度位置服务平台，积极开展应用示范。

2. 加强北斗核心技术突破。加大研发支持力度，整合产业资源，完善型谱规划，综合提升北斗导航芯片的性能、功耗、成本等指标，鼓励与通信、计算、传感等芯片的集成发展，推动北斗卫星导航系统及其兼容产品在政府部门的应用，提高产业竞争力。

3. 加快北斗产业化进程。开展行业应用示范，推动北斗系统在国家核心业务系统和交通、通信、广电、水利、电力、公安、测绘、住房城乡建设、旅游等重点领域应用部署。推动北斗导航产业链的发展和完善，促进高精度芯片、终端制造和位置服务产业综合发展。

4. 开拓卫星导航服务国际市场。服务共建"一带一路"倡议，实施卫星导航产业国际化发展综合服务工程，加快海外北斗卫星导航地基增强系统建设，推进北斗在亚太的区域性基站和位置服务平台建设，加快建立国际化的产业技术联盟和专利池。

（三）应用基础设施建设行动

到 2018 年，云计算和物联网原始创新能力显著增强，新建大型云计算数据中心电能使用效率（PUE）值不高于 1.5；到 2020 年，形成具有国际竞争力的云计算和物联网产业体系，新建大型云计算数据中心 PUE 值不高于 1.4。

1. 统筹规划全国数据中心建设布局。优化大型、超大型数据中心布局，杜绝数据中心和相关园区盲目建设。加快推动现有数据中心的节能设计和改造，有序推进绿色数据中心建设。

2. 提升云计算自主创新能力。培育发展一批具有国际竞争力的云计算骨干企业，发挥企业创新主体作用，增强云计算技术原始创新能力，尽快在云计算平台大规模资源管理与调度、运行监控与安全保障、大数据挖掘分析等关键技术和核心软硬件上取得突破。鼓励互联网骨干企业开放平台资源，加强行业云服务平台建设，支持政务系统和行业信息系统向云平台迁移，建设基于云计算的国家科研信息化基础设施，打造"中国科技云"。

3. 积极推进物联网发展。推进物联网感知设施规划布局，发展物联网开环应用。实施物联网重大应用示范工程，推进物联网应用区域试点，建立城市级物联网接入管理与数据汇聚平台，深化物联网在城市基础设施、生产经营等环节中的应用。

（四）数据资源共享开放行动

到 2018 年，形成公共数据资源开放共享的法规制度和政策体系，建成国家政府数据统一共享交换和开放平台，跨部门数据资源共享共用格局基本形成；到 2020 年，实现民生保障服务等领域的政府数据集向社会开放。

1. 构建全国信息资源共享体系。制定政府数据资源共享管理办法，梳理制定政府数据资源共享目录体系，构建政府数据统一共享交换平台，推动信息资源跨部门跨层级互通和协同共享，打通信息壁垒。

2. 稳步实施公共信息资源共享开放。各地区、各部门根据职能，梳理本地区、本部门所产生和管理的数据集，编制数据共享开放目录，依法推进数据开放。充分利用已有设施资源，建立统一的政府数据共享和开放平台。优先开放人民群众迫切需要、商业增值潜力大的数据集。加强对开放数据的更新维护，不断扩大数据开放范围，保证动态及时更新。

3. 规范数据共享开放管理。加强共享开放数据的全生命周期管理。建立共享开放数据汇聚、存储和安全的管理机制。按照网络安全管理和密码管理等规范标准，加快应用自主核心技术及软硬件产品，提升数据开放平台的安全保障水平。加强数据再利用安全管理。

（五）“互联网 + 政务服务”行动

到 2017 年，80 个信息惠民国家试点城市初步实现政务服务跨区域、跨层级、跨部门“一号申请、一窗受理、一网通办”，形成方便快捷、公平普惠、优质高效的政务服务信息体系；到 2020 年，全国范围内实现“一号一窗一网”目标，服务流程显著优化，服务模式更加多元，服务渠道更为畅通，群众办事满意度显著提升。

1. 构建统一的政务服务信息系统。依托统一的数据共享交换平台，推动各部门业务系统互通对接、信息共享和业务协同，形成“前台综合受理、后台分类审批、统一窗口出件”的服务模式，拓展自助服务、社区代办、邮政快递等服务渠道，构建跨区域、跨层级、网上网下一体化的政务服务体系，实现一窗口受理、一平台共享、一站式服务。

2. 建立电子证照体系和共享互认机制。按照分散集中相结合原则，建设自然人电子证照库，推进制证系统、业务办理系统与电子证照库对接联通，实现相关信息一次生成、多方复用，一库管理、互认共享。研究制定电子证照规范标准，建立跨区域电子证照互认共享机制，推进跨层级、跨区域、跨部门的电子证照互认共享，逐步实现全国范围内异地业务办理。

3. 建立完善统一身份认证体系。以公民身份号码为唯一标识，探索运用生物特征及网络身份识别等技术，联通整合实体政务服务大厅、政府网站、移动客户端、自助终端、服务热线等不同渠道的用户认证，形成基于公民身份号码的线上线下互认的群众办事统一身份认证体系，实现群众办事多个渠道的一次认证、多点互联、无缝切换。

4. 构建便民服务“一张网”。梳理整合教育、医疗卫生、社会救助、社会福利、社区服务、婚姻登记、劳动就业、住房公积金、社会保障、计划生育、住房保障、法律服务、法治宣传、公共安全等民生服务领域的网上服务资源，联通各个网上办事渠道，构建便民服务“一张网”，实现一次认证、一网通办。

（六）美丽中国信息化专项行动

到 2018 年，自然资源和生态环境动态监测网络和监管体系基本建成，能源互联网建设取得明显成效；到 2020 年，能源利用效率显著提升，生产生活方式绿色化水平大幅提升。

1. 推进“互联网 + 智慧能源”发展。探索建设多能源互补、分布式协调、开放共享的能源互联网，构建清洁低碳、高效安全的现代能源体系。推进绿色能源网络发展，构建能源消费生态体系，发展用户端智慧用能，促进能源共享经济发展和能源自由交易。实施国家能源管理与监管信息化工程，建立基于互联网的区域能源生产监测和管理调度信息公共服务平台，建设重点用能单位能耗在线监测系统。

2. 加强自然资源动态监测和监管。实施自然资源监测监管信息工程，建立全天候的自然资源监测技术体系，构建面向土地、海洋、能源、矿产资源、水、森林、草原、大气等多种资源的立体监控系统。加强国土资源基础数据建设，建设不动产登记信息管理基础平台和农村土地流转管理信息平台，建立纵向联动、横向协同、互联互通的自然资源信息共享服务平台，为资源监管、国土空间优化开发提供有效支撑。推进测绘地理信息领域信息化建设，强化全国卫星导航定位基准站统筹建设和管理，建设地理信息公共服务平台。

3. 创新区域环境污染防治与管理。实施生态环境监测网络建设工程，建立全天候、多层次的污染物排放与监控智能多源感知体系。支持利用物联网、云计算、大数据、遥感、数据融合等技术，开展大气、水和土壤环境分析，建立污染源清单。开展环境承载力评估试点，加强环境污染预测预警，建立环境污染源管理和污染物减排决策支持系统。推进京津冀、长江经济带、生态森林等重点区域、领域环境监测信息化建设，提高区域流域环境污染联防联控和共治能力。

4. 大力发展绿色智慧产业。利用新一代信息技术提升环保技术装备水平，增强环保服务能力。探索培育用能权、用水权、碳排放权、排污权网上交易市场。大力推动“互联网+”再生资源回收利用、产业废弃物资源化利用，建立规范有序的回收利用体系，提升正逆向物流的耦合度，推动垃圾收运体系与再生资源回收体系的“两网融合”。在城乡固体废弃物分类回收、主要品种再生资源在线交易、再制造、产业共生平台等领域开展示范工程建设。鼓励老旧高耗能设备淘汰退网和绿色节能新技术应用，鼓励企业研发、应用节能型服务器，降低设备能耗。

（七）网络扶贫行动

到2018年，建立网络扶贫信息服务体系，试点地区基本实现网络覆盖、信息覆盖、服务覆盖；到2020年，完成对832个贫困县、12.8万个贫困村的网络覆盖，电商服务通达乡镇，通过网络教育、网络文化、互联网医疗等帮助贫困地区群众提高文化素质、身体素质和就业能力。

1. 实施网络覆盖工程。加快贫困地区互联网建设和应用步伐，鼓励电信企业积极承担社会责任，确保宽带进村入户与脱贫攻坚相向而行。加快推进贫困地区网络覆盖，深入落实提速降费，探索面向贫困户的网络资费优惠。加快安全可靠移动终端研发和生产应用，推动民族语言语音、视频技术和软件研发，降低少数民族使用移动终端和获取信息服务的语言障碍。

2. 实施电商扶贫工程。鼓励电子商务企业面向农村地区推动特色农产品网上定制化销售、推动贫困地区农村特色产业发展，组织知名电商平台为贫困地区开设扶贫频道，建立贫困县名优特产品网络博览会。依托现有全国乡村旅游电商平台，发展“互联网+旅游”扶贫，推进网上“乡村旅游后备箱工程”、“一村一品”产业建设专项行动。扶持偏远、特困地区的支付服务网络建设。加快建设完善贫困地区产品质量管理、信用和物流服务体系。

3. 实施网络扶智工程。充分应用信息技术推动远程教育，促进优质教育资源城乡共享。加强对县、乡、村各级工作人员的职业教育和技能培训，丰富网络专业知识。支持大学生村官、“三支一扶”人员等基层服务项目参加人员和大学生返乡开展网络创业创新，提高贫困地区群众就业创业能力。

4. 实施扶贫信息服务工程。逐步推进省级以下各级各部门涉农信息平台的“一站式”整合，建立网络扶贫信息服务体系，充分利用全国集中的扶贫开发信息系统以及社会扶贫信息服务平台，促进跨部门扶贫开发信息共享，使脱贫攻坚服务随时随地四通八达，扶贫资源因人因事随需配置。

5. 实施网络公益工程。加快推进网络扶贫移动应用程序（APP）开发使用，宣传国家扶贫开发政策，丰富信息内容服务，普及农业科技知识，涵盖社交、商务、交通、医疗、教育、法律援助等行业应用。依托中国互联网发展基金会、中国扶贫志愿服务促进会等成立网络公益扶贫联盟，广泛动员网信企业、广大网民参与网络扶贫行动。构筑贫困地区民生保障网络系统，建设社会救助综合信息化平台，提供个性化、针对性强的社会救助服务。

（八）新型智慧城市建设行动

到2018年，分级分类建设100个新型示范性智慧城市；到2020年，新型智慧城市建设取得显著成效，形成无处不在的惠民服务、透明高效的在线政府、融合创新的信息经济、精准精细的城市治理、安全可靠的运行体系。

1. 分级分类推进新型智慧城市建设。围绕新型城镇化、京津冀协同发展、长江经济带发展等战略部署，根据城市功能和地理区位、经济水平和生活水平，加强分类指导，差别化施策，统筹各类试点示范。支持特大型城市对标国际先进水平，打造世界级智慧城市群。支持省会城市增强辐射带动作用，形成区域性经济社会活动中心。指导中等城市着眼城乡统筹，缩小数字鸿沟，促进均衡发展。推动小城镇发展智慧小镇、特色小镇，实现特色化、差异化发展。开展新型智慧城市评价，突出绩效导向，强化为民服务，增强人民群众在智慧城市建设中的获得感。探索可复制可推广的创新发展经验和建设运营模式，以点带面，以评促建，促进城镇化发展质量和水平全面提升。

2. 打造智慧高效的城市治理。推进智慧城市时空信息云平台建设试点，运用时空信息大数据开展智慧化服务，提升城市规划建设和精细化管理服务水平。推动数字化城管平台建设和功能扩展，统筹推进城市规划、城市管网、园林绿化等信息化、精细化管理，强化城市运行数据的综合采集和管理分析，建立综合性城市管理数据库，重点推进城市建筑物数据库建设。以信息技术为支撑，完善社会治安防治防控网络建设，实现社会治安群防群治和联防联治，建设平安城市，提高城市治理现代化水平。深化信息化与安全生产业务融合，提升生产安全事故防控能力。建设面向城市灾害与突发事件的信息发布系统，提升突发事件应急处置能力。

3. 推动城际互联互通和信息共享。以标准促规范，加快建立新型智慧城市建设标准体系，制定分级分类的基础性标准以及信息服务、互联互通、管理机制等关键环节标准。深化网络基础设施共建共享，把互联网、云计算等作为城市基础设施加以支持和布局，促进基础设施互联互通。

4. 建立安全可靠的运行体系。加强智慧城市网络安全规划、建设、运维管理，研究制定城市网络安全评价指标体系。加快实施网络安全审查，对智慧城市建设涉及的重要网络和信息系统进行网络安全检查和风险评估，保证安全可靠运行。

（九）网上丝绸之路建设行动

到2018年，形成与中东欧、东南亚、阿拉伯地区等有关国家的信息经济合作大通道，促进规制互认、设施互联、企业互信和产业互融；到2020年，基本形成覆盖“一带一路”沿线国家和地区重点方向的信息经济合作大通道，信息经济合作应用范围和领域明显扩大。

1. 建设网上丝绸之路经济合作试验区。充分发挥地方积极性，鼓励国内城市与“一带一路”重要节点城市开展点对点合作，在各自城市分别建立网上丝绸之路经济合作试验区，推动双方在信息基础设施、智慧城市、电子商务、远程医疗、“互联网+”等领域开展深度合作。

2. 支持建立国际产业联盟。充分发挥企业的积极性，支持我国互联网企业、科研院所与国外互联网企业及相关机构发起建立国际产业联盟，形成网上丝绸之路的“软实力”，加速我国互联网企业与境外企业的合作进程，推动建立跨国互联网产业投融资平台，主导信息经济领域相关规范的研究制定，将我国互联网产业的比较优势转化为全球信息经济的主导优势。

3. 鼓励支持企业国际拓展。鼓励网信企业以共建电子商务交易平台、物流信息服务平台、在线支付服务平台等多种形式，构建新型信息经济国际合作平台，拓展平台设计、人才培育、创意推广、供应链服务等各类信息技术服务的国际市场，带动国际商品流通、交通物流提质增效。

（十）繁荣网络文化行动

到2018年，网络文化服务在公共文化服务体系中的比重明显上升，传统媒体和新兴媒体融合发展水平明显提升；到2020年，形成一批拥有较强实力的新型媒体集团和网络文化企业，优秀网络文化产品供给和输出能力显著提升。

1. 加快文化资源数字化进程。进一步推动文化信息资源库建设，深化文化信息资源的开发利用。继续实施全国文化信息资源共享工程、数字图书馆推广工程和公共电子阅览室建设计划。进一步实施公共文化资源网络开放，建设适合网络文化管理和社会公共服务的基础信息数据库群、数据综合管理与交换平台。实施网络文艺精品创作和传播工程，扶持优秀原创网络作品创作，支持优秀作品网络传播。扶持一批重点文艺网站。

2. 推动传统媒体与新兴媒体融合发展。围绕建立立体多样、融合发展的网络文化传播机制和传播体系，研究把握现代新闻传播规律和新兴媒体发展规律，加快推动传统媒体和新兴媒体融合发展，推动各种媒介资源、生产要素有效整合，推动信息内容、技术应用、平台终端、人才队伍共享融通，着力打造一批形态多样、手段先进、具有竞争力的新型主流媒体，建成若干拥有强大实力和传播力公信力影响力的新型媒体集团。

3. 加强网络文化阵地建设。加快国家骨干新闻媒体的网络化建设，做大做强中央主要新闻网站和地方重点新闻网站，培育具有国际影响力的现代传媒集团。推动多元网络文化产业发展与整合，培育一批创新能力强、专业素质高、具有国际影响力的网络文化龙头企业，增强优秀网络文化产品创新和供给能力。

4. 大力发展网络文化市场。规范网络文化传播秩序，综合利用法律、行政、经济和行业自律等手段，完善网络文化服务准入和退出机制。加大网络文化执法力度，发展网络行业协会，推动网络社会化治理。大力培育网络文化知识产权，严厉打击网络盗版行为，提升网络文化产业输出能力。

（十一）在线教育普惠行动

到2018年，“宽带网络校校通”、“优质资源班班通”、“网络学习空间人人通”取得显著进展；到2020年，基本建成数字教育资源公共服务体系，形成覆盖全国、多级分布、互联互通的数字教育资源云服务体系。

1. 促进在线教育发展。建设适合我国国情的在线开放课程和公共服务平台，支持具有学科专业和现代教学技术优势的高等院校开放共享优质课程，提供全方位、高质量、个性化的在线教学服务。支持党校、行政学院、干部学院开展在线教育。

2. 创新教育管理制度。推进在线开放课程学分认定和管理制度创新，鼓励高等院校将在线课程纳入培养方案和教学计划。加强对在校教师和技术人员开展在线课程建设、课程应用以及大数据分析等方面培训。

3. 缩小城乡学校数字鸿沟。完善学校教育信息化基础设施建设，基本实现各级各类学校宽带网络全面覆盖、网络教学环境全面普及，通过教育信息化加快优质教育资源向革命老区、民族地区、边远地区、贫困地区覆盖，共享教育发展成果。

4. 加强对外交流合作。运用在线开放课程公共服务平台，推动国际科技文化交流，优先引进前沿理论、工程技术等领域的优质在线课程。积极推进我国大规模在线开放课程（慕课）走出去，大力弘扬中华优秀传统文化。

（十二）健康中国信息服务行动

到2018年，信息技术促进医疗健康服务便捷化程度大幅提升，远程医疗服务体系基本形成；到2020年，基于感知技术和产品的新型健康信息服务逐渐普及，信息化对实现人人享有基本医疗卫生服务发挥显著作用。

1. 打造高效便捷的智慧健康医疗便民惠民服务。实施国民电子健康信息服务计划，完善基于新型信息技术的互联网健康咨询、预约分诊、诊间结算、移动支付和检验检查结果查询、随访跟踪等服务，为预约患者和预约转诊患者优先安排就诊，全面推行分时段预约。

2. 全面推进人口健康信息服务体系。全面建成统一权威、互联互通的人口健康信息平台，强化公共卫生、计划生育、医疗服务、医疗保障、药品供应、综合管理等应用信息系统数据集成、集成共享和业务协同，基本实现城乡居民拥有规范化的电子健康档案和功能完备的健康卡。实施健康中国云服务计划，构建健康医疗服务集成平台，提供远程会诊、远程影像、病理结果、心电诊断服务，健全检查检验结果互认共享机制。运用互联网手段，提高重大疾病和突发公共卫生事件应急能力，建立覆盖全国医疗卫生机构的健康传播和远程教育视频系统。完善全球公共卫生风险监测预警决策系统，建立国际旅行健康网络，为出入境人员提供旅行健康安全保障服务。

3. 促进和规范健康医疗大数据应用。推进健康医疗临床和科研大数据应用，加强疑难疾病等重点方面的研究，推进基因芯片和测序技术在遗传性疾病诊断、癌症早期诊断和疾病预防检测中的应用，推动精准医疗技术发展。推进公共卫生大数据应用，全面提升公共卫生监测评估和决策管理能力。推动健康医疗相关的人工智能、生物三维打印、医用机器人、可穿戴设备以及相关微型传感器等技术和产品在疾病预防、卫生应急、健康保健、日常护理中的应用，推动由医疗救治向健康服务转变。

六、政策措施

（一）完善法律法规，健全法治环境

完善信息化法律框架，统筹信息化立法需求，优先推进电信、网络安全、密码、个人信息保护、电子商务、电子政务、关键信息基础设施等重点领域相关立法工作。加快推动政府数据开放、互联网信息服务管理、数据权属、数据管理、网络社会管理等相关立法工作。完善司法解释，推动现有法律延伸适用到网络空间。理顺网络执法体制机制，明确执法主体、执法权限、执法标准。加强部门信息共享与执法合作，创新执法手段，形成执法合力。提高全社会自觉守法意识，营造良好的信息化法治环境。

（二）创新制度机制，优化市场环境

加大信息化领域关键环节市场化改革力度，推动建立统一开放、竞争有序的数字市场体系。加快开放社会资本进入基础电信领域竞争性业务，形成基础设施共建共享、业务服务相互竞争的市场格局。健全并强化竞争性制度和政策，放宽融合性产品和服务准入限制，逐步消除新技术、新业务进入传统领域的壁垒，最大限度激发微观活力。建立网信领域市场主体准入前信用承诺制度，推动电信和互联网等行业外资准入改革，推动制定新兴行业监管标准，建立有利于信息化创新业务发展的行业监管模式。积极运用大数据分析等技术手段，加强对互联网平台企业、小微企业的随机抽查等事中事后监管，实施企业信用信息依法公示、社会监督和失信联合惩戒。推动建立网信领域信用管理机制，建立诚信档案、失信联合惩戒制度，加强网络资费行为监管，严格查处市场垄断行为。

（三）开拓投融资渠道，激发发展活力

综合运用多种政策工具，引导金融机构扩大对信息化企业信贷投放。鼓励创业投资、股权投资等基金积极投入信息化发展。规范有序开展互联网金融创新试点，支持小微企业发展。推进产融结合创新试点，探索股权债权相结合的融资服务。深化创业板改革，支持符合条件的创新型、成长型互联网企业上市融资，研究特殊股权结构的境外上市企业在境内上市的制度政策。鼓励金融机构加强产品和服务创新，在风险可控的前提下，加大对信息化重点领域、重大工程和薄弱环节的金融支持。积极发展知识产权质押融资、信用保险保单融资增信等新型服务，支持符合条件的信息通信类高新企业发行公司债券和非金融企业债务融资工具筹集资金。在具有战略意义、投资周期长的重点领域，积极探索政府和社会资本合作（PPP）模式，建立重大信息化工程PPP项目库，明确风险责任、收益边界，加强绩效评价，推动重大信息化工程项目可持续运营。

（四）加大财税支持，优化资源配置

完善产业投资基金机制，鼓励社会资本发起设立产业投资基金，重点引导基础软件、基础元器件、集成电路、互联网等核心领域产业投资基金发展。创新财政资金支持方式，统筹现有国家科技计划（专项、基金等），按规定支持关键核心技术研发和重大技术试验验证。强化中央财政资金的引导作用，完善政府采购信息化服务配套政策，推动财政支持从补建设环节向补运营环节转变。符合条件的企业，按规定享受相关税收优惠政策；落实企业研发费用加计扣除政策，激励企业增加研发投入，支持创新型企业发展。

（五）着力队伍建设，强化人才支撑

建立适应网信特点的人才管理制度，着力打破体制界限，实现人才的有序顺畅流动。建立完善科研成果、知识产权归属和利益分配机制，制定人才入股、技术入股以及税收等方面的支持政策，提高科研人员特别是主要贡献人员在科技成果转化中的收益比例。聚焦信息化前沿方向和关键领域，依托国家"千人计划"等重大人才工程和"长江学者奖励计划"等人才项目，加快引进信息化领军人才。开辟专门渠道，实施特殊政策，精准引进国家急需紧缺的特殊人才。加快完善外国人才来华签证、永久居留制度。建立网信领域海外高端人才创新创业基地，完善配套服务。建立健全信息化专家咨询制度，引导构建产业技术创新联盟，开展信息化前瞻性、全局性问题研究。推荐信息化领域优秀专家到国际组织任职。支持普通高等学校、军队院校、行业协会、培训机构等开展信息素养培养，加强职业信息技能培训，开展农村信息素养知识宣讲和信息化人才下乡活动，提升国民信息素养。

（六）优化基础环境，推动协同发展

完善信息化标准体系，建立国家信息化领域标准化工作统筹推进机制，优化标准布局，加快关键领域标准制修订工作，提升标准实施效益，增强国际标准话语权。加强知识产权运用和保护，制定融合领域关键环节的专利导航和方向建议清单，鼓励企业开展知识产权战略储备与布局；加快推进专利信息资源开放共享，鼓励大型信息服务企业和制造企业建立交叉交换知识产权池；建立知识产权风险管理体系，健全知识产权行政执法与司法保护优势互补、有机衔接的机制，提高侵权代价和违法成本。健全社会信用体系，加强各地区、各部门信用信息基础设施建设，推进信用信息平台无缝对接，全面推行统一的社会信用代码制度，构建多层次的征信和支付体系；加强分享经济等新业态信用建设，运用大数据建立以诚信为核心的新型市场监管机制。加快研究纳入国民经济和社会发展统计的信息化统计指标，建立完善信息化统计监测体系。

七、组织实施

各地区、各部门要进一步提高思想认识，在中央网络安全和信息化领导小组的统一领导和统筹部署下，把信息化工作提上重要日程，加强组织领导，扎实开展工作，提高信息化发展的整体性、系统性和协调性。中央网信办、国家发展改革委负责制定规划实施方案和年度工作计划，统筹推进各项重大任务、重点工程和优先行动，跟踪督促各地区、各部门的规划实施工作，定期开展考核评估并向社会公布考评情况。各有关部门要按照职责分工，分解细化任务，明确完成时限，加强协调配合，确保各项任务落地实施。地方各级人民政府要加强组织实施，落实配套政策，结合实际科学合理定位，扎实有序推动信息化发展。各地区、各部门要进一步强化责任意识，建立信息化工作问责制度，对工作不力、措施不实、造成严重后果的，要追究有关单位和领导的责任。

中央网信办、国家发展改革委要聚焦重点行业、重点领域和优先方向，统筹推进信息化试点示范工作，组织实施一批基础好、成效高、带动效应强的示范项目，防止一哄而起、盲目跟风，避免重复建设。各地区、各有关部门要发挥好试点示范作用，坚持以点带面、点面结合，边试点、边总结、边推广，推动信息化发展取得新突破。

附件：重点任务分工方案

附件：重点任务分工方案

序号	重点工作	负责单位
1	打造自主先进的技术体系，制定网络强国工程实施纲要，组织实施网络强国工程。	中央网信办、国家发展改革委、工业和信息化部牵头，科技部、公安部、中科院等按职责分工负责
2	强化战略性前沿技术超前布局，加强新技术和新材料的基础研发和前沿布局，组织实施核心技术超越工程。	科技部牵头，国家发展改革委、工业和信息化部、中央网信办、中科院、工程院、中央军委科学技术委员会等按职责分工负责
3	推进产业生态体系协同创新，统筹基础研究、技术创新、产业发展、市场应用、标准制定与网络安全各环节联动协调发展，组织实施信息产业体系创新工程。	中央网信办、国家发展改革委、工业和信息化部牵头，科技部、公安部、教育部、国务院国资委、国家标准委、国家知识产权局等按职责分工负责
4	加快高速宽带网络建设，全面推进三网融合。	工业和信息化部、新闻出版广电总局牵头，国家发展改革委、财政部、公安部、中央网信办等按职责分工负责
5	加强规划设计和组织实施，消除宽带网络接入"最后一公里"瓶颈，进一步推进网络提速降费。	工业和信息化部牵头，中央网信办、国家发展改革委、住房城乡建设部、国务院国资委等按职责分工负责
6	建设陆海空天一体化信息基础设施，建立国家网络空间基础设施统筹协调机制，加快空间互联网部署，组织实施陆海空天一体化信息网络工程。	工业和信息化部、国家发展改革委、中央网信办、国家国防科工局牵头，公安部、财政部、国家海洋局、军队有关部门等按职责分工负责
7	统筹建设综合基础设施，加快电网、铁路、公路、水利等公共设施和市政基础设施智能化转型。	国家发展改革委、工业和信息化部、交通运输部、国家铁路局、国家能源局、住房城乡建设部、水利部、科技部、国务院国资委、国家标准委、国家海洋局等按职责分工负责
8	优化国家频谱资源配置，加强无线电频谱管理，合理规划利用卫星频率和轨道资源。	工业和信息化部牵头，新闻出版广电总局、国家国防科工局、军队有关部门等按职责分工负责
9	加快农村及偏远地区网络覆盖，组织开展电信普遍服务试点工作，组织实施宽带乡村和中西部地区中小城市基础网络完善工程。	工业和信息化部、财政部、国家发展改革委等按职责分工负责

（续）

序号	重点工作	负责单位
10	加强数据资源规划建设，加快推进政务数据资源、社会数据资源、互联网数据资源建设，组织实施国家大数据发展工程。	国家发展改革委、中央网信办牵头，中央办公厅、国务院办公厅、工业和信息化部、公安部、工商总局、交通运输部、国家卫生计生委、环境保护部、人力资源社会保障部、科技部、安全监管总局、国家国防科工局、国家海洋局等按职责分工负责
11	加强数据资源管理，建立数据产权保护、数据开放、隐私保护相关政策法规和标准体系。	国家发展改革委、中央网信办牵头，工业和信息化部、公安部、国务院法制办、国家标准委、国家国防科工局等按职责分工负责
12	推动数据资源应用，稳步推进公共数据资源向社会开放，组织实施国家互联网大数据平台建设工程。	国家发展改革委、中央网信办牵头，国务院办公厅、工业和信息化部、科技部、公安部、人力资源社会保障部、国土资源部、文化部、人民银行、工商总局、质检总局、安全监管总局、国务院法制办、国家统计局、国家测绘地信局、中科院、国家国防科工局、国家海洋局等按职责分工负责
13	加强数据安全保护，实施大数据安全保障工程，建立跨境数据流动安全监管制度。	中央网信办、工业和信息化部、公安部牵头，安全部、海关总署、国家国防科工局、国家密码局等按职责分工负责
14	组织实施“互联网＋”重大工程，推进“互联网＋”行动。	国家发展改革委牵头，工业和信息化部、中央网信办、公安部、农业部、人民银行、国家能源局、质检总局等按职责分工负责
15	推进信息化和工业化深度融合，实施“中国制造2025”，组织实施制造业与互联网融合发展应用与推广工程。	工业和信息化部牵头，国家发展改革委、质检总局、安全监管总局等按职责分工负责
16	推进农业信息化，实施“互联网＋”现代农业行动，组织实施农业农村信息化工程。	农业部、水利部牵头，国家发展改革委、工业和信息化部、商务部、国家统计局、质检总局等按职责分工负责
17	发展电子商务，大力推进“互联网＋流通”发展，加强智慧流通基础设施建设，支持移动电商、社区电商、农村电商和跨境电商等新型电商模式发展。	商务部牵头，工业和信息化部、国家发展改革委、农业部、交通运输部、国家卫生计生委、教育部、国家统计局、海关总署、质检总局、中央网信办等按职责分工负责
18	培育发展新兴业态，组织实施信息经济创新发展工程。	中央网信办、国家发展改革委牵头，工业和信息化部、农业部、商务部、交通运输部、人民银行等按职责分工负责
19	统筹发展电子政务，建立国家电子政务统筹协调机制，统筹共建电子政务公共基础设施，加快推进人大信息化建设，加快政协信息化建设，大力推进“智慧法院”建设，积极打造“智慧检务”，加强国家电子文件管理。	中央网信办、国家发展改革委牵头，中央办公厅、国务院办公厅、全国人大常委会办公厅、全国政协办公厅、最高人民法院、最高人民检察院、工业和信息化部、科技部、公安部、国家标准委等按职责分工负责
20	区分轻重缓急分级分类持续推进打破信息壁垒和孤岛，采取授权使用等机制解决信息安全问题，构建统一高效、互联互通、安全可靠的国家数据资源体系，打通各部门信息系统，推动信息跨部门跨层级共享共用。“十三五”时期在政府系统率先消除信息孤岛。	国家发展改革委、中央网信办牵头，各有关部门按职责分工负责

（续）

序号	重点工作	负责单位
21	创新社会治理，加快建设安全生产隐患排查治理体系、风险预防控制体系和社会治安立体防控体系，推进网上综合防控体系建设，建立和完善自然灾害综合管理信息系统、重大和重要基础设施综合管理信息系统、安全生产监管信息系统、国家应急平台、社会治安综合治理信息系统和公安大数据中心。	公安部、民政部、国家发展改革委、安全监管总局、司法部、国务院办公厅、中央网信办等按职责分工负责
22	实施信息惠民工程，拓展民生服务渠道，创新民生服务供给模式，加快推进交通一卡通互联互通，建立全人群覆盖、全天候受理、公平普惠的民生公共服务体系。	国家发展改革委牵头，财政部、教育部、公安部、民政部、人力资源社会保障部、国家卫生计生委、国家民委、司法部、交通运输部、国家标准委等按职责分工负责
23	建立健全网信军民融合机制，加快网信军民融合立法进程，实施军地网信人才融合发展计划。	中央网信办、中央军委战略规划办公室牵头，国家发展改革委、工业和信息化部、公安部、国家国防科工局、国务院法制办、中央军委训练管理部、中央军委装备发展部等按职责分工负责
24	推进信息基础设施共建共用共享，组织实施网信军民深度融合工程。	中央网信办、中央军委战略规划办公室牵头，国家发展改革委、工业和信息化部、公安部、国家国防科工局、中央军委训练管理部、中央军委装备发展部等按职责分工负责
25	加快军民技术双向转化，有序推动军民重点实验室互相开放，发展军民一体信息产业。	中央网信办、中央军委战略规划办公室牵头，国家发展改革委、科技部、工业和信息化部、国家国防科工局、中央军委装备发展部、中央军委科学技术委员会、国家标准委等按职责分工负责
26	建立开放共赢的国际合作体系，组织实施信息化国际枢纽工程。	国家发展改革委、中央网信办、中央军委装备发展部牵头，外交部、商务部、工业和信息化部、科技部、国家国防科工局、中科院、国家标准委等按职责分工负责
27	鼓励和支持网信企业走出去，推动区域数字经济合作，实施网信援外计划，加快推进中国标准走出去。	中央网信办牵头，国家发展改革委、财政部、工业和信息化部、商务部、外交部、国家标准委等按职责分工负责
28	健全企业走出去境外维权援助体系，完善领事保护机制，建立公益性专利信息服务平台。	外交部、国家知识产权局、中央网信办等按职责分工负责
29	顺应广大人民群众呼声，加强对网络安全环境的治理，依法严厉打击网络电信诈骗等违法行为，形成高压态势，让人民群众安全放心使用网络。	公安部牵头，工业和信息化部、人民银行、中央网信办等按职责分工负责
30	依法加强网络空间治理，组织实施网络内容建设工程。	中央网信办牵头，中央宣传部、文化部、公安部、新闻出版广电总局、国家保密局等按职责分工负责
31	加强互联网基础资源管理，建设网络可信体系，探索建立全国统一的网络证照服务体系。	中央网信办、公安部、工业和信息化部牵头，其他相关部门按职责分工负责
32	创新网络社会治理，组织实施网络文明建设工程。	中央网信办牵头，中央宣传部、中央文明办、民政部、公安部、文化部等按职责分工负责
33	深度参与国际网络空间治理，推动建立多边、民主、透明的国际互联网治理体系。	中央网信办、外交部牵头，工业和信息化部、公安部等按职责分工负责

（续）

序号	重点工作	负责单位
34	强化网络安全顶层设计，完善网络安全法律法规体系，建立完善网络安全管理制度和标准体系，创建一流网络安全学院。	中央网信办牵头，工业和信息化部、公安部、教育部、国务院法制办、国家标准委等按职责分工负责
35	构建关键信息基础设施安全保障体系。	中央网信办、公安部、国家保密局牵头，中央办公厅、国家发展改革委、工业和信息化部、安全部、财政部、国家国防科工局、国家密码局等按职责分工负责
36	实施网络安全审查制度。	中央网信办牵头，公安部、工业和信息化部、安全部、科技部、国家国防科工局等按职责分工负责
37	全天候全方位感知网络安全态势，组织实施网络安全监测预警和应急处置工程。	中央网信办、公安部牵头，工业和信息化部、国家发展改革委、国家保密局等按职责分工负责
38	强化网络安全科技创新能力，组织实施网络安全保障能力建设工程。	中央网信办、国家发展改革委牵头，科技部、工业和信息化部、公安部、国家标准委、国家保密局等按职责分工负责
39	组织实施信息安全专项，建立关键信息基础设施安全防护平台，支持关键基础设施和重要信息系统，整体提升安全防御能力。	国家发展改革委牵头，中央网信办、工业和信息化部、公安部、国务院国资委等按职责分工负责
40	组织实施新一代信息网络技术超前部署行动，加快推进5G技术研究和产业化，加快推进下一代广播电视网建设与融合，推动下一代互联网商用进程，超前布局未来网络。	工业和信息化部、新闻出版广电总局、国家发展改革委、科技部、中科院、中央网信办等按职责分工负责
41	组织实施北斗系统建设应用行动，统筹推进北斗建设应用，加强北斗核心技术突破，加快北斗产业化进程，开拓卫星导航服务国际市场。	中央网信办、中央军委装备发展部、中央军委联合参谋部、国家发展改革委牵头，工业和信息化部、科技部、财政部、公安部、国家国防科工局、国家测绘地信局等按职责分工负责
42	组织实施应用基础设施建设行动，统筹规划全国数据中心建设布局，提升云计算自主创新能力，积极推进物联网发展。	国家发展改革委、工业和信息化部、科技部、财政部、中央网信办、公安部等按职责分工负责
43	组织实施数据资源共享开放行动，构建全国信息资源共享体系，稳步实施公共信息资源共享开放，规范数据共享开放管理。	国家发展改革委牵头，中央网信办、工业和信息化部、公安部等按职责分工负责
44	组织实施“互联网＋政务服务”行动，构建形成方便快捷、公平普惠、优质高效的政务服务信息系统。	国务院办公厅、国家发展改革委牵头，财政部、教育部、公安部、民政部、人力资源社会保障部、住房城乡建设部、国家卫生计生委、国务院法制办、国家标准委、司法部、安全监管总局等按职责分工负责
45	组织实施美丽中国信息化专项行动，加强自然资源动态监测和监管，创新区域环境污染防治与管理，大力发展绿色智慧产业。推进“互联网＋智慧能源”发展。	环境保护部牵头，国家发展改革委、国家能源局、国土资源部、工业和信息化部、水利部、国家海洋局等按职责分工负责
46	组织实施网络扶贫行动，实施网络覆盖工程、电商扶贫工程、网络扶智工程、扶贫信息服务工程、网络公益工程。	中央网信办、国家发展改革委、国务院扶贫办牵头，中央组织部、教育部、科技部、工业和信息化部、民政部、财政部、人力资源社会保障部、交通运输部、农业部、水利部、商务部、国家卫生计生委、国家旅游局、国家邮政局、共青团中央、全国妇联、国家民委、司法部、供销合作总社等按职责分工负责

（续）

序号	重点工作	负责单位
47	组织实施新型智慧城市建设行动，分级分类推进新型智慧城市建设，打造智慧高效的城市治理，推动城际互联互通和信息共享，建立安全可靠的运行体系。	国家发展改革委、中央网信办牵头，住房城乡建设部、科技部、工业和信息化部、公安部、安全监管总局等按职责分工负责
48	组织实施网上丝绸之路建设行动，推动网上丝绸之路经济合作试验区建设。	国家发展改革委、中央网信办牵头，工业和信息化部、财政部、商务部、海关总署、税务总局、工商总局、质检总局、社科院等按职责分工负责
49	组织实施繁荣网络文化行动，加快文化资源数字化进程，推动传统媒体与新兴媒体融合发展，加强网络文化阵地建设，大力发展网络文化市场。	中央网信办、文化部、中央宣传部、国家发展改革委、新闻出版广电总局、社科院等按职责分工负责
50	组织实施在线教育普惠行动，促进在线教育发展，创新教育管理制度，缩小城乡学校数字鸿沟，加强对外交流合作。	教育部牵头，中央组织部等按职责分工负责
51	组织实施健康中国信息服务行动，打造高效便捷的智慧健康医疗便民惠民服务，全面推进面向全民的人口健康信息服务体系，促进和规范健康医疗大数据应用，完善全球公共卫生风险监测预警决策系统，建立国际旅行健康网络，为出入境人员提供旅行健康安全保障服务。	国家卫生计生委、质检总局牵头，国家发展改革委、工业和信息化部、财政部、人力资源社会保障部、公安部、食品药品监管总局、国家中医药局、国家旅游局、外交部、交通运输部、中国民航局等按职责分工负责
52	加快信息化法律制度建设，优先推进电信、网络安全、密码、个人信息保护、电子商务、电子政务、关键信息基础设施等重点领域相关立法工作，加快推进政府数据开放、互联网信息服务管理、数据权属、数据管理、网络社会管理等相关立法工作。	中央网信办、全国人大常委会法工委、国务院法制办牵头，国家发展改革委、工业和信息化部、公安部、商务部、工商总局、国家保密局、国家密码局、国家国防科工局等按职责分工负责
53	推动信息化领域市场开放，健全并强化竞争性制度和政策，放宽融合性产品和服务准入限制，逐步消除新技术新业务进入传统领域的壁垒，最大限度激发微观活力。	国家发展改革委、工业和信息化部、中央网信办、社科院、国家保密局、商务部、工商总局、交通运输部、人民银行、银监会、证监会、保监会等按职责分工负责
54	创新监管制度，建立信息领域市场主体准入前信用承诺制度，完善电信和互联网等网信行业外资准入改革。	商务部、工商总局、中央网信办、工业和信息化部、公安部等按职责分工负责
55	强化事中事后监管，实施企业信用信息依法公示、社会监督和失信联合惩戒，推动建立网信领域信用管理机制，建立诚信档案和失信联合惩戒制度。	国家发展改革委、工商总局、商务部、人民银行、银监会、证监会、保监会、最高人民法院、最高人民检察院、工业和信息化部、公安部、安全监管总局等按职责分工负责
56	规范有序开展互联网金融创新试点，支持小微企业发展。推进产融结合创新试点，探索股权债权相结合的融资服务。深化创业板改革，支持符合条件的创新型、成长型互联网企业上市融资，研究特殊股权结构的境外上市企业在境内上市的制度政策。	人民银行、银监会、证监会、保监会、工业和信息化部、国家发展改革委、中央网信办、工商总局、商务部等按职责分工负责
57	完善金融服务，积极发展知识产权质押融资、信用保险保单融资增信等新型服务，支持符合条件的信息通信类高新企业发行公司债券，通过债券融资方式支持信息化发展。	人民银行、工业和信息化部、银监会、证监会、保监会、国家知识产权局等按职责分工负责
58	完善产业投资基金机制，鼓励社会资本发起设立产业投资基金。	国家发展改革委、财政部、工业和信息化部、科技部等按职责分工负责

（续）

序号	重点工作	负责单位
59	统筹现有国家科技计划（专项、基金等），支持关键核心技术研发和重大技术试验验证，强化关键共性技术研发供给。	科技部、国家发展改革委、工业和信息化部等按职责分工负责
60	创新财政资金支持方式，强化中央财政资金引导，完善政府采购信息化服务配套政策。	财政部、国家发展改革委、工业和信息化部等按职责分工负责
61	落实企业研发费用加计扣除等支持创新型企业发展的税收优惠政策。	财政部、税务总局按职责分工负责
62	健全人才激励体制，建立适应网信特点的人事制度、薪酬制度、评价机制，建立信息化领域产权激励机制。	人力资源社会保障部、国家发展改革委、教育部、科技部、工业和信息化部、财政部、国家知识产权局、社科院按职责分工负责
63	加强海外高端人才引进力度，加快引进信息化人才，建立网信领域海外高端人才创新创业基地。	中央组织部、国家发展改革委、教育部、科技部、工业和信息化部、人力资源社会保障部、外交部、财政部、国家外专局、中科院、社科院、工程院按职责分工负责
64	加强高端智库建设，建立健全信息化领域专家咨询制度，引导构建产业技术创新联盟。	中央网信办、国家发展改革委、工业和信息化部牵头，教育部、科技部、中科院、社科院、国家外专局按职责分工负责
65	提升国民信息素养，支持普通高等学校、军队院校、行业协会、培训机构等开展信息素养培养，加大重点行业工人职业信息技能培训力度，完善失业人员再就业技能培训机制，开展农村信息素养知识宣讲和信息化人才下乡活动。	中央网信办牵头，教育部、民政部、人力资源社会保障部、农业部、中央军委训练管理部等按职责分工负责
66	健全和完善信息化标准体系，建立国家信息化标准统筹协调推进机制，开展关键领域标准制修订工作。	中央网信办、工业和信息化部、国家标准委牵头，国家发展改革委、科技部、公安部等按职责分工负责
67	加强知识产权运用和保护，制定融合领域关键环节的专利导航和方向建议清单，加快推进专利信息资源开放共享。	国家知识产权局、中央网信办等按职责分工负责
68	健全社会信用体系，持续推进各领域信用信息平台无缝对接，构建多层次的征信和支付体系。健全互联网领域信用体系，推动运用大数据建立以诚信为核心的新型市场监管机制。	国家发展改革委牵头，人民银行、工商总局、中央综治办、中央网信办、公安部等按职责分工负责
69	建立信息化统计监测体系，完善信息化统计监测工作机制。	中央网信办、国家统计局牵头，工业和信息化部、国家发展改革委等按职责分工负责
70	加强组织领导，加强全国信息化工作的统一谋划、统一部署、统一推进、统一实施。	中央网信办牵头，各地区、各部门按职责分工负责
71	有序推进实施，制定规划实施方案和年度工作计划，统筹推进规划确定的重大任务、重点工程和优先行动。	中央网信办、国家发展改革委牵头，各地区、各部门按职责分工负责
72	规范试点示范，防止一哄而起、盲目跟风，避免重复建设。	中央网信办、国家发展改革委牵头，各地区、各部门按职责分工负责
73	完善考核评估，向社会公开发布各地区、各部门信息化考核评估情况。	中央网信办、国家发展改革委牵头，各地区、各部门按职责分工负责
74	强化责任意识，建立信息化工作问责制度。	中央网信办、国家发展改革委牵头，各地区、各部门按职责分工负责

国家林业局关于印发《中国智慧林业发展指导意见》的通知

林信发〔2013〕131 号

各省、自治区、直辖市林业厅（局），内蒙古、吉林、龙江、大兴安岭、长白山森工（林业）集团公司，新疆生产建设兵团林业局，各计划单列市林业局，国家林业局各司局、各直属单位：

为深入贯彻落实党的十八大和全国林业厅局长会议精神，进一步提高全国林业信息化水平，为发展生态林业和民生林业、建设生态文明和美丽中国作出新贡献，我局组织制定了《中国智慧林业发展指导意见》，现印发给你们，请结合实际认真贯彻执行。

国家林业局
2013 年 8 月 21 日

中国智慧林业发展指导意见

第一章　智慧林业内涵与重要意义

一、智慧林业内涵及特征

（一）基本内涵。智慧林业是指充分利用云计算、物联网、大数据、移动互联网等新一代信息技术，通过感知化、物联化、智能化的手段，形成林业立体感知、管理协同高效、生态价值凸显、服务内外一体的林业发展新模式。

智慧林业是智慧地球的重要组成部分，是未来林业创新发展的必由之路，是统领未来林业工作、拓展林业技术应用、提升林业管理水平、增强林业发展质量、促进林业可持续发展的重要支撑和保障。具体分析如下：智慧林业与智慧地球、美丽中国紧密相联；智慧林业的核心是利用现代信息技术，建立一种智慧化发展的长效机制，实现林业高效高质发展；智慧林业的关键是通过制定统一的技术标准及管理服务规范，形成互动化、一体化、主动化的运行模式；智慧林业的目的是促进林业资源管理、生态系统构建、绿色产业发展等协同化推进，实现生态、经济、社会综合效益最大化。

智慧林业的本质是以人为本的林业发展新模式，不断提高生态林业和民生林业发展水平，实现林业的智能、安全、生态、和谐。智慧林业主要是通过立体感知体系、管理协同体系、生态价值体系、服务便捷体系等来体现智慧林业的智慧。具体内容如下：

——林业资源感知体系更加深入。通过智慧林业立体感知体系的建设，实现空中、地上、地下感知系统全覆盖，可以随时随地感知各种林业资源。

——林业政务系统上下左右通畅。通过打造国家、省、市、县一体化的林业政务系统，实现林业政务系统一体化、协同化，即上下左右信息充分共享、业务全面协同，并与其他相关行业政务系统链接。

——林业建设管理低成本高效益。通过智慧林业的科学规划建设，实现真正的共建共享，使各项工程建设成本最低，管理投入最少，效益更高。

——林业民生服务智能更便捷。通过智慧林业管理服务体系的一体化、主动化建设，使林农、林企等可以便捷地获取各项服务，达到时间更短、质量更高。

——林业生态文明理念更深入。通过智慧林业生态价值体系的建立及生态成果的推广应用，使生态文明的理念深入社会各领域、各阶层，使生态文明成为社会发展的基本理念。

（二）主要特征。智慧林业包括基础性、应用性、本质性的特征体系，其中基础性特征包括数字化、感知化、互联化、智能化，应用性特征包括一体化、协同化，本质性特征包括生态化、最优化，即智慧林业是基于数字化、感知化、互联化、智能化的基础之上，实现一体化、协同化、生态化、最优化(图1)。

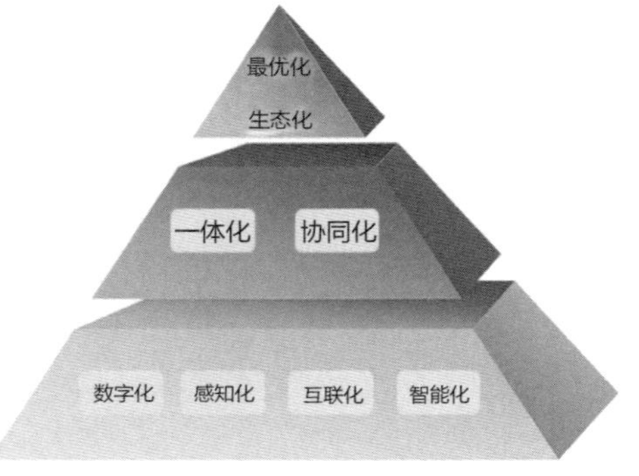

图1　智慧林业特征体系图

——林业信息资源数字化。实现林业信息实时采集、快速传输、海量存储、智能分析、共建共享。

——林业资源相互感知化。利用传感设备和智能终端，使林业系统中的森林、湿地、沙地、野生动植物等林业资源可以相互感知，能随时获取需要的数据和信息，改变以往“人为主体、林业资源为客体”的局面，实现林业客体主体化。

——林业信息传输互联化。互联互通是智慧林业的基本要求，建立横向贯通、纵向顺畅，遍布各个末梢的网络系统，实现信息传输快捷，交互共享便捷安全，为发挥智慧林业的功能提供高效网络通道。

——林业系统管控智能化。智能化是信息社会的基本特征，也是智慧林业运营基本要求，利用物联网、云计算、大数据等方面的技术，实现快捷、精准的信息采集、计算、处理等；应用系统管控方面，利用各种传感设备、智能终端、自动化装备等实现管理服务的智能化。

——林业体系运转一体化。一体化是智慧林业建设发展中最重要的体现，要实现信息系统的整合，将林业信息化与生态化、产业化、城镇化融为一体，使智慧林业成为一个更多的功能性生态圈。

——林业管理服务协同化。信息共享、业务协同是林业智慧化发展的重要特征，就是要使林业规划、管理、服务等各功能单位之间，在林权管理、林业灾害监管、林业产业振兴、移动办公和林业工程监督等林业政务工作的各环节实现业务协同，以及政府、企业、居民等各主体之间更加协同，在协同中实现现代林业的和谐发展。

——林业创新发展生态化。生态化是智慧林业的本质性特征，就是利用先进的理念和技术，进一步丰富林业自然资源、开发完善林业生态系统、科学构建林业生态文明，并融入到整个社会发展的生态文明体系之中，保持林业生态系统持续发展强大。

——林业综合效益最优化。通过智慧林业建设，就是形成生态优先、产业绿色、文明显著的智慧林业体系，进一步做到投入更低、效益更好，展示综合效益最优化的特征。

二、智慧林业产生背景

（一）智慧林业是建设生态文明的战略选择。党的十八大明确提出“新四化”和“五位一体”的战略部署，使“信息化”与“生态文明”成为两大突出亮点。在我国进入全面建成小康社会的决定性阶段，信息化成为发展的目标和路径，生态文明成为国家发展的重中之重。21 世纪是生态文明的世纪，随着以信息技术为代表的高新技术的推陈出新，未来的林业不仅越来越“生态化”，也越来越“智慧化”。智慧林业的到来必将带来林业生产力的又一次深刻变革，形成推动生态林业和民生林业发展的强劲动力，成为建设生态文明和美丽中国的战略选择。

生态文明是现代社会的高级文明形态。面对资源约束趋紧、环境污染严重、生态系统退化的严峻形势，党的十八大明确要求更加自觉地珍爱自然，更加积极地保护生态，努力走向社会主义生态文明新时代，将生态文明提到关系人民福祉、关乎民族未来的长远大计高度，树立尊重自然、顺应自然、保护自然的生态文明理念，把生态文明建设融入经济建设、政治建设、文化建设、社会建设全过程和各方面。生态文明是继原始文明、农业文明和工业文明后的一种高级文明形态，是社会文明演变发展的历史继承和提升，是对传统农业文明和工业文明的反思与超越，倡导的是人与自然的协调发展。

生态文明建设需要智慧林业发挥战略支撑作用。林业承担着建设和保护森林生态系统、管理和恢复湿地生态系统、改善和治理荒漠生态系统、维护和发展生物多样性的重要职能，对于保护农田生态系统、草原生态系统、城市生态系统也都发挥着突出作用。森林在生态系统中处于主导地位，为实现碳氧平衡、保持水土、调节气候、保护生物多样性等发挥关键作用。同时，森林还是一种十分重要的生物质能源，是仅次于煤、石油、天然气的第四大能源，森林以占陆地生物物种 50% 以上和生物质总量 70% 以上的优势成为各国新能源开发的重点。林业不仅提供美丽的森林、清新的空气、宜人的气候，同时还是健全生态制度的关键环节，倡导绿色生产方式和绿色生活方式，在引导人们的生态行为和促进民生事业发展方面起到重要作用。随着生态文明理念的不断深入，需要林业积极发挥战略作用，并向智慧化方向转变升级。

（二）智慧林业是社会融合发展的重要支撑。信息社会已成为社会发展的主流形态。随着科学技术的不断进步，信息社会已成为社会发展的主流形态，信息社会将信息化贯穿到了生产生活的各个方面，使信息化走向了“智慧”，并使生产力得到了提升。据统计，目前发达国家 1/2 以上从业人员从事与信息相关的工作，照此推算，未来 10 年人们的全部工作中将有 4/5 与信息有关。信息社会已经显现出以下重要特征：一是信息网络泛在化，高速、宽带、融合、无线的信息基础设施将联通所有人或物。二是社会运行智能化，精细、准确、可靠的传感中枢将成为社会运行的要素。三是经济发展绿色化，高效、安全、便捷、低碳的数字经济将蓬勃兴起。四是人们生活数字化，科学、绿色、超脱、便捷的数字化新生活将变成现实。五是公共服务网络化，虚拟化、个性化、均等化的社会服务将无所不在。六是公共管理高效化，精细管理、高效透明将成为公共管理的必然趋势。随着信息社会的快速发展，社会各行各业都在发生改变，从社会网络、生产模式，到管理方式与服务手段，这对林业发展及服务方式都产生重要影响，智能化、一体化、协同化成为林业发展的新趋势，智慧林业的到来是必然趋势。

智慧化理念促进了智慧林业的发展。2008 年年底 IBM 首次提出“智慧地球”新理念，感应器逐步被装备到电网、铁路、桥梁、隧道、公路、建筑、大坝、油气管道等各种物体中，并且被普遍连接，形成“物联网”。物联网与现有的互联网整合起来，实现人类社会与物理系统的整合。智慧地球核心是更透彻的感知、更全面的互联互通和更深入的智能化。智慧地球概念提出以来，各种智慧化应用与创新得到不断推广，智慧化理念的不断深入对我国智慧林业的发展也起到了积极推动作用。森林和湿地是陆地最主要的两大生态系统，它们以 70% 以上的程度参与和影响着地球化学循环的过程，在生物界和非生物界的物质交换与能量流动中扮演着主要角色，对保持陆地生态系统的整体功能、维护全球生态平衡、促进经济与生态协调发展发挥着中枢和杠杆作用。林业是智慧地球建设过程中不可缺少的重要部分，通过智慧林业的发展，可以更有力地承担建设森林生态系统、保护湿地生态系统、改善荒漠生态系统的重大使命，有效改善森林锐减、湿地退化、土地沙化、物种灭绝、水土流失、干旱缺水、洪涝灾害、气候变暖、空气污染等生态危机。智慧地球是一种低碳、绿色、和谐的发展模式，完全契合了我国构建生态文明、建设美丽中国的发展战略。随着智慧地球理念的不断深入，我国智慧林业的建设是必然趋势。尤其是在我国新型工业化、信息化、城镇化、农业现代化融合发展战略的促进下，林业智慧化的道路将加快推进、创新发展。

（三）智慧林业是林业转型升级的现实需求。近年来，林业信息化有力支撑了生态林业建设，林业信息化全力促进了林业产业发展，林业信息化着力引领了生态文化创新，林业信息化大力提升了林业执政服务水平。总之，信息化促进了林业智慧转变。从信息到智慧，从数字林业到智慧林业，信息化在林业中的应用已经从零散的点的应用发展到融合的全面的创新应用。一是智慧林业创新服务，以“民生优先、服务为先、基层在先”的服务理念，用更全面的互联互通促进信息交互、服务多元化，极大地提升政府服务水平和基层参与管理的深度，从而有效支撑服务型政府的构建；二是智慧林业创新平台，用更透彻的感知摸清生态环境状况、遏制生态危机、共建绿色家园，用更深入的智能监测预警事件、支撑生态行动、预防生态灾害，从而打造一体化、集约化的发展平台；三是智慧林业创新管理，以智能建设生态林业，提速民生事业，用更智慧的决策掌控精细管理、处置应急事件、促进协同服务，实现最优化的创新管理。

经过多年的努力，林业信息化快速发展，林业经营水平不断提高，林业生态文明建设也取得了一定成果。但是，智慧林业在未来发展过程仍将面临着较大的挑战：一是信息共享和业务协同程度低；二是新技术应用支撑能力不足；三是感知体系不完善；四是数字鸿沟依然悬殊。由于目前存在的各种问题，不仅制约了林业自身发展，且影响林业融入国家发展大局，如果不加快林业发展模式转型升级，将被快速发展的社会边缘化。因此，需要全面加快林业信息化建设，促进林业转型升级，实现林业智慧化发展。今后的林业将实现高度智能化，“信息化引领、一体化集成、智慧化创新”。

（四）智慧林业是主动寻求变化的结果。随着人类社会的发展，林业经营思想也发生着巨大变化，从传统林业不断向重视生态、兼顾生态与经济的协调发展转变，从而构建更加适应社会发展需要的林业，这需要充分利用现代科学技术和手段，提高全社会广泛参与保护和培育林业资源积极性，高效发挥林业的多功能和多重价值，以满足人类日益增长的生态、经济和社会需求，现实的需要为智慧林业的发展提供了契机。

现代信息技术革命不断促进社会发展。20 世纪以来，在世界范围内兴起了一场以微电子技术、计算机技术与光纤通信技术等为核心的信息技术革命，对社会发展产生了重要影响，是以往任何一次技术革命所不可比拟的。目前，信息技术革命主要经历了三个阶段，即计算机的产生与发展、互联网的产生与发展、物联网的产生与发展阶段。信息技术革命是近代历史上所发生的重要科技革命，计算机技术开辟了智能化时代；互联网技术使信息传播途径成功升级，实现了信息分享无处不在、信息传递精准定位、信息安全便捷可保；物联网、云计算、移动互联网等新一代信息技术实现了互联互通、快速计算、便捷应用等。牢牢把握新一轮信息技术革命的机遇，充分利用现代信息技术的强力作用，将为社会发展不断创造奇迹。

现代信息技术在林业发展中发挥了重要作用。随着现代信息技术的逐步应用，通过对林业的全面有效监管，能实现林业资源和经营状况的实时、动态监测和管理，获取到山头地块的林地、湿地、沙地以及生物多样性等林业资源的基础数据，实现对林业资源与社会、经济、生态环境的综合分析，对造林地块和造林方式进行详细分析，对林木的生长情况进行预测和模拟。

新一代信息技术为智慧林业的发展提供重要支撑。随着云计算、物联网、下一代互联网等新一代信息技术变革，以及智慧经济的快速发展，信息资源日益成为林业发展的重要要素，信息技术在林业发展中的引领和支撑作用进一步凸显。目前，信息技术在林业基础设施建设、林业资源监测与管理、林业政务系统完善、林业产业发展等方面已得到广泛应用，为智慧林业的发展起到重要推动作用。

三、智慧林业关系分析

（一）数字林业、智慧林业、泛在林业关系与特征分析。数字林业、智慧林业与泛在林业是现代林业发展的三个阶段。数字林业是智慧林业、泛在林业发展的基础。智慧林业包含数字林业，是实现泛在林业的关键环节。泛在林业是在智慧林业基础上，实现各个系统之间的协同、融合、共存等(图2)。

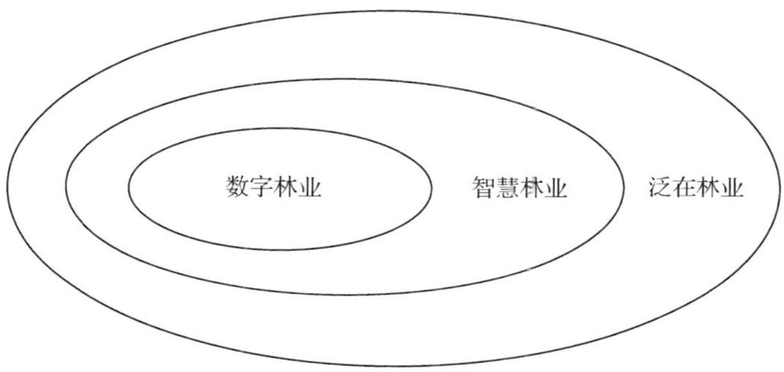

图2　数字林业、智慧林业与泛在林业关系图

数字林业。1998年“数字地球”概念提出后，国内外展开了数字化的建设工作，我国也把“数字林业”建设提上了林业工作的日程。数字林业是指系统地获取、融合、分析和应用数字信息来支持林业发展，是应用遥感技术、计算机技术、网络技术和可视化技术等，把各种林业信息实现规范化采集与更新，实现数据充分共享的过程。数字林业的主要特征是数字化、互联化、智能化，它的建成为林业建设提供一个更广泛、更形象化的信息处理环境及支撑系统，为智慧林业、泛在林业的发展奠定了基础。

智慧林业。2009年，随着“智慧地球”概念的提出，在全球掀起了一股智慧化发展的浪潮，智慧城市、智慧园区、智慧交通、智慧医疗、智慧能源等项目快速在各地创新发展。智慧林业是基于数字林业，应用云计算、物联网、移动互联网、大数据等新一代信息技术发展起来的，不仅具有数字林业的特征，而且具有感知化、一体化、协同化、生态化、最优化的本质特征，这也是其区别于数字林业的地方。智慧林业注重系统性、整体性运行，强调人的参与性、互动性，体现人的智慧，追求高级生态化的原本目的，实现投入少、消耗少、效益大的最优化战略。基础设施方面：主要体现在技术先进，各部门能够共建共享，实现人与林、林与林之间相互感知。数据层方面：通过林业信息资源整合改造和开发利用，建立各种类型的数据库，实现各种林业业务应用系统、林业政务信息资源共享，使林业信息资源开发利用实现最佳。应用支撑方面：通过林业云、智能决策平台等重要支撑平台和系统，实现海量数据智能处理、智能决策等。应用系统方面：通过先进的技术和创新的理念相结合，为智慧林业运营发展提供一体化管理和主动化服务(图3)。

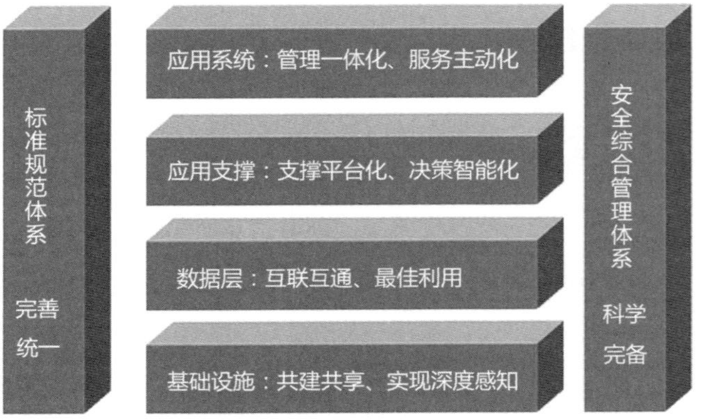

图3 智慧林业框架示意图

泛在林业。泛在林业是林业智慧化发展的高端延伸与拓展，是林业发展的高级阶段，高度发达的计算机和网络技术将渗入林业的方方面面，通过大量信息基础设施建设和信息技术应用，让人们享受到便捷化的林业服务。泛在林业是未来发展趋势，其核心特征是应用实时化、主客融合化、整体共生化。应用实时化就是人们可以随时随地得到林业提供的各项服务。主客融合化就是林业和人之间相互感知、完全融合。整体共生化就是林业与地球其他系统共生共存，相互支撑。

(二)智慧林业与数字林业异同点。数字林业与智慧林业是一脉相承、相互联系的，既有相通的地方，也有显著的不同点，现从提出节点、目标、基本原则、主要作用、主要技术支撑、应用特点、应用范围、存在问题等8个维度进行比较分析(表1)。

表1 智慧林业与数字林业辨析

	数字林业	智慧林业
提出节点	21世纪初，在“数字化”理念的基础上提出	随着智慧地球、智慧城市、智慧农业等一系列智慧概念的提出，在新时期的新需求下，于2012年提出
目　　标	实现森林资源的信息化管理、自动化数据采集、网络化办公、智能化决策与监测；实现林业系统内部各部门之间及其他部门行业之间经济、管理和社会信息的互通与共享	实现林业信息实时感知、林业管理服务高效协同、林业经济繁荣发展，实现林业客体主体化、信息反馈全程化，最终智慧化的林业发展新模式
基本原则	统一规划，统一标准；统一管理，分级负责；强化服务，面向应用；整合资源，促进共享；注重实用，适度超前；试点先行，稳步推进	整合资源，共享协同；融合创新，标准引领；统筹协调，管理提升；服务为本，推动转型；循序渐进，重点突破
主要作用	对森林、湿地、荒漠、野生动物等林业资源进行虚拟化监管；推进“无纸化”办公和初级网上审批，建立面向不同群体和区域的网络化林业对外服务窗口；构建不同层级的安全可靠的数据库和专用网络	构建体系化的林业资源监测感知平台，实现对林业资源的实时感知和监控，实现对林业风险的智能预防和控制，助力相关决策制定；构建智慧化的林业发展模式，打破层级界限，实现林业资源的高效共享和充分利用，真正实现全国林业一张网、一张图，一站式办事和服务

（续）

	数字林业	智慧林业
主要技术支撑	计算机技术、3S 技术、网络技术、虚拟现实技术、分布式计算技术、安全访问控制技术等	云计算、物联网、大数据、3S 技术、虚拟现实技术、移动互联网、智能穿戴技术等
应用特点	数据来源的多元化，面向对象的多层次化，更新的快速化，系统多功能性，管理系统的智能化，成果多产化，严格的层次性，规范的严格性、实用性等	日常监管智能化、信息反馈实时化、风险防控精准化、资源利用高效化、政务工作科学化
应用范围	林业办公；林业资源动态管理；生态环境一致性研究与动态监测；森林火情动态管理和控制；营造林规划；林区道路规划；森林病虫害控制和动态管理；林业工程实施动态管理和监测	林业资源综合感知监测中心；林业林产品质量监测服务平台；林农综合信息服务平台；林业重点工程监督管理平台；智慧林业产业体系；智慧林业体验中心；智慧林业门户网站；智慧林业林政管理平台；智慧林业决策平台等
存在问题	计算机普及率和应用水平亟待提高、3S 使用精度与实际结果尚有差距、信息数据库尚不充分，机制有待转换	信息技术更新周期短、速度快，智慧林业相关工程项目应用仍具有一定的滞后性

四、智慧林业关键技术应用

（一）云计算技术。云计算（Cloud Computing）是一种新兴的共享基础架构的方法，可以将巨大的系统池连接在一起以提供各种 IT 服务。在智慧林业建设中，云计算在海量数据处理与存储、智慧林业运营模式与服务模式等方面具有重要作用，支撑智慧林业的高效运转，提高林业管理服务能力，不断创新 IT 服务模式。主要包括三个层次的服务：基础设施级服务（IaaS）、平台级服务（PaaS）、软件级服务（SaaS）。云计算作为新型计算模式，可以应用到智慧林业决策服务方面，通过构建高可靠智慧林业云计算平台为林业智能决策提供计算和存储能力，其扩展性可以极大地方便用户，使其成为智慧林业的核心。智慧林业云计算平台的虚拟化技术及容错特性保证了其存储、运算的高可靠性。对于海量的森林资源数据的存储，需要使用云计算存储，将网络中不同类型的存储设备通过应用软件集合起来协同工作，共同对外提供数据存储和业务访问功能。利用云计算的并行处理技术，挖掘数据的内在关联，对数据应用进行并行处理。IaaS 层提供可靠的调度策略，是智慧林业云计算得以高效实现的关键。

（二）物联网技术。物联网就是“物物相连的互联网”，通过智能感知、识别技术与普适计算、泛在网络的融合应用，构建一个覆盖世界上所有人与物的网络信息系统，实现物理世界与信息世界的无缝连接。物联网是互联网的应用拓展，以互联网为基础设施，是传感网、互联网、自动化技术和计算技术的集成及其广泛和深度应用。物联网主要由感知层、网络传输层和信息处理层组成。应用创新是物联网发展的核心，以用户体验为核心的创新 2.0 是物联网发展的灵魂。物联网用途极其广泛，遍及交通、安保、家居、消防、监测、医疗、栽培、食品等多个领域。尤其在森林防火、古树名木管理、珍稀野生动物保护、木材追踪管理等方面广泛应用。作为下一个经济增长点，物联网必将成为“智慧林业”建设中的重要力量。

（三）大数据技术。大数据（Big Data）指的是所涉及的资料量规模巨大到无法透过目前主流软件工具，在合理时间内达到撷取、管理、处理，并整理成帮助管理者经营决策的资讯。大数据技术的战略意义不在于掌握庞大的数据信息，而在于对这些含有意义的数据进行专业化处理。大数据可分成大数据技术、大数据工程、大数据科学和大数据应用等领域。目前谈论最多的是大数据技术和大数据应用，即从各种各样类型的数据中，快速获得有价值信息。目前，大数据技术已经应用到了安全管理、环保、水利、金融等领域，随着互联网行业终端设备应用、在线应用和服务，以及与垂直行业的融合等，互联网行业急需大数据技术的深度开发和应用，并且将快速带动社会化媒体、电子商务的快速发展，其他的互联网分支也会紧追其后，整个行业在大数据的推动下将会蓬勃发展。随着信息技术在林业行业的应用及林业管理服务的不断加强，大数据技术在林业领域的应用也是不可或缺的，包括林业系统信息共享、业务协同与林业云的高效运营，以及林业资源监测管理、应急指挥、远程诊断等管理服务。

（四）虚拟现实技术。虚拟现实（Virtual Reality，VR）是以计算机技术为核心，结合相关科学技术，生成与一定范围真实环境在视、听、触感等方面高度近似的数字化环境，用户借助必要的装备与数字化环境中的对象进行交互作用、相互影响，可以产生亲临对应真实环境的感受和体验。VR 是人类在探索自然、认识自然过程中创造产生，逐步形成的一种用于认识自然、模拟自然，进而更好地适应和利用自然的科学方法和科学技术，具有 Immersion（沉浸）、Interaction（交互）、Imagination（构想）的“3I”特征，其目的是利用计算机技术及其他相关技术复制、仿真现实世界或假想世界，构造近似现实世界的虚拟世界，用户通过与虚拟世界的交互，体验对应的现实世界，甚至影响现实世界。VR 技术将计算机从一种需要人用键盘、鼠标进行操纵的设备变成了人处于其创造的虚拟环境中，通过感官、语言、手势等比较自然的方式进行交互、对话的系统和环境，从根本上改变了人适应计算机的局面，创造了让计算机适应人的一种新机制。VR 通过沉浸、交互和构想的 3I 特性能够高精度地对现实世界或假想世界的对象进行模拟与表现，辅助用户进行各种分析，为解决面临的复杂问题提供一种新的有效手段。

（五）移动互联网技术。移动互联网是移动通信技术与互联网技术融合的产物，是一种新型的数字通信模式。广义的移动互联网是指用户使用蜂窝移动电话、PDA 或者其他手持设备，通过各种无线网络，包括移动无线网络和固定无线接入网等接入到互联网中，进行语音、数据和视频等通信业务。随着无线技术和视频压缩技术的成熟，基于无线技术的网络视频监控系统，为林业工作提供了有力的技术保障。基于 3G、4G 技术的网络监控系统需具备多级管理体系，整个系统基于网络构建，能够通过多级级联的方式构建一张可全网监控、全网管理的视频监控网，提供及时优质的维护服务，保障系统正常运转。

（六）3S 及北斗导航技术。3S 是 RS（遥感）、GPS（卫星导航定位系统）、GIS（地理信息系统）这 3 项相互独立而在应用上又密切关联的高新技术的总称，是空间技术、传感器技术、卫星定位导航技术和计算机技术、通讯技术相结合，多学科高度集成的对空间信息进行采集、处理、管理、分析、表达、传播和应用的现代信息技术。北斗卫星导航系统是中国正在实施的自主研发、独立运行的全球卫星导航系统，是继美国全球定位系统（GPS）和俄罗斯 GLONASS 之后第三个成熟的卫星导航系统。北斗卫星导航系统可在全球范围内全天候、全天时为各类用户提供高精度、高可靠定位、导航、授时服务，并具短报文通信能力，已经初步具备区域导航、定位和授时能力，定位精度优于 20 米，授时精度优于 100 纳秒。北斗卫星导航系统在林业方面具有广阔的应用空间，为林业资源监测及安全管理等提供重要支撑作用。北斗系统可以同时提供定位和通信功能，具有终端设备小型化、集成度高、低功耗和操作简单等特点。

五、智慧林业新观念分析

（一）新型资源观。资源是人类社会赖以生存和发展进步的基础，人类社会的发展史是一部不断探寻资源、开发资源、利用资源、保护资源来满足自身需要的历史。资源观则是指人们对资源的内涵、作用、规划配置、开发利用、保护等问题的根本性看法或观点。不同的资源观会形成不同的社会发展战略和决策，带来不同的社会行为，最终形成具有显著差异的社会发展结果。

一般认为，林业资源主要指森林资源、湿地资源、荒漠资源、野生动植物资源等自然资源，以及紧密附着在这些资源上生成的诸多林产品。林业资源形成周期长，在一定时期内是有限的，在经历了蒙昧时代的资源无限观和工业时代的资源有限观之后，人们面对林业资源的开发利用时将更加理智。如何利用有限的林业资源创造出无限的价值、促使有限的林业资源不断再生，是人类面临的重大问题，包括信息技术在内的诸多先进的科学技术无疑使解决问题成为可能。

哲学上把物质资源、能量资源、信息资源并列为共同构成世界赖以存在和发展的基础。随着知识经济和信息社会的发展，林业信息化不断深入，林业资源的构成和作用也在发生变化，林业信息资源日益成为林业至关重要的核心要素，并在一定程度上决定未来林业的发展方向和命运。正视林业信息资源的价值，利用无限的林业信息资源辅助、支撑对有限的林业物质资源进行深度开发和合理配置，打破林业资源产业的锁定效应与刚性约束，改变传统资源观指导下的林业发展存在的资源路径依赖效应，实现林业资源的循环利用和生态持续，这即是智慧林业的首要出发点。在信息社会快速发展的情况下，智慧林业的资源体系包括林业自然资源和林业信息资源。

林业信息资源是指林业生产、建设、管理过程中所涉及的一切文件、资料、图表和数据信息，以及其他形式存在的林业信息资源，包括以软件或程序形式存在的智能资源、分布式通信与计算能力、信息深度挖掘融合的决策资源等。林业信息资源在林业建设和管理中的作用越来越突出，其与林业自然资源相互支撑、相互促进，二者之间的关系如表 2 所示。

表 2　林业自然资源与信息资源的差异

	自然资源	信息资源
产生时间	自古有之	伴随信息技术革命产生，发展迅速
包含内容	森林资源、湿地资源、荒漠资源、野生动植物资源，以及紧密附着在这些资源上生成的诸多林产品	文件、资料、图表和数据信息，以及以软件或程序形式存在的智能资源、分布式通信与计算能力、决策资源等
主要功能	为林业建设和发展提供基础，是基础资源，是人类生存和发展的基础	统领林业资源作用的整体发挥，成为促进林业建设发展的新动力
特征	有限性：自然资源的数量是有限的，与人类社会不断增长的需求相矛盾； 区域性：资源分布不平衡，存在数量或质量上的显著地域差异，并有其特殊分布规律； 整体性：每个地区的自然资源要素彼此有生态上的联系，形成一个整体	共享性：能够重复使用，其价值在使用中得到体现　可实现共享； 整合性：不受时间、空间、语言、地域和行业的制约，可整合； 丰富性：信息资源是一种动态资源，呈现不断丰富、不断增长的趋势

智慧林业作为林业发展过程中新的发展模式，资源体系发生了改变，林业信息资源已成为重要的战略性资源。在智慧林业的建设发展中，林业信息资源将发挥主动性、联动性的作用，即统领整个林业资源体系，为智慧林业的健康发展、决策与创新等提供支撑，整合、带动、盘活整个林业资源体系的联动发展，形成整合优化、开发利用、创新发展的智慧林业新型资源观。

智慧林业倡导资源循环利用，关键在于“开源”和“节流”。一方面，利用信息技术，有重点、分层次对林业有形和无形资源进行充分开发，在全国范围内对资源进行区域间的合理配置；注重林业发展中信息人才的培育，加大对林业工作者信息素养的培训，从根本上提升对林业资源的开发利用能力；依据资源特点进行增值开发，提升资源价值，充分发挥信息资源对物质资源的替代性优势。另一方面，利用信息技术对生产技术和业务工具进行改进，减少林业建设发展过程中的物质和能量消耗，通过资源减量化实现循环发展；通过对全国林业有形和无形资源的整合与重构，优化体制机制，减少各种交易成本，提升林业发展的价值。

（二）新型生态观。生态文明是社会生产力不断发展与生产方式不断变化推动的结果，是人们追求一种更和谐的社会发展理念和愿景的一种描述。生态文明在辩证看待人与自然关系的基础上，科学地揭示了生产力的真正内涵，强调人与自然和谐共处和持续发展。随着人类生态文明意识的不断提高和科学技术的不断发展，生态文明必将不断向纵深发展，引领人类文化的不断创新和发展，成为人类社会文明的主导。

信息革命为建设智慧林业提供了强大的支撑，以信息技术和信息资源为核心，以数字化、智能化和网络化为特征，智慧林业产生的巨大生产力将远远超以往林业发展阶段，其低碳、绿色、集约、高效的核心理念更将为生态文明建设开创新局面。我国林业已站在新的历史起点上，智慧林业将成为建设美丽中国、创建生态文明的先锋。

（三）新型价值观。价值泛指客体对于主体表现出来的积极意义和有用性。价值观是指一个人对周围的客观事物的意义、重要性的总评价和总看法。一方面表现为价值取向、价值追求，凝结为一定的价值目标；另一方面表现为价值尺度和准则，成为人们判断事物有无价值及价值大小的标准。林业在生态环境文明、生态物质文明、生态精神文明、生态政治文明和生态社会文明领域中均承担着重要责任，被认为是建设生态文明的主体和基础，占据首要和独特地位，发挥着主导和核心作用，这是林业价值的集中体现。

智慧林业具有感知化、物联化、智能化、生态化等特征，是数字林业的升华，通过林业业务内容与现代信息技术的有效结合，促进林业转型升级。智慧林业是实现低碳、绿色、可持续发展，建设环境友好与资源节约型社会的重要路径，是优化政务办公、强化生产服务、助力民生建设的不竭力量。通过智慧林业建设，林业的管理和服务价值将被深入挖掘，林业相关部门的职能将被更好履行，林业经济也将更加繁荣。林业资源一般被认为是承载价值的客体，通过智慧林业建设，林业资源将具备一定的智能，能够实时向人们反馈动态信息，成为价值的创造主体。

第二章　智慧林业总体发展思路

一、智慧林业战略定位

（一）构建生态文明体系，建设美丽中国的关键支撑。党的十八大首次把生态文明建设提升至与经济、政治、文化、社会四大建设并列的高度，列为建设中国特色社会主义“五位一体”的总布局之一。国务院相继出台关于促进信息消费扩大内需的若干意见及“宽带中国”战略，给我国信息化注入了强劲动力，标志着中国现代化建设进入了一个新的阶段。

在建设生态文明的过程中，林业发挥着重要的战略支撑作用，具有不可替代的特殊地位。信息化是生态文明建设的必然选择和必由之路，全面推进生态文明建设，必须发挥信息化支撑、保障、引领作用。信息革命带来了最新技术，培育了信息资源，形成了新的生产力，人类应对资源能源与生态危机的能力明显增强，为生态文明提供了动力和条件。同时，依靠信息化，转变经济发展方式和结构，推动产业结构优化升级，带动现代绿色经济的整体发展。依靠信息化，推动社会文化跨越发展、制度建设透明民主，促进形成信息共享、协作共赢、智慧共存的智能社会。由此可见，在生态文明建设中，信息化独树一帜，不可替代。通过智慧林业建设，实现林业的智慧化、生态化发展，可以为建设生态文明和美丽中国提供关键支撑。

（二）创新林业发展模式，统领林业工作的重要指南。随着云计算、物联网、移动互联网、大数据等现代信息技术的快速发展及广泛应用，社会发展智慧化已成为社会发展的共识，信息网络泛在化、日常生活数字化、公共管理精准化、公共服务一体化、经济发展绿色化已成为当前社会的重要特点。

在智慧化发展模式的推动下，林业作为社会发展的重要组成部分，创新发展模式，走绿色、安全、高质、可持续的智慧林业之路势在必行。智慧林业作为林业未来发展的高级形态，结合我国林业发展现状及存在问题，充分发挥现代信息技术的支撑力，加快林业发展理念的创新，建设林业一体化、协同化、最优化的智慧发展模式，真正实现林业资源开发利用、生态建设、产业发展等和谐共进，为未来林业发展构建一个体系化的框架，成为统领林业工作的重要指南。

（三）输出林业发展经验，引领智慧发展的典型示范。目前的智慧化建设大都是自下而上的，还没有从国家层面进行全局性战略布局、体系化规划设计和建设运营，这对智慧化发展是不利的，甚至可能出现重复建设、资源浪费、新的信息孤岛与安全问题等。所以，加快自上而下、系统化的规划布局及创新示范是非常重要的。

林业信息化走在我国行业信息化发展的前列，基础条件较好，可以在智慧化建设方面进行创新示范，树立标杆，为其他行业的智慧化战略布局与系统化建设运营提供宝贵经验。依托林业信息化打下的良好基础，加强各级林业部门之间的统筹协调，大力推进林业云、林业物联网、移动互联网和林业大数据等方面的示范应用，可以输出智慧林业一体化发展模式经验，提升林业地位和社会影响力。

二、智慧林业基本思路

当前和今后一个时期，全国林业信息化工作的发展思路是：深入贯彻落实党的十八大精神，以统一思想为前提，以应用需求为导向，以融合创新为动力，以重点工程为抓手，以新一代信息技术为支撑，全面启动智慧林业建设，为提升生态林业和民生林业现代化水平，建设生态文明和美丽中国作出新贡献。总结为一句话，就是：打造智慧林业，建设生态文明。

林业信息化由数字林业阶段迈向智慧林业阶段，是林业系统转变发展方式、提升生产力水平的内在需要。数字林业阶段以林业各种信息的数字化采集、传输、存储、处理和应用为主要特征，重点是应用计算机、互联网、数字化等技术，实现林业数字化、网络化、自动化管理。智慧林业阶段将在数字林业的基础上，全面应用云计算、物联网、移动互联、大数据、智慧地球等新一代信息技术，通过感知化、物联化、智能化、协同化的方式，使林业实现智慧的结构、智慧的感知、智慧的流程、智慧的管理、智慧的应用、智慧的服务。

三、智慧林业基本原则

智慧林业的发展目标更高、作用更大、应用范围更广，更加注重各个环节、各种资源、各项业务的深度整合、集约共享和业务协同。为此，在坚持统一规划、统一标准、统一制式、统一平台、统一管理等“五个统一”基本原则的基础上，还必须准确把握以下发展原则。

（一）整合资源，共享协同。以信息共享、互联互通为重点，突破地域、级别、业务的界限，充分整合各类信息资源，推进信息化业务协同，提升全行业管理服务水平和信息资源利用水平。

（二）融合创新，标准引领。融合关键核心技术，创新发展模式和机制。实施应用先行、国际同步的标准战略，抢占标准制高点。加强安全技术体系建设，提高智慧林业信息安全水平。开展对外交流合作，提升智慧林业建设的协同创新能力。

（三）统筹协调，管理提升。强化各级林业信息化部门在规划引领、统筹协调、应用示范等方面的主导作用，建立强大的统筹管理体系，统一顶层设计，形成林业业务信息化工程间的协同运行。

（四）服务为本，推动转型。面向各级林业部门和林农群众日益多元化的需求，提供随时、随地、随需、低成本的信息与应用服务，使各方面享受到精细化、智慧化管理带来的便利和实惠，以智慧林业建设推动林业产业发展和管理方式转型升级。

（五）循序渐进，重点突破。充分认识智慧林业建设的系统性和复杂性，从组织管理、顶层设计、基础设施以及应用示范工程等多维度切入，循序渐进，切实推动林业智慧化协同发展。结合实际，讲求实效，找准突破口先行先试，实现重点突破。

四、智慧林业建设目标

经过全面规划布局、建设发展及深化提升，到2020年，智慧林业框架基本建成，泛在化的信息基础设施高端完善、智能化的管理服务系统协同高效、最优化的生态价值全面显现、一体化的综合保障体系完备有效，生态经济社会价值大幅提升，有力支撑林业改革发展。

（一）林业立体化感知体系全覆盖。大力推进林业下一代互联网、林区无线网络、林业物联网，以及林业“天网”系统和应急感知系统的规划布局和建设应用，形成全覆盖的林业立体感知体系。建成具有管控、网络服务等功能的IPv6网络运行管理与服务支撑系统，建成完备的林区无线网络及林木感知、林区环境感知、林业管理智能感知等方面林业物联网，形成全覆盖的林业感知和传输网络；构建林业遥感卫星、无人遥感飞机等监测感知的林业“天网”系统，实现对林业资源的动态监测和自动预警、全面监测和相互感知；建成“一张网、一平台”的应急感知系统，实现国家、省、市、县等四级林业管理部门应急感知系统的应急联动，为各级林业部门提供高效、精准的应急指挥服务。

（二）林业智能化管理体系协同高效。加快林业基础资源信息整合，加大物联网、云计算、大数据等信息技术在林业管理方面的创新应用，形成全覆盖、一体化、智能化的智慧林业管理体系。建成功能强大、服务完善的中国林业云，实现全国林业信息资源的共建共享、统一管理和服务等；建成全国统一的林业三大基础数据库，为实现林业系统互联互通、信息共享提供支撑；建成集约整合的中国林业网站群及中国林业办公网，实现资源整合及服务的统一，提升林业政务部门管理效率及便捷度；建成智慧林政管理平台，改变传统行政审批模式，实现林农、林企、林业组织等办事不出门，网上可办事；建成智慧林业决策平台，为林业生产者、管理人员和科技人员提供网络化、智能化、最优化的科学决策服务，政务管理更加科学高效。

（三）林业生态化价值体系不断深化。全面加强林业资源监管保护及重点工程监管，积极推进林业文化体系建设及创新示范，林业文化和生态理念深入人心，形成不断完善的林业生态价值体系。建成一体化管理的智慧营造林管理系统，帮助管理者及时掌握营造林建设现状和发展动态；建成先进智能的林业资源监管系统，实现对我国林业资源的实时有效监管，为提高宏观决策的科学性和有效性提供技术保障；建成智能化的野生动植物保护系统，及时掌握生物多样性现状及动态变化情况，为加强野生动植物保护提供支撑；建成林业重点工程监督管理平台，实现对重大工程项目的动态管理，提高工程管理的科学规范水平；建成智慧化的林业文化体系，打造一批林业文化馆、林业网络博物馆、林业智能体验中心等，实现林业文化的全面普及。

（四）林业一体化服务体系更加完善。全面促进物联网、云计算、大数据等新一代信息技术在林业服务方面的创新应用，形成更加智能便捷的智慧林业服务体系，为积极发展民生林业打下坚实基础。林产品生产、加工和销售业转型升级，林业生物产业、新能源产业和新材料产业、碳汇产业等新兴领域快速发展；建成智慧生态旅游公共服务平台，一批功能完善、特色突出的品牌旅游区逐步建成，生态文明的价值彰显；建成三维智能化的全国林业地图服务系统，实现林企、林农科学植树造林，为林业管理部门实时了解各区域情况提供支撑；建成一流的林业综合信息服务平台，为林农、涉林企业和广大社会用户，提供林业方面最权威、最全面的信息、知识及电子商务服务，实现线上、线下相结合的林业智慧商务新模式；建成一体化的林业智慧社区，为林农群众提供便捷、高效的服务。

（五）林业规范化保障体系支撑有力。全面建设智慧林业标准及综合管理体系，形成科学、完善的标准制度，有力推进智慧林业的有序建设，保障智慧林业的成功实现。建成一套规范的智慧林业标准体系，包括总体指导标准、信息网络基础标准、信息资源标准、应用标准和管理标准等，使智慧林业建设有章可循；建成具有一定法律约束力的智慧林业基本法规，如智慧林业信息基础设施及安全等方面的管理办法，使智慧林业建设有法可依；建成完善的智慧林业运维体系，从组织架构、管理考核、人员培训等方面保证智慧林业的高效建设，达到事事有人管、有奖惩；建成有效的智慧林业安全体系，从物理安全、网络安全、系统安全、应用安全、数据安全、制度保障等方面形成立体的防护网，保障智慧林业的安全运行。

五、智慧林业总体架构

智慧林业是基于云计算、物联网、移动互联网、大数据等现代信息技术，涵盖智慧林业立体感知、智慧林业协同管理、智慧林业生态价值、智慧林业民生服务、智慧林业综合管理等五大体系的新型林业发展模式。智慧林业总体架构主要包括“四横两纵”，四横即设施层、数据层、支撑层、应用层，两纵即标准规范体系、安全与综合管理体系（图4），其相互联系、相互支撑，形成一个闭环的运营体系。

（一）设施层。设施层是智慧林业的基础，主要进行林业信息采集、简单处理及数据传输，为智慧林业的高效运营提供基础信息及高速通道，实现人与林、林与林之间的相互感知。设施层中的感知体系主要是利用3S及北斗导航技术、自动识别技术、多媒体视频技术、物联网、移动互联网等技术建立感应层，通过立体的“四维”感应，实现对林业全面感知、深度感知。智慧林业的感知范围包括：各种林业资源，如森林、湿地、沙地、野生动植物；林业基础设施，如道路、桥梁、水网、电网等；林业服务实体，如林场厂房、住宅、林业站、林防站、林业检查站等；林业环境，如地表、地质、河流、山丘、天气、土壤等。

（二）数据层。数据层是智慧林业的信息仓库，为智慧林业的高效运营提供丰富的数据源，全面支撑智慧林业的各项应用。数据层主要是通过林业基础数据库建设工程的实施，通过规范林业信息分类、采集存储、处理、交换和服务的标准，建成林业三大基础数据库，即林业资源数据库、林业地理空间信息库、林业产业数据库，实现数据的共建共享、互联互通，为智慧林业建设打下坚实基础。林业资源数据库包括森林资源数据、湿地资源数据、荒漠化土地资源数据、生物多样性数据信息；林业地理空间信息库包括地理背景数据、遥感影像背景数据和林业地理编码数据信息；林业产

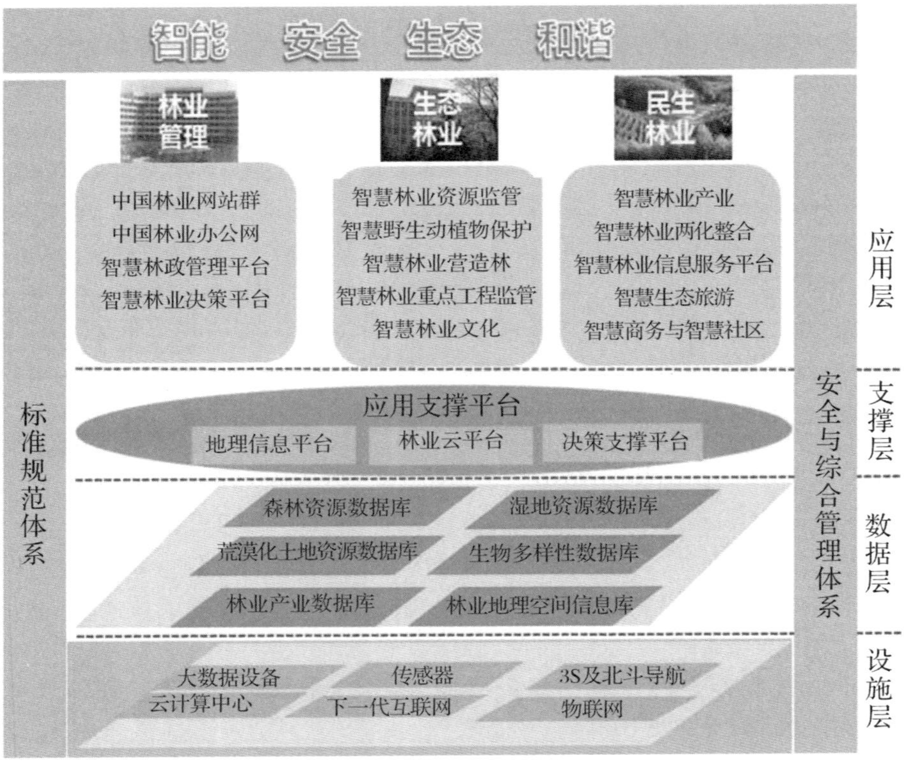

图4　智慧林业总体架构图

业数据库包括林业宏观经济、林业产业、林业技术、林业基础设施、林业企业等信息。

（三）支撑层。支撑层是智慧林业科学、高效运营的关键，是智慧林业的中枢，主要包括地理信息平台、林业云平台、决策支持平台等，为智慧林业的应用系统提供科学、智能、协同、包容、开放的统一支撑平台，负责整个系统的信息加工、海量数据处理、业务流程规范、数表模型分析、智能决策、预测分析等，为实现林业资源监测、应急指挥、智能诊断等提供平台化的支撑服务和智能化的决策服务。支撑层主要是通过中国林业云、智慧林业决策平台等重点建设工程的实施，使云计算、大数据挖掘、建模仿真、人工智能技术等新技术逐步融入到应用层的各个应用系统，为智慧林业实现科学化、一体化、集约化、智能化的运营提供最有效的支撑。

（四）应用层。应用层是智慧林业建设与运营的核心，主要进行信息集成共享、资源交换、业务协同等，为智慧林业的运营发展提供直接的服务，主要建设内容包括智慧林业管理体系、智慧林业服务体系、智慧林业生态价值体系等。智慧林业管理方面包括中国林业云、中国林业大数据、中国林业网站群、中国林业办公网、智慧林政管理平台和智慧林业决策平台等。智慧林业服务体系主要包括智慧林业产业、智慧林业两化融合、智慧生态旅游、智慧林地信息服务平台、智慧商务和智慧社区等。智慧林业生态价值体系主要包括智慧林业营造林管理系统、智慧林业资源监管、野生动植物保护、智慧林业文化和林业重点工程监管等。

（五）标准规范体系。标准规范体系是智慧林业建设和运营的重要支撑保障体系，主要包括智慧林业总体标准、信息资源标准、应用标准、基础设施标准和管理规范。总体标准是标准化体系的基础标准，是其他标准制定的基础，主要包括：智慧林业信息标准化指南、智慧林业信息术语、智慧林业信息文本图形符号和其他综合标准。智慧林业信息资源标准主要包括林业信息分类与编码、林业信息资源的表示和处理、林业信息资源定位、林业数据访问、目录服务和元数据等标准。智慧林业应用标准主要包括智慧林业信息资源业务应用流程控制、林业资源成果文档格式、林业资源业务功能建模、林业资源业务流程建模、林业资源业务应用规程和信息资源目录和交换体系等标准。智慧林业基础设施标准主要包括信息安全基础设施和计算机设备等标准。智慧林业管理规范为智慧林业建设和系统运行管理提供管理办法和制度等，包括智慧林业建设中的数据库、应用系统、应用支撑、基础设施建设和运行等方面的管理办法和制度。

（六）安全与综合管理体系。安全与综合管理体系是智慧林业建设与运营的重要保障。智慧林业安全与综合管理体系内容包括：物理安全、网络安全、系统安全、应用安全、数据安全、制度保障等六个部分。物理安全主要包括机房内相同类型资产的安全域划分；网络安全主要是保护林业基础网络传输和网络边界安全；系统安全是通过建设覆盖林业全网的分级管理、统一监管的病毒防治、终端管理系统，第三方安全接入系统，漏洞扫描和自动补丁分发系统；应用安全是在国家林业局内外网建立林业数字证书认证中心，与国家电子政务认证体系相互认证，各省级林业部门内外网建立数字证书发证、在线证书查询等证书服务分中心，逐步解决先期建设的省级单位认证体系与国家林业局认证体系的相互认证，信任体系可以有效实现数据的保密性、完整性；数据安全是解决林业资源数据丢失、数据访问权限控制；制度保障主要建立信息安全组织体系，确定组织机构及岗位职责，定期对管理及技术人员进行安全知识、安全管理技能培训，建立健全信息安全的法规及管理制度，为智慧林业的运营发展提供科学、系统、安全的制度体系，有限控制各类风险的出现，以保障智慧林业安全、高效运营。

第三章 智慧林业建设的主要任务与重点工程

紧密围绕打造智慧林业、建设美丽中国的发展思路，充分利用新一代信息技术对资源深度开发及管理服务模式转型的创新力，结合当前林业信息化发展的基础与急需解决的问题，根据我国智慧林业的重要使命、本质特征和发展目标，以打造生态林业和民生林业为重要切入点，通过“资源集约、系统集聚、管理集中、服务集成”的创新发展模式，积极推进智慧林业立体感知体系、智慧林业管理协同水平、智慧林业生态价值体系、智慧林业民生服务体系、智慧林业标准及综合管理体系等5项任务建设，重点落实26项工程建设，全面实现智慧林业的战略目标。

一、加快建设智慧林业立体感知体系

按照“把握机遇、超前发展、基础先行、创新引领”的原则，坚持技术创新、模式创新，加快林业宽带网络及感知网络建设，为智慧林业的发展创造良好的信息基础设施条件。以国家下一代互联网计划及宽带中国战略的实施为契机，积极推进林业下一代互联网建设，为林业系统提供安全、高速的下一代互联网，为林业物联网的接入做好准备。大力推进林区无线网络建设，引导区内电信企业加大投入力度，在林区办公场所、交通要道、重要监测点等区域实现无线宽带网络无缝覆盖。全面加强各种传感设备在林业资源监管、林产品运输等方面的布局应用，为动态监测植物生长生态环境、有效管理林业资源提供支撑。有序推进以遥感卫星、无人遥感飞机等为核心的林业“天网”系统建设，打造高清晰、全覆盖的空中感知监测系统。积极推进林业应急感知系统建设，打造统一完善的林业视频监控系统及应急地理信息平台，为国家、省、市、县四级林业管理部门提供可视化、精

准化的应急指挥服务。

（一）林业下一代互联网建设工程。按照高端、前瞻性的原则，加快国家林业信息专网的升级改造，建设林业下一代互联网，完成具有管控、网络服务等功能的 IPv6 网络运行管理与服务支撑系统。整个网络纵向采用树形结构设计，国家林业局为根节点，各省区市林业厅局分节点与国家林业局形成星型连接，成为一级节点，各地市林业局与省区市级形成星型连接，成为二级节点，各县市林业局与地市形成星形连接，从而构建国家、省、市、县四级网络架构。不断扩充现有省级出口带宽及国家林业局下联各省级带宽，打造统一的林业下一代互联网，以满足国家林业系统各类业务模块和快速传输大数据量的遥感影像、GIS 数据、音视频数据等需要。

（二）林区无线网络提升工程。按照分级推进、多种方式结合的原则，大力加强与国家电信运营商的合作，选择一些基础条件好、发展较快的林区，积极推进我国重点林区的无线网络建设，提高林区的通信能力及监测管理水平。林区无线网络以公众网为主、以林区自建数字超短波网为辅，合理共享网络资源，同时实现多制式、多系统共存，形成高速接入、安全稳定、立体式无缝化的覆盖网络，为林区管理服务部门及公众提供无线网络服务，为物联网和智能设施在林区的应用提供网络条件。

（三）林业物联网建设工程。国家已启动了智能林业物联网应用示范项目，主要是基于下一代互联网、智能传感、宽带无线、卫星导航等先进技术，构造一体化感知体系。为了快速提高林业智能监测、管理服务、决策支持水平，需进行统一规划布局，主要从重点林木感知、林区环境感知、智能监测感知网络等方面展开林业物联网建设。

（四）林业“天网”系统提升工程。“天网”系统的规划布局，包括林业遥感卫星、无人遥感飞机等监测感知手段为一体。重点建设国家卫星林业遥感数据应用平台，提供对林业资源综合监测所需的各类遥感信息及数据处理系统、数据产品发布系统以及综合监测遥感数据产品，通过多源卫星遥感数据的集中接入、管理、生产和分发，实现林业各监测专题的遥感信息及平台共享，并与现有的公共基础信息、林业基础信息、林业专题信息以及政务办公信息等整合，提高林业监测效率。

（五）林业应急感知工程。为适应新形势下林业高效、精准的安全管理需要，打造完善的应急指挥监控感知系统，为各级林业部门提供高效、精准的应急指挥服务。加快林业视频监控系统一体化建设步伐，不断提高林业视频监控资源的共享和协同水平，按照共建共享、统一协同的原则，构建各省区市统一的林业视频监控系统，统一接入到国家林业局，形成国家、省、市、县四级统一林业视频监控系统。实现各级林业管理部门应急指挥监控感知系统的应急联动。基于林业地理空间信息库，建立我国林业全覆盖的、多尺度无缝集成的应急地理信息平台，全面提高应急调度能力和效率，实现可视化、精确化应用与一对多管理，通过健全制度、规范运作、强化考核等手段，实现林业重大事件应急工作的统一指挥协调，提升管理效能和水平。

二、大力提升智慧林业管理协同水平

按照“共建共享，互联互通”的原则，以高端、集约、安全为目标，依托现有的基础条件，大力推进林业基础数据库建设，重点建设林业资源数据库、林业地理空间信息库和林业产业数据库，加快推进林业信息资源交换共享机制。通过统一规划、集中部署，加快中国林业云示范推广及建设布局。推进政府办公智慧化，规范办公流程，提高办事效率。全面推进中国林业网站群建设，建立架构一致、风格统一、资源共享的网站群，全面提高公共服务水平。加大林政管理力度，建立起行为规范、运转协调、公正透明、廉洁高效的林政管理审批机制。加强林业决策系统建设，为各类林业工作者提供网络化、智能化科学决策服务。

(一)中国林业云创新工程。智慧林业作为林业协同发展的新模式，需要用物联网实现全面的感知，实时、准确地获取所需要的各类信息，并通过云计算平台实现信息共享、价值挖掘、安全运营等。云平台是实现智慧林业的关键，需要通过统一规划、集中部署，加快中国林业云示范推广及建设布局步伐，早日建成全面统一的林业云平台。中国林业云主要建设内容包括林业云计算数据中心、云数据交换与共享平台、虚拟资源池平台(虚拟主机、虚拟桌面)等。林业云计算数据中心采用先进的云计算技术，借助弹性的云存储技术和统一云监控管理等软件，结合全国林业部门各业务系统接口特点，开发出一套适合林业系统两级架构的云数据资源中心，实现数据的高效交换、集中保存、及时更新、协同共享等功能，并为扩展容灾、备份、数据挖掘分析等功能做必要准备。加快中国林业云平台的创新应用，逐步将林业管理部门内部及面向社会提供公共服务的应用系统向林业云平台迁移集中，实现国家林业信息基础设施、数据资源、存储灾备、平台服务、应用服务、安全保障和运维服务等方面的资源共享。在中国林业云上全面部署综合监测、营造林管理、远程诊断、林权交易、智能防控、应急管理、移动办公、监管评估、决策支持等应用，实行集约化建设、管理和运行。

(二)林业大数据开发工程。按照统一标准、共建共享、互联互通的原则，以高端、集约、安全为目标，积极推进全国林业系统三大基础数据库建设，加快林业信息基础设施的全面升级优化，实现全国林业资源透彻感知、互联互通、充分共享及深度计算，为智慧林业体系的建设打下坚实基础。以现有森林资源数据库、湿地资源数据库、荒漠化土地资源数据库、生物多样性数据库等专题数据库等四项专题库为基础，按照统一的数据库编码标准，收集、比对、整合分散在各部门的基础数据，立足国家、省、市、县林业管理部门和公众对林业自然资源的共享需求，确定包括资源类别与基本信息等方面的数据元，形成林业系统自然资源数据库的基本字段，建立全国统一标准的林业资源数据库。建立全国统一的林业产业数据库，实现林业产业信息的共享，提高各级林业部门的工作水平和服务质量，提高社会各界对林业产业发展的研究水平，提高林业产业统计对林企、林农的服务能力，为林业宏观管理决策提供科学依据，为林业信息服务提供支持。充分利用3S、移动互联网、大数据等信息资源开发利用技术，基于目前的林业空间地理数据库和遥感影像数据库，构建全国统一的林业地理空间信息库，实现对全国林业地理空间数据库的有效整合、共享、管理及使用，为各级林业部门提供高质量的基于地理空间的应用服务，消除“信息孤岛”，避免重复投资。

(三)中国林业网站群建设工程。依据智慧林业建设目标，充分利用云计算、移动互联、人工智能等新一代信息技术，全面整合各领域、各渠道的服务资源，进一步扩充功能，进一步完善系统，构建智能化、一体化的智慧林业网站群。构建国家林业系统从上至下的门户网站群平台，把全国林业系统政府网站作为一个整体进行规划和管理，实现数据集中存储和智能化调用，系统的统一维护和容灾备份，实现林业系统间资源整合、集成、共享、统一与协同，降低建设成本和运营成本，提高效率，方便用户的使用，提高用户满意度。

(四)中国林业办公网升级工程。中国林业办公网升级改造包括智慧林业移动办公平台与智慧林业综合办公系统。一是智慧林业移动办公平台。充分利用新一代互联网、下一代移动互联网技术，在中国林业网设置智慧林业移动办公平台统一入口，平台包括移动公文处理模块、移动电子邮箱模块、实时展现模块、移动信息采集模块、移动App模块等。智慧林业移动办公平台的建立，可以通过笔记本电脑、手机、PDA、智能终端等移动终端设备，随时随地访问应用系统，满足行政管理业务需求，提高工作效率及协同性，进一步提高政务管理的智慧化水平。二是桌面云办公系统。利用云计算技术，构建一个安全可靠、稳定高效、结构完整、功能齐全、技术先进的桌面云办公系统，林业系统工作人员可以通过瘦客户端设备，或者其他任何可以连接网络的设备，用专用程序或者浏览器，利用自己唯一的权限登录访问驻留在服务器端的个人桌面以及各种应用，实现随时随地办公，提高办事效率。桌面云办公系统以目前综合办公系统为基础，其功能除构建领导专区、公文办理、会议办理、事务办理、综合管理外，增加学习培训功能，发布内外部学习培训内容，以提高林业系统人员素质。

（五）智慧林政管理平台建设工程。林政管理是根据林业管理的实际需要，依照林业相关政策法规，对林业经营、采伐、流通和行政执法等进行的管理，其主要目的是建立起行为规范、运转协调、公正透明、廉洁高效的林政管理审批机制，促进林业的健康稳步发展。智慧林政管理平台依托云计算技术、大数据挖掘技术等，建设包含林业经营管理、林权管理、林木采伐流通管理和林业行政执法的多级行政管理平台，整合林权、经营、执法等数据，建立智慧林政管理平台，满足实际业务需求，实现随时随地对全国范围内林政信息的实时、科学、全面管理，为林农、企业提供高效、高质、全天候的服务。

（六）智慧林业决策平台建设工程。为了提高决策的科学性、预见性、针对性、智能化，依托林业基础数据库，以云计算、物联网、大数据技术、辅助决策技术等新一代信息技术为支撑，整合现有的各类决策系统，建立一体化的智慧林业决策平台，为决策者提供所需的数据、信息和背景资料，帮助明确决策目标和问题的识别，建立或修改决策模型，提供各种备选方案，对各种方案进行评价和优选。一是实时查询子平台。对森林、荒漠、湿地、生物多样性的生长状况、灾害状况、保护状况等的数据、照片、视频进行实时浏览、查询、统计，为决策提供基础数据服务，提高林业管理决策能力。二是数据挖掘子平台。对智慧林业海量的各类数据和相关业务数据依照相关的要求进行处理、加工、统计、分析，将大量庞杂的数据信息转化为可为领导决策提供支持服务的决策信息，揭示出相互影响的内在机制与规律。三是预测子平台。通过利用历史数据和现在采集的数据，运用不同林业预测的方法、模型、工具等，对不同类型的海量数据进行加工、汇总、分析、预测，得出所需的综合信息与预测信息，形成发展趋势模型。预测林业将来发展的必然性和可能性，提高林业发展的预警能力，为林业管理决策工作提供依据。四是林业环境智能模拟系统。利用现代建模技术、计算技术及三维技术，基于中国林业云平台及林业地理信息系统，建立林业环境智能模拟系统，科学模拟气候、土壤、水质变化等对林业的影响，及林业发展对生态环境的作用。五是智能化处理子平台。自动化、智能化地分析林业的各种情况和趋势，并依据提前定义和选取的预警指标，设定预警指标临界值，具有自动报警功能，提高决策的及时性。六是成果共享子平台。对林业工作成果、重大事件的处理进行归纳、总结和展示，依据不用的类型设置不同的专题，进行分类管理，提高资源的利用率和针对性，为林业管理者、工作者提供学习平台，为以后的林业决策管理工作提供可复制、可推广、可执行的解决方案，形成林业工作连贯一致的决策体系和发展战略。

三、有效构建智慧林业生态价值体系

加强林业生态价值体系建设，不断推动林业生态体系发展，重点加强新一代信息技术在资源管理、野生动植物保护、营造林、林业重点工程和林业文化监管方面的应用。加强林业资源的监管力度，利用物联网等新一代信息技术，构建完善的林业资源监管体系。大力推进营造林管理步伐，实现营造林全过程现代化管理。积极推进林业重点工程监督管理平台建设，及时准确地掌握工程建设现状，实现工程动态管理，提高工程管理的科学规范水平。加强林业文化传播，不断推动林业文化体系的发展，重点加快林业数字图书馆、博物馆、文化体验馆等信息化建设。

（一）智慧林业资源监管系统建设工程。以中国林业基础数据库和现有的资源监管数据库为基础，通过国家和各地林业部门的交换中心，利用分布式数据库技术，提取业务数据，整合目前已建的林业资源综合监管服务体系，建立基于中国林业云的集森林资源监管、湿地资源监管、荒漠化和沙化土地监管于一体的智慧林业资源监管平台，形成一体化、立体化、精准化的林业资源监管系统，实现对45亿亩林地、26亿亩沙地和10亿亩湿地等林业资源的实时有效监管，形成"全国林业一张图"，为国家提供从宏观到微观多级林业资源分布和动态信息，准确掌握林业的历史、现状和趋势，实现国家对林业保护和利用的有效监管。

（二）智慧林业野生动植物保护工程。野生动植物是自然资源的重要组成部分，保护好野生动植物对于维护生态平衡、构建和谐社会有着积极作用。借助现代信息技术，对野生动植物进行感知，并对海量数据进行灵活高效处理，以提高野生动植物资源监测、管理、保护和利用水平为宗旨，基于生物多样性数据库，以历次野生动植物调查、监测数据为基础，整合各野生动植物保护区监测数据，及时掌握野生动植物现状及动态变化情况，通过对全国野生动植物保护区的智能管理，建设野生动植物资源监测体系和信息管理体系，使野生动植物资源得到保护和利用，野生动植物生态、经济和社会效益得到充分发挥，为野生动植物资源保护和自然保护区管理、开发利用及濒危野生动植物拯救和保护工作提供依据。

（三）智慧林业营造林管理系统升级工程。加快造林绿化，增加森林资源，提高森林质量，是林业的前提和物质基础。通过建设智慧营造林管理系统，实现对重点营造林进行核查和监督，及时获取林地真实情况，减少重复造林现象的出现，为掌握生态状况、正确评估生态建设效益提供科学依据，为实施精细化管理、提高管理效率提供有效手段。通过建立一套完善的感知分析系统，实现覆盖国家、省、市、县级营造林的规划计划、作业设计、进度控制、实施效果及统计上报等环节的一体化管理的智慧营造林管理系统。智慧营造林管理系统可将地理信息系统、数据库、计算机、物联网、传感器等技术高度集成，实现营造林系统的高度智慧化。智慧营造林管理系统将实时观测各节点林木种植及生长情况，有效做好营造林绩效管理工作，实现营造林工程综合信息网上查询发布，为营造林工程质量核查、营造林成果分析及决策提供依据。

（四）智慧林业重点工程监管工程。智慧林业重点工程监督管理平台实现从项目立项、启动、计划、执行、控制至项目结束的全过程管理，对及时准确掌握工程建设现状，改善组织的反馈机能，提高工作绩效等具有重大意义。主要有天然林保护工程管理系统、退耕还林工程管理系统、长江等防护林体系建设工程管理系统、三北防护林体系建设工程管理系统、京津风沙源治理工程管理系统等。为顺应信息社会发展的趋势，满足决策者、项目管理者、项目执行者等的需求，需全面整合信息资源，建立统一的智能重点工程监督管理平台，全面提高工程管理水平，为科学决策提供依据。

（五）智慧林业文化建设工程。加强智慧林业文化馆建设，打造一批有特色、高质量的林业文化馆，包括智慧林业数字图书馆、智慧林业网络博物馆、智慧林业文化体验馆等，全面展示林业生态文化成果，提高人林互动水平，让人们充分体验到林业文化的乐趣，汲取生态文化的营养。

四、全面完善智慧林业民生服务体系

围绕全面建设民生林业的要求，着力解决林企、林农最关心、最直接、最现实问题，深化信息技术在林业智慧产业、林地智能分析、生态旅游，以及林业智慧商务和智慧社区等公共服务领域的应用，构建面向企业、林农及新型林区建设的综合性公共服务平台，努力提升公共服务水平。加快建设智慧林业产业体系，培育发展林业新兴产业、提升林企两化融合水平，促进林业产业的转型升级。全面建设包括土地成分、土壤肥力、酸碱度、区域环境及现有林业资源等内容的智慧林地信息公共服务平台，为政府、林企、林农等提供实施准确的综合“林业地图”信息服务。大力发展生态旅游，打造智能化、人性化的生态旅游公共服务平台，提高林业自身价值，丰富人们的生活。积极推进林业智慧商务系统建设，打造一体化的林产品电子商务平台，构建完善的智慧林业物流体系及林业物流园，为林业企业及民众提供智能化、整体化的林业商务服务。大力加强林业智慧社区建设，通过建立智慧社区服务系统，为林农、林企提供包括信息推送、在线证照办理、视频点播、远程诊断等服务，全面提高对林区的服务水平。

(一)智慧林业产业培育工程。加快新兴科技与林业的有机融合，促进新技术、新产品和新业态的发展。围绕发展潜力大、带动性强的林业生物产业、新能源产业和新材料产业、碳汇产业等新兴领域，立足现有企业和产业基础，利用新一代信息技术，攻克一批关键技术，促进信息化在产业发展中的应用，延伸上下游产业链，着力突破新兴产业发展的瓶颈制约，促进高新技术产业化。

(二)智慧林业两化融合工程。加快林业产业的信息化建设步伐，以企业为载体，加强信息技术在生产、制造、流通、销售等各环节的应用，提升林业企业两化融合水平，全面提高我国林业生产管理水平及产业竞争力。一是林业生产装备智能化。林业机械化、信息化、智能化、服务化是智慧林业生产的重要内容和显著标志，加快林业技术装备发展步伐是转变林业发展方式的重要途径。加快对先进技术的引进、消化、吸收和再创新，积极建立具有自主知识产权的核心关键技术体系，加强现代电子技术、传感器技术、计算机控制技术等高新技术在林业生产装备中的应用。二是林业企业生产管理精细化。以企业为主体，围绕林业采伐运输、生产制造、养殖栽培等领域，提高林业企业信息化水平，推进企业从单项业务应用向多业务一体化、集成化转变，从企业信息应用向业务流程优化再造转变，从单一企业应用向产业链上下游协同应用转变，深化信息技术在企业设计、生产、管理、营销等环节的应用。三是林产品质量监测实时化。加快建立完善的林产品质量监督检验检测体系，实现采伐、运输、生产、仓储、配送、销售等全过程的数据可追溯、质量可监控、信息可查询。

(三)智慧林地信息服务平台建设工程。加快建设全国统一的林地信息服务平台，基于林业地理空间信息库，建立智能、精准、便捷的林业资源分布图，创建“林业地图”板块，为林业政府部门提供准确的林业资源查询，及时了解林业资源在山间地头的分布情况，为相关用户提供从省到林场的综合性林业信息查询服务。加快全国林地测土配方系统的完善和对接，建立起一个准确了解林地土壤成分及环境状况，诠释土地、树种、土地与树种之间的关系，解决林农植树凭感觉走、靠天吃饭的现状。通过该平台的建设，为林业生产、管理与决策提供服务，为林业政府部门及广大林农及涉林人员了解林业分布、科学营林提供技术咨询，促进我国林业的可持续发展。

(四)智慧生态旅游建设工程。建设智慧生态旅游公共服务平台，为广大消费者、林业生产者等提供便捷化、智能化、最优化的服务，还可以加大对森林公园、自然保护区旅游小区、湿地公园等森林旅游景区的保护，树立优秀生态旅游品牌，全面提升生态旅游的行业形象和综合效益，进而实现可持续发展，主要包括信息查询、景点大全、线路攻略、品牌推广、网上体验、知识管理、规划指导等功能。建立全国林业旅游基础数据库，制定数据采集规程和标准，建立公平、透明、开放的林业旅游行业监管体系，全面提高林业旅游业发展的预测、预警、重点林产品监测分析、重点景区、市场动态监控分析能力，有效支撑节假日和重大活动期间的旅游市场分析运行，提升电子化营销水平，提升人们对林业旅游的认可度和信任度，扩大生态旅游规模。

(五)林业智慧商务拓展工程。通过林业智慧商务拓展工程的建设，构建一种市场信息畅通、规范、高效的林产品流通新模式，为林企和林农提供智能、便捷的服务，提高林业整体效益，促进林业产业的快速健康发展。包括林权交易平台，林业电子商务平台，林业智慧物流系统，林业智慧物流园等。

（六）林业智慧社区建设工程。在我国新型工业化、信息化、城镇化、农业现代化融合发展的推动下，需要找准新的切入点，加快林区信息化建设，提升整体发展水平。规范化、标准化、智能化的智慧社区建设成为促进城乡一体化、提升林区民生质量的重要途径。通过林业智慧社区信息基础设施建设和智慧社区综合管理服务平台建设等，构建一套线上、线下相结合的社区管理服务系统，包括智慧社区政务、社区管理、社区服务、社区生活及林区生产等方面，全面提高林区民生质量。

五、大力构建智慧林业标准及综合管理体系

根据智慧林业发展目标，按照国家林业行业标准及相关管理制度的要求，优先建设一套智慧林业标准、制度、运维、安全等为核心的综合保障体系，达到有章可循，有力保障智慧林业的建设运营。

（一）智慧林业标准体系建设工程。标准规范体系建设是智慧林业建设的基础性工作。在智慧林业建设和运行维护的全过程中，要遵循统一的标准、规范和相关技术规定，以保障信息资源有效开发利用，云平台、计算机网络和其他设施高效运行。包括智慧林业总体指导标准，智慧林业信息网络基础设施标准，智慧林业信息资源标准体系，智慧林业应用标准体系，智慧林业管理类标准等。

（二）智慧林业制度体系建设工程。林业信息化建设需要在遵循国家有关法律法规的基础上，建立健全日常事务、项目建设实施、信息共享服务、数据交换与更新、数据库运行、信息安全、项目组织等管理办法和制度，为林业信息化建设保驾护航。在智慧林业建设运营过程中，需要制定出台更具针对性的智慧林业制度体系。

（三）智慧林业运维体系建设工程。运维体系是智慧林业建设的根本保障，建立完善的智慧林业运维体系，将对林业系统提高绩效、构建智慧型林业起到至关重要的作用。按照"统一规划，分级维护"的原则，制定智慧林业系统的运维体系。运维体系主要由运维服务体系、运维管理体系、运维服务培训体系、评估考核体系四部分构成。

（四）智慧林业安全体系建设工程。智慧林业安全的总需求包括物理安全、网络安全、系统安全、应用安全、数据安全、管理安全等，其目标是确保信息的机密性、完整性、可用性、可控性和抗抵赖性，以及信息系统主体（包括用户、团体、社会和国家）对信息资源的控制。

第四章 智慧林业推进策略

一、智慧林业推进路线图

智慧林业是林业现代化和数字林业发展的高级阶段，以物联网、云计算、移动互联网等新一代信息技术为基础，通过更深入的智慧化、更全面的互联互通、更有效的交换共享、更协作的关联应用，实现林业自然资源更丰富、林业生态系统更安全、林业绿色产业更繁荣、林业生态文明更先进。智慧林业的建设，是一项长期性、系统性工作，需分步骤、分阶段扎实推进。依据各工程项目的紧迫性、基础性、复杂性、关联性等，建设智慧林业分基础建设、展开实施、深化应用三个阶段（图5）。

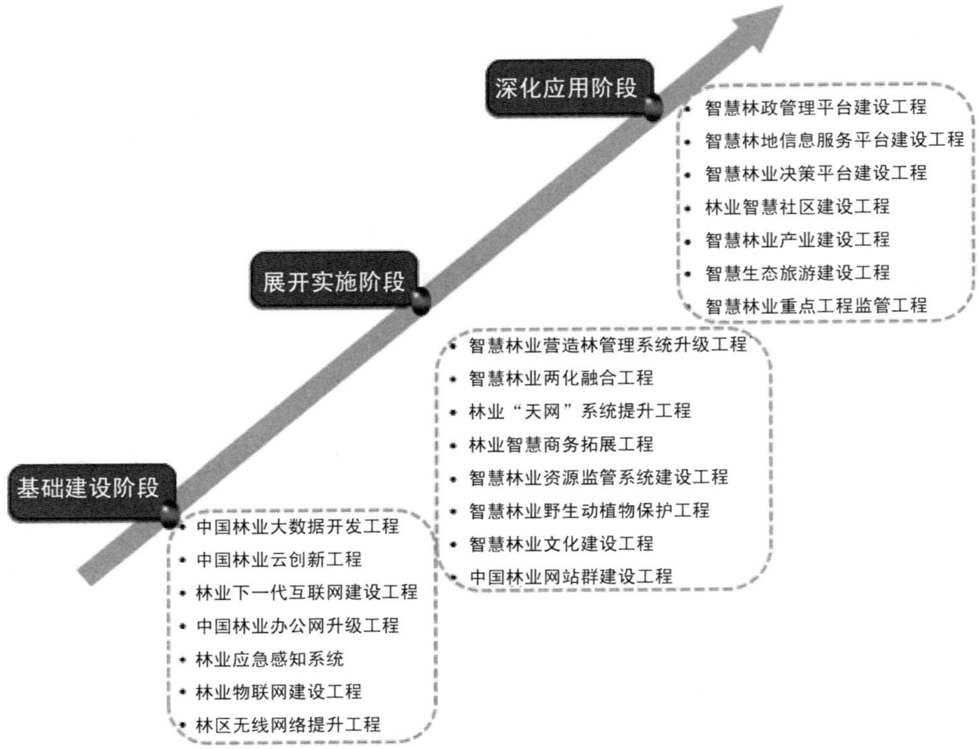

图 5　智慧林业推进路线图

（一）基础建设阶段。编写智慧林业规划，出台智慧林业建设的相关政策，安排扶持资金等，并局部开展智慧林业的探索实践工作。在现有林业信息化成果基础上，选择基础性较强的中国林业大数据工程、中国林业云建设工程、下一代互联网提升工程、林业应急感知系统、林业环境物联网和林区无线网等优先建设，为后续的智慧林业的全面建设提供良好的基础。

（二）展开实施阶段。智慧林业建设全面展开，汇聚各方力量，加大人、财、物方面的投入，积极鼓励企业、公众参与智慧林业建设。本阶段以智慧林业基础设施为基础，完成智慧林业营造林管理系统、智慧林业两化融合工程、林业“天网”系统、智慧商务建设工程、智慧林业资源监管工程、智慧林业野生动植物保护工程、智慧林业文化建设工程和中国林业网站群建设等工程建设。智慧林业建设的步伐明显加快，智慧林业框架体系基本形成。

（三）深化应用阶段。经过展开实施阶段，智慧林业建设有了量的积累，需要各个部分走向相互衔接、相互融合，实现质的飞跃。本阶段主要建设智慧林政管理平台、智慧林地信息服务平台、智慧林业决策平台、智慧林业产业建设工程、智慧生态旅游建设工程和智慧林业重点工程监管工程等。智慧林业的应用效果和价值逐步显现，其竞争力、集聚力、辐射力明显增强。

二、智慧林业保障措施

（一）强化组织领导，健全工作机制。组建以各级林业主管部门主要领导为组长的智慧林业建设工作领导小组，统筹领导智慧林业建设工作，负责研究、决策和解决智慧林业建设中的重大问题。

领导小组下设办公室，承担领导小组的日常工作，负责具体组织实施或牵头协调、监督智慧林业建设的重大项目及相关工作。建立上下联动的智慧林业建设工作机制，形成国家、省、市、县四级智慧林业组织体系。切实形成自上而下、比较完善的智慧林业工作机制。加强分工协作，完善相关配套条件，加大协调服务力度，加快形成有利于智慧林业建设的合力。

（二）创新投入模式，引导多元参与。智慧林业建设处于高起点起步、跨越式发展的战略机遇期，迫切需要大量的资金投入和稳定的资金来源，保证各项工程的顺利实施。加强智慧林业建设和运维的资金保障，加快建设政府投资为主、社会力量广泛参与的资金保障机制。省、市、县林业主管部门要加大财政资金投入力度，在年度投资预算中安排智慧林业建设专项资金，用于支持智慧林业各工程项目建设。在市场化效益明显的领域，积极吸纳社会投资，加快智慧林业建设步伐。鼓励和引导具有管理、技术和资金优势的企业、社会机构参与智慧林业建设项目投资或提供运行维护服务，积极为智慧林业发展营造良好的配套服务环境。加强与气象、环保、农业、旅游等相关部门的沟通交流，提高智慧林业关注度，建立长效的数据共享和交换机制，为更好地服务林业工作者和林农等用户提供有力支撑。

（三）加强项目管理，强化监督考核。结合智慧林业建设的实际需要，加强对重点项目的督查考核，建立“事前有计划、事中有管控、事后有评估”的项目管理机制，重视对重大项目的立项、招投标、资金使用、项目验收、效果评价等环节的监督管理，规避各种潜在风险和不利因素，确保智慧林业安全、规范、有效建设及运行。建立健全智慧林业建设与运行考核评估机制，由智慧林业建设领导小组及其办公室牵头制定各专项计划和重大项目的目标管理与考核办法。定期对各专项计划及重点项目的资金使用、执行进度、实施成效等进行检查、评价，出具考核意见，并落实到相应的责任人和责任单位，确保智慧林业建设扎实、稳步推进。

（四）统一标准规范，促进信息共享。加快制定智慧林业建设相关制度与标准体系，出台智慧林业建设重点项目管理办法等，并在智慧林业建设运行实践中不断完善优化，保障信息资源有效开发利用、网络平台和体验中心高效运行、信息系统互联互通。深入整合原有林业数据库、信息系统和服务平台，以减少信息孤岛、杜绝重复建设为原则，建立涵盖日常监管、信息反馈、风险防控、资源利用和政务工作各环节实时信息共享长效机制，为智慧林业建设保驾护航。

（五）注重人才培养，深化合作交流。智慧林业建设集多项高新技术于一体，技术含量高，建设难度大。一方面，应注重提高林业工作者的素质，聘请专家普及信息化知识、开展技能培训。加强面向偏远林区和老少边穷地区开展形式多样的信息化知识和技能教育服务，提高林业基层信息技术应用能力。建立和完善人才机制，创建培养人才、吸引人才、用好人才、留住人才的良好环境。另一方面，要加强与国外的合作交流，学习国外智慧林业建设的成功经验和做法，促进智慧林业建设的优势互补和共同发展。积极开展与其他行业的交流，吸收先进技术和管理经验，不断提高智慧林业建设水平和新技术应用能力。

（六）加强宣传推广，营造良好氛围。加大对智慧林业的宣传推广力度，充分利用电视、广播、报刊、互联网等各种媒体，广泛宣传智慧林业建设对国家社会发展的重要推动作用，加强对智慧林业建设的舆论引导。大力推广智慧林业建设的重点工程和试点示范经验，及时通报智慧林业建设工作的进展情况和建设重点。通过举办智慧林业建设主题系列沙龙、智慧林业巡回演讲和科普宣传等重大活动，营造和培育浓厚的智慧林业建设氛围，宣传生态文化。加强有关智慧林业的新思想、新观念、新知识、新技术的研究和宣传，激发和提高社会与公众参与智慧林业建设的热情和意识。

（七）加强运维管理，保障信息安全。加大网络、网站、应用系统的运行维护工作。加强运维管理，提升运维服务水平。全力做好信息安全和等级保护工作，继续推进行业信息安全等级保护体系建设，指导行业等级保护测评和整改。发布行业等级保护定级指导意见及指南。做好新上线系统的等级测评工作。开展等级保护培训工作，全面完成等级保护项目建设。加强信息安全保障能力建设，增加安全防护工具，防止信息泄露事故发生。以等级保护项目建设为契机，提升信息安全运维队伍建设，提高网站防护能力。

国家林业局关于印发《“互联网+”林业行动计划——全国林业信息化“十三五”发展规划》的通知

林规发〔2016〕39号

各省、自治区、直辖市林业厅(局)，内蒙古、吉林、龙江、大兴安岭、长白山森工(林业)集团公司，新疆生产建设兵团林业局，各计划单列市林业局，国家林业局各司局、各直属单位：

为深入贯彻落实党中央、国务院关于推进信息化建设和林业改革发展系列决策部署，全面落实全国林业厅局长会议和第四届全国林业信息化工作会议精神，进一步推进林业信息化建设，支撑引领林业改革发展，我局组织编制了《“互联网+”林业行动计划——全国林业信息化“十三五”发展规划》(见附件)。现印发给你们，请结合实际认真组织实施。

附件：“互联网+”林业行动计划——全国林业信息化“十三五”发展规划

国家林业局

2016年3月22日

附件

“互联网+”林业行动计划——全国林业信息化“十三五”发展规划

第一章 基本形势与需求分析

“十二五”以来，林业信息化全面快速推进，信息化水平和业务支撑能力大幅度提高，为“十三五”全面支撑引领林业现代化打下坚实基础。当前，全球正迈入信息社会，我国正处于全面建成小康社会的决胜阶段，林业正处于全面深化改革、大力推进林业现代化的关键时期，迫切需要加快推进林业信息化，加大信息支撑、加强智慧引领、推动改革创新，提升林业现代化水平。

一、建设现状

“十二五”期间，全国林业信息化建设呈现出上下齐心、快速推进、全面发展、亮点频现、成效显著的良好态势，全面完成《全国林业信息化“十二五”发展规划》任务，核心业务信息化覆盖率达到80%，省级以上单位全部实现无纸化办公，80%以上的行政许可实现在线处理，80%的省级单位建成国家、省、市、县四级上下互联互通的电子政务传输网络，林业信息资源目录体系、交换体系、安全管理体系、标准规范体系进一步健全，信息化水平和业务支撑能力大幅提高，成为国家信息化战略的新亮点，为“十三五”林业信息化建设打下坚实基础。

(一)形成智慧林业新共识。林业信息化建设全面进入智慧林业建设新阶段，以云计算、物联网、移动互联网、大数据、智慧城市等新一代信息技术为特征的智慧林业建设开局良好、成效显现，全国上下形成智慧林业建设新共识，为全面建成智慧林业奠定坚实基础。顶层设计基本完成，在出台《全国林业信息化建设纲要》、《全国林业信息化建设技术指南》、《关于进一步加快林业信息化发展的指导意见》等基础上，结合国内外信息化发展最新趋势和林业现代化建设需求，印发了《中国智慧林业发展指导意见》等顶层设计，北京、吉林、湖南、湖北、四川等28个省级林业主管部门也相继发布本省(市)智慧林业发展指导意见。动员部署及时跟进，每两年召开一届全国林业信息化工作会议，每年召开一次全国林业信息化主任协作会议，举办林业CIO培训、智慧林业技术培训、示范建设经验交流会、林业信息化学术研讨会等不同层次的培训和研讨会，持续不断进行思想动员、战略研讨、技术培训、经验交流，凝聚智慧林业发展合力。智慧项目不断推进，重点开展了物联网示范、国产卫星应用、高清视频、自然空间信息库、OA群等智慧林业项目建设，涌现出贵阳生态云计算平台、四川江油大数据动态监测、北京大东流智慧苗圃、青海湖智慧生态旅游等智慧应用，展示出智慧林业良好的发展态势和强大的应用成效。智慧示范成效突出，开展了四批次的示范建设，形成由12个示范省、36个示范市、65个示范县、25个示范基地组成的示范内容涵盖林业各业务领域的全国林业信息化示范体系，为全面推进智慧林业积累了宝贵经验。智慧制度日臻完善，制定了《林业信息化标准体系》，编制了50多项林业信息化标准，发布了32项林业信息化行业标准，完成了3项林业物联网国家标准的研制工作，发布了《全国林业信息化工作管理办法》、《中国林业网管理办法》、《国家林业局信息网络和计算机安全管理办法》等制度。

（二）打造林业政务新平台。依托林业专网和林业网站群，成功打造集电子办公、信息发布、网上办事、互动交流、大数据分析等功能于一体的中国林业政务新平台，显著提升林业政务效率，持续扩大林业社会影响力，大力推进林业政务公开，切实方便林企林农网上办事，有力推进林业治理现代化。构建全国林业办公网，按照“小外网、大内网”的建设思路，对全国林业内网应用系统和数据库进行系统整合和优化完善，初步建成涵盖国家、省、市、县四级的办公网络，开启林业行业无纸化、移动化、云端化、规范化办公新时代。林业行政管理效率大幅提高，政务开支大幅降低。打造中国林业网站群，中国林业网现已成为基于大数据分析、拥有3000多个子站、社会影响力较高的新一代智慧政府门户，构建了“纵向到底、横向到边、特色突出”的集约化网站群，建设了集林业展示、信息发布、在线服务、互动交流、智慧搜索于一体的电子政务平台，日均信息发布量和访问量分别达到100多万字和100多万人次，形成全周期一站式在线服务和全媒体信息发布格局，荣获中国政府网站部委第二名、“中国最具影响力政府网站”等多个奖项。搭建林业在线审批平台，实现审批业务一体化管理，打破时空界限，向企业和公众提供高效优质、规范透明的“一站式”服务。湖北实现省、市、县、乡四级行政审批，规范了审批流程，提高了行政效能，平均办理时限减为4.3天，少了2~3天；北京、深圳等地也积极推进网上行政审批。实施大数据决策分析，编发《林业大数据》专题报告，利用大数据技术，从互联网抓取海量数据进行林业重大政策和态势分析，及时发现苗头性、倾向性和潜在性问题，提出应对建议，为领导决策提供依据。

（三）注入林业建设新动力。加强新一代信息技术与林业资源监管、生态修复、应急管理、野生动植物保护等核心业务的深度融合、创新发展，充分发挥信息技术的倍增催化作用，为林业建设提供强大支撑。资源监管多维动态，开发了森林资源、荒漠资源、湿地资源、生物多样性资源等监管系统，“全国林业一张图”取得重大阶段性成果，实现对林业资源保护和利用的有效监管、动态监管、立体监管。生态修复科学有序，建立营造林管理等信息系统，实现造林规划、作业设计等环节信息化管理和森林生态效益补偿、森林资源资产化管理，指导和规范森林经营。应急管理智慧高效，吉林森工应用三网融合技术建设智慧化的森林防火监测与预警系统，实现林火预防、监控、报警、指挥等全方位数字一体化联动操作，森林火灾减少10%~30%，火灾损失和扑救费用减少10%，产生的直接、间接效益非常可观。福建省南平市延平区建设的林业“三防”监管一体化平台，将原本分离的防火、防盗、防病虫害监控系统进行整合，形成沟通快捷、反应快速、处置及时、运转高效的林业管理和长效监督机制，火情预警时间平均缩短了3个小时以上，森林火灾同比下降93.9%，火灾受害面积同比下降88.6%，盗砍滥伐林政案件同比下降80.3%。

（四）提供林业改革新引擎。“十二五”期间，我国进行了集体林权改革，信息技术在厘清资源产权、盘活林地资源、激活林区产业、促进林区和谐等方面发挥了至关重要的作用。精确勘界，利用“3S”技术对林地精准勘界，将林农的山场地块精确固定在电子地形图上，有效避免以往因“三定”粗放、四至界限表述不清造成的林地勘界纠纷。明晰权属，建立完整的林权地籍信息库和农户森林资源资产信息库，创立以林权地块为单元、户为单位的森林资源经营、资产评估体系，明确山林产权及其动态价值，减少了林权归属、资源价格、生态补偿等纠纷。规范流转，建设林业产权交易网站和林权交易系统，打造规范、透明的网上林权交易平台，维护交易各方的权益。盘活资源，山林确权、价值明晰后，农民可以拿林地作为抵押申请贷款或寻求合作，实现资源变资产、资产变资金的合理转化，进一步激发林农“耕山”热情，成功实现从“砍树”变现到“看树”变现的转变。激活林区，产权、经营权的明确还有助于吸引社会资金、先进技术、先进理念进入林业产业开发，加快林区融入社会、经济融入市场的步伐。信息高速公路使过去的穷乡僻壤一跃成为自然天堂、绿色热土。

（五）开辟惠林富民新途径。综合运用现代信息技术，紧密结合林业生产实际，构建涵盖产前、产中、产后的全产业链多元信息服务，实现林业生产智慧化，有效促进林农致富增收。林地测土配方系统，建立适生树种、土壤物候、技术支撑、农资供应等数据库，林农足不出户只需输入地块林权证号即可了解自家山头地块适合种什么、怎么种、有问题向谁求教、到哪儿能买到放心农资；智慧果园、智慧苗圃、智慧林场等智慧生产示范，探索出各类林业生产的智慧流程，让农民不懂技术也能成为行家里手；林业电子商务平台、“果子熟了”大数据系统、基于微信的“微商”平台等互联网营销平台，拓宽了销售渠道、改变了销售方式、增加了销售窗口、减少了流通环节、降低了销售成本。多种信息化创新手段共同作用，显著提高林业产业效益。此外，全产业链、多元化信息服务，消除了行业壁垒，降低了创业门槛，为林业行业大众创业、万众创新提供新空间，开辟林区就业增收新渠道，推动林区服务业转型升级，带动林农致富、林区繁荣，进而促进林区生态改善。

（六）营造生态文明新氛围。借助中国林业网、美丽中国网、中国林业新媒体等平台，组织开展一系列网络生态文化活动，提高全社会生态文明意识，营造生态文明新氛围。展示生态文化全新形象，建设中国信息林，采用实景三维漫游技术，全景网络再现；打造中国林业网络博物馆、网络博览会，为公众展示永不落幕的林业盛会。普及生态文化知识，通过网站、微博、微信、微视、移动客户端向公众普及生态文化知识，策划了“中国植树节”、“国际森林日”、“全国节能宣传周”等专题，向公众传播生态保护、低碳生活等理念。开展网络生态文化活动，每年组织一次网络生态文化大赛，已举办两届全国生态作品大赛、三届“美丽中国”大赛、信息改变林业故事网络征文大赛等活动，产生一大批优秀的生态文化作品，得到广大网友和社会各界的好评。打造网络生态文化圈，建设美丽中国网，以“弘扬生态文化、建设美丽中国”为主题，通过文字、图片、音频、视频等方式，全方位、多角度展示我国优美的自然风景，精美的人文景观，最新的生态理念。

（七）引领智慧发展新态势。林业信息化组织机构逐渐健全、队伍素质不断提升、各项工作快速推进、制度保障规范有力、工作成效不断突显，整体走向快速健康发展轨道，成为林业建设一支朝气蓬勃的新生力量，为林业改革发展增添了新活力，引领林业智慧发展新态势。全国 90% 以上的省级林业部门设立了独立的信息化机构，编制人数达到 295 人，辽宁、湖南、青海等省区还成立了市、县林业信息中心，为林业行业智慧发展提供了保障。信息化干部职工队伍不断壮大，队伍素质不断提升，研究生、博士、留学归国人员占比逐年递增，与有关高校联合建设林业信息化教育培训基地，进一步提升林业信息化干部职工的素质与信息技术应用能力，为林业智慧发展打下人才基础。全国各级林业主管部门投入林业信息化建设资金持续增加，广西、湖南、广东、湖北、河北、江西等 10 个省区总投入均超过 7000 万元，为林业信息化快速持续发展提供坚实保障。

（八）成为国家信息化新亮点。“十二五”期间，林业信息化成功实现了由迟缓落后到全国领先，成为国家信息化新亮点。林业电子政务建设处于全国领先水平，获得多项重大荣誉。林业电子商务建设带动林业产业发展，成为全国林业经济新的增长点。“金林工程”、林业物联网被列入国家重大信息化工程，国家林业局成为《国务院关于积极推进“互联网 +”行动的指导意见》中主要负责部门之一，林业大数据被列为《国家大数据战略及行动纲要》重要建设内容，林业数据库成为国家自然基础数据库的重要组成部分。数 10 家部委单位慕名前来参观、调研、学习。林业信息化不仅成为展示林业新形象的一张新名片，更成为国家展示信息化促进行业发展的一个新亮点。

同时，“十二五”林业信息化建设也存在一些问题。一是信息化立项审批及建设资金需进一步加强。信息化立项审批难，投入信息化建设资金不足。面向公共服务和改善民生的重要信息系统还不完善，服务机制及应用效果需进一步提高。二是业务数据整合及信息安全需进一步提升。信息系统建设开发、部署推广、应用整合不彻底，还存在着各自为政、独立封闭、数据不能互相衔接等“信息孤岛”现象，网络和信息安全形势不容乐观。三是信息资源共享及决策支撑平台需进一步完善。基础设施集约化、基础平台集成性、标准规范体系化有待进一步提升，缺乏统一的决策管理平台对业务数据进行有效整合、集中管理、综合分析，林业信息资源共享利用不够充分，对决策的支撑作用不够明显。

二、形势分析

当前，党中央、国务院高瞻远瞩、审时度势，大力推进信息强国战略，提出实施“互联网 +”、推动创新发展等重大举措，为林业信息化建设提供了千载难逢的发展机遇。

（一）人类社会正迈入充满活力的信息社会。继原始社会、农业社会、工业社会之后，在信息革命的强力推动下，人类正迈入充满活力的信息社会。抢占信息高地，建设信息社会，是时代的呼唤，人类的共鸣，历史的必然。首先，信息技术正成为促进社会进步的第一技术。20 世纪最重要的技术发明就是信息技术，信息技术是发展最快、影响力最大、渗透力最强的高新技术，是推动经济发展和社会进步的关键性技术，它正以空前的影响力和渗透力，不可阻挡地改变着社会的经济结构、生产方式和生活方式。其次，信息生产力正成为带动社会前进的第一生产力。人类社会正在进入以信息生产力为标志的新阶段，信息生产力是当代最活跃、最重要、更加社会化的核心生产力，信息化投入对经济增长的贡献率最大，是资本投入贡献率的 1.6 倍，劳动投入的 4.5 倍。第三，信息资源正成为推动社会发展的第一资源。物质、能源、信息是支撑人类社会发展的三大资源，信息资源是人类最高级的财富，现代市场经济就是信息经济。据预测，到 21 世纪中叶，知识、信息对经济增长的贡献率将由 20 世纪末的 30%~60% 上升到 90% 以上，谁掌握了信息优势，谁就能在国际竞争中占据主动地位。第四，信息产业正成为支撑社会成长的第一产业。信息产业已成为全球发展速度最快、从业人员最多、规模扩展最为迅速、创造财富最多的产业，成为全球经济新的增长点。21 世纪初，西方发达国家的信息产业增加值已占国民生产总值的一半或一半以上，20多年来我国信息产业年产值平均增长率均在25%以上，成为国民经济的重要支柱。第五，信息文化正成为引领社会进步的第一文化。网络文化产业迅猛发展，大大增强了文化产业的总体实力。全球一体的信息网络改变了文化结构，大大消除了接受障碍，对任何人都一律平等，是最平等的文化。第六，信息工作者正成为担当社会繁荣的第一群体。信息的制造和生产成为主导产业，信息型劳动成为主要的从业方式，从事信息化的人数越来越多，美国从事信息劳动的人口已占总劳动人口的60%以上，2015年信息消费实现900万个新增就业岗位，提供2500万个间接就业岗位。总之，工业生产力虽然为人类文明的进步带来了不可磨灭的贡献，但本质上是一种不可持续发展的生产力。而信息生产力依靠的是具有"无限性、增殖性、共享性"的信息资源，为生产力的可持续发展提供了可靠的后盾与基础。同时，依靠信息技术，通过大力发展"高效益、低消耗"的新型产业，促进经济规模与布局、产业结构、产品结构与就业结构，甚至社会结构的调整、优化与升级，信息生产力使经济增长方式发生了根本变革，将工业经济、工业社会推进到可持续发展的信息经济、信息社会。

（二）信息化是全面建成小康社会的关键驱动。当前，我国已处于全面建成小康社会的决胜阶段，国内外局势日趋复杂多变，国民经济发展进入新常态，新一代中央领导集体心系全局审时势、高瞻远瞩谋发展，将"信息化水平大幅提升"纳入全面建成小康社会的目标之一，将信息化建设提升至国家现代化建设的战略高度，加快了信息化战略部署。习近平总书记指出，"没有网络安全就没有国家安全，没有信息化就没有现代化"。李克强总理在2015年政府工作报告中提出制定"互联网＋"国家战略，强调推进"互联网＋"是中国经济转型的重大契机，大数据等现代信息技术是促进政府职能转变、优化服务的有效手段，对提升产业乃至国家综合竞争力将发挥关键作用。国务院先后出台《关于积极推进"互联网＋"行动的指导意见》、《促进大数据发展行动纲要》等重要文件，对信息化建设进行了全面布局。党的十八届五中全会突出强调创新是引领发展的第一动力，是国家发展全局的核心，要实施"互联网＋"行动计划，发展物联网技术和应用，促进互联网和经济社会融合发展；要实施国家大数据战略，推进数据资源开放共享；要实施网络强国战略，加快构建新一代信息基础设施。

（三）林业改革发展离不开信息化支撑引领。2015年2月，中共中央、国务院印发《国有林场改革方案》和《国有林区改革指导意见》，对深化国有林场林区改革做出了具体部署。国有林场林区改革是继集体林权改革后，中央对林业改革发展做出的又一项重大战略举措，国有林场林区作为我国最重要的生态安全屏障和森林资源基地，其改革发展必将对林业发展和生态文明建设产生更加深远的影响。2015年4月，中共中央、国务院印发《关于加快推进生态文明建设的意见》，提出到2020年，我国生态环境质量总体改善，森林覆盖率达到23%以上，湿地面积不低于8亿亩，50%以上可治理沙化土地得到治理，生物多样性丧失速度得到基本控制，全国生态系统稳定性明显增强，为"十三五"时期林业建设确定了具体目标和行动纲领。2015年10月党的十八届五中全会对"十三五"林业建设做了全面部署，将"生态环境质量总体改善，生态安全屏障基本形成"列入全面建成小康社会的新目标，将"坚持绿色发展，着力改善生态环境"确定为基本发展理念，强调绿色是永续发展的必要条件和美丽中国的重要体现。中央对林业发展寄予厚望，对林业建设要求很高。我国林业管护面积广达5.3亿公顷，占国土总面积的51%以上，多数林区都处于地理偏远、自然条件恶劣、经济社会欠发达的偏远落后地区。地理阻隔、交通不便、环境艰苦的难题，长期困扰林业现代治理；功能定位不清晰、体质机制不健全、政策支持不给力的难题，长期困扰林场转型发展；信息闭塞、产业落后、流通不畅的难题，长期困扰林区发展；致富无路、办事不便、社保不力的难题，长期困扰林农生活。迫切需要运用互联网思维，创新林业治理理念；迫切需要借助现代信息技术，提高林业治理效率；迫切需要依托信息高速公路，改变林区落后面貌；迫切需要通过多元信息服务，实现产业提质增效；迫切需要实施信息惠民，帮助林农脱贫致富。通过不断提高林业信息化发展水平，深入推进林业各项改革，创新林业治理体系，解放林业生产力，激发林业发展活力，实现创新增长，走出一条资源增长、生态良好、林业增效、职工增收、林区和谐稳定的林业现代化发展之路，更好地履行国家、人民赋予的职责。

（四）"互联网+"是信息化的最新形式。"互联网+"是把互联网的创新成果与经济社会各领域深度融合，推动技术进步、效率提升和组织变革，提升实体经济创新力和生产力，形成更广泛的以互联网为基础设施和创新要素的经济社会发展新形态。"互联网+"推动移动互联网、云计算、大数据、物联网等新一代信息技术在传统行业的应用，是信息化发展的最新形式。自李克强总理提出"互联网+"战略后，"互联网+"迅速成为中国经济社会最大的"风口"，全国上下、各行各业，无论是政府部门，还是经济产业界，都抓紧制定各自的"互联网+"规划，力图借助"互联网+"的创新驱动实现跨越式发展。为加快推动互联网与各领域深入融合和创新发展，充分发挥"互联网+"对稳增长、促改革、调结构、惠民生、防风险的重要作用，2015 年 7 月 4 日国务院出台《关于积极推进"互联网+"行动的指导意见》，提出顺应世界"互联网+"发展趋势，充分发挥我国互联网的规模优势和应用优势，推动互联网由消费领域向生产领域拓展，加速提升产业发展水平，增强各行业创新能力，构筑经济社会发展新优势和新动能。到 2018 年，互联网与经济社会各领域的融合发展进一步深化，基于互联网的新业态成为新的经济增长动力，互联网支撑大众创业、万众创新的作用进一步增强，互联网成为提供公共服务的重要手段，网络经济与实体经济协同互动的发展格局基本形成。到 2025 年，网络化、智能化、服务化、协同化的"互联网+"产业生态体系基本完善，"互联网+"新经济形态初步形成，"互联网+"成为经济社会创新发展的重要驱动力量。

（五）"互联网+"是"十三五"林业建设的关键举措。"互联网+"《指导意见》是新常态下我国经济社会实现创新驱动、转型发展的指导性文件，也是新时期林业信息化工作的行动纲领，对林业改革创新同样具有重要指导意义。在 11 个"互联网+"发展领域中，国家林业局是现代农业、益民服务、绿色生态等 3 个领域的负责部门之一，基本涵盖了林业主体业务。"互联网+"现代农业提出利用互联网提升农业生产、经营、管理和服务水平，林产业要以此为契机，构建新型经营体系，发展精准化生产经营方式，提升网络化服务水平，完善产品追溯体系；"互联网+"益民服务中的"旅游"与林业息息相关，国家林业局所辖 3100 个森林公园、570 个湿地保护区和 900 多个湿地公园、2163 个自然保护区、55 个国家沙漠公园，以及广袤的林区，都是我国的自然精华和重要的生态旅游基地，林业要充分利用资源优势，大力发展森林旅游业；"互联网+"绿色生态提出，推动互联网与生态文明建设深度融合，加强资源环境动态监测。在我国四大自然生态系统中，森林、湿地、荒漠占另外，林业要利用"互联网+"提高生态建设的效率，发挥生态文明建设的主体作用。"十三五"时期，林业建设以生态文明建设为总任务，以增绿增质增效为总目标，着力深化改革创新、着力加强生态保护、着力加快国土绿化、着力提升质量效益、着力夯实基础保障，加快推进林业现代化，都必须依靠信息化的支撑和引领，要紧紧抓住"互联网+"这个重大"风口"，顺势而为、借势而上，将"互联网+"作为推动"十三五"林业建设的重大举措，通过"互联网+"优化、重构林业政务管理、资源监管、生态修复、林业产业等核心业务，实现跨界融合、聚合再造，努力提升林业现代化水平。

三、需求分析

林业目前正处在新的战略机遇期和黄金发展期，林业改革发展具备了很多有利条件和积极因素。

十八大以来，党中央、国务院更加重视林业，习近平总书记特别指出，林业建设是事关经济社会可持续发展的根本性问题。十八届五中全会明确提出坚持绿色发展，迫切要求林业承担起筑牢生态安全屏障、夯实生态根基、创造绿色财富、积累生态资本、引领绿色理念、繁荣生态文化的重大使命。"十二五"时期林业建设取得系列重大成就，为"十三五"林业改革发展奠定了坚实基础。但我国生态资源稀缺、生态系统退化、生态产品短缺的现状并没有明显改观，偿还欠债、守住存量、扩大增量的任务十分艰巨。迫切需要加快推进林业信息化建设，发挥新一代信息技术的优势，在政务管理、改革发展、资源保护、生态修复、公共服务等重点领域加大信息支撑、加强智慧引领，着力解决林业的一些老大难问题，着力推动新时期林业改革创新，服务林业，服务林农，服务社会。

(一)林业政务现代化的需求。党的十八届三中全会提出："全面深化改革的总目标是完善和发展中国特色社会主义制度，推进国家治理体系和治理能力现代化。"林业治理现代化是深化林业改革的总目标，也是"十三五"林业现代化建设的首要目标。林业治理现代化首先是林业政务的现代化，因为政府组织和结构的变革是一切改革的基础，政务现代化是提升林业治理体系和治理能力现代化的重要途径，是深化林业改革的源头。林业政务现代化建设在"十二五"期间有了长足进展，电子政务全面推进，网络政府渐具雏形，但与林业治理现代化的要求尚有不小差距。为适应信息社会政府公共服务新要求，推进林业治理现代化，有必要综合运用现代信息技术理念，从依法行政、政务公开、高效行政、智慧管理等方面入手，全面推进网络型政府、服务型政府、智慧型政府、创新型政府建设，构建林业现代政务新格局。通过搭建全国林业网上行政审批平台，实现国家、省、市、县四级林业行政审批的集中管理、跨部门审批、联合审批以及关联审批，提高办事效率，简化办公流程，降低办公成本，规范行政审批，向企业和公众提供高效优质、规范透明的"一站式"服务；通过构建林业大数据慧治体系，加快林业信息资源建设，实现多类别数据的多元化采集、主题化汇聚、知识化分析和开放化利用；通过持续优化建设理念和技术，推进中国林业网站群建设实现智慧化、全面化、服务化；通过不断夯实林业信息化基础条件，进一步整合优化全国林业行政办公系统，全面实现自动化办公、移动化办公、集约化办公和规范化办公，林业行政管理效率大幅提高，政务开支大幅降低。

(二)深化林业改革的需求。"十三五"时期我国将全面深化国有林区和国有林场改革，进一步完善集体林权制度改革，发挥国有林区林场在绿化国土中的带动作用，增加林业发展内生动力。国有林区和国有林场改革刚刚起步，面临困难较多，历史包袱沉重，改革动力不足，经济发展滞后，存在职工收入偏低、社会保障薄弱、产业转型困难等问题。集体林权制度改革存在经营权落实不到位、处置权设置不完整等问题，规模经营和新型经营主体发育迟缓，集约化、专业化、组织化、社会化程度不高。体制不顺、机制不活是制约林业发展的深层次问题，林业治理体系尚不健全，该政府办的没有办到位，该放给市场的没有放到位，林业自然资源保护、公共资源配置、生态效益补偿、损失责任追究等制度建设滞后。产权模式落后，投融资机制不活，社会资本进入困难，改革红利远未释放。林业改革，就是要革新不适应新时期林业发展的体制机制，解放林业生产力，盘活林业资源资产，激发林业发展活力，实现创新增长。推动新一代信息技术与林业改革发展需求相融合，打造基于互联网平台的林业建设和创新模式，为林业改革发展提供精准、科学、全方位信息化服务，实现林业发展的一体化、协同化、生态化、最优化。通过构建资源资产动态监管系统，实现对国有林场林区资源资产的动态监管、精确监管，确保资源不流失、资产不减少；通过构建智慧林区信息服务平台，为林区职工、企业、社区提供高效、精准的信息服务，确保职工收入增加、企业充满活力、林区富裕小康、改革顺利进行；通过构建全国林权交易服务平台，实现林业资源产权在全国范围内自由交易流通，进一步规范交易、凸显价值、激活产业。

（三）资源精确监管的需求。我国正经历着世界上规模最大的城镇化进程，非法侵占林地、破坏湿地的现象十分严重，一些地区林业资源破坏严重，出现了森林破碎化、湿地消失、物种灭绝等生态问题，资源保护压力持续增加。据统计，全国违法违规侵占林地年均 13 万多公顷，过去十年湿地面积年均减少 34 万公顷，沙化和石漠化土地占国土面积近 20%，有 900 多种脊椎动物、3700 多种高等植物受到生存威胁，每年发生森林火灾几千起，森林病虫害发生面积 1167 万公顷。生态空间受到严重挤压，生态承载力已经接近或超过临界点。生态危机不仅导致越来越多的健康问题、经济问题，还成为引发社会矛盾的燃点，生态破坏严重、生态灾害频繁、生态压力巨大已成为全面建成小康社会的最大瓶颈。但现阶段，我国在森林资源、湿地资源、沙区植被、物种资源等生态资源的监管和治理方式上，还存在资源配置效率不高及空间布局不尽合理等问题，整体协调性差，难以形成合力，严重制约了我国生态治理能力现代化的发展。因此，利用信息技术手段，加快推进对森林、湿地、荒漠化沙化土地、生物多样性等的监测能力建设，提升信息化水平，提高资源监测的准确性、及时性，就显得日益紧迫。利用卫星遥感等技术手段，对自然资源开展全天候监测，健全覆盖所有生态资源要素的监测网络体系，提高生态风险防控和突发生态事件应急能力。通过建设“生态天网监测”、“生态一张图”、“生态物联网监测”等重点信息化项目，采集全国生态数据，构建林业生态保护监测体系，实现生态保护业务的全面覆盖和上下贯通。

（四）生态高效修复的需求。我国生态质量仍旧处于较低水平，生态改善与生态退化并存，自然生态系统依然十分脆弱，主要表现为植被破坏、水土流失、荒漠化等方面。更为严峻的是，我国生态修复难度不断增大。经过 30 多年大规模造林绿化，可造林地的结构和分布发生了显著变化。全国宜林地、疏林地以及需要退耕的坡耕地及严重沙化耕地等潜在可造林地 8262 万公顷，其中 3598 万公顷宜林地有 67% 分布在华北、西北干旱、半干旱地区，还有 12% 分布在南方岩溶石漠化地区，自然立地条件差，造林成林越来越困难，加之林业传统的劳动力、用地等要素优势逐步丧失，造林抚育用工短缺，劳动力和用地成本不断上涨，一些地方甚至出现了造林任务分解难、落实难的问题。同时，林业发展方式较为粗放，重面上覆盖、轻点上突破，重挖坑栽树、轻经营管理，重数量增长、轻质量提升，重单一措施、轻综合治理，造成森林系统低质化、森林结构纯林化、生态功能低效化、自然景观人工化趋势加剧。全国森林单位面积蓄积量只有全球平均水平的 78%，纯林和过疏过密林分所占比例较大，森林年净生长量仅相当于林业发达国家的一半左右。因此，应将现代信息技术与生态修复工程深度融合、创新应用，以实现从规划、计划、作业设计、进度控制、检查验收和统计上报等各环节的一体化管理、精细化管理。

（五）增加生态产品的需求。林业产业在促进农民就业、带动农民增收、繁荣农村经济等方面，有着非常重要和十分特殊的作用，不仅为国家建设和人民生活提供了包括木材、竹材、人造板、木浆、林化产品、药材、森林旅游服务等在内的大量物质产品和非物质服务，而且在促进农村产业结构调整、解决山区农民脱贫致富、提供社会就业机会等方面有着极为重要的作用。目前，直接从事林业产业生产的人员总量达 4500 万人。作为“最公平的公共产品”和“最普惠的民生福祉”，森林生态系统每年提供人均 0. 94 万元的生态服务，但总体上我国生态产品供给仍然不足。森林、湿地等自然生态系统的生态产品供给和生态公共服务能力，与人民群众期盼相比还有很大差距。生态空间、生产空间、生活空间错配突出，人口密集区生态承载力不足，人们对身边增绿、社区休憩、森林康养的需求越来越迫切。生态体验设施缺乏，森林湿地难以感知，生态资源还未有效转化为优质的生态产品和公共服务，生态服务价值未充分显化和量化，城镇生态服务明显欠缺，优质木材、木本油料、森林食品等林产品供需矛盾突出，高附加值产品比重低，重要材料对外依存度高，巨大的生产潜力没有充分发挥。此外，还存在着林业生产企业规模普遍偏小、科技转化率比较低、产业资源支撑能力比较弱等问题，林业产业对新技术、新信息、新成果的接纳、消化和吸收的能力还远不如其他行业，企业主对互联网、电子商务等信息技术应用还没有广泛的信任和认同，再加上林产品大多分布在山区，网络基础设施相对落后，林业电子商务的发展与其他行业相比，相对滞后。迫切需要将新一代信息技术与林业生态补偿、林业产业培育、生产加工过程、流通销售环节深度结合，推动林业产业转型升级，实现林业提质增效。将信息技术贯穿林业生态补偿全过程、林业产业全流程，促进物联网、二维码、射频识别等新技术在林产工业、木本粮油和特色经济林、森林旅游等传统新兴产业的应用，培育林业产业新模式，加强电子技术、传感器技术、计算机控制技术等在林业生产装备中的应用，促进林业产业信息化、现代化融合，改变林业商务活动的传统交易和组织方式，推动B2B、B2C、C2B、C2C、O2O、B2Q等电子商务经营模式的应用，使林业商务活动网络化、智能化，逐步打破人才、网络、物流等方面的瓶颈，促进林业企业信息交流，降低交易成本，缩短产品的生命周期，开拓新的销售领域。

（六）改善基础设施的需求。我国林业管护面积达5.3亿公顷，占国土总面积的一半以上，相对集中连片的林区多位于老少边穷岛等边远贫困地区，林区道路、通讯等基础设施建设和公共事业长期落后，信息闭塞造成林业管理不便、林业产业落后、林产品流通困难、林区发展停滞不前，森林防火、野生动植物保护、林业执法、资源管理、有害生物防治等信息化和现代装备手段落后，林业大数据融合度低，互联网应用不足，协同创新平台严重缺乏，高新实用技术成果推广应用不足，科技进步贡献率远低于林业发达国家水平，林业人才队伍薄弱，基层站点基础设施装备落后。有必要以国家信息化战略为契机，加大信息基础设施的建设力度，提高信息化发展水平，利用上下贯通、左右互联的信息网络高速公路和无处不在的信息化应用技术，消除地理阻隔和信息鸿沟，拉近林区和现代社会距离，激发林区活力，加快林区现代化步伐。

第二章 总体思路与建设目标

"十三五"时期林业信息化将顺应全球信息化大势，以国家信息化战略为指引，以全面支撑引领林业现代化建设为目标，紧贴林业改革发展、资源保护、生态修复、产业发展等各项事业，大力推动"互联网＋"林业建设。

一、指导思想

深入贯彻党中央、国务院关于推进林业改革发展和加快信息化建设的系列决策部署，以提升林业现代化水平为目标，全面推进"互联网＋"林业建设，实现互联网思维、立体化感知、大数据决策、智能型生产、协同化办公、云信息服务，支撑引领林业改革发展，为建设美丽中国和生态文明做出更大贡献。

互联网思维。善于运用互联网思维，实现以创新思维谋思路，以融合思维促发展，以用户思维强服务，以协作思维聚力量，以快速思维提效率，以极致思维上水平，敢于打破阻碍，促进开放包容，对全球开放、对未来开放、对全社会开放，完善共建共享的参与机制和创新平台，拓展林业发展空间，拓宽林业投入渠道，让所有关心林业、爱护生态的人都参与到林业现代化建设中来。

立体化感知。加快推进林业下一代互联网、林区无线网络、林业物联网、林业"天网"系统、林业应急感知工程等感知网络建设，形成全天候、立体化的全国林业自动感知、万物互联网络，实现林业资源、生态工程、应急灾害、林业产业等数据信息自动化采集、网络化传输、标准化处理、可视化应用。结合北斗实时数据，依托电子政务内外网，各级林业部门实现对林业资源智能识别、定位、跟踪、监控与管理。

大数据决策。以大数据等新一代信息技术为支撑，建立一体化的智慧决策平台，实现林业各类数据信息实时采集、深度挖掘、主体化分析和可视化展现，为林业重大决策提供数据依据和决策模型，及时发现战略性、苗头性和潜在性问题，自动化、智能化分析预判林业各种情况和趋势，提高林业重大决策的科学性、预见性、针对性。

智能型生产。加速新一代信息技术与林业的深度融合，促进理念创新、技术进步、效率提升，推动林业生产转型升级、创新发展。引入O2O、PPP、电商等模式，加速物品、技术、设备、资本、人力等生产要素在产业领域流动，实现各种资源的合理配置和高效利用，让农民足不出户也可知晓市场行情，盘活林业资产，激发林区活力，提高生产效率，提升产品质量，让大众创业、万众创新在林业开花结果，全面提高林业核心竞争力。

协同化办公。按照共建共享、互联互通的原则，打造林业各领域、各环节、各层级智能协同的政务管理信息系统，建立起运转协调、公正透明、廉洁高效的林业管理体系，推进智慧化办公、移动化办公，实现林业全过程信息化管理，进一步提升林业治理能力和治理水平。

云信息服务。充分利用云计算、移动互联网等新一代信息技术，打造中国林业云服务平台，实现各类林业数据高效交换、集中保存、及时更新、协同共享，提供全时空、全媒体林业信息服务，林农、企业、管理部门和社会公众随时随地可云端共享权威、全面、个性化的信息服务，确保优质高效、便捷普惠。

二、建设原则

在遵循统一规划、统一标准、统一制式、统一平台、统一管理的“五个统一”基础上，坚持开放共享、融合创新、变革转型、引领跨越、安全有序的基本原则。

（一）坚持开放共享。营造开放包容的发展环境，将“互联网＋”作为资源共享的重要平台，统筹部署林业业务系统，支持跨部门、跨区域的业务协同和林业信息资源共享，最大限度优化资源配置，加快形成以开放、共享为特征的林业运行新模式。

（二）坚持融合创新。鼓励树立互联网思维，积极与“互联网＋”相结合。推动“互联网＋”向林业各业务领域渗透，促进林业公共服务模式改革和林业政务运行机制创新，优化业务流程，顺应信息新技术发展趋势，探索林业运行管理的新模式。

（三）坚持提升转型。充分发挥“互联网＋”在促进林业产业升级以及“两化”深度融合中的作用，引导林业要素资源向林业实体经济聚集，推动林业生产方式和发展模式变革。创新网络化林业公共服务模式，大幅提升林业公共服务能力。

（四）坚持引领跨越。巩固提升“互联网＋”发展优势，加强林业行业重点领域前瞻性布局，以融合创新为突破口，培育壮大林业新兴产业，引领新一轮科技革命和林业产业变革，实现林业跨越式发展。

（五）坚持安全有序。增强安全意识，强化安全管理和防护，保障网络安全。加强林业信息化发展的信息安全基础设施建设。坚持自主可控，强化安全保密措施，确保重要信息系统安全可靠，着力提升网络与信息安全保障能力。

三、总体框架

"互联网+"林业是互联网跨界融合创新模式进入林业领域，利用云计算、物联网、移动互联网、大数据等新一代信息技术推动信息化与林业深度融合，建立智慧化发展长效机制，形成林业高效高质发展新模式。"互联网+"林业总体框架如图1所示。

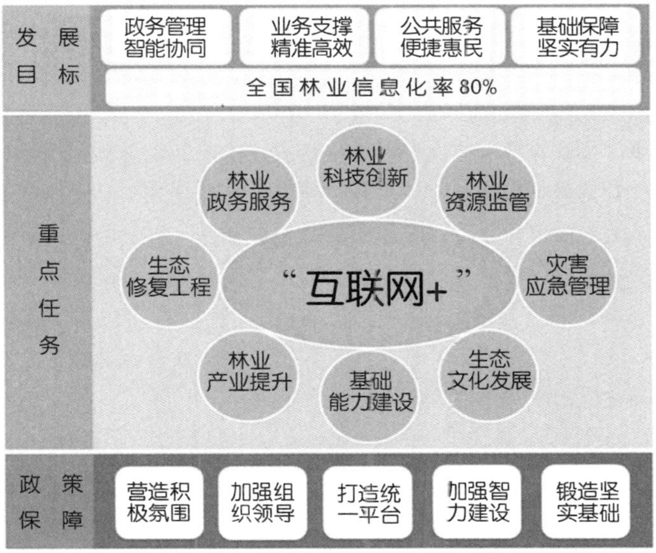

图1 "互联网+"林业总体框架

四、建设目标

(一)总体目标。到2020年，全国林业信息化率达到80%，比现在的62.25%提高17.75个百分点。其中国家级林业信息化率达到90%，比现在的75.3%提高14.7个百分点；省级林业信息化率达到80%，比现在的60.5%提高19.5个百分点；市级林业信息化率达到70%，比现在的52.4%提高17.6个百分点；县级林业信息化率达到60%，比现在的35%提高25个百分点。实现政务管理智能协同、业务支撑精准高效、公共服务便捷惠民、基础保障坚实有力(全国林业信息化率指标体系见附表1)。

(二)具体目标

——政务管理智能协同。全力推进电子政务建设，全面构建网络型政府、服务型政府、智慧型政府、创新型政府，努力实现林业政务管理公开透明、智能协同。建成全国林业网上行政审批平台，全国林业各级各类行政审批100%实现网上审批；建设林业数据开放平台、林业智慧决策平台，林业政务信息和非涉密数据100%开放共享，80%的林业管理决策运用大数据分析技术；中国林业网站群规模达到10000个左右，并集成智慧林业移动办公平台、桌面云办公系统等；形成国家、省、市、县四级树形结构的全国林业网络系统，搭载综合办公系统、视频监控系统等政务系统。

——业务支撑精准高效。着力推动新一代信息技术与林业各项业务深度融合、创新应用，为林业改革发展提供精准信息服务和智慧化解决方案，切实提高林业资源保护和生态建设的质量和效率。

实现全国林权统一平台交易、统一规范评估、统一数据管理、统一发放"一卡通"；国有林场林区资源资产基础数据全部采集入库，并实施动态精准监管；国有林区信息化基础设施90%覆盖，智慧林区综合服务平台实现精准"一站式"服务；完成"全国林业一张图"信息系统，实现全国林业资源90%精确定位、精细保护；运用大数据分析技术，准确掌握80%的生态系统的质量状态和发展趋势；建成全国林业应急管理综合平台，实现林业灾害监测、预警预报和应急防控的90%智能化；全国重大生态修复工程信息化结合率达到80%以上，实现从规划、计划、作业设计、进度控制、检查验收和统计上报等各环节的一体化管理、精细化管理。

——公共服务便捷惠民。大力推行信息惠民，为林农、林企及社会公众提供方便快捷、权威全面的信息服务，着力提升林业信息化公共服务水平。建设全国林业电子商务平台、生态产业创新林农服务平台、生态产品综合服务平台、智慧生态旅游服务平台、森林碳汇交易系统、智慧林业产业培育平台等林业产业提升信息化服务平台，建设林业网络文化场馆、林业全媒体、林业在线教育等生态文化信息化服务系统，实现林业公共服务90%信息化支撑，有效提升林业公共服务能力。

——基础保障坚实有力。建设林业云平台、林业物联网、林业移动互联网、林业大数据、林业"天网"系统等，进一步夯实和提升信息化基础支撑能力；建设林业信息灾备中心，实现"两地三中心"灾备模式；省级林业机房70%达到A级标准，省级单位公共基础数据库、林业基础数据库、林业专题数据库三类主要数据库90%完备。

第三章　主要任务与重点工程

"十三五"时期林业信息化发展要全面融入林业工作全局，"互联网+"林业建设将紧贴林业改革发展需求，通过8个领域、48项重点工程建设，有力提升林业治理现代化水平，全面支撑引领"十三五"林业各项建设。依托"互联网+"拓展政务服务，实现林业治理阳光高效；依托"互联网+"推进科技创新，实现林业发展创新驱动；依托"互联网+"加强资源监管，实现生态保护无缝连接；依托"互联网+"开展生态修复，实现生态建设科学有序；依托"互联网+"强化应急管理，实现生态灾害安全可控；依托"互联网+"提升林业产业，实现发展方式转型升级；依托"互联网+"繁荣生态文化，实现生态事业全民参与；依托"互联网+"夯实基础条件，实现林业要素融合慧治。

一、"互联网+"林业政务服务

互联网是政府施政的新平台。通过电子政务系统，实现在线服务，做到权力运用有序、有效、"留痕"，促进政府与民众的沟通互联，提高政府应对各类事件和问题的智能水平。目前，我国林业政务服务仍然难以满足不断增长的社会需求，迫切需要加快"互联网+"与政府公共服务深度融合，提升林业部门的服务能力和管理水平。建立全国林业网上行政审批平台，推进林业行政审批公开透明；搭建林业智慧决策平台，为林业政务决策提供科学依据；进一步加强林业网站群建设，提升智慧化、全面化、服务化水平；推进林业智能办公建设，建立纵向贯通、横向互联的全国林业网络办公系统，普及桌面云办公系统，推动移动办公平台的应用；建立全国统一的林权数据库和林权交易综合服务平台，引导林权规范有序流转，盘活林地资源，放活林地经营，搞活林业经济；加快建设国有林场林区统一的数据库和资源资产动态监管系统，为林场林区资源资产监管提供现代信息技术手段和动态数据；建设重点林区综合管理服务平台，为林区职工民生改善提供精准信息服务。

(一)全国林业网上行政审批平台建设工程。行政审批是政府公共服务的重要内容，传统的林业行政审批手续繁琐、时间长、随意性大、公开透明度不够，"门难进、人难找、脸难看、事难办"的现象普遍存在。"十二五"期间国家林业局进行了大量网上行政审批的专题研究和示范建设，一些地方林业部门也进行了探索性建设，实践证明实行网上行政审批对提高审批效率、打造阳光政务、推进依法治林、实现惠林富农等具有明显成效。在充分借鉴前期研究探索的基础上，按照《国务院关于规范国务院部门行政审批行为改进行政审批有关工作的通知》(国发〔2015〕6号)、《国家林业局规范和改进林业行政审批工作总体方案》等要求，结合林业工作实际，围绕全部林业行政审批事项，建设全国林业网上行政审批平台。规范林业行政许可项目审批流程以及统计、分析、查询和审批表单，对林业行政审批事项进行实时、同步、全程电子监察，全面解决业务、管理、决策和监督问题。国家林业局行政许可事项2016年全部上网审批。

(二)中国林业网站群建设工程。政府网站是政府在互联网上的存在，是政府信息公开、网上政务、公共交流的窗口。中国林业网历经16年发展和4次重大改版，现已成为基于大数据分析、拥有3000多个子站、社会影响力较高的新一代智慧政府门户，充分发挥了网络问政的作用，架起政府与社会公众的沟通桥梁。为满足林业政务现代化建设的要求，推动网络政府、智慧政府、服务政府、创新政府建设，"十三五"期间，中国林业网以林业云为平台支撑，林业物联网为试点展示，林业新媒体为推送渠道，林业大数据为分析工具，在智慧化、全面化、服务化三个方面进一步升级。智慧化：运用大数据、云计算、物联网、移动互联网等技术，建成集智能感知、智慧建站、智慧推送、智慧测评和智慧决策于一体的智慧化发展体系；全面化：坚持"五个统一"原则，实现行业全站群建设、信息全形式展现、服务全周期提供、内容全平台管理、资讯全媒体发布，打造由10000个子站组成的中国林业网上航空母舰；服务化：不断创新服务理念和技术应用，整合各类服务资源，实现个性化服务，切实做到"一切以用户为中心"。建设林业国际合作信息平台，分享国外林业发展成果，传播我国林业建设理念、最新技术和成功实践，推进林业国际合作创新发展，提升我国林业的国际影响力和话语权。

(三)林业智能办公建设工程。利用现代信息技术对办公软硬件设备进行优化提升，增强办公环境的安全性、易用性和可扩展性，提高资源的协作和共享，降低运营成本，实现林业智能办公全覆盖、全时空、集约化、高效化。一是林业OA群建设。在全面覆盖国家林业局各司局和京内外直属单位的基础上，将林业办公网建设向地方和基层延伸，建起纵向从国家局直达省级、市级、县级林业部门，横向联结有关部门的内网办公系统。通过优化组织结构，调整管理体制，全面实现无纸化办公、自动化办公和规范化办公，以及业务信息的内部发布、交流、互动和共享，提高林业行政管理效率，降低政务开支，增加协同办公能力，强化决策的一致性。依托OA群建起覆盖全国林业系统的高清视频会议系统。二是林业移动办公平台建设。搭建林业移动办公统一平台，用户可随时通过笔记本电脑、手机、PDA、智能终端等移动终端设备，在任何时间任何地点访问应用系统，进行业务审批、邮件收发、日程管理、文档检索、在线查询等操作，真正实现随时、随地、全天候移动办公，提高工作效率和协同性。三是林业桌面云办公系统建设。利用云计算技术，构建一个安全可靠、稳定高效、结构完整、功能齐全、技术先进的桌面云办公系统，林业系统工作人员用专用程序或者浏览器，利用自己唯一的权限登录访问驻留在服务器端的个人桌面以及各种应用，提高资源利用效能和办公效率。

(四)林业数据开放平台建设工程。政府信息公开和数据开放，以及社会信息资源开放共享，有助于推进简政放权和政府职能转变，提高政府治理能力。建设全国林业数据开放平台，加快林业信息资源建设和开放共享，顶层统筹，盘活底层数据，加强数据整合汇集，为"十三五"时期林业信息化发展奠定基础。除法律法规另有规定和涉密数据外，所有林业数据一律在平台上公开、共享；提高政府数据开放意识，有序开放政府数据，方便全社会开发利用；积极推进政府内部信息交换共享，打破信息的地区封锁和部门分割，推动信息共享和整合；各地各单位已建、在建信息系统实现互联互通和信息交换共享。

（五）林业智慧决策平台建设工程。当前，林业治理正在由经验管理、权威管理，向数据治理、智慧治理转变，林业智慧决策平台依托大数据技术提供智能化、最优化的科学决策服务。建立林业生态安全分析评价指标体系，以图表、图形等形式展示评估信息，根据变化幅度进行分级评估，为突发生态安全事件的预测预报提供科学依据，为管理决策提供理论依据与数据支持。建立"三个系统一个多样性"动态决策体系，以森林生态系统、荒漠生态系统、湿地生态系统为对象进行动态决策分析体系构建，提炼森林面积、森林覆盖率、森林蓄积率、森林碳汇、林区工矿面积、资源指标数据、林企生产输出的经济能力、资源消耗情况、生物种类、生物总量、林农行为等各项生物状态及行为指标，并分析这些指标间的关联关系、相互影响关系，为国家宏观决策提供依据。构建以全国林业系统网站群为核心，覆盖主要论坛、新闻媒体、博客、微博、贴吧、社交网站等境内外网站数据源渠道的互联网态势数据采集机制，实现热点探测、话题分析、地理分布、传播分析、情绪分析、关联分析、时事探针等功能，为互联网态势研判和舆情应对提供数据支撑，为相关林业决策提供科学依据。

（六）全国林权交易综合服务平台建设工程。目前我国集体林"明晰产权、承包到户"的改革已基本完成，共确权集体林地 1.8 亿公顷，发放林权证 1.01 亿本，成立林业专业合作组织 15.57 万个，经营林地面积 0.22 亿公顷。全国现有 20 多个省级林权交易中心，全国 31 个省（区、市）和新疆生产建设兵团中，约 20% 的地区建设了林权管理信息系统，山西、浙江则率先发放了"林权一卡通"，但全国性的林权交易平台尚未建立，制约了集体林权交易和管理。为进一步深化集体林权制度改革，加大对林权交易的监管力度，提升林权管理的信息化、科学化水平，迫切需要建立全国性的林权交易综合服务平台，实现林地、林木、股权、债权、项目工程和林业技术等项目统一挂牌、统一在线服务，形成林权交易信息统一发布和聚集的平台。开发统一的网上交易系统，实现林权等的网上拍卖、招标、议价和网络报价等，打造公开、公正、全程监管的林权交易平台；发放全国统一的林权 IC 卡，包括林权信息、流转信息、抵押信息等相关信息，能进行生态补偿发放、林权资产动态评估、林权抵押贷款等操作，真正实现全国林权"一卡通"；建设全国林权流转市场监管服务平台，加强林权流转市场监管并提供公益性服务，重点监管林权类不动产审批（确权）、林权流转交易行为、林权流转市场主体。力争到 2018 年，全国可流转林权全部纳入到公共服务平台，林权持有者都拥有"一卡通"；到 2020 年，全国林权交易、林权抵押贷款等事项全部实现统一平台管理，并与其他相关业务系统对接。

（七）国有林场林区资源资产动态监管系统建设工程。国有林场林区改革的核心是创新管理机制，健全森林资源监管体制，提高森林资源经营管理水平，推进政企、政事、事企和管办"四分开"。在明确森林资源产权、健全森林资源监管的前提下，国有公益林日常管护服务面向社会购买，引入市场化机制进行国有林场资源管理和产业开发。但在实际工作中要实现资源产权完整、管护开发市场化、监管全方位绝非易事，尤其是资源的实时动态监管。国有林场林区资源资产动态监管系统，将国有林场、国有林区资源资产基础数据采集入库并实施动态监管，对森林抚育、资源资产、企业改制等进行全程监管和绩效考核，确保资源资产只增不减。建立以林权为基础的公益林信息管理数据库，生成国家级公益林管理信息系统，做到图、表一致，人、地相符，确保国家级公益林基础数据资料的准确性、可靠性和时效性，快速、准确、全面了解国家级公益林区划界定、管护组织、资金发放、公益林资源现状和变化动态等情况，为科学、有效地管理好国家级公益林提供保障。

（八）重点林区综合管理服务平台建设工程。全面建成林区小康社会，妥善安置富余职工，大力扶持林区特色产业，加快林区转型，是林业工作的重点内容。互联网改变了传统的经济空间布局，让经济欠发达的林区有机会以较低的成本参与到市场经济中来；信息技术弥合数字鸿沟，帮助林农获得新知识、新技能、新市场；电子商务帮助林农低成本对接大市场，带动林产业发展和就业。把信息手段、信息平台和信息载体引入林区社区建设，建立智慧林区综合管理服务平台，创建林区智慧社区，构建线上线下相结合的林区管理服务系统，支持林区政务、林区管理、林区服务、林区生活等，全面提高林区民生质量，实现林区业务"一站式"办理及民生服务的网络化，形成一体化、智能化、便捷化的智慧社区新模式。加大智慧林区信息基础设施建设，把林区信息基础设施建设纳入城乡规划统一建设，积极引导、鼓励电信企业参与到政府有要求、林区有需要、发展有前景、各方均受益的林区信息基础设施建设当中。加强林区信息库建设，包括人口基础数据库、空间地理信息库及其他管理服务信息库。

二、"互联网+"林业科技创新

当今世界科技发展突飞猛进，创新创造日新月异，多学科交叉融合、新理论相互渗透、多区域乃至全球科技合作等不断涌现，科技对现代林业发展的支撑引领作用日趋显著。但总体来看，林业科技尚处于"总体跟进，局部领先"发展阶段，还存在着科技进步贡献率不高、科技成果转化不够、科技知识和信息传播不广等问题。实施林业科技创新服务、林业科技成果推广、林业标准化、生态定位监测信息系统、林业科技条件平台等建设工程，提供林业科技成果展示、先进实用技术推介、在线专家咨询、林业标准信息共享、生态监测和成果发布分析、科技平台数据共享等综合科技服务。

（一）林业科技创新服务建设工程。围绕国家生态文明建设和林业改革发展大局，结合信息源自动发现技术应用，紧密跟踪国内外各领域最新发展趋势、前沿技术进展以及优势创新团队分布，构建林业科研大数据智能分析和成果发布平台。与科技发达国家和地区的林业部门、科研院所等构建林业科技创新国际合作体系。建立基于"互联网+"的"生态协同式"林业科技创新合作机制，加快科技创新联盟建设，将林业科研院所、科技人才、技术推广人员、新型林业经营主体等有机结合起来，助力大众创业、万众创新。整合国内外林业科技图书、文献、科学数据、科研项目、科技成果、标准、专利和科技报告等科技信息资源，建成书、刊、网、库结合的公共林业科技文献共享平台，为林业生产单位、科研机构、社会各界掌握了解林业科技国内外发展趋势、前沿技术、创新团队等提供服务。

（二）林业科技成果推广建设工程。构建和完善国家林业科技推广成果库、国家林业科技推广项目库和国家林业科技专家库等系统，通过系统化集成和数据共享，实现三库有机融合，共同发挥作用。建设面向全国、覆盖各领域的科技成果集成大数据平台，实现科技成果征集、遴选、展示、共享等一体化信息服务。建立林业科技成果技术网上对接和交易市场，实现技术需求与成果精准对接，简化科技成果流通环节，为全社会提供精准科技成果应用服务。充分利用成果库和专家库的信息，搭建科技成果与生产应用、科技专家、林技人员、基层科技推广队伍和林农之间高效便捷的信息化桥梁。建立林业植物新品种、专利知识产权等信息系统，鼓励研建各类App客户端，引导开通"一点通"式公众信息服务平台，开设林业专家微信公众号等咨询服务，为社会公众提供快捷、专业的林业科技信息服务。建设林业科学传播公众服务平台，面向公众搭建网络林业科普园地，传播林业科学技术知识，提高公众生态科学素质。

（三）林业标准化建设工程。根据国务院《深化标准化工作改革方案》和国家林业局《关于进一步加强林业标准化工作的意见》要求，建立林业标准化管理信息平台，实现林业行业标准制修订项目的网上申报、审批和实施信息反馈，强化制修订全过程信息化管理。加快林业标准数据库建设，及时、准确、系统地收集和发布国内外林业标准化信息，为社会提供高效的标准信息服务。

（四）生态定位监测信息系统建设工程。加强建设国家陆地生态系统定位观测研究站网，优化各类生态监测站点，建立生态定位监测信息管理平台，提升站网运行管理能力和生态监测信息化水平。完善全国陆地生态系统定位监测研究技术体系，加强信息技术在长期生态定位观测研究中的应用，建立生态监测物联网，提高数据采集的自动化程度。建设监测数据信息化传输网络，实现基本生态要素的长期、连续、同步数字化监测。建立大数据平台，加强生态监测数据资源开发与应用，开展大数据关联分析与研究，为准确掌握全国陆地生态系统状况、开展生态效益评价、服务林业生态工程建设等提供基础数据和技术支撑。

（五）林业科技条件平台建设工程。加大重点实验室、“互联网＋”工程技术研究中心信息化建设，强化局重点实验室各研究领域及相关实验室之间资源高效集成、优势互补，提高局重点实验室软硬件信息化建设水平。扩大各工程技术研究中心之间的信息交流，建立凝聚行业人才、孵化科技成果、企业应用转化、行业信息服务等方面的大数据平台，实现各实验室、工程中心的实验设备、试验场地、科研人员等的共享，提升创新能力和服务水平。

三、“互联网＋”林业资源监管

我国目前正面临着资源约束趋紧、环境污染严重、生态系统退化的发展困境，资源环境问题已经成为全面建成小康社会最紧的约束、最矮的短板，对有限自然资源的有效监管、可持续利用已成为事关经济社会可持续发展的关键。传统的资源监管由于缺乏现代信息技术支撑，管理粗放、效率低下、时效性差，迫切需要加快构建集森林、湿地、沙地和野生动植物资源监管于一体的“互联网＋”林业资源监管平台，对全国林业资源进行精确定位、精细保护和动态监管，实现国家对林业资源保护和利用的有效监管。国务院《关于积极推进“互联网＋”行动的指导意见》明确提出要加强资源环境动态监测，积极推动生态监测、生态红线一张图建设，全面强化生态安全的网络化监管，在智能林业物联网应用示范项目的基础上，启动生态保护与野生动植物监测物联网应用工程，开发监测信息管理共享服务平台，提升监测效率和质量。

（一）生态红线监测建设工程。对生态实行红线保护是党的十八大确定的一项重要措施。随着我国经济社会快速发展，破坏自然资源、侵占生态用地时有发生，生态承载力严重不足，生态文明建设的空间载体岌岌可危，已经到了非划定生态红线不可的地步。建设生态红线监测平台，强化生态资源的网络化监管，积极推动生态监测、生态红线一张图建设，全面掌握并发布森林、湿地、荒漠化和沙化土地、野生动植物资源、林业禁止开发区域现状及动态变化情况，提升监测成果的使用效率和服务质量。从国家、省、市、县分别落定森林（含林业禁止开发领域）、湿地、沙区植被、物种保护 4 条生态红线，推动新一代信息技术在生态环境监测中的应用，实现生态红线在地理空间的全面覆盖和全面贯通，在保证空间数量不减少、保护性质不改变、生态功能不退化、管理要求不降低的前提下，实现林地、森林、湿地、沙区植被、物种等生态要素的动态平衡。

（二）智慧林业资源监管平台建设工程。构建集森林、湿地、沙地和野生动植物等资源监管于一体的智慧林业资源监管平台，实现林业资源精确定位、精细保护和动态监管。一是森林资源监管系统。根据国家、省、市、县4个不同层次的业务需求，应用地理信息系统和数据库技术建立森林资源监管信息系统，实现森林资源监测、森林资源利用管理、国家级生态公益林管理、森林资源监管辅助决策和境外森林资源信息管理等功能。二是湿地资源监管系统。以提高湿地资源监测、管理、保护和利用水平为宗旨，在湿地资源数据库建设基础上，建立基于3S技术的湿地资源监管应用系统，确保全面及时掌握全国湿地资源现状及湿地征占、变迁等动态变化情况，为湿地保护与可持续利用提供技术支撑和决策依据。完善国际重要湿地监测技术体系，加强国际重要湿地监测物联网应用，引领带动各地提高湿地生态系统监测水平。三是荒漠化和沙化土地监管系统。基于3S技术和地面调查，全面掌握荒漠化、沙化土地现状及动态变化情况，建立荒漠化和沙化土地监测数据库和管理信息库，提高荒漠化和沙化土地监测、防治和管理水平，为防沙治沙、改善沙区生态环境，履行《联合国防治荒漠化公约》提供科学决策依据。四是野生动植物资源保护系统。以历次野生动植物调查、监测数据为基础，整合野生动植物保护区监测数据，充分利用物联网、3S技术等新一代信息技术建立野生动植物资源保护系统，及时掌握物种多样性现状及动态变化情况，为野生动植物资源保护和自然保护区管理及濒危野生动植物拯救和保护工作提供依据。

（三）林木种质资源保护应用建设工程。林木种质资源负载高度的遗传多样性，是国家重大基础战略资源。我国拥有9000多种乔木、灌木、竹、藤等树种，其中特有种1100多种，林木物种数占北半球同纬度地区的45%左右，是世界上树种和林木种质资源最富集的地区之一。目前全国初步建立了13个国家级林木种质资源保存库，保存了11个树种种质资源2.1万份，建立信息管理的种质7.5万份，但距离全面有效保护的要求差距甚远。林木种质资源保护应用工程，通过林木种质资源设施保存物联网应用示范、异地保护物联网监管应用示范，建立林业遗传资源数据库系统和管理信息系统，收集、整理和登录有关树种及种群利用、分布、生境、生物学及遗传变异的信息，搭建林业遗传资源信息共享平台，建立林木种质资源相关知识数据库及林木种质资源地理分布图，完善林木种质资源原地、异地保护和设施保存技术体系，大幅提高保护保存能力。

（四）生态环境监测信息系统建设工程。生态环境监测是生态保护的基础。目前，我国林业生态环境监测网络存在范围和要素覆盖不全，建设规划、标准规范与信息发布不统一，信息化水平和共享程度不高，监测与监管结合不紧密，监测数据质量有待提高等突出问题，影响监测的科学性、权威性和政府公信力，必须加快推进林业生态环境监测信息化系统建设。生态环境监测信息系统以物联网技术为基础，对森林生态系统、湿地生态系统、荒漠化生态系统和生物多样性四大类林业资源进行全面监测。依据大数据分析技术，评估生态系统当前状态，预测生态系统未来发展趋势，对可能发生的环境安全事件进行预警，进一步明确生态系统内在的相关性、规律性与外在的表现性、影响性之间的关系。对生态环境现状、生态承载力、生态变迁驱动力和生态威胁等生态环境指标进行综合评价，全方位、多角度分析生态环境的数量与质量。评估生态系统的健康状况、生态服务功能和价值，为林业生态工程建设与管理提供科学依据。完善森林生态系统定位监测研究技术体系，对森林生态关键指标进行大范围、长期、持续、同步的数字化监测、网络化共享、规范化集成，提高监测水平。

（五）古树名木保护系统建设工程。古树名木是林木资源中的瑰宝，被称为"活文物"、"活化石"，既是重要的森林和旅游资源，也是珍贵的物种资源。但是长期以来，我国古树名木破坏严重，数量急剧减少，建立全国古树名木保护系统，健全古树名木动态监测体系，掌握古树名木资源保护现状及存在的问题，总结推广各地古树名木保护经验，为加强和推进古树名木保护工作打下坚实基础。利用地理信息系统和北斗导航等高新技术，实现古树名木档案管理、专家会诊移植、信息查询编辑、数据输入输出、系统平台管理等功能，全面展示古树名木属性信息、图片信息和空间信息，切实提高古树名木保护水平。完成第二次全国古树名木资源普查，建立全国统一的古树名木资源数据库，建成全国古树名木资源信息管理系统，初步实现全国古树名木资源网络化管理。

（六）林业智慧警务建设工程。各级森林公安机关建设标准化信息采集室，配置便携式信息采集仪，加强人、物、组织、案（事）件、地址等5类信息采集，建立全国森林公安基础数据库；建设全国森林公安情报研判和案件远程会诊系统、全国森林公安信息资源服务平台、全国森林公安刑侦信息应用系统、森林公安林业行政案件查办系统、林区警务及涉林重点资源管控系统、全国森林公安警务资源综合管理系统、森林公安网络舆情分析预警系统等7大类综合应用系统，做到上下联通对接，全警资源融合共享，进一步健全情报信息主导警务机制，推动森林公安传统警务模式向现代警务模式转变。

四、“互联网+”生态修复工程

虽然经过30多年的大规模造林绿化，但我国仍然是一个缺林少绿、生态脆弱的国家，生态质量仍旧处于较低水平。森林覆盖率远低于全球31%的平均水平，人均森林面积仅为世界人均水平的1/4，人均森林蓄积只有世界人均水平的1/7，木材对外依存度接近50%，自然湿地仅占国土面积的4.86%，远低于8.6%的世界平均水平。可利用森林资源少，资源总量相对不足、质量不高、分布不均，自然资源长期得不到有效保护，生态系统不断恶化。迫切需要将现代信息技术全面融合运用于生态修复工程，实行从规划、计划、作业设计、进度控制、检查验收和统计上报等各环节的一体化管理，加快推进造林绿化精细化管理和重点工程核查监督，实现生态修复的科学化、持续化、产业化，全面提升生态修复质量。

（一）重大生态工程智能监管决策系统建设工程。林业重点工程项目是筑牢生态安全屏障和维护生物多样性的重要抓手，是实现绿色发展、推进林业现代化的战略途径，是有效解决长期困扰和阻碍我国经济社会可持续发展问题的发力点。“十三五”时期国家林业局将实施全国林业重大工程和区域重点生态保护修复项目。根据以往经验，林业重点工程多存在区域重叠、数据“打假”、管理粗放等问题，非常有必要全面整合重点工程数据资源，构建统一的重大生态工程智能监管决策系统，实现立项、启动、执行、验收的全过程管理，及时准确掌握重点工程建设现状，提高工作绩效和监管水平。利用大数据建设一体化的项目管理、分析决策平台，推动下一代互联网、物联网等新技术的应用，加强林业生态建设管理、生态修复决策管理，有效提高生态修复效率，促进林业可持续发展，保障国家生态安全。

（二）智慧营造林管理系统升级建设工程。我国生态修复任重而道远，但生态修复难度却不断增大。可造林地的结构和分布发生了显著变化，自然立地条件差，造林成林越来越困难，加之林业传统的劳动力、用地等要素优势逐步丧失，造林抚育用工短缺，劳动力和用地成本不断上涨，一些地方甚至出现了造林任务分解难、落实难的问题。通过建设智慧营造林管理系统，对造林的各个环节进行核查和监督，提高营造林绩效管理水平，为科学造林提供决策依据。建立完善的感知分析系统，实现覆盖国家、省、市、县四级的营造林规划计划、作业设计、进度控制、实施效果及统计上报等环节的一体化管理。通过营造林基础数据、森林资源数据和基础地理信息数据结合，回答“林子造在哪里？”、“怎么造？”的问题，从根本上解决传统手段长期以来难以根除的重复造林、“年年造林不见林”的痼疾。

（三）全国林木种苗公共服务平台建设工程。优质林木种苗是实施生态修复工程的关键要素，近年来我国林木种苗培育事业得到长足发展，但现有的林木种苗交易鱼龙混杂，苗木质量良莠不齐、招标采购不规范、商家诚信缺失、价格不透明、地区差价悬殊等问题长期困扰苗木市场交易，有必要利用信息化手段，加强行业监管、规范交易行为、公开交易价格、保障苗木质量。实施智慧林木种苗建设与管理升级改造工程，对林木种苗生产供应、良种选育、行政执法监管及社会化服务等环节进行智能监管和决策，为提升林木种苗良种化水平奠定基础，满足生态修复对种苗需要。建立全国统一的林木种苗网上交易及公共服务平台，参照政府采购模式，凡是各级财政资金支持的林业生态修复项目的苗木采购统一通过该平台采购交易，避免违规、不实操作。通过建立完善苗木质量、价格数据库，供应商资信数据库，交易历史数据库等，严格准入制度，将信誉良好、种苗优良的苗圃纳入到平台中，统一划定区域苗木价格区间。有利于节约采购资金成本，提高财政资金使用效率；有利于规范政府的采购行为，加强对财政支出的管理和监督；有利于加强廉政建设，从源头上堵塞漏洞消除腐败，为反腐倡廉提供制度保障。

（四）重点区域生态建设服务平台建设工程。根据国家“一带一路”、京津冀、长江经济带等重大战略行动，发挥林业的优势和潜力，加强国家间、区域间的林业经济合作与技术交流，实现相关区域生态环境可持续发展和经济繁荣。根据国家打造“西部绿色长廊”的战略构想，建设全方位、多层次、复合型的互联互通网络，加强与“一带一路”沿线各国的经济合作与科技交流，加强区域协作，发挥林业生态功能，服务“西部绿色长城”建设。积极推动国际林产品贸易与林业投资，通过跨境林业信息交流、跨境林业技术交流服务、跨境林业投资综合信息服务、跨境林产品电子商务平台，加强林业国家间的经济合作与技术交流，提升我国林业的国际地位和影响力。

（五）国家储备林信息管理系统建设工程。我国现已成为全球第二大木材消耗国、第一大木材进口国，木材对外依存度接近50%，立足国内实现木材基本自给，显得尤为迫切。2013年，国家林业局启动国家储备林建设试点，第一期划定100万公顷，重点储备一批珍稀大径级用材林资源，形成年1000万立方米储备能力。2015年中央一号文件明确提出，建立国家用材林储备制度，培育珍稀和大径级森林资源，不仅是提升我国森林生态功能、增加生物多样性的创新性举措，还是生态林业民生林业的最佳结合点。国家储备林信息管理服务系统，以《国家储备林建设规划（2016—2020年）》为引领，建立国家、省级和市县级三级管理、覆盖储备林小班的国家储备林信息管理系统，将建设任务落实到山头地块，为国家储备林规划决策、项目申报与审批、年度计划任务下达，以及项目投资、营造林管理、检查验收、资源动态监测、绩效评价等，提供信息服务支撑，实现国家储备林建设、储备、运营、监测全过程信息化和标准化管理。

五、“互联网＋”灾害应急管理

我国是森林火灾、病虫害、沙尘暴等生态灾害多发的国家，现阶段对于生态灾害的监管和治理方式还较为原始，难以做到提前预防，迫切需要深化信息技术在生态灾害监测、预警预报和应急防控中的集成应用，提高森林火灾、沙尘暴、病虫害等生态灾害的应急管理能力。积极推进生态灾害风险评估预警，加强生态灾害安全应急处理能力建设，实现各级林业管理部门应急指挥监控感知系统的应急联动，提高全国林业应急指挥能力，降低突发灾害造成的损失。以航空、航天、地面的多尺度立体监测体系为基础，结合图像传输、系统仿真、专家知识、远程诊断、决策分析、信息发布等功能，实现对林火灾害、疫源疫病、突发事件的有效防控，建成以灾害监测为基础，灾情预警为前提，信息快速传输为保障，应急指挥为中心，预案处置为目标，评估修复为后备的应急管理体系。

（一）森林火灾应急监管系统建设工程。森林火灾是危害森林资源安全的主要因素之一，新中国成立以来，我国平均每年发生森林火灾1万多起，烧毁森林上百万公顷；近25年来，我国年均发生森林火灾8000多起，受害森林面积9.2万公顷，经济损失超过100亿元，生态损失更是无法估量。目前我国森林防火监控的主要手段是人工瞭望，已经远远不能满足日益严峻的森林防火监测的需要，创新森林防火监管手段，建设智慧化的森林防火监测与预警系统势在必行。森林火灾应急监管系统，应用“森林眼”等智慧林业建设成果，实现森林火灾应急指挥监控感知、应急联动，提升应急管理效能和水平。利用3S技术、决策支持系统等技术，在各级公共基础数据库、林业基础数据库和防火数据库的支持下，对林火监测、林火预测预报、扑火指挥和火灾损失评估等各环节实行信息化管理，全面提高森林防火与扑救指挥的现代化水平，为降低火灾发生率、减少火灾损失提供技术支撑。包括森林火险预警预报系统、火灾监控图像传输系统、火灾应急辅助决策系统、火灾损失评估系统、火灾信息发布系统等。

(二)林业有害生物防治监测系统建设工程。我国现有有害生物8000余种，能造成严重危害的有300多种(类)，年均发生面积1167万公顷，直接经济损失和生态服务价值损失达1100亿元。目前我国林业有害生物监测和防治方式还较为原始，亟待建立起科学高效、协同联动、体系完备的林业有害生物防治信息化系统，用于国家和地方多级林业有害生物防治。林业有害生物防治监测系统，包括林业有害生物调查、监测预报与预警、预防和除治、灾害监测和评估、检疫及追溯信息、数据管理等，实现国家、省、市、县4级林业有害生物管理部门的数据共享、跨省检疫管理和有关信息发布，形成林业有害生物应急管理和应急指挥信息化体系，为林业有害生物防治提供决策支持。

(三)野生动物疫源疫病监测防控系统建设工程。野生动物是人兽共患病的主要宿主和传播媒介，在已知的1415种人类病原体中，62%是人兽共患的。野生动物疫病与许多畜禽疫病关系密切，且相互交叉感染，在畜禽身上发现的病原体中，77%都与其他宿主物种共有。野生动物一旦发生重大疫病，将直接威胁到畜牧业和野生动物产业的健康发展，并严重影响到相关的经贸活动。野生动物疫源疫病监测防控管理平台，包括疫源疫病监测站管理系统、疫源疫病监测信息管理系统、疫源疫病监测信息采集系统、野生动物疫源疫病时空评估分析系统、疫源疫病预防和应急响应系统等，将大幅度提高防控效率。在日常巡查过程中，记录、报告监测信息，一旦发现野生动物种群中出现行为异常或死亡，立即进行科学取样、检验检测、应急处理、疫情发布。

(四)沙尘暴监测防控系统建设工程。全国现有沙化土地172.12万平方公里，占国土面积的17.93%，4亿多人受沙化危害。沙尘暴危害大，难防治，急需建成一体化的沙尘暴监测防控系统，有效进行沙尘暴监测、预警和应急响应。沙尘暴监测防控系统以沙尘暴灾害信息实时监测为基础，以灾情结果准确评估为重点，以监测信息快速传输为保障，以应急指挥及时处置为目标，包括沙尘暴灾害监测预警、沙尘暴灾情评估、沙尘暴信息传输、沙尘暴应急处置等。

(五)北斗林业示范应用建设工程。依托北斗卫星导航技术、物联网技术等，通过解决北斗林业推广应用的标准规范制定、终端互联互通、多种业务融合等问题，为现代林业建设提供持续稳定的高精度、高可靠的定位、导航、通讯一体化综合服务，改变林业外业工作精度低、信息传输不便的现状。建设北斗林业应用综合管理平台，开发符合林业业务特点的终端产品，形成北斗导航在森林资源管理、防火应急管理、野生动植物保护管理等应用新模式，实现国家、省、市、县的多级联动应用。以林业云服务平台为基础，以林业资源变化遥感监测为驱动，推进北斗卫星导航技术与造林设计、伐区作业设计、林地征占用管理、林业案件管理等业务深度融合，实现林业资源“一个库、一张图、一套数”的年度更新管理与应用目标。北斗终端可用于林地边界的高精度测量，实现资产快速评估，避免权证不一致，消除由此引起的矛盾和纷争；北斗卫星导航系统在林业调查、勘界和野外巡护等方面的应用，可大大提升森林资源监控、林业生态工程建设、林业灾害应急和公共服务等业务管理能力；北斗导航技术在森林等自然资源旅游景区中也将发挥重要作用，包括景区状态监控、导游导览、旅游应急处理、游客流量预测与调控等，支持智慧景区建设；公众通过北斗终端可获取林业产品原产地信息、生产销售信息、产品资源信息等，有效防止假劣伪冒产品，提高林业收益，保障食品安全。

六、“互联网＋”林业产业提升

随着人们生活水平的快速提高，公众对优质生态产品的需求日益旺盛，对森林、湿地等自然美景的向往日趋强烈。以“互联网＋”战略为契机，推动林业产业转型升级，拓宽林产品销售渠道，把优质特色林产品和优质森林旅游产品推向社会大众，既实现林业增收，又惠及社会大众。将新一代信息技术与林业生态补偿、林业产业培育、林产品生产加工、流通销售环节等深度结合，推动林业产业创新发展，实现林业提质增效；将信息技术贯穿于林业生态补偿全过程，建设林业碳汇交易平台；促进物联网、二维码、射频识别等新技术在林产工业、木本粮油等特色经济林、竹藤花卉、森林旅游等生态富民产业的应用，培育林业产业新模式；加强电子技术、传感器技术、计算机控制技术等在林业生产装备中的应用，促进林业产业信息化、现代化融合；改变林业商务活动的传统交易和组织方式，推动B2B、B2C、C2B、C2C、O2O、B2Q等电子商务经营模式的应用，使林业商务活动网络化、智能化。

（一）全国林业电子商务平台建设工程。林产品电子商务在全国各地迅速兴起，众多淘宝村的林产品已经卖到全球各地，但目前我国还没有全国统一的、专业的、全周期服务的林产品电子商务平台。全国林业电子商务平台将发挥专业优势和规模优势，为广大林农和中小林业企业提供一个完善的林业网上交易市场，使生产、管理单位与合作伙伴、相关单位、客户之间共享信息并相互服务。同时配合物流配送、外包解决方案、内容管理、网络商务等基础设施，改进原有企业间的业务流程，促进企业间的物流、信息流、资金流，实现资源共享、降低成本、提高效益。鼓励林农及个体经营者利用林业电子商务平台，降低贸易成本，提高就业机会及收益；建立林产品信息集中发布平台和预测预警系统，加强林产品质量检测、监测和监督管理，切实维护林产品生产者、经营者、消费者的合法权益。

（二）生态产业创新林农服务平台建设工程。推进林权改革、国有林场和国有林区改革，加快转变林业生产方式，建设林权流转、林产品流通、碳汇交易的全周期服务平台，实现网络化、智能化管理和精准化生产、精细化运作，延伸上下游产业链，着力突破林业产业发展的瓶颈制约，实现林产品增值，形成林业产业转型升级服务新模式。整合现有成果，推广林权一卡通、林产品交易平台、林地测土配方系统等成果的应用，将新一代信息技术与林业生态补偿、林权流转交易、林业产业培育、生产加工过程、流通销售环节深度结合。通过政府购买服务与众创众筹、PPP等模式相结合，改变传统林业商务活动方式，推动B2B、B2C、C2B、O2O等电子商务经营模式的应用。

（三）生态产品综合服务平台建设工程。第八次全国森林资源清查期间（2009—2013年），我国森林生态系统每年提供的主要生态服务价值高达12.68万亿元，相当于2013年国内生产总值56.88万亿元的22.3%，是2013年林业产业总产值4.73万亿元的2.68倍，相当于森林每年为每位国民提供了0.94万元的生态服务。森林提供的涵养水源、保育土壤、固碳释氧等主要生态服务，作为“最公平的公共产品”和“最普惠的民生福祉”，在改善生态环境、防灾减灾、提升人居生活质量等方面发挥了显著的正效益。建设生态产品综合服务平台，开辟森林发展新业态，汇聚丰富多彩的森林生态景观、优质富氧的森林环境、沁人心脾的森林空气、健康安全的森林食品、内涵浓郁的森林生态文化等生态资源，配备相应的养生休闲及医疗、康体服务设施，推动以修身养心、调适机能、延缓衰老为目的的森林游憩、度假、疗养、保健、养老等活动。

（四）智慧生态旅游建设工程。生态旅游是林业重要的朝阳产业、生态产业和富民产业，到目前为止，全国各类、各级生态旅游地数量已超过8500处，资源丰富、潜力巨大。虽然近些年生态旅游发展很快，但与人们日益增长的需求还存在一定差距。为进一步推动生态旅游发展，积极推进旅游区域互联网基础设施建设，开展智慧生态旅游建设工程，对森林公园、湿地公园、沙漠公园、自然保护区等生态旅游资源深度开发，实现生态旅游管理与服务、生态旅游体验、生态旅游营销等方面的智能化，推动生态资源交互式体验等便民服务试点，促进生态文化的普及宣传，全面提升生态旅游行业形象和综合效益。选取300个森林、湿地、荒漠等生态旅游景区，建设生态旅游感知系统和预警预测系统；选取10~20个旅游景区，推广应用成熟的森林旅游物联网应用示范成果，建立景区查询系统和预警预测系统。

（五）森林碳汇监测物联网应用及交易系统建设工程。中央将碳排放权交易明确列入中央经济体制改革重点任务，出台《碳排放权交易管理办法》，在“十三五”末形成相对成熟的全国碳排放权交易市场。建设森林碳汇监测物联网应用及交易系统，完善全国林业碳汇计量监测技术体系，提高碳汇计量和监测水平，提高监测数据的科学性和可靠性，进一步促进森林碳汇监测工作持续稳步发展，为应对气候变化、履行国际公约提供技术支撑。参照国际碳汇市场规则，结合中国实际情况，建立涵盖基础信息收集、审核管理、规范交易、综合信息发布与共享的碳汇交易电子平台，提高林业碳汇项目管理、交易监管能力和公共服务水平。

（六）全国林产品智能溯源系统建设工程。我国已成为林产品生产贸易大国，2014年全国林产品进出口贸易额达1380亿美元。欧盟、美国等发达国家和地区要求对出口到当地的部分产品必须具备可追溯性，国务院提出建立健全消费品质量安全监管、追溯、召回制度，但我国许多地方名优林特产品还没有开展原产地标记注册，在原产地名称上屡遭假冒、抢注等侵权行为，非常有必要利用物联网、射频识别等信息技术，建立产品质量追溯体系，形成来源可查、去向可追、责任可究的信息链条，方便监管部门监管和社会公众查询。全国林产品智能溯源系统，充分运用物联网、云计算和GPS等信息技术，实行“一批一卡”和全程采集数据，实现林产品从原料采集到客户购买查询的全程跟踪管理和服务。依据产品种类，林产品智能溯源可用于木竹材及其制品、林化产品、林业机械、林木种苗、食用林产品、花卉、野生动物产品、林木转基因产品等，支持品质、产地、特性、生产厂家、检验检测结果和物流状态等信息实时查询和林产品全程监管。

（七）智慧林业产业培育建设工程。围绕木本粮油、特色经济林、森林旅游、花卉苗木、竹产品、生物质能源、碳汇等林业产业领域，立足现有林业企业和产业基础，培育产业新业态，促进信息技术在产业发展中的应用，推动林业产业转型升级。加快对先进技术的引进、消化、吸收和再创新，积极建立具有自主知识产权的核心关键技术体系；加强现代电子技术、传感器技术、计算机控制技术等高新技术在林业生产装备中的应用，转变林业发展方式。

七、“互联网+”生态文化发展

文化是一个国家和民族进步的力量本源。文化的培养需要耐心、精心，像和风细雨，像水滴石穿，慢慢滋润，天长日久，就会聚集成“原子”般的能量。中央要求把培育生态文化作为生态文明建设的重要支撑，加强生态文化的宣传教育，提高全社会生态文明意识，凝聚民心、集中民智、汇集民力，加快形成推进生态文明建设的良好社会风尚。在日新月异的信息时代，迫切需要应用现代信息技术，构建生态文化展示交流平台，加强生态文化传播能力建设，为建设生态文明营造良好的文化氛围。

（一）林业网络文化场馆建设工程。建设林业数字图书馆、博物馆、博览会、文化馆等，让人们充分享受林业生态文明成果，汲取林业生态文化营养。林业数字图书馆具有信息储存空间小、不易损坏、信息查阅检索方便、远程迅速传递、同一信息可多人同时使用、信息使用效率高等优势，实现林业信息资源安全保存、高效检索和可靠备份。智慧林业网络博物馆不仅通过虚拟现实技术和网上展览技术融合，将逼真的现场效果推送至每一位参观者，参观者在展厅漫游的同时还可通过与林业资源综合感知监测中心的资源共享，实现与现实林业园区的即时互动和体验。林业网络博物馆建设工程，将2013年建成上线的中国林业网络博物馆建设示范推广到各试点城市，并实现互联互通，打造全国一体化的智慧林业网络博物馆。林业网络博览会跨越时空界限，在网络空间全面展示我国林业发展新面貌、新成就，构建林产品贸易与交流平台，加强林业合作与交流，推动林业生态建设和林业产业快速、健康、协调发展。林业文化体验馆利用现代声光电技术，具有动态性体验和个性化展示的特征，抓住人们的心理，不仅可以用眼睛去看，更能有互动，引起人们的共鸣，将"智慧林业"以一种更直观、更生动、更形象的表现方式展现在体验者面前。

（二）林业全媒体建设工程。打造林业全新媒体，在现有"三微一端"的基础上，构建行业微博群、微信群、微视群和移动客户端超市，普及生态知识，加强社会公众的参与性与互动性，宣传、推送林业生态文化新思想、新意识、新知识，使公众通过台式机、笔记本电脑、平板电脑、手机、智能手表等终端方便获取生态文化信息，推动林业生态文化宣传走向"全媒体"时代。在主流门户开通林业官方微博，策划微访谈、微直播、微话题等活动，开通林业官方微信订阅号和公众号，发展林业微视，开发基于安卓和iOS两种系统的林业移动客户端，增强与用户互动的功能，实现主动推送服务，努力走向"一站通"新阶段。不断创新服务形式，实现对广大用户的实时感知，打造林业智能服务平台，推动政府信息公开，服务社会公众，展示林业形象，汇聚林业智慧，传播林业文化，推动生态民生。

（三）林业在线教育系统建设工程。人才建设和教育培训是林业现代化建设的重要基础保障，利用云计算、物联网等技术，创新生态文化业态和生态文化传播方式，搭建面向全国林业工作者的在线教育平台。加强网络平台顶层设计和基础培训环境改造，开发和共享在线教育资源，丰富在线培训功能，强化课程资源、培训师资、培训项目等资源信息建设，促进信息资源共建共享，逐步形成开放型、多功能、广覆盖、高质量的现代林业在线教育培训体系，进一步扩大业务知识培训覆盖面，提供多样化的业务技能培训服务。

八、"互联网+"基础能力建设

加快林业现代化，迫切需要进一步夯实和提升信息化基础支撑能力。利用云计算、物联网、移动互联网、大数据、下一代互联网、3S技术等新一代信息技术，通过感知化、物联化、网络化、智能化的手段，从智慧设施建设、决策支撑能力建设、安全管理与运行维护建设、标准规范与法律法规建设四个方面提高林业信息化能力，形成立体感知、互联互通、协同高效、安全可靠的林业发展新模式，提高林业信息化水平与能力，形成"互联网+"林业发展新格局。

（一）林业云平台建设工程。我国云服务市场发展迅速，2014年公共云服务市场规模约为80亿元人民币，增速达68%，远高于全球平均水平。但国内云服务企业在服务可靠性、服务流程合理性、服务界面易用性、服务协议规范性等方面均存在一定的不足。工信部《关于云计算的电子政务公共平台顶层设计指南》明确"十三五"期间，将专项重点支持公共云计算服务平台建设、基于云计算平台的大数据服务、云计算和大数据解决方案及推广项目3个领域。林业云平台，包括地理信息平台、林业科学知识库、决策支持平台等，使云计算、分布数据处理、大数据挖掘、建模仿真、人工智能技术等新技术与林业应用深度融合，为智慧林业应用提供科学、智能、协同、包容、开放的统一支撑平台，具有信息加工、海量数据处理、业务流程规范、数表模型分析、智能决策、预测分析等功能，实现林业决策的科学化、一体化、集约化、智能化。

（二）林业物联网建设工程。总结推广首批国家物联网应用示范工程——江西井冈山森林旅游安全监管与服务物联网应用示范和吉林长白山森林资源安全监管与服务物联网应用示范的成功经验，推进《中国林业物联网发展框架设计》确定的15项重点物联网应用工程，推动物联网在全行业的规模化应用。推广应用一维条形码、二维码、无线射频电子标签、视频监控、各类生态环境传感器等，推动林业物联网在生态环境监测、古树名木保护、林产品生产加工、林产品溯源、林产品有机认证等领域的普及。推进林业物联网关键技术研发及产业化工程，着力突破制约我国林业物联网发展的关键技术，提高原始创新、集成创新和引进消化吸收再创新能力，为林业物联网规模化、体系化发展提供有力支持。

（三）林业移动互联网建设工程。目前我国移动电话用户规模将近13亿，移动互联网用户规模近9亿，手机保持第一大上网终端地位，移动互联网发展进入全民时代。林业移动互联网建设工程，按照分级推进、多种方式结合的原则，大力加强与电信运营商的合作，积极推进林业无线网络建设，提高林业通信能力。林业无线网络以4G为主、WiFi为辅，合理共享网络资源，同时实现多制式、多系统共存，形成高速接入、安全稳定、立体式无缝化的网络覆盖，为林业管理服务部门及公众提供无线网络服务。

（四）林业大数据建设工程。大数据正日益对全球生产、流通、分配、消费活动以及经济运行机制、社会生活方式和国家治理能力产生重要影响，全球范围内运用大数据推动经济发展、完善社会治理、提升政府服务和监管能力正成为趋势。林业大数据发展和应用已具备一定基础，但存在数据开放共享不足、应用基础薄弱、缺乏顶层设计和统筹规划、法律法规建设滞后、创新应用领域不广等问题。林业大数据建设工程将加快林业信息资源建设，提高林业政务管理水平，提升资源保护和生态重建效率，改善对林权、林企的信息服务，包括林业大数据开发工程、林业大数据监测采集工程。林业大数据开发工程按照统一标准、共建共享、互联互通的原则，以高端、集约、安全为目标，以现有森林资源数据库、湿地资源数据库、荒漠化土地资源数据库、生物多样性数据库等四项专题库为基础，按照统一的数据库编码标准，收集、比对、整合分散在各部门的基础数据，建立全国统一标准的林业资源数据库。林业大数据监测采集工程以积累海量数据为主要目标，利用卫星、物联网等信息技术，通过自动监测与人工检测、连续监测与周期监测、常规监测与特定监测等多种并行方式，将森林、湿地、荒漠和生物多样性等林业资源主体及其与之相关的生态资源数据进行实时采集，纳入监测体系，并对各种林业生产经营活动的过程数据进行采集，实现林业业务系统数据、林业社会数据、林业经济数据、林业资金数据等全面融合，形成可追溯的信息源，为林业大数据建设提供数据支撑。

（五）林业"天网"系统提升建设工程。面对森林火灾、林业有害生物、林区偷盗林木等突发性事件，传统的办法主要靠人力层层上报，信息不灵，反应不快，贻误处置的最佳时机，容易酿成严重后果。林业"天网"是由GIS地图、图像采集、传输、控制、显示等设备和控制软件组成，对区域进行实时监控和信息记录，由孤立的"点"联结成封闭式的"网"，具有闭锁功能和关联功能，能对信息按不同条件进行查询统计。林业"天网"系统提升工程，进一步加强整体"天网"系统的规划布局，在卫星遥感、无人机航拍、北斗卫星导航的基础上，结合碳监测卫星，提高森林资源监测管理水平。

（六）林业智能视频监控系统建设工程。与传统的视频监控系统相比，智能视频监控系统通过智能分析模块或软件对所监控的画面进行不间断分析，实现对异常事件和疑似威胁的主动式编码、报警和保存，彻底改变以往完全由监控人员对监控画面进行监视和分析的方式，及时发现异常报警事件或潜在的威胁，大大降低误报和漏报。此外，智能视频监控系统比普通视频监控系统更加节省存储空间，减少大量无用数据的传输和存储，并能提供快速查询。林业智能视频监控系统建设工程，按照共建共享、统一协同的原则，以省为单位，积极推进各市、县林业智能视频监控系统建设，构建各省（区、市）统一的林业智能视频监控系统。各省（区、市）林业智能视频监控系统统一接入到国家林业局，形成国家、省、市、县四级树形结构的林业智能视频监控系统，为构建安全可靠的林业应急指挥系统打下坚实基础。

（七）林业信息灾备中心建设工程。《国家信息化领导小组关于加强信息安全保障工作的意见》指出，灾难备份建设要从实际出发，提倡资源共享、互为备份。面对铺天盖地的数据信息，如何保存和管理成为首要问题。林业信息灾备中心，以建设同城双中心加异地灾备中心的"两地三中心"灾备模式应对生产中心可能发生的灾难，建设备用数据中心、备用工作环境、备用生活设施，配备相关业务、技术等人员，并建立相应的运作机制。

（八）林业信息化标准规范体系建设工程。标准规范体系是"互联网+"林业建设的重要支撑保障体系，主要包括总体标准、信息资源标准、应用标准、基础设施标准和管理规范。林业信息化管理规范为林业信息化建设和系统运行管理提供管理办法和制度等，包括数据库、应用系统、应用支撑、基础设施建设和运行等方面的管理办法与制度。

（九）林业信息化安全运维体系建设工程。安全体系包括物理安全、网络安全、系统安全、应用安全、数据安全、管理安全等方面，其目标是确保信息的机密性、完整性、可用性、可控性和抗抵赖性，以及信息系统主体对信息资源的控制。运维体系包括运维服务、运维管理、运维服务培训以及评估考核体系等，是林业信息化建设的根本保障。通过开展检查，以查促建、以查促管、以查促改、以查促防，巩固深化信息安全保密意识，落实安全责任，深入分析安全风险，系统评估安全状况，全面排查安全隐患，进一步健全安全管理制度，完善安全防护措施，提升自主可控水平和安全防护能力，预防和减少网络安全事件的发生，切实保障网络与信息系统的安全稳定运行。

第四章　主要政策与保障措施

林业信息化虽然已经具备良好发展基础，但总体来看目前还处于打好基础、全面起航的阶段，与全球信息化大潮、国家创新发展要求和林业现代化建设需求还存在不小差距。"十三五"期间，要采取有力措施，齐抓共建，形成合力，确保"互联网+"林业各项任务圆满完成。

一、加强组织领导

信息化是非常重要的基础性工作和实现林业现代化的关键性手段，需要超前谋划、舍得投入，创造宽松有序的发展环境。

（一）强化领导力度。创新组织管理，加强领导力，扩大凝聚力，强化执行力。一是将信息化率列为考核各地各单位工作业绩的重要指标，落实责任，强力推进，务求实效。二是将信息化作为林业现代化的突破口和切入点，纳入林业中心工作，高度重视，加强领导，统筹安排。三是进一步完善工作机制，明确工作责任，改进工作作风，提高工作效率，健全表彰惩罚制度。四是加强分工协作，完善相关配套条件，加大协调服务力度，加快形成有利于林业信息化建设的合力。

（二）完善政策制度。以国家"十三五"信息化宏观规划为指导，以林业建设实际为依据，以解决突出问题为目标，以做好规划衔接为原则，加快编制或完善区域性、专题性林业信息化"十三五"发展规划，并将其纳入林业"十三五"发展总体规划。一是加强新一代信息技术应用需求调研，科学谋划先进信息技术应用方略，切实增强规划的前瞻性、科学性和实用性。二是采用系统的观点和全局的视角，对林业进行综合分析与抽象研究，构建信息资源共享与业务协同的规范框架，形成指导信息资源建设、业务系统建设、运行支撑与安全系统建设的技术指南、标准规范、规章制度，并在林业信息化建设运行实践中不断完善优化政策制度体系。三是建立健全以国家标准和行业标准为主体，地方标准和项目标准为补充的林业信息化标准体系。四是建立涵盖日常监管、信息反馈、风险防控、资源利用和政务工作各环节实时信息共享长效机制。

（三）稳定资金保障。建立多元化、多渠道、多层次的投融资体制，保障稳定的资金来源，发挥财政投资的导向作用，积极探索政府资金引导社会资本投入的有效机制。一是积极争取各级政府财政投资，建立健全林业信息化预算定额标准体系，确保项目有投入、运维有资金、建设有保障，完善林业信息化长效投入机制。二是各级林业主管部门要加大林业建设项目中信息化投资力度，在年度预算中安排林业信息化专项资金，实行统筹安排、专款专用，确保资金落到实处。力争在现有林业建设项目总投资中，拿出一定比例的经费，用于支持"十三五"林业信息化工程项目建设。三是加快建设政府投资为主、社会力量广泛参与的资金保障机制。在市场化效益明显的领域，积极吸纳社会投资，鼓励和引导具有管理、技术和资金优势的企业、社会机构参与林业信息化建设项目投资或提供运行维护服务，积极为林业信息化发展营造良好的配套服务环境。四是加强与农业、旅游等相关部门的协作与项目共建，提高林业信息化关注度，建立长效的数据共享和交换机制，为更好地服务林业工作者和林农等用户提供有力支撑。

（四）明确责任分工。在统一建设、统一应用、统一管理、开放共享的总体框架内，分工协作、统筹建设、加快推进。国家林业局信息办和各级林业信息化管理机构，负责全国和各地林业信息化发展的统筹协调、督导考核；公共性、基础性和关键性的信息化项目，由国家林业局信息办和各地林业信息化机构按统一标准，统一组织建设，各地各单位共享使用；各地各单位所有林业信息化项目，在报计财部门审批前要先报本级信息化部门审核同意。

二、打造统一平台

推动林业信息化统一建设、开放共享、整体推进。基础网络统一建设、应用系统统一开发、数据信息统一共享、运维管理统一实施，加大整合力度，加强集约建设，拆除烟囱壁垒，关停冗余系统，平台上移、应用下移，优化资源配置、提高建设效率、提升应用水平、降低安全风险、加速整体进程。

（一）统一业务网络。建设由外网、内网、涉密网和移动专网组成的安全、畅通、完整的林业业务网络系统，要特别注意防攻击、等级保护、灾备等安全问题。加快推进电子政务内网建设，尽快实现与国家电子政务内网对接。优化升级综合办公系统，实现电脑、手机、PAD 多终端移动办公。完成视频会议系统改造。要抓好涉密网建设和接入工作。适时开展林业移动专网研究。

（二）统一业务平台。全国性的林业信息化应用平台统一开发，将全国林业相关业务都整合到统一平台上，实行统一管理、按权限使用。包括全国林业网上行政审批平台，国有林场（区）统一数据库和资源资产动态监管系统，智慧林业资源监管平台，智慧营造林管理系统升级工程，全国集体林权交易综合服务平台等。

（三）统一数据共享。推进信息资源开放共享，实施林业大数据战略，建成准确、完整、权威的林业数据库和开放共享平台。各地各单位除涉密数据外，所有信息资源都要放在统一平台上共享。建设林业大数据中心，实现数据大集中；建设林业数据共享平台，实现数据大应用；建设林业数据灾备中心，确保林业信息安全。

（四）统一标准规范。加快建立“互联网+”林业统一标准规范体系，建立健全重点工程管理、信息共享服务、数据开放更新、信息安全管理等管理办法和标准规范，支撑和保障“互联网+”林业建设和运营，并在实践过程中不断完善优化。主要包括总体标准、信息资源标准、应用标准、基础设施标准和管理规范等。

三、营造积极氛围

信息化是新型事业，部分单位和个人对林业信息化建设的必要性和紧迫性认识不够深入，不愿意、不主动发展信息化，要营造积极作为的思想氛围。

（一）深入学习领会。要加强政策理论和发展形势学习，及时转变思想认识，不断提高理论修养，确保跟上全球信息化潮流、国家信息化战略形势。各地各单位要定期组织信息化学习讨论会，学习信息化发展新形势、新技术、新理念；对中央的重大决策部署，比如《关于积极推进“互联网+”行动的指导意见》、《促进大数据发展行动纲要》、《中共中央关于制定国民经济和社会发展第十三个五年规划的建议》等，要开展专题研讨，吃透文件精神，准确把握发展方向；认真学习领会历届全国林业信息化工作会议精神，结合工作实际，明确发展思路。

（二）注重舆论引导。通过媒体宣传、专题发布、材料汇编等形式加强林业信息化引导，提高认知度，增进认可度，促进应用度。在继续加强中国林业网站群全媒体、多角度、多形式引导的基础上，增加在主流行业媒体和公众媒体的发布力度；对重大建设项目和重要建设成就，以专题发布、专题研讨的形式，扩大在社会和行业的影响力；注重阶段性和具体项目的总结提炼，找出亮点，辐射全行业。

（三）加速示范推广。全面系统总结“十二五”林业信息化建设成就，积极推广典型案例和成熟经验，发挥示范带动、典型促动、差距推动的作用，形成你追我赶、奋勇争先、互帮互助的良性氛围。推出一批可推广、可复制的典型案例，通过现场观摩、印发学习材料、专题宣讲等方式，在全国推广示范；加强区域示范协作，对区域代表性和特定业务领域代表性的案例和经验，开展区域性的和业务性的协作示范；加大林业信息化示范建设力度，在全国性示范建设体系的基础上，各省级单位也要开展示范建设。

（四）加强战略研究。林业信息化工作是一项长期、复杂、艰巨的系统工程，只有全面准确地把握世界林业的发展规律和信息化发展的时代脉搏，科学制定林业信息化发展战略，才能支撑和保障林业事业科学发展。基于对我国经济社会以及信息化发展形势的认识和把握，以信息化与林业现代化的融合共进为主要内容，确定当前和今后一段时期内林业信息化的发展方略，主要包括总体思路、发展目标、战略内容、战略重点、战略部署、保障措施等。

四、加强智力建设

信息化是高新技术事业，尤其需要专职管理机构和专业化队伍才能将各项建设落到实处，才能使各项应用取得实效。

（一）健全组织体系。个别还没有成立信息化专职管理机构的省份要抓紧落实，尽快实现全国省级林业信息化专职管理机构全覆盖。按照科学设置和规范管理的要求，将原有的挂靠机构或内设机构单列为独立机构，理顺工作职能，增强组织的创造力、凝聚力和战斗力。推动市县级专职机构建设，林业信息化示范省要率先实现市县级专职机构全覆盖，其他有条件的地方和单位也要尽快落实市县林业信息化专职机构设置。

（二）充实人才队伍。积极争取扩大信息化专职人员，力争省级信息化机构专职人员达到 10 人，市级 5 人、县级 3 人。配备强有力的领导班子，注重德才兼备，优先选配具有专业知识、爱岗敬业的人才担任主要领导，选出能谋事、会干事的最强领导团队。加强复合型人才引进和教育培训，提高干部职工的信息化意识和信息技术应用能力，以适应林业现代化需要。

（三）加大能力培养。继续做好面向各层级、各领域的信息化业务培训，持续提高理论水平和业务素质，确保担当起林业信息化建设重任。要在每年定期集中举行全国林业信息化 CIO（首席信息官）培训的基础上，根据工作需要不定期地以视频会议的形式举行专题学习讨论会，及时学习掌握最新态势，加强沟通协调；要创新培训模式，加强加密面向基层的各类业务培训，减少集中培训，增加视频会议、远程培训等形式。

（四）加强国际交流。坚持"走出去、请进来"的方针，鼓励林业信息化从业人员通过多种渠道出席国际学术会议、出国讲学和参与国内外合作研究，积极举办高水平国际和国内学术会议，吸引国际知名专家学者进行学术交流，拓宽信息化视野。通过与国际著名大学和科研机构建立学术联系与合作，保证研究水平始终处于学术前沿，积极与相关领域知名企业开展交流，提升掌控信息化新技术和运用新技术的能力。

五、铸造坚实基础

（一）树立互联网思维。立足信息时代，树立互联网思维。以创新思维谋思路，以融合思维促发展，以用户思维强服务，以协作思维聚力量，以快速思维提效率，以极致思维上水平。打破阻碍、开放包容，对全球开放、对全社会开放、对未来开放，开创开放共享、众筹共建林业发展新模式，让所有关心林业、热爱生态的人都参与到林业现代化建设的宏伟蓝图中来。

（二）强化创新驱动。完善激励自主创新的政策法规，为自主创新提供强有力的法律制度保障，倡导创新，鼓励创新。树立全方位创新理念，推进领导决策层的创新观念，塑造自上而下的创新意识。博采众长，营造"鼓励开拓，宽容失败"的良好氛围。形成政府、企业、科研院所、高等院校协同创新机制，发挥企业对技术研发方向、路线选择和各类创新资源配置的导向作用，发挥科学技术研究对创新驱动的引领和支撑作用，增强林业高等院校、科研院所原始创新能力和转制科研院所的共性技术研发能力。紧盯市场，加快新技术应用，随着市场的不断变化，技术在不断地更新换代，随着科技的发展，新技术、新产品更加快速地走向终端应用，新技术的快速应用成为林业现代化建设的"新常态"。

（三）保障安全基础。提升网络安全管理、态势感知和风险防范能力，加强信息网络基础设施安全防护和用户个人信息保护。实施林业信息安全专项，开展网络安全应用示范。按照信息安全等级保护等制度和网络安全国家标准的要求，加强“互联网+”林业关键领域重要信息系统的安全保障。重视融合带来的安全风险，完善网络数据共享、利用等的安全管理和技术措施，确保数据安全。

（四）健全应急机制。建立信息安全风险评估机制，建设和完善信息安全监控体系，提高对网络安全事件的应对和防范能力，建设信息安全应急处置机制，不断完善信息安全应急处置预案，重视灾难备份建设，增强信息基础设施和重要信息系统的抗毁能力和灾难恢复能力

附件：英文缩写中英文对照

1. API，Application Programming Interface，应用程序接口
2. B/S，Browser/Server，浏览器/服务器模式
3. B2B，Business to Business，公司对公司
4. B2C，Business to Consumer，企业到消费者
5. B3G，Beyond Third Generation in mobile communication system，超三代移动通信系统
6. BSC，Base Station Controller，基站控制器
7. BTS，Base Transceiver Station，基站
8. BWLL，Broadband Wireless Local Loop，宽带无线本地环路
9. C2C，Consumer to Consumer，用户对用户
10. CDMA，Code Division Multiple Access，码分多址(基于扩频技术的一种崭新而成熟的无线通信技术)
11. CIO，Chief Information Officer，首席信息官
12. CNNIC，China Internet Network Information Center，中国互联网网络信息中心
13. CRM，Customer Relationship Management，客户关系管理
14. CSS，Cascading Style Sheet，层叠样式表
15. DCE，discriminatory channel estimation，差异化信道估计
16. DDOS，Distributed Denial of Service，分布式拒绝服务
17. DHCP，Dynamic Host Configuration Protocol，动态主机配置协议
18. DNS，Domain Name System，网域名称系统
19. DNS，Domain Name System，域名系统
20. DTM，Digital Trunk Module，数字中继模块
21. EGC，Equal Gain Combining，等增益合并
22. ERP，Enterprise Resource Planning，企业资源计划
23. FTP，File Transfer Protocol，文件传输协议
24. G2B，Government to Business，政府与企业(之间的电子政务)
25. G2C，Government to Citizen，政府与公众(之间的电子政务)
26. G2G，Government to Government，政府与政府(之间的电子政务)
27. GGSN，Gateway GPRS Support Node，网关通用分组无线业务支持节点
28. GIS，Geographic Information System，地理信息系统
29. GPRS，General Packet Radio Service，通用分组无线电业务
30. GPS，Global Positioning System，全球定位系统
31. GPU，Graphics Processing Unit，图形处理器
32. GRE，Generic Routing Encapsulation，通用路由封装协议
33. GRP，Governmental Resource Planning，政府资源规划
34. GSM，Global System for Mobile Communications，全球移动通信系统(手机技术)

35. GSMA，Global System for Mobile Communications Alliance，全球移动通信系统联盟
36. GTP，GPRS Tunnelling Protocol，GPRS 隧道协议
37. HTML，HyperText Markup Language，超文本标记语言
38. HTTP，Hypertext Transfer Protocol（world wide web protocol），超文本传输协议(万维网协议)
39. Hybrid App，混合模式移动应用
40. IaaS，Integration as a Service，作为一个服务一体化的软件服务
41. ICMP，Internet Control Message Protocol，Internet 控制消息协议
42. ICT，Innovative Computer Technology，计算机技术
43. IETF，Internet Engineering Task Force，因特网工程任务组
44. IPCP，InterWorking Protocol Control Protocol，互联协议控制协议
45. IPSEC，Internet Protocol SECurity architecture，互联网协议安全架构
46. IPv6，Internet Protocol Version 6，互联网协议版本 6
47. ITU，International Telecommunication Union，国际电信联盟
48. JS，JavaScript，JavaScript 脚本语言
49. LBS，Location Based Services，手机定位
50. LTE，Long Term Evolution（3GPP 4G technology），长期的演化(3G 技术标准)
51. M2M，Machine to Machine，机器和机器
52. MDM，Mobile Device Management，移动终端管理
53. MGW，Media Gateway，媒体网关
54. MI，MobileInternet，移动互联网
55. MID，Mobile Internet Device，移动互联网设备
56. MIMO，Multiple-Input Multiple-Output，无线多入多出
57. MMS，Membership Management System，会员管理系统
58. MMS，Microsoft Media Serverprotocol，串流媒体传送协议
59. MMS，Multimedia Messaging Service，多媒体短信服务
60. MRC，Maximal-Ratio Combiner，最大比合并
61. MRT，Max Ratio Transmisson，最大比传输
62. MSC，Mobile Switching Center，移动交换中心
63. MTM，Mobile Trusted Modules，可信移动平台
64. NFC，Near Field Communication（RF technology），近场通讯(射频技术)
65. O2O，Online To Offline，在线离线/线上到线下
66. OA，Office Automatization，办公自动化
67. OS，Operating System，操作系统
68. OSTBC，Orthogonal SpaceTime Block Coding，空时编码传输
69. P2P，Point to Point，点对点下载技术
70. PaaS，Platform-as-a-Service，平台即服务
71. PDA，Personal Digital Assistant(electronic handheld information device)，个人数字助理
72. PHP，Hypertext Preprocessor，超文本预处理(HTML-embedded 脚本语言)
73. POC，Point of Call，点式通话
74. POP3，Post Office Protocol-Version 3，邮局协议版本 3

75. PPP，Point-to-Point Protocol，点对点协定
76. RFC，Request For Comments，一系列以编号排定的文件，有关因特网以及 UNIX 等的软件文件
77. RFID，Radio Frequency Identification，无线射频识别技术
78. RNC，Radio Network Controller，无线网络控制器
79. SaaS，Software as a Service，软件服务
80. SC，Selection Combining，选择合并
81. SGSN，Serving GPRS Support Node，服务通用分组无线业务支持节点
82. SIM，Subscriber Identity Module，移动用户识别卡
83. SMS，Short Message Service，短信服务
84. SMS，Short Messaging Service，短信服务
85. SSI，Server Side Include，服务器端嵌入
86. TAS，Transmit Antenna Selection，发送天线选择
87. TCP，Transmission Control Protocol，传输控制协议
88. TD-SCDMA，Time Division-Synchronous CDMA，同时按时间分隔 CDMA 技术
89. TPM，Trusted Platform Module，可信计算模块
90. UDP，User Datagram Protocol，用户数据报协议
91. UGC，User Generated Content，用户自定义内容
92. UI，User Interface，用户接口
93. VoIP，Voice over Internet Protocol，网络电话
94. VPN，Virtual Private Network，虚拟专用网络
95. VR，Virtual Reality，虚拟实境
96. W3C，World Wide Web Consortium，万维网联盟
97. WAP，Wireless Application Protocol，无线应用协议
98. WAPI，WLAN Authentication and Privacy Infrastructure，无线局域网安全机制
99. WCDMA，Wideband Code Division Multiple Access，宽带多重分码存取
100. WEP，Wired Equivalent Privacy，有线等效保密协议
101. WiFi，Wireless Fidelity（IEEE 802. 11b wireless networking），无线保真度
102. WLAN，Wireless Local Area Network，无线局域网络，无缝接入蜂窝网
103. WP，Windows phone，微软手机智能操作系统
104. XML，eXtensible Markup Language，可扩展标记语言

后　记

移动互联网是一种通过智能移动终端，采用移动无线通信方式获取业务和服务的新兴业态，包含终端、软件和应用三个层面。移动互联网是移动通信技术和互联网技术互相融合形成的，具有终端移动性、业务及时性、服务便利性等特点，消除了时间和地域的限制，人们可以借助移动网络随时随地进行信息传输。

近几年来，移动互联网作为"互联网+"的核心，已经渗透到各个行业，形成移动互联生态系统，逐步走向全球化、智能化。中国林业移动互联网发展在某些发达地区围绕林业政务、生态资源监测与保护、生态灾害应急管理等领域已经有一定的技术积累和创新，为中国林业移动互联网发展奠定了基础。但与整个移动互联网产业相比，中国林业在与移动互联网融合中从技术应用到人才引进再到制度模式创新等，发展还仍显不足。为进一步加强林业移动互联网建设，为林业现代化提供支撑保障，国家林业局从 2015 年开始，利用两年的时间，以产、学、研相结合的方式开展深入调研和研究讨论，开展了全面深刻的中国林业移动互联网发展战略研究。两年来，通过对我国林业业务、信息化建设现状及未来林业信息化发展的分析，结合移动互联网关键技术研究，建立了我国林业移动互联网发展思路和主要任务，为以移动互联网为基础的智慧林业发展提供了重要智力支撑。

今天，信息化发展已经进入以互联网为依托，数据资源为核心要素，信息技术为内生动力，融合创新为典型特征的新智能模式，为中国林业移动互联网发展战略又提出了很多新的思考。中国智慧林业发展必须站在更高的视角统观全局，融合物联网、大数据、云计算、移动互联网、人工智能等技术，成为传统行业新的领航者。